GONGLU QIAOLIANG YANGHU GUANLI YU WEIXIU JIAGU

# 公路桥梁养护管理与维修加固

刘月莲
林有贵 等编著
李日昌 主 审

人民交通出版社
China Communications Press

## 内 容 提 要

本书共分11章，主要讲述了公路桥梁的养护管理、检查与评定；桥梁应急处置管理；墩台、基础的养护、维修与加固，上部构造承重构件的检查、养护与维修技术要点；危及桥梁安全的重要病害成因分析；各类桥梁维修、加固施工的技术、工艺和施工要点等相关内容。本书理论与实践相结合，通俗易懂，易于应用。

本书可供从事公路桥梁养护管理、维修加固设计和施工的工程技术人员借鉴参考，亦可供相关专业大中专院校师生学习使用。

**图书在版编目(CIP)数据**

公路桥梁养护管理与维修加固/刘月莲、林有贵等编著. —北京：人民交通出版社，2008.12

ISBN 978-7-114-07465-3

I. 公… II. 刘… III. ①公路桥－养护②公路桥－维修③公路桥－加固 IV. U448.145.7

中国版本图书馆CIP数据核字(2008)第170002号

书　　名：公路桥梁养护管理与维修加固
著 作 者：刘月莲　林有贵　等
责任编辑：李　萍
出版发行：人民交通出版社
地　　址：(100011)北京市朝阳区安定门外外馆斜街3号
网　　址：http://www.ccpress.com.cn
销售电话：(010)59757969，59757973
总 经 销：北京中交盛世书刊有限公司
经　　销：各地新华书店
印　　刷：中国电影出版社印刷厂
开　　本：787 × 1092　1/16
印　　张：15.75
字　　数：348千
版　　次：2009年2月　第1版
印　　次：2009年2月　第1次印刷
书　　号：ISBN 978-7-114-07465-3
印　　数：0001～3000册
定　　价：56.00元

# 序 Xu

我国幅员辽阔，江河众多，桥梁建设历史源远流长，曾经取得过辉煌的成就，举世闻名的河北赵州桥是我国古代桥梁建设水平的缩影。新中国成立后，特别是改革开放三十年来，我国公路桥梁建设事业迅猛发展，相继建成了杭州湾大桥、苏通大桥等一大批造型优美独特、技术领先、建设难度大的跨海、跨江特大桥梁，不断刷新着世界桥梁建设的新纪录，也标志着我国从桥梁大国迈入了桥梁强国行列。到 2007 年底，全国公路桥梁总数已达到 57 万余座，计 2319 万延米。

在我国公路桥梁建设事业迅猛发展的同时，公路桥梁的养护管理任务越来越繁重。特别是 20 世纪 80 年代前修建的公路桥梁，由于受当时经济、技术条件的限制，荷载等级均在汽车—20 级以下。随着我国经济的持续快速发展，重载交通迅猛增加，尤其是随着设计寿命的临近，一些桥梁的使用技术状况迅速下降，难以满足实际交通需求，急需采取工程措施进行加固或改造。同时，也需要进一步加强公路桥梁的养护管理工作。针对这种情况，为消除隐患，保证人民群众生命财产安全，原交通部从 2001 年起，在全国组织开展了危桥改造工程，2007 年又进一步加大了改造支持力度，组织开展三年集中改造危桥工作，力争到 2010 年年底，完成现有所有国省干线、县道中桥以上和乡道大桥以上的危桥改造工作。8 年来，已对 1.4 万余座桥梁进行了改造或加固，有效提高了公路通行的安全水平。

为帮助桥梁养护技术人员解决在工作中遇到的技术难题，提高基层公路养护单位桥梁养护工程师的管理与业务水平，及时消除桥梁安全隐患，在中国工程院郑皆连院士的指导下，广西壮族自治区公路局长期从事公路桥梁养护管理的同志们编写了《公路桥梁养护管理与维修加固》这本面向基层技术人员的图书。本书注重理论和实践相结合，借鉴了近年来国内外桥梁养护、维修加固的成功经验和有关科研成果，系统总结了桥梁日常养护、维修和加固等方面的经验，重点介绍了各类桥梁检测、病害分析、应急处置、养护维修、加固等关键技术，并提供了很多实例，具有较强的实用性。

桥梁养护管理与维修加固对保证桥梁安全运行至关重要，希望广大桥梁工程技术人员，以科学的态度扎实地工作，坚持不断创新，积极推广桥梁养护管理与维修加固的新技术、新工艺、新材料和新经验，为提高我国桥梁养护管理技术水平贡献自己的才智和力量。

2009 年 1 月 16 日

# 前言 Qianyan

目前全国交通运输事业发展迅猛,公路运输所占比重不断增加,公路桥梁建设速度不断加快,作为保障公路正常使用的公路桥梁养护管理和维修加固工作越来越重要。据统计,到2007年底,全国公路通车总里程达357.3万km,全国通车运营的公路桥梁总数达到约57万座,约计2 319万延米。有相当一部分公路桥梁在使用过程中,出现了不同程度的病害。这些桥梁有些是始建于20世纪80年代,由于受当时经济、材料、技术条件的限制,且交通组成以中、轻型为主,桥梁设计荷载均在汽车—15级(验算荷载挂车—80)以下。随着桥梁使用年限的增长,重载交通的迅猛增加,再加上自然因素的影响,桥梁损伤的类型、部位越来越多,破坏程度也越来越严重,甚至影响到桥梁的安全运营和使用寿命,加强公路桥梁养护管理与维修加固工作十分紧迫。

为帮助桥梁养护技术人员解决实际工作中遇到的技术难题,本书作者针对当前公路桥梁技术状况及养护管理存在的薄弱环节,将桥梁日常养护的技术要点及维修加固措施,经实践证明为行之有效的经验、理论加以总结,并借鉴近年来旧桥加固、新型桥梁的科研成果,编写成书,以供参考。本书具有以下特点:

1. 具有一定的代表性,也具有指导、借鉴作用。

本书列举了大量国内常见桥型的病害形式、病害程度和病害部位,重点阐述了这些桥梁的维修与加固方案。这些工程实例具有示范性功能,对今后的桥梁养护、维修、加固具有指导、借鉴作用。

2. 具有较强的操作性,通俗、易懂、直观。

本书以基层桥梁养护、维修、加固技术人员为读者对象,"深入、浅出"。"深入",就是尽量总结分析常见桥梁的各种不同病害的成因和处理方法;"浅出",即简化高深的理论分析,将理论和工程实例紧密结合,把桥梁养护管理与维修加固的方法、技术要点概括为方便使用的表格等形式,方便、直观、通俗易懂。

3. 具有适度的超前性。

近年来建设的大跨径斜拉桥、钢管拱桥、悬臂梁桥等桥型在正常使用过程中暴露出一些病害。本书通过总结、借鉴经验等方法,对这种桥梁的超前性、预防性养护管理与维修作了适度阐述。

本书共分 11 章及 5 个附录，讲述了公路桥梁的养护管理、检查与评定；桥梁应急处置管理；墩台与基础养护、维修与加固，上部构造承重构件的检查养护与维修技术要点；危及桥梁安全的重要病害成因分析；各类桥梁维修、加固施工的各种技术、工艺和施工要点。

在遵守《公路桥涵养护规范》（JTG H11—2004）、《公路桥梁加固设计规范》（JTG/T J22—2008）、《公路桥梁加固施工技术规范》（JTC/T J23—2008）等有关规范的前提下，本书借鉴了国内外相关的标准规范及文献、课题成果，吸取了国内外先进的桥梁养护管理与维修加固成功经验。编者通过召开专家审查会、发函等方式，广泛征集有关单位和个人的意见，经过反复讨论、修改成稿。在本书的编写过程中，特别是得到中国工程院院士桥梁专家郑皆连的全面指导，以及国家交通运输部公路司李华副司长的大力支持和帮助，在此表示衷心感谢！

本书由刘月莲、林有贵等编著。主要参加编写人员有：刘月莲、林有贵、林小雄、潘树青、何志勇、陈正伟、于志、邓泽春。参加编写人员还有：傅琴、陆有机、李克、韦建颖、杨凯吕、周创理、李斌 、张潭、马宁、廖红梅。全书由李日昌主审。

因经验不足，读者在使用过程中若有问题或意见请及时函告。联系方式：电话 0771—2115891，邮箱 qjylk@126.com。

作　者

2008 年 10 月

# 目　录

# 第一章 绪 论

## 一、桥梁养护管理与维修加固的意义

公路是国家重要的基础设施,也是公共设施,承载着社会经济发展的重任。据交通部统计,到2007年底,我国公路网中有各式桥梁约57万座,约2 319万延米。随着社会经济的发展,货物运输量日益增加,载货汽车越来越重型化;另外,小汽车对于国民来说不再是奢侈品,已逐步进入我国家庭,成为人们日常生活中不可缺少的交通工具,由此公路交通量日益增大。有关资料显示,我国大部分高速公路日交通量达10 000~30 000辆,部分繁忙路段已达50 000辆以上。西方发达国家,如美国的家庭早已普及小汽车,而且美国全国每年交付的价值为8.4万亿美元的商品中,有3/4是通过公路运输来实现的。1955年,美国有6 500万辆小汽车和货车,到2007年达2.46亿辆,汽车数量增长迅速,目前有的路段日交通量达20万辆。

由于社会生活和经济活动日益依赖于汽车,交通量日益增多,公路桥梁一旦坍塌,将会造成重大人员伤亡。例如,2007年6月15日广东广深高速公路九江大桥受船舶碰撞桥墩,200m主梁脱落坠江,仅数分钟坠江车辆达4辆,死亡9人。再如,2007年8月1日傍晚交通高峰时间,美国明尼苏达州明尼阿波利斯一座公路桥突然发生坍塌事故,约50辆汽车坠入河中。当地警方证实,事故造成4人死亡,79人受伤,另有约30人失踪。

近年来,我国公路桥梁出现多起坍塌事故。为提高桥梁安全性,交通部每年都要求对桥梁进行检查然后上报四类、五类危桥,以安排资金加固改建。据统计,我国每年出现的危桥达数千座。在美国,美国土木工程师协会在最近的一个报告中,给全国桥梁的评价是“C”级,指出有27.1%的桥梁是有缺陷的;而美国国家运输调查组织(TRIP)的资料称,美国有33%的主要公路属于低等和中等状况,26%的桥梁有结构缺陷或功能已过时。

美国明尼苏达州明尼阿波利斯发生坍塌的桥梁为单拱钢梁混凝土结构,建于1967年,全长约570m,是美国35号州际公路的一部分。事实上,早在1990年,这座大桥就已经被鉴定为“结构性缺陷”,但有关方面没有认真处理,结果最终酿成惨剧。据报道,美国类似这样结构的大桥有756座。事故发生后,美国运输部长彼得斯立即发布通告,要求各州运输部门立即对类似的桥梁进行安全检查;此外,国会众议院运输和基础设施委员会则批准一项法案,同意给明尼苏达州拨款2.5亿美元,用于重建坍塌的大桥。

公路桥梁在运营服役过程中,经受自然环境和交通环境的作用,与所有建筑物相同,存在着“生命周期”,随着时间的推移,构件逐步老化,各种病害逐渐增多,最终失效;而且公路桥梁造价昂贵,其造价是同宽度公路路基路面的2~8倍。我国在役桥梁中,相当部分桥梁已使用几十年。由于原来设计标准低,施工水平不高,加上疏于养护,桥梁病害日益严重,严重威胁交通安全,因此应加强桥梁养护管理,确保其安全运营,同时采取各种技术措施延长其使用寿命。

## 二、我国在役公路桥梁技术现状

目前我国在役公路桥梁多建于20世纪50年代以后，由于限于当时技术水平和历史条件，桥梁设计和施工水平不高，留下质量隐患，加上超重车作用频繁，养护不及时等原因，我国在役桥梁技术现状不容乐观，主要表现在如下几个方面：

一是相当比例的桥梁设计承载力低，不能满足重载交通要求。我国桥梁设计荷载标准，20世纪50年代至90年代末为汽车—10级、汽车—13级、汽车—15级、汽车—20级、汽车—超20级，现行标准为公路—Ⅱ级、公路—Ⅰ级。建于20世纪80年代前的桥梁，设计荷载一般为汽车—10级、汽车—13级、汽车--15级。根据现行《公路工程技术标准》(JTG B01)，桥梁设计荷载有公路—Ⅱ级、公路—Ⅰ级。根据荷载等级公路—Ⅱ级相当于汽车—20级这一标准判定，我国这些桥梁承载力不符合现行标准，属“等外”桥梁，属于承载力不达标桥梁。而且，有关研究分析表明，设计荷载为汽车—20级的桥梁承载力仍稍低于公路—Ⅱ级标准，因此按此标准判定，建于20世纪80年代至90年代末的汽车—20级的桥梁，也属于等外桥梁。因此，我国在役桥梁中承载力属“等外”的桥梁占相当大的比例。这些桥梁应予加固提级，使其承载力至少达到公路—Ⅱ级。

二是目前我国绝大多数在役桥梁设计时仅进行构件强度验算，而未进行耐久性设计，目前构件材料老化退化严重，病害严重。众所周知，桥梁使用寿命不仅取决于其构件强度，还取决于构件的耐久性，也就是构件在使用期内保持强度和结构完整的性能。限于当时知识技术水平和经济发展水平，至2004年前我国公路桥梁设计未规定使用寿命，桥梁设计时仅要求满足强度指标。2004年实施的《公路桥涵设计通用规范》(JTG D60—2004)提出桥梁设计基准期100年，而设计基准期概念并不明确，不等同于使用寿命，而且也没有实现设计基准期100年技术措施的具体方法；2004年实施的《公路工程技术标准》(JTG B01—2003)未提使用寿命；2006年实施的《公路工程混凝土结构防腐蚀技术规范》(JTG/T B07-01—2006)提出了实现设计基准期的技术要求，但仅为“推荐性标准”，强制性不足。因此，目前我国在役的大多数桥梁耐久性不足，使用寿命难以达到期望设计基准期；而且，至今我国桥梁设计时尚未充分考虑桥梁使用寿命，设计文件缺构件耐久性设计。实际上，西方发达国家的桥梁设计早就考虑使用寿命。例如，上海著名的“外白渡桥”是一家英国公司设计的。20世纪90年代，该公司来函告知中国政府部门，称到某年某月某日，该桥寿命已到100年，“我们对该桥的责任已经终止”。这就是寿命期问责制的体现。

在我国，部分氯盐环境(海洋环境)的桥梁，设计时未对构件进行耐久性设计，使用仅数年即产生混凝土剥落、钢筋锈蚀等严重病害，其寿命可想而知；有的桥梁虽然投入巨资维修加固，但由于有的部位，如海水海床中桥墩无法维修，留下了隐患。

三是目前我国多数在役桥梁尤其是中小桥梁设计时对次要构件和附属设施不够重视，例如，桥面混凝土层配筋少甚至无钢筋，钢筋混凝土栏杆的保护层过薄，泄水管过短，桥面排水系统不合理，采用油毡支座，无检查通道，未预留支座更换空间等等。这些有设计缺陷的次要构件也严重影响桥梁寿命。

四是目前在役的部分桥梁建于20世纪50~70年代，部分桥梁尤其是低等级公路的中小桥，施工单位无资质，施工质量不高，其承载力难以达到设计荷载。由于施工单位无资

质，施工技术水平低，施工过程无检测，有的桥梁采用外购红砖、外购水泥砖，无质量检测资料；甚至拱桥中采用竹片代替钢筋等。目前从外观看，这些桥梁构件有蜂窝麻面现象，材料老化严重。

## 三、我国在役公路桥梁养护管理现状

为了加强和规范公路桥梁养护管理工作，保证公路畅通和桥梁运营安全，1999 年交通部下发了《关于加强桥梁养护管理工作的通知》，各级交通主管部门和公路管理机构普遍重视和加强了桥梁养护管理工作。2004 年 10 月 1 日，交通部颁布了新的《公路桥涵养护规范》(JTG H11—2004)，2007 年交通部又印发了《公路桥梁养护管理工作制度》，2008 年交通运输部又颁布实施了《公路桥梁加固设计规范》(JTG/T J22—2008)和《公路桥梁加固施工技术规范》(JTG/T J23—2008)。

但在实践中，除了少数大型桥梁外，重视路面养护、轻视桥梁养护的现象严重，上级考核评比项目也多集中于路况检测，而疏于桥梁检查。另外，近年来新建了大量大型桥梁，这些桥梁跨径大、结构复杂、结构轻，结构内力分布复杂，采用新材料，采用实时监测系统，是以前基层公路养护部门所不熟悉的，给桥梁养护管理带来了新难题，提出了更高要求。

在我国，尽管多次强调建养并重，但地方重建轻养现象依然存在，有的还相当严重。目前我国公路桥梁养护管理仍存在各种观念和技术问题，甚至体制障碍，主要问题如下：

一是桥梁疏于养护。在 20 世纪八九十年代，公路养护管理中，重养路面、轻养桥梁的现象十分严重，养护质量考核无桥梁考核项目，直至目前部分地方仍然存在这种情况。例如，由于不重视支座养护，支座损坏，橡胶支座老化变形破损，原钢支座锈蚀失效，原活动支座变为固定支座，主梁由受弯构件变成弯拉构件。

二是对桥梁检查重视不够。桥梁检查是桥梁养护管理工作中最主要的内容，也是后续决策的依据。桥梁服役期内，由于构件材料劣化、外因作用等原因，桥梁总会出现各种病害，必须通过检查发现这些病害，评价其技术状况，进而提出养护维修对策。桥梁检查是公路桥梁养护管理的重要内容，桥梁养护对策包括改建对策均需首先进行检查。现行《公路桥涵养护规范》(JTG H11)规定，每月开展一次桥梁经常性检查，但有的养护单位检查粗糙、应付了事。桥梁每日承受着大量车辆作用，桥梁构件缺损也不是每个月月底出现，因此对于交通量大、重要大型桥梁应增加检查频率，每日巡查一次，及时发现问题及时处理。在桥梁养护管理工作中，编者曾遇到桥面突然出现坑洞，危及行车安全，养护工人日常巡路发现后及时采取措施，避免了交通事故发生。但根据现行桥梁养护管理工作制度，桥梁检查由桥梁工程师负责。因此，为及时发现桥梁病害，确保行车安全，桥梁检查应推行以下检查制度：每日养护站技术员巡查桥梁，每月县公路局桥梁养护工程师对桥梁进行经常性检查，每年监管单位养护工程师组织桥梁定期检查。实际上，西方发达国家以及我国的香港，对桥梁养护十分重视。据有关资料介绍，香港青马大桥的检查制度有日常巡查，桥梁养护工程师每日步行桥面来回巡查一次，并作记录。

现行《公路桥涵养护规范》(JTG H11)规定，每 1 ~ 3 年开展一次桥梁定期检查。定期检测由市级桥梁养护工程师组织，无需检测资质。但在我国由于建设时未预留桥梁检测通道，而且桥梁检测车不普及，难以按时开展定期检测，有时勉强开展定期检查，也由于无检测设备，采用望远镜“瞭望”方式检查桥梁，检查质量难以保证。

现行《公路桥涵养护规范》(JTG H11)规定,对于经常性检查、定期检查后病害产生原因不明的桥梁,或要进行加固,应安排特殊检查。但由于资金不足,往往省略特殊检查,直接进行加固改建设计,显然设计无针对性,质量不高。

三是旧桥技术档案资料缺失,不利于后续桥梁养护管理。部分建于 20 世纪 50 ~ 70 年代的桥梁,实行"多快好省"的建设方针,设计无资质,无设计者签名,无地基地质资料和施工检测资料,因而给后续桥梁养护管理带来困难。例如,加固设计需要竣工图,无竣工图时无法进行加固设计验算,只能采用拆除旧桥重建方案。

四是桥梁养护管理责任单位的责任不明。2007 年交通部颁布实施了《公路桥梁养护管理工作制度》,各省市区根据当地实际制定了实施细则。但目前我国公路桥梁养护管理还存在以下不足:公路管理体制多样,在部分省份,省级交通主管部门垂直管理省、市、县公路局,而年度公路养护计划由省级计划部门审批,投资决策层次达 5 个。实际上,桥梁出现病害后应及时养护处理。基层公路养护部门是桥梁养护责任单位,但投资决策层次过多,投资决策部门远离危桥,未意识到桥梁病害严重性,因而责任意识不强,决策周期长,导致桥梁养护单位无所适从,也无积极性;另外,养护单位的桥梁工程师有责无权,责权不统一,工作积极性不高。有的经营性收费公路的业主只顾收费,不安排专门资金用于桥梁养护和加固。

五是对危桥实行交通管制困难。现行交通行业标准规定,对四类桥梁实行交通管制,限速限载,对五类桥梁实行封闭交通。但实践中实施困难,当地群众不理解、地方政府不支持的现象时有发生,车辆强行过桥,桥梁损坏加剧,还可能造成桥塌车毁事故。

六是车辆超载严重,而且难以管理;另外,大件运输车辆逃避管理现象严重,对桥梁造成严重损伤。由于处于无管理状态,超载车辆常形成密集车队行驶,不同于设计荷载车队,其对桥梁产生的荷载效应可能远大于设计荷载效应;另外,水电站、化工厂建设常需运输大件设备,部分设备和运输车辆的总重远超过设计验算荷载,这些车辆常逃避管理。虽然这些超重车和大件运输车辆过桥时,一般不会导致桥梁立即坍塌,但对桥梁造成了严重损伤,将缩短其使用寿命。

七是部分桥梁养护工程师的技术水平难以达到现实要求,桥梁管理水平不高。根据交通部《公路桥梁养护管理工作制度》,县级公路养护单位为桥梁养护单位,市局和省级公路管理机构为桥梁养护监管单位,而且桥梁检查、养护建议等基础工作一般由县级公路养护单位的桥梁养护工程师负责。但目前现状是,由于多年游离于桥梁养护决策层外,部分桥梁养护单位的桥梁养护工程师业务生疏、知识水平不高,西部地区尤为严重。另外,近年新建的部分桥梁,跨径大、结构复杂、结构内力分布复杂,采用新材料,采用实时监测系统,是以前基层公路养护部门所不熟悉的。

目前我国社会和经济迅速发展,对公路桥梁养护管理提出了更高要求。根据上述我国目前在役桥梁的技术状况和养护管理现状,为确保在役桥梁安全运营,无疑应全面落实交通部《公路桥梁养护管理工作制度》,贯彻执行现行《公路桥涵养护规范》(JTG H11)。公路基层养护部门是公路桥梁的养护单位和监管单位,其桥梁工程师直接承担着桥梁养护管理的重任,是确保在役桥梁安全运营的直接责任人,因而桥梁养护工程师的业务能力决定着桥梁养护管理水平。如前所述,目前部分公路养护单位桥梁工程师的知识水平不高,对病害危及桥梁安全程度判断不准,对桥梁病害产生原因分析不明,导致采取的养护维修措施不当等。因此,提高基

层公路养护单位桥梁工程师的业务水平，是加强桥梁养护管理、确保在役桥梁安全运营的首要手段。

基层公路养护单位桥梁工程师的主要工作内容是：组织桥梁经常性检查，组织桥梁定期检查，根据检查结果提出维修加固建议。因此，本书面向基层公路养护单位的桥梁工程师，细化了现行《公路桥涵养护规范》(JTG H11)中关于桥梁检查的内容，同时列举了大量桥梁常见病害及其产生原因，已成功实施桥梁加固的实例。

# 第二章　桥梁养护管理

## 第一节　概　　述

桥梁在公路中的作用是十分重要的，但人们对桥梁养护管理的重要性认识不足，多年来公路桥梁的养护管理工作一直是公路养护管理中的薄弱环节，“养路不养桥”的现象比较普遍。这有认识上的问题，也有社会经济发展的原因。在经济落后的20世纪六七十年代，我国处于公路桥梁建设的初期，桥梁设计标准低，社会交通运输水平也比较低，桥梁的承载能力可以满足交通运输的需要。随着改革开放带来的社会经济的高速发展，特别是进入20世纪90年代后，社会交通运输水平有了飞跃发展，公路交通的构成发生了很大的变化，汽车荷载有了很大的提高，建于20世纪六七十年代的公路桥梁由于承载力不足，技术状况快速下降，开始成为危桥、险桥，运营中的桥梁坍塌事故时有发生；而20世纪八九十年代建设的桥梁也出现危桥及桥梁坍塌事故。公路桥梁的使用状况直接影响到公路交通的安全畅通，老旧桥梁如何适应当前车辆荷载要求等方面的问题日显突出，公路桥梁养护面临着新的形势，任务极为艰巨，对桥梁养护管理工作提出了更高的要求。

公路桥梁养护管理应贯彻“预防为主，安全至上”的工作方针，努力提高桥梁结构的耐久性和安全性。根据现行《公路桥涵养护规范》(JTG H11)及《公路桥梁养护管理工作制度》的有关规定，桥梁养护管理的主要内容有：

(1)建立、健全公路桥梁的检查、评定制度。对公路桥梁进行周期性检查，系统地掌握其技术状况，及时发现缺损和相关环境的变化。按桥梁的技术状况进行分类评定，制订相应的养护对策。

(2)建立公路桥梁管理系统和公路桥梁数据库，实施桥梁病害监控，实行科学决策。桥梁的检查及技术状况评定，养护对策，维修、加固、改建的竣工验收等有关技术文件，均应按统一格式完整地归入桥梁养护技术档案及数据库。

(3)桥梁小修保养、中修、大修或改建工程项目的计划及工程施工管理。根据桥梁检查评定，确定养护对策，决定桥梁的小修养护、中修、大修或改建等方案，并对桥梁养护工程进行规范化管理。

(4)桥梁应急处置的管理，包括以桥梁坍塌事故为重点的桥梁养护突发事件及灾害性事件应急预案，四、五类危桥以及超过使用年限的危旧桥梁的管理。

(5)要做好桥梁养护管理工作，监督检查是必要的环节。做好监督管理工作，对确保桥梁各项养护工作的落实，保障桥梁使用状况的良好是十分重要的。

(6)超重运输车辆管理。按照桥涵养护规范的有关要求，做好技术审核工作，并对大于桥梁设计荷载标准及公路管理部门公布的限载量的超重车辆采取技术措施，使其通过桥梁时对

桥梁产生的荷载效应最小，行驶最安全。

## 第二节 桥梁养护管理制度与职责

### 一、公路桥梁养护管理单位的职责

交通部下发的《公路桥梁养护管理工作制度》中明确规定桥梁养护管理的技术工作实行桥梁养护工程师制度，公路桥梁养护管理实行“统一领导，分级管理”。省级交通主管部门根据“责权一致，责任清晰”的原则，根据本辖区的机构设置情况，明确公路桥梁养护管理的管养单位和监管单位，并合理确定各自的工作职责。桥梁养护工程师和有关技术人员应按照现行《公路桥涵养护规范》(JTG H11)的要求和规定，及时、全面掌握桥梁技术状况，保障桥梁安全运营。

公路桥梁养护管理的管养单位是指具体承担公路桥梁养护管理任务的有关公路管理机构、专门的桥梁养护管理单位或收费公路经营管理单位。公路桥梁养护管理监管单位是指依照有关规定，主管桥梁养护管理工作的县级以上交通主管部门及受其委托承担监管职责的公路管理机构。省(区)交通厅作为全省(区)公路桥梁养护的主管部门，负责全省(区)公路桥梁养护管理工作的行业管理与监督，下辖以下四类公路桥梁养护管理机构，负责公路桥梁的养护管理与监督。

1. 高速公路养护管理机构

省(区)级高速公路管理机构作为监管单位负责全省(区)高速公路桥梁养护工作的管理与监督；其所属的市级高速公路管理机构作为监管单位负责所管养的高速公路桥梁养护管理与监督工作；县级高速公路管理机构作为管养单位负责所管养高速公路桥梁养护管理的具体组织实施工作。

2. 干线公路养护管理机构

省公路管理机构作为监管单位负责全省(区)专业公路桥梁养护工作的管理与监督；其所属的市级公路管理机构作为监管单位负责所管养的专业公路桥梁养护管理与监督工作；县级公路管理机构作为管养单位负责所管养专业公路桥梁养护管理的具体组织实施工作。

3. 地方公路养护管理机构

市级交通主管部门作为监管单位负责全市地方公路桥梁养护工作的管理与监督；县级交通主管部门作为监管单位负责所管养的地方公路桥梁养护管理与监督工作；县级交通主管部门所属的公路管理所作为管养单位负责所管养地方公路桥梁养护管理的具体组织实施工作。

4. 经营性收费公路管理机构

省(区)交通厅或其委托的省级公路管理机构负责收费公路桥梁养护管理的行政监督；收费公路的建设业主负责所建设的公路桥梁养护工作的管理与监督，收费公路的经营管理单位作为管养单位负责收费公路的桥梁养护管理工作；受委托的养护单位负责所管养收费公路桥梁养护管理的具体组织实施工作；由经营管理单位自行养护的，作为经营管理及养护管理者负责所经营的收费公路桥梁养护管理及具体组织实施工作。

由于公路桥梁管养单位疏于养护管理，不按相关规定准确掌握桥梁技术状况，或未及时采取相关措施，而导致桥梁安全事故的，由管养单位承担主要责任，监管单位承担监管责任；负责公路桥梁养护经费的投资决策单位未根据桥梁技术状况和管养要求安排相应投资而造成桥梁安全事故的，由投资决策单位和具体管养单位共同承担主要责任，监管单位承担监管责任。各省（区）级交通主管部门结合本地实际，制订相应的桥梁安全事故责任追究制度。

## 二、桥梁养护工程师的职责

县级及市级交通主管部门、各级高速公路管理机构和公路管理机构、收费公路经营管理单位和桥梁养护管理单位，应设置专职的桥梁养护工程师，并保持人员的相对稳定。由于高速公路、干线公路、地方公路、收费公路的管理机构有所不同，其各级公路桥梁养护工程师职责也有不同。各机构桥梁养护工程师职责如下：

1. 公路桥梁管养单位的桥梁养护工程师

（1）负责组织公路桥梁的经常检查与评定工作，根据检查结果，对于初评为三类及三类以下的桥梁，编制并上报养护维修建议计划；对于初评为四类、五类的桥梁，要向上一级桥梁养护工程师及本机构主管领导报告桥梁的病害状况；负责组织编制桥梁养护、维修、初步改建方案和对策措施。

（2）协助做好桥梁定期检查及特殊检查与评定工作。

（3）负责组织实施桥梁的小修保养工作，提出辖区内桥梁小修保养年（月）度工作计划。及时上报辖区的桥梁受自然灾害和其他因素损坏的情况，协助做好桥梁抗灾抢险和桥梁养护质量考核等工作。

（4）协助监督辖区内桥梁养护大、中修和改建工程的实施，参与辖区内桥梁大、中修和改建工程的中间检查和交（竣）工验收。

（5）负责所管辖桥梁技术档案的补充、完善和保密工作，协助定期对辖区内桥梁技术状况进行综合评价与分析；负责桥梁管理系统的数据收集、更新，以及其他技术档案管理工作，协助编写桥梁养护报告等工作。

（6）根据上级审定的超重车辆通过桥梁方案，组织和监督超重车辆通过，其后详细检查有无破损，同时记录在案。

2. 市级公路管理机构桥梁养护工程师

（1）负责检查下级管养单位桥梁养护职责履行情况，复核下级公路桥梁管养单位初评上报的四、五类桥梁，并上报五类桥梁和四类技术复杂桥梁的复核报告。

（2）负责制订辖区内公路桥梁的定期检查计划并组织实施检查评定工作，根据检查结果组织编制桥梁养护、维修、改建方案和对策措施，编制桥梁大修、中修、改建项目建议计划。

（3）向上级桥梁养护工程师或总工程师提出需作特殊检查的桥梁的申请报告，并详细说明需要检查的部位和原因；协助实施辖区内桥梁的特殊检查工作。

（4）负责组织实施桥梁抗灾抢险和桥梁养护质量考核等工作，提出抢修、维修、加固应急保畅方案，及时上报辖区的桥梁受自然灾害及其他因素损坏的情况。

（5）负责指导和落实超重车辆通过桥梁的有关技术工作。

（6）组织、监督辖区内桥梁养护大修、中修和改建工程实施，组织桥梁大修、中修和改建工程的中间检查工作，参与辖区内桥梁养护大修、中修、新建或改建工程的交（竣）工验收。

(7)负责所管辖桥梁技术档案的补充、完善和保密工作,定期对辖区内桥梁技术状况进行综合评价与分析。

(8)负责桥梁管理系统的数据更新、系统维护、系统运行以及桥梁养护报告编写等工作。

(9)负责对下级单位桥梁养护工程师的技术业务指导、考核工作。

3. 省(区)公路管理机构的桥梁养护工程师

(1)负责所管辖桥梁养护管理的技术工作,监督检查管养单位桥梁养护职责履行情况。

(2)负责组织审核公路桥梁养护管理工作计划,审批桥梁加固、改造设计方案,并监督实施。

(3)负责复核市级公路管理机构的桥梁养护工程师上报的五类和四类技术复杂桥梁的技术等级评定工作,审核市级公路管理机构上报的桥梁大修、中修及加固、改造、改建工程项目计划。

(4)负责审核重要桥梁的大修、中修和改建工程技术方案以及应急保畅对策措施,并组织审验其科学合理性;组织或参与检查、分析桥梁养护工作中的重大质量、安全事故。

(5)负责审定需特殊检查的桥梁并组织实施桥梁的特殊检查工作,主持审定桥梁特殊检查报告,依据特殊检查报告向主管领导提出桥梁特殊加固、改造、改建工程项目建议。

(6)负责组织辖区内桥梁养护工程师及有关技术人员的技术业务培训。

(7)负责桥梁技术档案管理,提出桥梁养护科研计划,推进桥梁养护科技进步与技术信息交流等工作。

(8)参加超限运输车辆通过桥梁的审批,审定超限运输车辆通过公路桥梁的方案。

## 三、公路桥梁技术档案管理

1. 桥梁技术档案资料的主要内容

公路桥梁技术档案应包括桥梁基础资料、管理资料、检查资料、养护维修资料、特殊情况资料等。

(1)桥梁基础资料包括以下内容:

①桥梁设计施工图及竣工图、结构计算分析报告。

②施工过程中的试验检测及科研资料。

③工程事故处理资料。

④施工全过程的结构位移或变形测试资料。

⑤观测或监测点(部件)资料。

⑥交(竣)工验收资料。

对新建桥梁,接养单位应参与交(竣)工验收。桥梁建设单位应向接养单位移交桥梁基础资料,并协同做好接养工作。

(2)桥梁管理资料包括:桥梁管养单位、监管单位,及其分管领导、桥梁养护工程师等的基本资料。管理资料中,对桥梁养护工程师除应归档个人基本资料外,还应归档其业务考核情况和年度主要工作情况。

(3)桥梁检查资料包括:桥梁经常检查结果、定期检查结果、养护对策建议、特殊检查建议报告、养护建议计划等技术资料,以及检查的时间、实施人员等基本资料。特殊检查还应包括检测（试验）方案、检测（试验）报告、照片及多媒体材料，检测（试验）方的资质证书（复印件）、业绩证明（复印件）以及主要检测人员的资格证书（复印件）等。

（4）桥梁养护维修资料应包括以下内容：

①小修保养工程的实施技术资料和养护质量评定结果，以及工程实施的时间、组织实施人员等。

②桥梁的中修、大修、改建工程的设计图纸、竣工图纸、施工资料、监理资料、监控（监测）资料、质量事故处理报告、交（竣）工验收等技术资料，以及设计、施工、监理和监控（监测）等各方的资质证书（复印件）、业绩证明（复印件）及其主要检测人员的资格证书（复印件）等。

（5）桥梁特殊情况资料主要包括：地质灾害、气象灾害、超限运输等特殊事件的具体情况、损害程度、处治方案等。

2. 桥梁技术档案管理基本要求

（1）桥梁管养单位和监管单位应建立健全公路桥梁技术档案管理制度，大力推广应用公路桥梁管理系统，及时更新桥梁技术数据，保证公路桥梁技术档案真实完整，实现电子化管理。特别重要的特大型桥梁应建立符合自身特点的电子档案管理系统和养护管理系统。

（2）基本资料缺失的桥梁，应根据历年检查、养护资料，逐步建立和完善其技术档案。必要时，可专门安排有针对性的检测、试验或特殊检查，补充、完善桥梁技术资料。

（3）收费公路经营管理单位应根据省级交通主管部门的规定，及时向有关交通主管部门或公路管理机构提供桥梁技术档案。

①高速公路上的收费公路经营管理单位应及时向省级高速公路管理机构提供桥梁技术档案。

②干线公路上的收费公路经营管理单位应及时向市级公路管理机构提供桥梁技术档案。

③其他公路上的收费公路经营管理单位应及时向市级交通主管部门所属的公路管理机构提供桥梁技术档案。

3. 桥梁技术档案的建立

（1）县级公路管理机构、县级高速公路管理机构或同级机构、收费公路经营管理单位和桥梁养护管理单位应建立专门的桥梁技术档案，内容包括：

①桥梁基本状况卡片。

②桥梁小修保养资料。

③观测或监测点（部件）资料。

④历次桥梁大、中修工程施工原始记录和竣工图表以及验收报告。

⑤历次桥梁经常检查表。

（2）县级交通主管部门、市级高速公路管理机构或同级机构、市级公路管理机构一般应建立桥梁技术档案室，由桥梁养护工程师负责管理。档案资料包括：

①桥梁基本状况卡片。

②桥梁基础资料及管理资料。

③桥梁中修、大修、改建工程养护维修资料。

④桥梁特殊情况资料。

⑤历次桥梁定期检查报告、桥梁技术现状评定表。

⑥桥梁特殊检查资料。

⑦历次桥梁特别检查报告。

(3)市级交通主管部门、省级高速公路管理机构和公路管理机构应着重建立特大桥、大桥的桥梁卡片及全省桥梁的汇总表,并保存桥梁的历次特殊检查报告和桥梁技术现状评定表。

## 四、桥梁检查与评定制度

1. 桥梁检查制度

桥梁检查分为经常检查、定期检查和特殊检查。经常检查主要指对桥面设施、上部结构、下部结构和附属构造物的技术状况进行日常巡视检查;定期检查是指按照规定周期,对桥梁主体结构及其附属构造物的技术状况进行定期跟踪的全面检查,评定桥梁技术状况等级;特殊检查指在特定情况下对桥梁技术状况进行鉴定,以查清桥梁的病害成因、破损程度、承载能力或抗灾能力等。经常检查和定期检查应符合现行《公路桥涵养护规范》(JTG H11)的规定。

经常检查主要以目测方式配合简单工具进行。经常检查周期根据桥梁技术状况而定,一般每月不得少于一次,汛期应增加检查频率。经常检查过程中应填写"桥梁经常检查记录表",现场登记所检查的项目和缺损类型,估计缺损范围和养护工程量,提出相应的小修保养措施,为编制小修保养计划提供依据。

对经常检查中发现的重要部(构)件明显达到三、四、五类技术状况的桥梁,应立即安排定期检查。桥梁定期检查主要以目测结合仪器检查方式进行,其检查周期一般不低于每三年一次,特殊结构桥梁应每年一次,检查结束后要及时更新桥梁养护管理系统数据。

特殊检查又分为专门检查和应急检查。专门检查是根据经常检查和定期检查的情况达到现行《公路桥涵养护规范》(JTG H11)有关规定需安排的特殊检查;桥梁受到洪水、流冰、滑坡、地震、风灾、漂流物或船舶撞击,因超重车通过或其他异常情况影响造成损害的应安排应急检查;特殊检查是对需要进一步判明损坏原因、缺损程度或使用能力的桥梁,针对病害进行的专门的现场试验检测、验算与分析等鉴定工作。特殊检查应委托有相应资质和能力的单位实施,采用仪器设备,通过检测或试验的方法,并结合理论分析,对桥梁的缺损状况、病害成因、承载能力或抗灾能力做出科学明确的判定。所有检查结束后要及时更新桥梁养护管理系统数据,并根据检测结果提出有针对性的养护维修处治措施建议。

对于特大桥、特殊结构桥梁和单孔跨径60m及60m以上的大桥的检测评定工作,应按以下要求进行:

(1)在桥梁上下部结构的必要部位埋设永久性位移观测点,并定期进行观测,一、二类桥每三年至少一次,三类桥每年至少一次,四、五类桥每季度至少一次,特殊情况时应加大观测密度。

(2)应安排专项经费委托有资质的单位进行定期的特殊检查。一、二类桥每五年至少一次,三类桥每三年至少一次,四、五类桥应立即安排进行特殊检测。

(3)对于特别重要的特大桥,应建立符合自身特点的养护管理系统和健康监测系统。

桥梁灾害主要有自然灾害(洪水、冰冻、泥石流、滑坡、地震、风灾、漂流物撞击等)和人为灾害(船舶撞击、超重车通过、近桥挖砂等人为因素影响造成损害)。对桥梁灾害的防治应按

“预防为主，防治结合，保证安全”的方针，积极防治，做到治早、治小、治轻以至根除隐患。因此，灾害前的检查及灾后及时检查评定是非常重要的。在各种桥梁灾害中，洪水灾害是相对可预见的自然灾害，其防治工作主要有以下几个方面：

(1)应按期进行桥梁抗洪能力的评定，一般每3～6年进行一次评定，如遇设计洪水或超过设计的更大洪水，宜结合水毁调查于当年进行一次抗洪能力评定。对经常受洪水威胁的山区公路桥梁，宜每年进行一次抗洪能力评定。

(2)应在汛期进行必要的水文观测，并及时收集洪水、雨水预报资料掌握洪水动态。

(3)每年汛期前应对公路桥梁进行一次预防水毁的技术检查，检查主要内容有：①桥梁墩台、调治构造物、引道、护坡、挡墙结构是否完好，基础是否冲空或损坏。②桥下有无杂草、树枝、石块等杂物淤塞河道，桥位上下游有无堆积物、漂浮物。③桥梁上游河道是否稳定，水流有无变化，桥梁下游是否发生冲刷。④有无挖砂、取石对桥梁上、下游河道造成的破坏情况。⑤调查桥梁上游附近有无水库及其设计标准，是否存在病害隐患。根据检查情况立即安排有针对性的预防养护工作。

(4)在汛期应组织人员对所辖路线上的桥梁进行昼夜巡查，防洪指挥部门应实行全天24h值班。小的水毁及时进行处理排除；发生严重毁坏，危及行车安全时，应立即在桥梁两端设立警告标志或禁止通行的标志，组织抢修并及时向上级报告。

(5)洪水过后，应立即组织对桥梁进行检查，主要构件发生损坏的，要上报申请进行特殊检查。对于冰冻灾害，在冰冻前及解冻前均应对桥梁进行检查，根据检查情况安排预防性的养护工作。对于泥石流、滑坡、地震、风灾、漂流物撞击和船舶撞击、超重车通过、近桥挖砂等造成的桥梁突发性灾害，在灾害发生后立即进行检查并根据桥梁损坏情况安排特殊检查。

2. 桥梁评定制度

桥梁评定分为一般评定和适应性评定。一般评定是依据桥梁定期检查资料，通过对桥梁各部件技术状况的综合评定，确定桥梁的技术状况等级，提出各类桥梁的养护措施。桥梁适应性评定是依据桥梁定期及特殊检查资料，结合试验与结构受力分析，评定桥梁的实际承载能力、通行能力、抗洪能力，提出桥梁的养护改造方案。一般评定由公路养护管理机构的桥梁工程师负责，适应性评定应委托有相应资质及能力的单位进行。适应性评定周期一般为3～6年。

公路桥梁技术状况由桥梁管养单位桥梁工程师或经营性收费公路业主负责组织评定，对评定为四、五类桥梁的需按如下规定报上级主管或监督单位复核：技术状况为四类的中、小桥梁以及结构较简单、病害清楚的大桥，由市级公路管理机构的桥梁养护工程师负责组织复核；技术状况为四类的特大桥、结构或病害较复杂的大桥，以及技术状况为五类的桥梁，由市级公路管理机构桥梁工程师提出初步复核意见后报省级公路管理机构，由省级公路管理机构的桥梁养护工程师负责组织提出最终复核意见。

## 五、桥梁应急处置管理制度

由于桥梁的使用功能及所处的环境位置，出现各种病害及承受自然灾害是不可避免的。在正常行车荷载作用下，大部分桥梁病害的发展是渐进的，只要加强检查，积极防治，做到治早、治小、治轻，大部分桥梁病害是可控的。当桥梁受到洪水、流冰、滑坡、地震、风灾、漂流物或

船舶撞击，因超重车通过或其他异常情况损毁时，其灾害往往是突发性的。当灾害发生时，桥梁养护单位的第一反应是非常重要的。发生灾情后，养护管理单位主管桥梁养护的领导及桥梁工程师等有关技术人员必须第一时间到达现场，及时了解灾害的情况及桥梁直观损毁状况，初步分析桥梁的损毁原因、缺损程度及通行能力，第一时间向上级单位报告，同时制订临时抢修措施及交通应急方案，以尽快恢复交通为第一位，确保安全通行的要求，科学处置各种桥梁病害险情。

(1)对四、五类桥梁以及超过使用年限的危旧桥梁，应根据桥梁的具体情况采取有效的管理措施：

①对四类的桥梁或超过使用年限的危旧桥，根据桥梁的情况实行车辆限制通行，采取限载、限车道、限宽、限高的交通管制措施。

②要根据危桥的具体情况，采取切实可行的限制交通的措施。对需要限载的危桥，要按规范设立明显的限载标志。为了保证限载重型车的通行，应限制多车同时过桥，或将多车道改为单车道的形式，同时限制车道宽度和车道高度等。

③对于限载的危桥，除采取以上限载、限宽、限高措施外，还应进行限速。限速的目的一是减小车辆对桥梁的冲击力，二是确保交通的安全。常用的方法有设减速带、设减速标志等方式。

④对于技术状况评定为五类的桥梁，应立即封闭交通，并启动应急交通组织方案，根据具体情况采取绕道通行、架设临时钢桥、开设便道、临时加固等措施确保交通秩序。对于干线公路，绕道较远的不宜长时间封闭交通，应尽快恢复通车；中小桥梁应以开通便道、架设便桥为首选；有的小桥，能短时间加固通车的，应先加固通车或修通便道后再进行重建。

(2)桥梁事故分级

①一级事故

a. 跨航道大桥、桥长在2 000m以上的大桥，以及列入国家重点文物保护单位的桥梁，因自然灾害、人为事故等导致桥梁安全受到严重威胁；

b. 桥梁坍塌导致死亡和失踪人员30人以上的事故。

②二级事故

除一级事故中规定以外的桥梁发生突然坍塌的事故。

③三级事故

a. 桥梁虽未坍塌，但桥面已出现沉陷、孔洞，主体结构失去承载力，随时可能出现坍塌事故，必须立即采取封桥断路断航措施的事故；

b. 因船只撞击上跨桥梁造成桥梁设施严重损坏的事故。

(3)当桥梁遇到突发灾害或造成严重损坏或桥梁坍塌事故中断交通时，应采取以下应急处置措施：

①各级公路管理机构应制订以预防和处置桥梁坍塌事故为主的重点的突发事件应急预案，并根据预案要求做好应对桥梁突发事故的人员、物资、资金保障工作，确保应急工作正常有序进行。桥梁突发事故应急预案主要包括以下内容：

a. 总则：包括预案制订目的、工作原则、编制依据、适用范围。

b. 应急组织指挥体系及职责：包括应急指挥机构、人员组成及主要职责、各组成单位及主要职责。应急机构中应设专家工作组,研究分析事故信息和有关情况,为应急决策提供咨询或建议,参与事故调查,对事故处理提出咨询意见并实施技术支持。

c. 预警预防机制:包括工作准备、日常养护及隐患处置。预警预防机制主要是结合日常检查制度、建立事故隐患报告制度,及时排除隐患,防患于未然。

d. 应急响应制度:根据事故的等级规定预案的启动条件、响应的程序及范围,后期处理的等级。

e. 应急救援抢险的实施:根据灾害的情况制订人员抢救、桥梁紧急加固或临时便桥的架设、交通应急疏导管理等各项应急措施。

f. 应急结束:包括结束程序、事故调查、总结建议等。

g. 应急保障体系:包括队伍保障、通信保障、技术保障、运输保障、医疗保障、物资保障、宣教演练、监督检查等方面。

②对于干线公路上的桥梁及其他线路上的大桥、特大桥,还应制订应急交通组织方案,确保一旦发生事故,交通组织工作井然有序。

③出现桥梁突发事故,桥梁出现险情时,公路桥梁养护单位应立即组织现场检查,根据桥梁损毁情况第一时间做出限制交通的措施,采取限载、限宽、限高、限速等限制措施,要设置明显的限制标志,必要时派人临时进行交通疏导管理,同时立即向上级主管单位及上级桥梁工程师报告。

④桥梁全毁或重要部件明显处于危险状态的,公路桥梁养护单位应立即暂时封闭交通,并立即向上级单位及当地人民政府报告,请政府有关部门协助进行交通疏导和管制。

⑤当桥梁坍塌中断交通时,要第一时间逐级上报到省(区)交通厅或省(区)公路桥梁养护监管单位,并立即成立应急抢险小组,成员应由领导、技术人员、机务人员、特种技术(钢桥安装、潜水)人员、安全员等组成,启动桥梁抢险保通应急预案,以最快速度确保桥梁安全畅通:

a. 抢险小组领导负责全面组织及协调工作,保证各项抢险工作措施落到实处。

b. 技术人员负责制订抢险的技术方案及措施,指导抢险工作实施及质量监督验收。根据具体情况,通常采用的技术方案有:绕道通行,疏散交通;架设临时钢架桥,限制通行;开设便道临时通行;使用轮渡临时限制通行等。

c. 机务人员负责抢险物资和机械设备的调度供应工作,确保抢险工作顺利进行。

d. 特种技术工人以最快的速度、最好的操作技术确保抢险工作的完成。

e. 安全员负责做好交通管制,引导过往车辆人员绕道通行,确保交通的疏散及人员车辆的安全。

⑥做好灾后桥梁维修、加固或改建方案和计划,并落实计划和资金,确保灾后桥梁修建任务顺利完成。

## 第三节　大件超重车辆运输管理

(一)申请程序和行政许可

随着经济的高速发展,超限超载运输车辆大量无序行驶,给公路路况造成很大损坏,特

别是给公路桥梁的安全造成很大威胁，同时引发大量的交通安全事故。《中华人民共和国公路法》规定：在公路上行驶的车辆的轴载质量应当符合公路工程技术标准要求。因为超过公路工程技术标准的超载车辆对公路桥梁的破坏是很大的，特别是对桥梁的破坏是致命的，会引发塌桥等事故，造成人民生命财产的损失是巨大的。因此，加强对超限超载运输的管理是公路桥梁养护管理的重要环节。而随着社会经济的发展，一些大型生产设备对企业生产来说是必不可少的，对这些不可拆分的整备大件运输，往往达到或超过公路桥梁设计的极限。为了确保公路桥梁的安全，《中华人民共和国公路法》规定对超过公路、公路桥梁、公路隧道或者车渡船的限载、限高、限宽、限长标准的车辆，不得在有限定标准的公路、公路桥梁或者公路隧道内行驶，不得使用汽车渡船。超过公路或者公路桥梁限载标准确需行驶的，必须经县级以上地方人民政府交通主管部门批准，并按要求采取有效的防护措施；运载不可解体的超限物品的，影响交通安全的，还应当经同级公安机关批准；应当按照指定的时间、路线、时速行驶，并悬挂明显标志。为此，国家对超限超载运输进行了严格管理。超限超载运输管理有两方面的规定，见表2-1。

**超重车辆及超限车辆的规定**　　表2-1

| 名　称 | 定　义 |
|---|---|
| 超重车辆 | 超出公路桥梁设计荷载总重或轴重的车辆即为超重车辆 |
| 超限车辆 | 按照中华人民共和国交通部2000年第2号通令的规定，在公路上行驶的、有下列情形之一的运输车辆称为超限运输车辆：<br>(1)车货总高度从地面算起4m以上(集装箱车货总高度从地面算起4.2m以上)；<br>(2)车货总长18m以上；<br>(3)车货总宽度2.5m以上；<br>(4)单车、半挂列车、全挂列车车货总质量40 000kg以上；集装箱半挂列车车货总质量46 000kg以上；<br>(5)车辆轴载质量在下列规定值以上：<br>单轴(每侧单轮胎)载质量6 000kg；<br>单轴(每侧双轮胎)载质量10 000kg；<br>双联轴(每侧单轮胎)载质量10 000kg；<br>双联轴(每侧各一单轮胎、双轮胎)载质量14 000kg；<br>双联轴(每侧双轮胎)载质量18 000kg；<br>三联轴(每侧单轮胎)载质量12 000kg；<br>三联轴(每侧双轮胎)载质量22 000kg |

一是超重车辆运输：在公路上行驶的车辆的轴载质量应当符合公路工程技术标准要求。对不可拆解的物品必须按公路工程技术标准的规定进行运输，超出公路工程技术标准规定的荷载总重或轴重的特种车辆运输，即超重运输车辆，必须采取相应的技术措施才能通行，特别是超出公路桥梁承载力的超重车辆运输必须实行严格的技术审核制度。公路桥梁的限载值是根据公路桥梁的设计等级决定的，超重车辆是指超出其行驶的公路桥梁设计荷载总重或轴重的车辆，本节主要针对此规定的超重车辆运输管理及技术审核问题。

二是超限车辆运输：超过公路、公路桥梁、公路隧道或者车渡船的限载、限高、限宽、限长标准的车辆，不得在有限定标准的公路、公路桥梁或者公路隧道内行驶，不得使用汽车渡船。表2-1对超限车辆定义进行了规定，对运输车辆外廓尺寸的规定较明确，但对车辆超载的规定与现行公路运输车辆的情况很不相符，在管理中难于操作执行。对此，国务院交通部等七部委联合下文（交公路发[2004]219号）对超限的超载标准作出了明确规定，超限车辆车货总重规定为：①二轴车辆，其车货总重超过20t的；②三轴车辆，其车货总重超过30t的[双联轴按照二个轴计算，三联轴按照三个轴计算（下同）]；③四轴车辆，其车货总重超过40t的；④五轴车辆，其车货总重超过50t的；⑤六轴及六轴以上车辆，其车货总重超过55t的；⑥虽未超过上述五种标准，但车辆装载质量超过行驶证核定载质量的。对可拆解的货物，不允许超出以上限定标准的车辆上路行驶；对运输不可拆解的整件货物并超出以上限定标准的车辆运输实行许可证制度，必须办理超限运输许可证。

根据《中华人民共和国公路法》规定，各省（区）制定了大件运输管理的实施细则。《超限运输车辆行驶公路管理规定》（交通部2000年第2号令）第六条对审批权限规定如下：

（1）跨省（自治区、直辖市）行政区域进行超限运输的，由途经公路沿线省级公路管理机构分别负责审批，必要时可转报国务院交通主管部门统一进行协调。

（2）跨地（市）行政区域进行超限运输的，由省级公路管理机构负责审批。

（3）在本地（市）行政区域内进行超限运输的，由地（市）级公路管理机构负责审批。

（二）超重运输车辆过桥管理

超重运输车辆行驶通过桥梁必须符合现行《公路桥涵养护规范》（JTG H11）的要求。经过公路管理机构审批同意在指定公路上行驶的特殊车辆，必须按公路养护管理机构要求采取相应的技术措施。对超重车辆过桥进行现场管理是必不可少的，现场管理工作由养护单位的桥梁工程师和路政管理人员共同完成。为了使超重车辆过桥时对桥梁产生的荷载效应最小，行驶最安全，应遵循以下规定：

（1）一般情况下，超重车辆应沿桥梁的中心线行驶。这是为了尽可能地减少桥梁的内力，这里所指的中心线是一个广义的概念，对于一般情况，车辆沿着桥梁中线行驶，即无偏载发生，桥梁结构的各主要构件受力均匀，但也有比较特殊的情况，如左右两幅桥并列在一起，而有的还是公路改建加宽旧桥形成新旧两幅桥梁，而该桥又无分隔带，车辆是沿着其中一座桥的中线行驶还是沿两桥间中线行驶更安全，应通过计算确定。

（2）车辆以不大于5km/h的速度匀速行驶，不得在桥上制动、变速、停留，以避免车辆动载冲击作用。

（3）必要时可调整牵引车与平板挂车的行驶距离或让其分别通过桥梁。当跨径较大时，牵引车与拖车可能均作用于某一内力影响线的同符号区域内，将使荷载内力过大。当有条件时，应使牵引车与拖车产生的内力不要叠加，最好相互抵消部分内力。改变牵引车与拖车的距离应通过计算确定。分开通过对小跨径桥梁可起到直接减载的作用。

（4）超重车辆过桥时，可酌情临时禁止其他车辆及行人通过，这是为了减小桥梁载重，保证桥梁及车辆行驶安全。超重车过桥必然会影响到正常的交通，故应提前进行准备，尽可能地减少因此而引起的交通阻塞与中断，并保证超重车及正常交通的安全。

超重车过桥时，应观测桥梁各部的位移、变形、裂缝等，并予记录，必要时还应观测应变、反力等。以便于了解超重车对桥梁结构的影响，保证车辆安全通过。如发现异常，应急处理必须及时准确，如退出荷载、应急加固等。

另外要注意的两个问题是：

(1)不宜在行洪等可能发生灾害的时候组织超重车辆通过桥梁。可能发生灾害时桥梁已处于比较不利或危险的状态，超重车通过的安全度会降低，除紧急情况外，这种时期不宜组织超重车通过。

(2)有些超重车辆难以发现，如运油料、水泥等液态及粉料的灌装车辆，从外观很难发现，路政部门应有针对性地进行严查。

超重车辆过桥的速度一般很难监控，因此在计算桥梁承载力时，应计入车辆冲击力。

(三)技术审核

在货运单位向公路部门提交大件运输车辆运行申请表后，公路部门要对申请进行技术审核，从技术上核定是否同意申请的大件运输车辆从申请路线上通过。

1. 审核过程及内容

(1)货物及车辆的核实。

公路部门应核实确认货运单位提供的大件物品质量、体积及大件运输车辆平面尺寸、自重、轴数、轴距、轴重、轮数、轮距、单位压力等情况。

(2)运输路线桥梁结构资料的调查收集。

桥梁结构资料的调查收集内容包括桥梁的原始资料和使用状况资料两个方面。原始资料是指桥梁的基本几何尺寸、设计荷载、水文地质、修建历史等；使用状况资料主要指桥梁建成后历年来的养护维修情况及现有结构的完整程度。

(3)过桥检算。

大件运输车辆过桥检算是技术审核的关键环节，要求公路部门审核人员根据收集到的资料，通过合理的检算方法、手段，快捷准确地作出判断，提高审批速度。桥梁结构检算应包括上部结构、下部结构及地基等部分的检算。

(4)提出审核意见。

通过桥梁检算，公路部门确定大件运输车辆是否可以过桥。如不能直接过桥，应提出大件运输车辆过桥的通行管理措施或加固措施。

2. 大件运输车辆过桥的检算方法

(1)等代荷载判别法。

等代荷载判别法是在同一跨径(或荷载长度)用同一种影响线分别计算大件运输车和设计规范采用标准车的等代荷载，将两者进行比较，以判别大件运输车能否安全通过或是否需要进行加固。

对于各种不同形式的荷载以及各种类型的桥梁，虽然其结构体系(静定或超静定)、影响线形状、结构设计的荷载标准等不同，但只要按照相同跨径(或荷载长度)和同类影响线型换算成均布荷载，就可进行比较。

利用等代荷载比较判定时，可根据式(2-1)进行。

$$\mu = \frac{P_{实} - P_{控}}{P_{控}} \times 100\% \tag{2-1}$$

式中:$P_{实}$——大件运输车产生的截面内力(或超重车等代荷载);

$P_{控}$——标准荷载产生的截面内力(或设计规范采用的标准荷载等代荷载)。

其判别标准为:

当$\mu \leqslant 0$时,大件运输车具有通过桥梁权;

当$0 < \mu \leqslant 5\%$时,大件运输车具有允许通过权;

当$\mu > 5\%$时,大件运输车丧失通过权,此时应根据桥梁具体情况,在采取必要的加固补强措施和妥善的行车措施的条件下,谨慎地让车通过;

当$\mu > 25\%$时,一般不允许大件运输车通过,若必须通过时,则应采用特殊加固或改建措施。

(2)实际荷载计算法。

实际荷载计算法,就是按采取各种措施后桥梁结构实际所受荷载状态计算的方法,如单车过桥和靠中行驶措施的计算以及临时搭设钢木过梁法的验算等。

(3)实测数据分析法。

实测数据分析法,就是先用小超限车辆过桥,并在其过桥时采取各种测量手段实测桥梁结构各种实测数据,再根据这些实测数据进行分析整理、验算判断所需大件运输车过桥的可行性。测定方法包括静态和动态两种。

3. 车辆过桥检算快速判定的方法

公路管理行政部门快速审批大件运输车辆申请是社会的要求,是服务人民大众的要求。由于大件运输车辆车型多样,作为公路行政管理部门,每次审批都要对沿线桥梁进行检算分析是不现实的,但可以采用先定性分析,后定量分析的方法加快审批速度。定性分析能通过的,就准以放行;定性分析不能通过,再进行定量分析。

我们可以采用类似等代荷载判别法的荷载类比法进行定性分析。

荷载类比法,就是大件运输荷载与原桥梁设计、验算荷载类比,并通过典型跨径的活载内力对比分析判断桥梁结构是否能满足大件运输荷载通过。

为了能够在日常的行政审批中直接采用荷载类比法,我们要完善如下基础工作:

(1)收集典型大件运输车的车辆参数,包括平面尺寸、自重、轴数、轴距、轴重、轮数、轮距、单位压力等。

(2)收集整理典型桥梁的尺寸、结构类型、设计荷载、验算荷载。

(3)通过典型桥梁在大件运输荷载与原桥梁设计、验算荷载作用下的内力对比分析,得出大件运输车辆的载重允许值。

(4)将典型桥梁(对应设计荷载、验算荷载)、典型大件运输车及其对应的载重允许值制成表格,可直接用于定性分析。

### (四)典型桥梁对大件运输车辆与设计标准车辆的荷载响应

1. 常见大件运输车辆

常见的大件运输车辆见图2-1,车辆主要技术指标见表2-2。

a)　b)　c)　d)

图 2-1　大件运输车

**常见大件运输车的主要技术指标**　　表 2-2

| 种　类 | 简　图 | 主要技术指标 |
| --- | --- | --- |
| 豪泺—汇达 6 轴挂车 | $P_1$ $P_2$ $P_3$ $P_4$ $P_5$ $P_6$<br>2.5　1.5　13　1.5　1.5<br>22<br>纵向布置(尺寸单位:m) | 自重:牵引车 9t、挂车 12t |
| 沃尔沃—燕台 7 轴挂车 | $P_1$ $P_2$ $P_3$ $P_4$ $P_5$ $P_6$ $P_7$<br>3　1.5　8　2　2　2<br>20<br>纵向布置(尺寸单位:m) | 自重:牵引车 10t、挂车 16t |

续上表

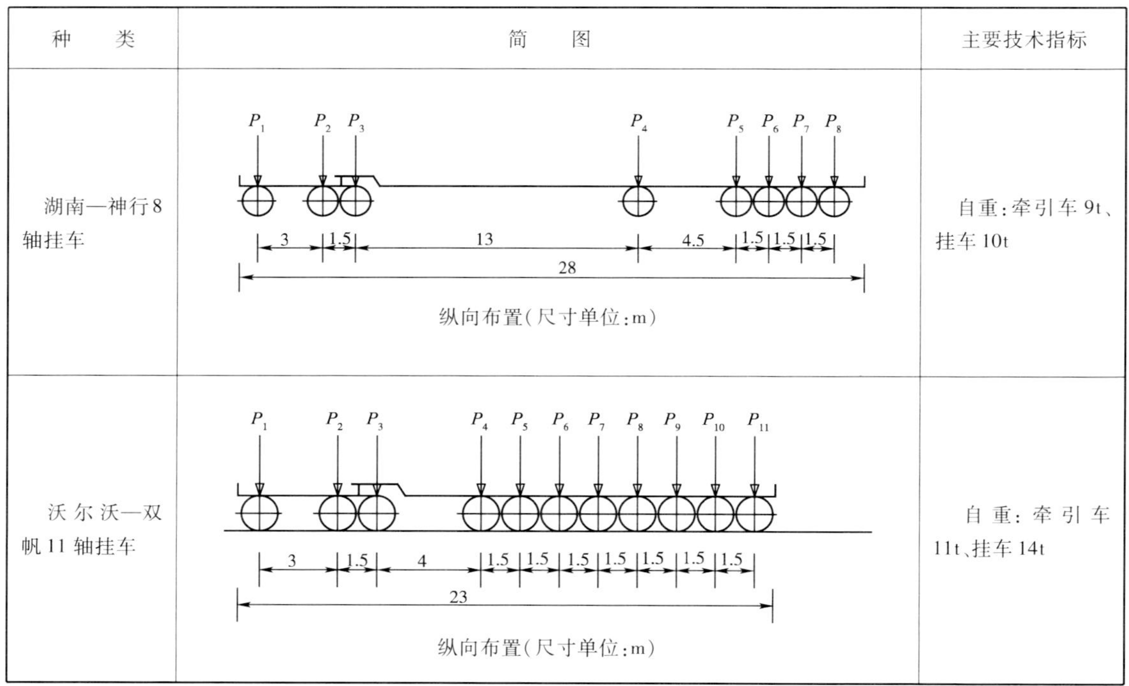

| 种　类 | 简　图 | 主要技术指标 |
|---|---|---|
| 湖南—神行8轴挂车 | $P_1$ $P_2$ $P_3$ $P_4$ $P_5$ $P_6$ $P_7$ $P_8$<br>3　1.5　13　4.5　1.5　1.5　1.5<br>28<br>纵向布置(尺寸单位:m) | 自重:牵引车9t、挂车10t |
| 沃尔沃—双帆11轴挂车 | $P_1$ $P_2$ $P_3$ $P_4$ $P_5$ $P_6$ $P_7$ $P_8$ $P_9$ $P_{10}$ $P_{11}$<br>3　1.5　4　1.5　1.5　1.5　1.5　1.5　1.5　1.5<br>23<br>纵向布置(尺寸单位:m) | 自重:牵引车11t、挂车14t |

2. 大件运输车辆作用下典型桥梁承载力检算

(1)承载力检算方法。

在大件运输车辆进行技术审核时,采用荷载类比的定性分析方法可以大大提高审核速度。几种典型桥梁上部结构在典型大件运输车辆作用下的荷载类比结果见附录C典型桥梁车辆荷载影响表。表中未对下部结构进行分析。

表中,允许载重指在标准荷载效应最大值与大件运输车荷载效应之比等于1时的大件运输车载重,即式(2-2)。

$$\frac{P_{实}}{P_{控}}=1 \tag{2-2}$$

式中:$P_{实}$——大件运输车产生的结构截面内力;

$P_{控}$——标准荷载产生的结构截面内力。

允许载重栏括号外数值含牵引车、挂车自重及货重,括号内为货重。

计算时假设:货重均匀分布于平板或货箱上;大件运输车有专人护送,过桥时慢速行驶;沿线桥梁使用情况良好,满足原设计、验算荷载。

技术审批时,如果载重小于允许载重,则允许通过;否则,采取临时或永久加固措施。

(2)大件运输车辆作用下典型桥梁承载力检算图形(图2-2~图2-9)。

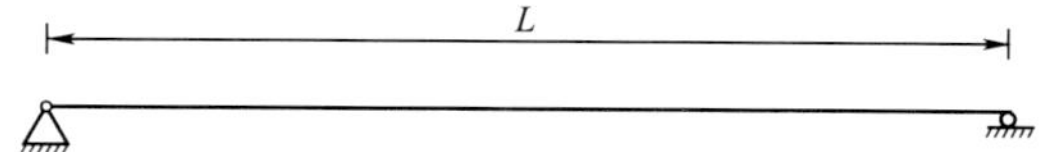


图2-2　单跨简支梁结构计算图($L=10m、13m、16m、20m、30m$)

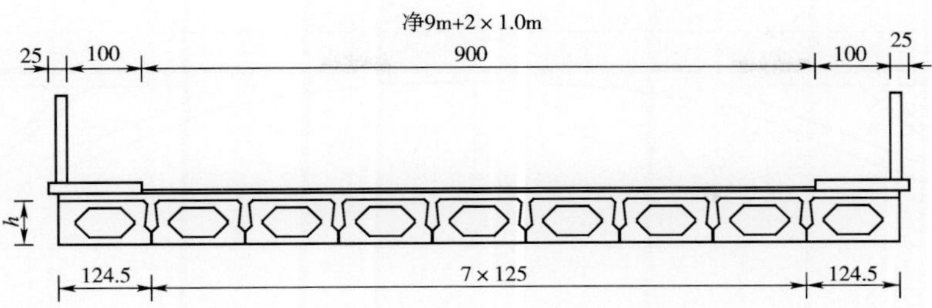


图 2-3　10～20m 普通钢筋混凝土空心板梁上部结构布置图(尺寸单位:cm)

注:10m、13m、16m、20m 板高 $h$ 分别为 50cm、60cm、75cm、90cm。

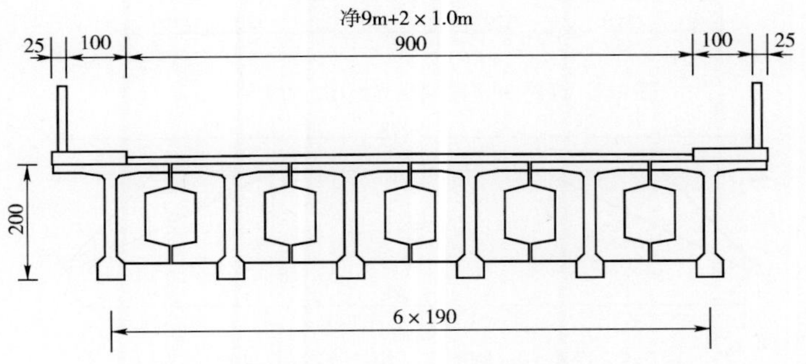


图 2-4　30m T 梁上部结构布置图(尺寸单位:cm)

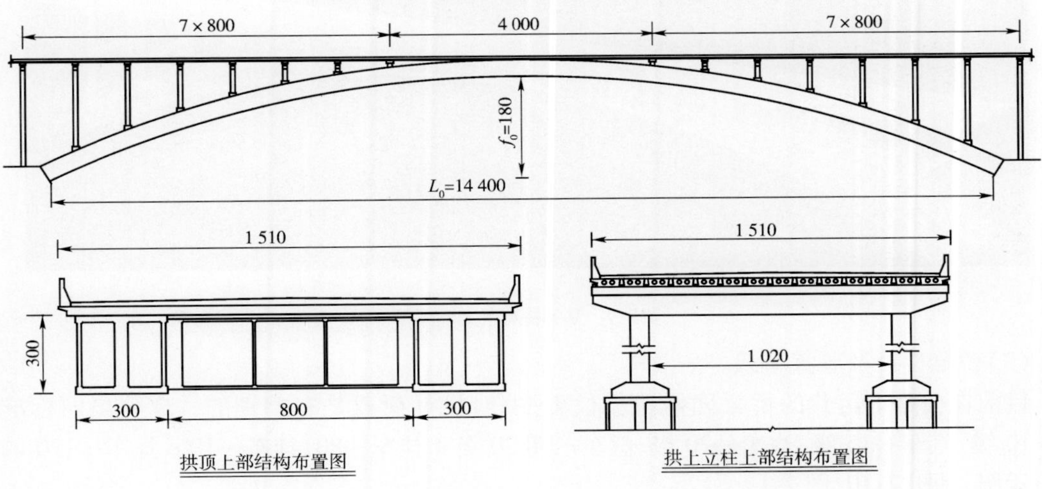


图 2-5　净跨 144m 箱肋拱立面图(尺寸单位:cm)

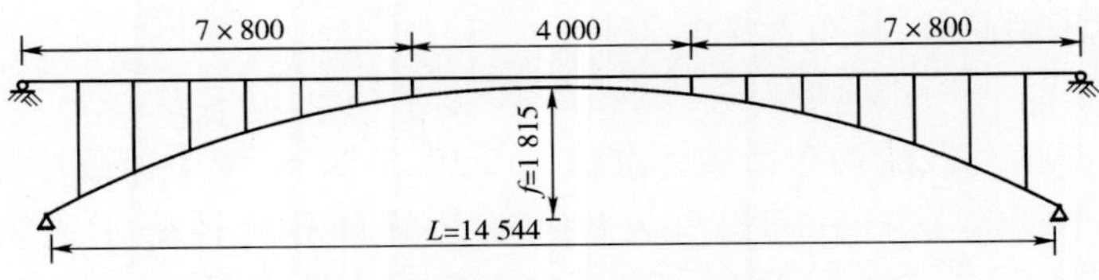


图 2-6　净跨 144m 箱肋拱结构计算图(尺寸单位:cm)

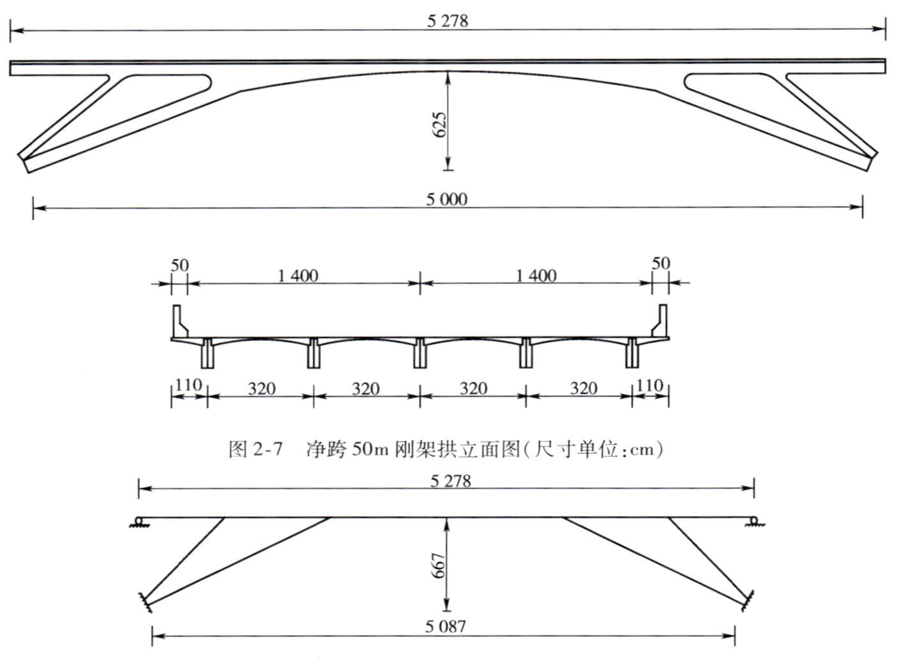


图 2-7　净跨 50m 刚架拱立面图(尺寸单位:cm)

图 2-8　净跨 50m 刚架拱结构计算图(尺寸单位:cm)

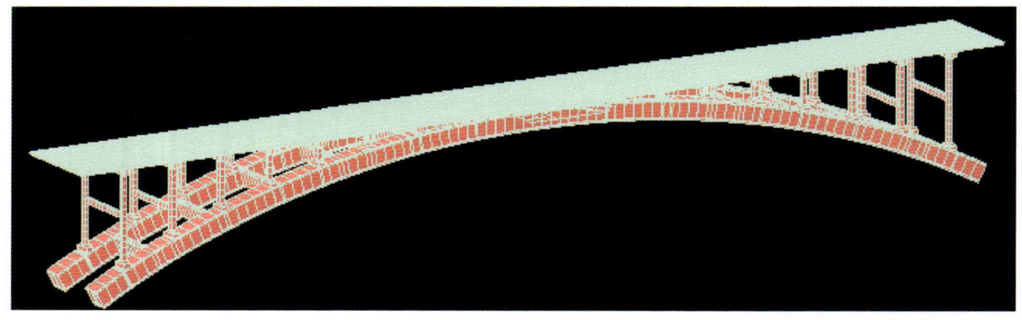

图 2-9　某大桥有限元模型图

(3)桥梁设计及验算荷载。

目前在公路上运营的桥梁因修建年代不一样,设计荷载是有差别的。现列出旧标准汽车—10 级、汽车—15 级、汽车—20 级、汽车—超 20 级和挂车—80、挂车—100、挂车—120 的荷载布置图,见图 2-10、图 2-11。

目前公路桥梁采用的设计荷载执行《公路桥涵设计通用规范》(JTG D60—2004)规定,荷载分为车道荷载和车辆荷载,其布置见图 2-12。

根据规范规定:

①公路—Ⅰ级车道荷载的均布荷载标准值 $q_k = 10.5\text{kN/m}$;集中荷载标准值按以下规定选取:桥梁计算跨径小于或等于 5m 时,$P_k = 180\text{kN}$;桥梁计算跨径等于或大于 50m 时,$P_k = 360\text{kN}$;桥梁计算跨径在 5 ~ 50m 之间时,$P_k$ 值采用直线内插求得。计算剪力效应时,上述集中荷载标准值 $P_k$ 乘以 1.2 的系数。

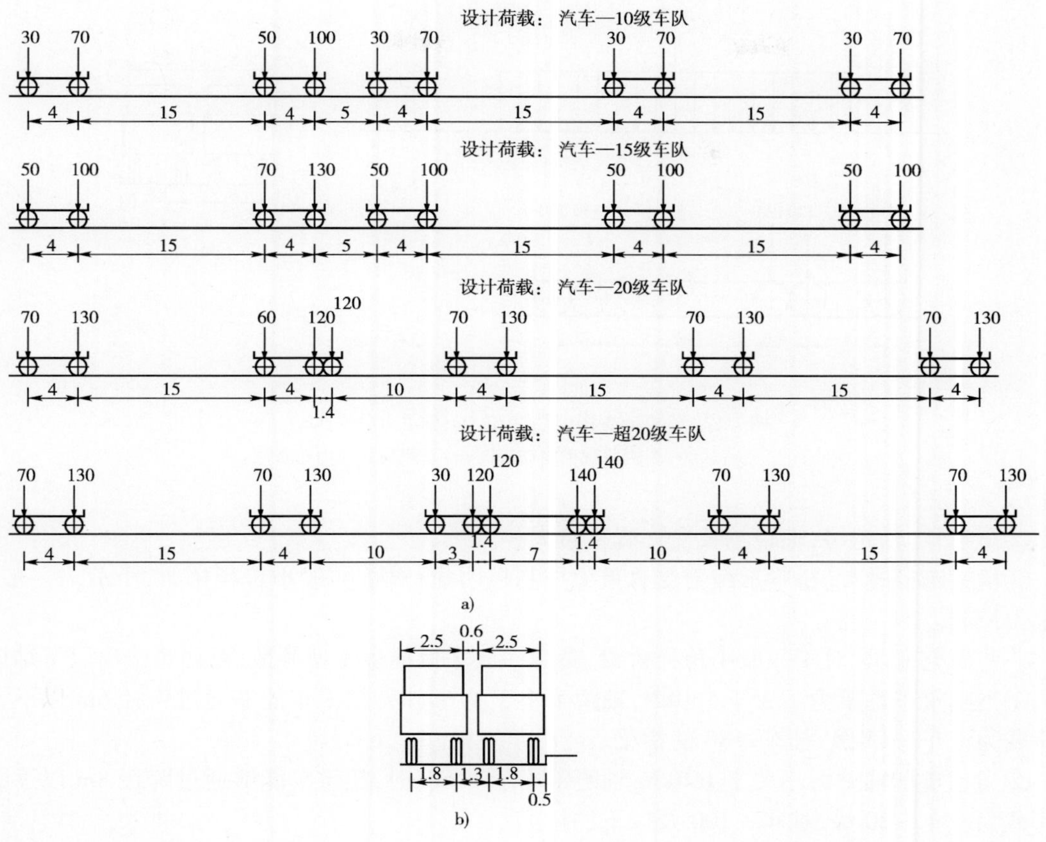


图 2-10　汽车排列图(尺寸单位:m;轴重力单位:kN)

a)各级汽车车队纵向排列;b)汽车横向排列

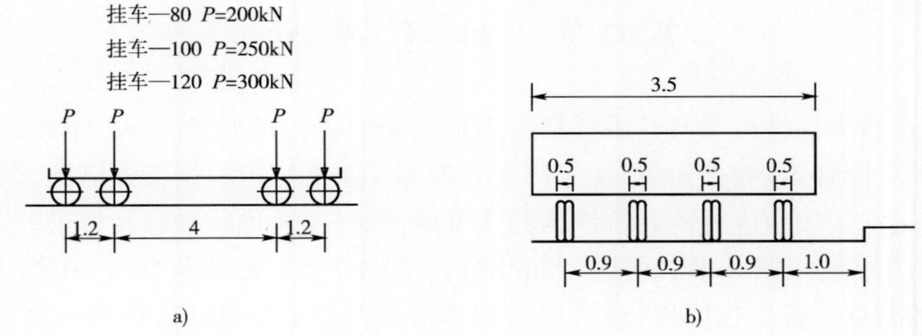


图 2-11　挂车排列图(尺寸单位:m)

a)挂车纵向排列;b)挂车横向排列

②公路—Ⅱ级车道荷载的均布荷载标准值和集中荷载标准值为公路—Ⅰ级的 0.75 倍。

典型桥梁车辆荷载效应见附录 C。从附录 C 计算结果可以看出:

①同一座桥梁,对不同的车型,允许载重不一样。10 ~ 20m 跨径的桥梁,允许载重的最小值为最大值的 15% ~25%;30 ~ 144m 跨径的桥梁,允许载重的最小值为最大值的 10% ~

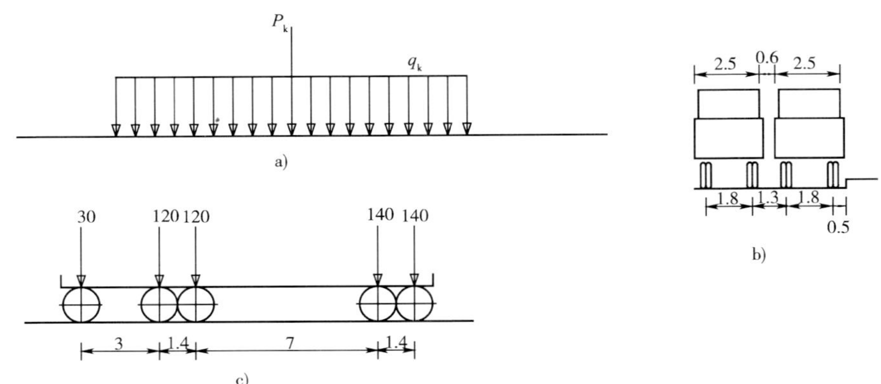


图 2-12　荷载布置图（尺寸单位：m；轴重力单位：kN）

a）车道荷载；b）车辆荷载横向布置图；c）车辆荷载立面布置图

20%　。

②车越长，轴越多，轴距越长允许载重越大。

③桥梁跨径越大，桥梁承载力受总重力控制越明显；对于一般小跨径桥梁，承载力一般由轴重力控制。

一些研究显示，对于一般小跨径桥梁，参考一般平板挂车车型参数，可初步给出以下结论：

①当超重车轴重力不大于 160kN，轴距不小于 1.6m 时，超重车能够通过跨径 6m 以下、设计荷载为汽车—15 级、挂车—80 的桥梁。

②当超重车轴重力不大于 160kN，轴距不小于 1.6m 时，超重车能够通过跨径 8m 以下、设计荷载为汽车—20 级、挂车—100 及以下的桥梁。

③当超重车轴重力不大于 190kN，轴距不小于 1.6m 时，超重车能够通过跨径 8m 以下、设计荷载为汽车—超 20 级、挂车—120 及以下的桥梁。

## 第四节　桥梁养护

桥梁管理是指为保持桥梁及其附属物的正常使用而进行的管理活动，桥梁管理工作包括桥梁检查、技术状况评定、养护建议、技术档案管理等。桥梁养护是指工程措施，即为保持桥梁及其附属物的正常使用而进行的经常性保养及维修作业，以及预防和修复桥梁的灾害性损坏，为提高桥梁使用质量和服务水平而进行的改造。桥梁养护包括小修保养、中修工程、大修工程、改建工程和专项工程。按照现行《公路桥涵养护规范》（JTG H11），桥梁小修保养（日常养护）是指对桥梁及其附属构筑物进行预防性养护，修复其轻微损坏部分，使其保持完好状态的工程项目；桥梁中修是指对桥梁及其附属构造物一般磨损和局部损坏进行定期的修理加固，以恢复原状况的小型工程项目；桥梁大修是指对桥梁及其附属构造物的较大损坏进行周期性的综合修理，以全面恢复到原设计标准的技术状况，或在原技术等级范围内进行局部改善和个别增建，以逐步提高其通行能力的工程项目；桥梁改建是指对桥梁及其附属构造物因不适应交通量、荷载、泄洪要求而提高技术等级，或因公路局部改移需要重建，或为了显著提高通行能力而进行的较大型、大型工程项目。

桥梁养护的目标就是将桥梁营运期的使用功能维持在需求的水准上，同时使总体维护费用和对环境的影响控制在最小程度，具体是：桥梁外观整洁，桥面铺装坚实平整、横坡适度，桥头连接顺适，排水畅通，结构完好无损，标志、标线等附属设施齐全完好。

桥梁养护是一项综合工程，养护人员不仅需要具备桥梁养护管理技术本身的知识，也需具备设计和施工技术的知识；不仅需要有理论知识，也需要有实践经验；不仅需要对目前政策和经济的了解，也应具有社会责任感和使命感。

针对不同桥型和部位，桥梁养护分为：桥面系、钢筋混凝土梁桥、预应力钢筋混凝土梁桥、拱桥、钢桥、钢—混凝土梁桥、斜拉桥、悬索桥、支座、墩台基础、墩台的养护和维修，分述如下。

## 一、桥面系的日常养护与维修

### (一)桥面铺装

(1)桥面应经常清扫，排除积水，清除泥土、杂物、冰凌和积雪，保持桥面平整、清洁。

(2)沥青混合料桥面出现泛油、拥包、裂缝、波浪、坑槽、车辙等病害时，应及时处治。当损坏面积较小时，可局部修补；损坏面积较大时，可将整跨铺装层凿除，重铺新的铺装层。一般不应在原桥面上直接加铺，以免增加桥梁恒载。

(3)水泥混凝土桥面出现断缝、拱胀、错台、起皮、露骨等病害时，应及时处理。损坏面积较大时，应将原铺装整块或整跨凿除，重铺新的铺装层。

(4)桥面防水层如有损坏，应及时修复。

### (二)排水系统

(1)桥面的泄水管、排水槽如有堵塞，应及时疏通，并经常保持畅通。

(2)桥面应保持大于1.5%的横坡，以利于桥面排水。

(3)桥梁上设置的封闭式排水系统，应保持各排水管道畅通，排水系统的设备如水泵等应工作正常，若有堵塞应及时疏通，若有损坏则应及时更换。

### (三)人行道、栏杆、护栏、防撞墙

(1)人行道块件应牢固、完整，桥面路缘石应经常保持完好状态。若出现松动、缺损，应及时进行修整或更换。

(2)桥梁栏杆应经常保持完好状态。栏杆柱应竖立正直，扶手应无损坏、断裂，伸缩缝处的水平杆件应能自由伸缩。栏杆柱、扶手如有缺损，应及时补齐。因栏杆损坏而采用临时防护措施时，使用时间不得超过三个月。

(3)钢筋混凝土栏杆开裂严重或混凝土剥落，应凿除损坏部分，修补完整。

(4)钢质栏杆应涂漆防锈，一般每年一次。

(5)护栏、防撞墙应牢固、可靠，若有损坏，应及时修理或更换。钢护栏与钢筋混凝土护栏上的外露钢构件应定期涂漆防锈，一般每年一次。

(6)桥梁两端的栏杆柱或防撞墙端面，涂有立面标记或示警标志的，应定期涂刷，一般每年一次，使油漆颜色保持鲜明。

### (四)照明设施

桥上灯柱应保持完好状态，如有缺损和歪斜，应及时修理、扶正。灯具损坏应及时更换，保

证夜间照明。

（五）伸缩装置

（1）应经常清除缝内积土、垃圾等杂物，使其发挥正常作用，若有损坏或功能失效，应及时修理或更换。

（2）以下几种伸缩装置出现下列病害时，应及时进行更换：

①U 形锌铁皮伸缩装置的锌铁皮老化、开裂、断裂。

②钢板伸缩装置或锯齿钢板伸缩装置的钢板变形，螺栓脱落，伸缩不能正常进行。

③橡胶条伸缩装置的橡胶条老化、脱落，固定角钢变形、松动。

④板式橡胶伸缩装置的橡胶板老化开裂，预埋螺栓松脱，伸缩失效。

（3）更换的伸缩装置应选型合理，伸缩量应满足桥跨结构变形需要，安装应牢固、平整、不漏水。

（4）维修或更换伸缩装置时，应采取措施维持交通。

（六）桥头

搭板脱空、断裂或枕梁下沉引起桥路连接不顺适，出现桥头跳车时，应进行维修处理。

（七）标志、标线和交通安全设施

（1）桥上的交通标志应齐全、醒目、牢固，标志板应保持整洁、无裂纹和残缺。若有损坏，应及时整修。

（2）交通标线应经常保持完好、清晰，定期进行标线重涂。

（3）桥上的防眩板应保持齐全、整洁，若有损坏应及时整修。

（4）桥上设置的航空灯、航道灯及供电线路、通信线路必须保持完好状态，若有损坏，应立即修复。避雷设备要经常保持完好，接地电阻要符合要求，接地线附近禁止堆放物品，禁止挖取接地线的覆土。

## 二、钢筋混凝土桥的日常养护与维修

（一）钢筋混凝土梁桥日常养护维修内容

清除表面污垢；修补混凝土空洞、破损、剥落、表面风化以及裂缝；清除暴露钢筋的锈渍，恢复保护层；处理各种横（纵）向构件的开裂、开焊和锈蚀。

保持箱梁的箱内通风，未设通风孔的应补设。梁体的污垢宜用清水洗刷，不得使用有腐蚀性的化学清洗剂。

（二）钢筋混凝土梁桥常见病害及采用的维修方法

（1）对梁（板）体混凝土的空洞、蜂窝、麻面、表面风化、剥落等应先将松散部分清除，再用高强度等级混凝土、水泥砂浆或其他材料进行修补。新补的混凝土要密实，与原结构应结合牢固、表面平整。新补的混凝土必须进行养生。

（2）梁体若发现露筋或保护层剥落，应先将松动的保护层凿去，并清除钢筋锈迹，然后修复保护层。如损坏面积不大，可用环氧砂浆修补；如损坏面积过大，可用喷射高强度等级水泥砂浆的方法修补。

(3)梁(板)体横、纵向联结件开裂、断裂、开焊,可采取更换、补焊、帮焊等措施修补。

(4)钢筋混凝土梁桥的裂缝处理:

①当裂缝的宽度大于限值及裂缝分布超出正常范围时,应作处理;

②当裂缝宽度在限值范围内时,可进行封闭处理,一般涂刷环氧树脂胶;

③当裂缝宽度大于限值规定时,应采用压力灌浆法灌注环氧树脂胶或其他灌缝材料;

④当裂缝发展严重时,应加强观测,查明原因,按照现行《公路桥涵养护规范》(JTG H11)的有关规定进行加固处理。

(三)钢筋混凝土构件的修补

(1)在昼夜平均气温低于5℃的冬季维修桥梁时,对修补的混凝土构件应采取保温措施,保证混凝土的凝固硬化。

(2)用于修补加固的混凝土、钢材,其强度和其他质量指标应不低于原桥材料。修补用的混凝土强度等级应比原强度等级提高一级。在 pH 值小于 5.6 的地区,所用的水泥应根据环境特点采用耐酸的硅酸盐水泥、抗硫硅酸盐水泥等。

(3)受拉区修补用的混凝土宜用环氧树脂配制,受压区修补用的混凝土可用膨胀水泥配制。用水泥混凝土或砂浆修补的构件应加强养生,有条件时宜用蒸汽养生或封闭养生。

## 三、预应力混凝土梁桥的日常养护与维修

(一)预应力混凝土梁桥日常养护维修

预应力混凝土梁桥日常养护维修的内容同钢筋混凝土梁桥。除此以外,应对预应力锚固区的破损及开裂、沿预应力钢束纵向的开裂进行修补。

(二)预应力混凝土梁桥常见病害

(1)混凝土表面剥落、渗水,梁角破碎、露筋,钢筋锈蚀,局部破损等。

(2)预应力钢束应力损失造成的病害。

(3)预应力混凝土梁出现裂缝。全预应力及部分预应力 A 类构件在正常使用条件下不允许出现裂缝,只有 B 类构件允许出现裂缝。裂缝的类型除了与钢筋混凝土梁桥相同者外,还有沿预应力钢束的纵向裂缝、锚固区局部承压的劈裂缝。

(三)预应力混凝梁桥常见病害的维修方法

预应力混凝土梁桥常见病害的维修方法同钢筋混凝土梁桥。

对于不允许出现裂缝的桥梁,不论裂缝宽窄,都应查明原因进行处理或加固。

## 四、拱桥的日常养护与维修

(1)经常清除表面污垢及圬工砌体因渗水而在表面附着的游离物。

(2)经常疏通泄水管孔,保持桥面及实腹拱拱腔排水畅通。如发现拱桥桥面漏水,应及时修补。空腹拱的主拱圈(肋)若发现渗水,应对拱背进行清理,清除可能积水的残渣、堆积物等,并用砂浆等材料抹平或堵塞裂缝。实腹拱若发现主拱圈渗水,应检查拱腔排水系统,必要时可挖开拱上填料,修补防水层,修理排水管道。

(3)主拱及拱式腹拱的拱铰及变形缝应保持正常工作状态。清除弧面铰及变形缝内嵌入

的杂物，保持能自由转动、变形。填缝材料，如油毛毡、浸渍沥青的木板等，如有损坏，应及时更换。

（4）构件表面缺陷及局部损坏的修补，主要有以下几类：

①圬工砌体的边角压碎、砌块断裂，干砌石拱桥砌缝张口等，可用水泥砂浆修补。若个别块体压碎或脱落，应用新的块体填塞更换。更换时，应保证嵌挤或填塞紧密。砌缝砂浆若发生脱落，应凿除后重新用干硬性砂浆或微膨胀砂浆填筑，表面重新勾缝。

②钢筋混凝土拱构件的表面缺损与裂缝修补参见钢筋混凝土梁桥有关内容。

③钢管混凝土拱钢构件表面的防锈涂层应保持完好，并定期重涂，养护工作参照钢桥有关内容。

④实腹拱的侧墙若发生较大变形、开裂，应查明原因并作相应处理。若是填料不实，或拱腔积水，应挖开拱上填料，修补防排水系统，拆除鼓凸部分侧墙后重新砌筑，重新回填拱上填料及重做路面，也可酌情换用轻质填料或加大侧墙尺寸。

若发现侧墙与拱圈之间脱开，或侧墙上有斜向（若是砌体通常沿砌缝呈锯齿状）开裂，应检查墩台与主拱的变形。开裂轻微且不再发展的，可作一般修补裂缝处理。若开裂严重或裂缝在发展中，应考虑加固、改造方案。

（5）中、下承式拱桥的吊杆养护参见斜拉桥拉索养护部分。

系杆拱桥的系杆混凝土裂缝应用环氧砂浆等材料进行处理。系杆采用无混凝土包裹的预应力钢束时，应定期对钢束的防锈保护层进行养护、更换防护油脂等。系杆的支承点如有下沉要及时调整。

（6）冬季月平均气温低于 -20℃ 的地区，对淹没于结冰水位以下的拱圈，应在枯水期从结冰水位以上 50cm 开始至拱脚涂抹一层防冻环氧砂浆，砂浆表面再涂刷沥青进行保护。

## 五、钢桥的日常养护与维修

（1）清除钢结构的表面污垢，保持杆件清洁，特别应注意节点、转角、钢板搭接处等易积聚污垢的部位。清除的污垢不要扫入泄水孔或排水槽中，以免堵塞。

（2）更换所有松动和损坏的铆钉。更换过的铆钉在检验之后，均应涂上与桥梁结构显著不同的颜色，并记入桥梁记录簿，注明其数量和位置。

在更换铆钉前，应仔细察看钉孔位置是否正确。若钉孔不圆或偏位大于 2mm 时，必须扩钻加大孔径。在铆接杆件时，如钉孔不合适，严禁采用强力钻进的铆接方法。更换铆钉后，应对其所有相邻而未更换的铆钉加以敲击，检查是否受到损伤。

（3）普通螺栓或高强度螺栓连接的构件，若发现松动应及时加以拧紧，对于高强度螺栓必须施加设计的预拉应力。为了便于螺栓的更换，应防止丝口锈蚀。如接合杆件表面有角度时，则应在螺帽之下垫以楔形垫圈。

（4）焊接连接的构件，焊缝处若发现裂纹、未熔合、夹渣、未填满、弧坑等缺陷时，应进行返修焊，焊后的焊缝应随即铲磨匀顺。

（5）钢杆件受到冲击造成局部弯曲时，可用撬棍、弓形螺旋顶或油压千斤顶进行冷矫，禁止用锻钢烧材的方法来矫正。

钢杆件如有不同方向的弯曲，应对导致弯曲的原因作调查分析以确定矫正方法，矫正时按

不同的弯曲方向分别进行。如杆件同时有扭转和弯曲,应先矫正弯曲,再矫正扭转。若是由于杆件强度、刚度不足或稳定性差等原因引起弯曲,矫正后应进行加固处理。如需拆卸杆件修理时,可安装临时杆件替代被拆卸杆件,以保证行车安全。

(6)装配式钢桥的养护应符合下列要求:

①在桥两端竖立鲜明的限速、限载标志,严禁超速、超载。

②对各部件接合点的销子、螺栓、横梁夹具、抗风拉杆等进行检查。如有松动和缺损,应及时拧紧和修补更换;销子周围应涂油脂,防止雨水进入销孔缝隙;外露的螺栓丝扣应涂油,防止锈蚀。

③木桥面板出现破裂、弯曲及不平整时,应及时抽换。若经常有履带车通过,则应加铺轨道板。

(7)装配式钢桥使用后拆卸进仓之前,应进行油漆,并对拆下的部件进行全面检查和修理。如杆件有局部变形,应进行矫正;如有细裂痕和暗裂纹,应修理加固或更换;销子和栓钉应仔细检查是否有裂缝、脱皮、弯曲、压损等,发现缺陷应及时消除或更换;最后涂抹黄油,用蜡纸包好装箱入仓。

(8)装配式钢桥的储存应符合下列要求:

①构件应分类按规格堆放,下面需用木料或石块垫高,以防受潮;堆置高度不宜过高,以防下层构件被压弯变形;桁架片应单层竖向堆放,堆放时应将架设时先用的部件放在外部。

②所存放的钢构件应保持清洁,定期涂抹油脂,防止锈蚀。一般每年检查一次,每三年全面检查一次。如发现变形和脱漆,应及时矫正和补漆。

③所有销子、螺栓等零部件应每年开箱清点,加涂黄油防锈。

④专用架设工具应注意配套保存,防止丢失,并加强维修保养。

(9)对整座钢桥,应视油漆失效情况,定期进行涂装防锈;部分油漆失效应及时除锈补漆。

钢桥杆件的油漆工作,应符合下列要求:

①在涂漆之前,对铁锈、旧漆、污垢、尘土和油水等,均应仔细清除。对所有易锈蚀的部位,如凹处、缝隙、纵横梁及主桁架的弦杆等,尤应仔细清理。

②除锈应做到点锈不留、除锈彻底、打磨匀亮、揩擦干净。可采用在浓度10%的无机酸中加入0.2%~0.4%的面粉、树胶或煤焦油等缓蚀剂来清洗锈蚀,也可采用喷砂除锈法或其他更有效的除锈方法。

③油漆层数一般为底、面漆各两层。对于易遭受损坏或工作条件困难的部位应多涂一层面漆。在第一层底漆干燥后,应对裂缝、不平整处和局部凹痕的部位用油性腻子腻塞,并对腻封质量进行检查,发现缺陷应予清除。

④钢桥油漆工作应在天气干燥和温暖季节(不低于+5℃)进行。油漆时的气温应与被漆钢构件表面温度相近。在风沙天气、雾天、雨天不应进行油漆工作,对表面潮湿的钢构件也不应进行油漆工作。

⑤钢桥的防腐可采用镀锌、铝等阳极防腐的金属涂层。金属涂层的制作工艺有喷涂、热镀、电镀、电泳、渗镀、包覆等方法。关键部位及维修困难的部位,可采取在喷、镀金属层上再涂防腐涂料的复合面层或涂玻璃鳞片涂料等防护措施。

## 六、钢—混凝土组合梁桥的日常养护与维修

钢—混凝土组合梁桥的日常养护参见钢筋混凝土桥和钢桥的有关内容。应注意对其结合部位的保养维修，防止桥面水渗漏造成钢构件锈蚀及钢和混凝土之间的联结失效。

## 七、斜拉桥的日常养护与维修

（1）斜拉桥梁体的索塔部分的养护，视其结构类型可按钢筋混凝土桥、预应力混凝土桥及钢桥的相关规定进行。

（2）拉索的养护应符合下列要求：

①拉索两端的锚具及护筒应经常保持清洁和干燥。塔端锚头若漏水、渗水应及时用防水材料封堵，梁端锚头若漏水、积水应及时将水排出并封堵水源。

②定期更换拉索两端锚具锚杯内的防护油。

③定期更换钢护筒与套管连接处的防水垫圈及阻尼垫圈，做好搭接处的防水处理。

④定期对索端钢护筒做涂漆防锈处理。

⑤若拉索护套出现开裂、漏水、渗水应及时处理。可剥开已损坏的护套，将已潮湿的钢索吹干，对已生锈的钢索做好除锈处理，再涂刷防护漆及防护油，并用玻璃丝布或其他防护材料包扎严密。

⑥斜拉索的减振装置要保持正常工作状态，发现异常或失效要及时维修。

（3）桥上附属设施的养护应符合下列要求：

①索塔的爬梯应每年保养一次，包括除锈、油漆、修理损坏的部件。进出品检查门应经常保持完好。有工作或观光电梯的，应按有关规定进行保养。

②空心索塔的塔内应经常保持通风干燥。塔内通风照明系统每年至少检查保养一次，损坏的灯具应及时更换。

（4）斜拉索的调整和更换应符合下列要求：

①对因钢索、锚具损坏而超出安全限值的拉索应及时进行更换。

②对索力偏离设计限值的拉索进行索力调整。张拉的顺序、级次和量值应按设计规定进行，并测定索力和延伸值，同时进行控制。

③拉索的更换按改建工程进行，应对各方案技术经济的合理性进行分析比选，确定安全、简便的施工方案。竣工后必须对全桥斜拉索的索力和主梁高程进行测定，检验换索效果，并作为验收的依据。

## 八、悬索桥的日常养护与维修

（1）悬索桥梁体和索塔部分的养护，视其结构类型可按钢筋混凝土桥及钢桥的相关规定进行，参见有关章节。

（2）主缆各索股的受力应保持均匀，经检查若个别索股受力出现明显偏差、松弛或过紧，应通过索端拉杆螺栓进行调整。

（3）防止主缆索股的锚头、锚杆、裸露索股、分索器、散索鞍等锈蚀，涂装防锈油漆的部分应定期涂刷，涂抹黄油的部分应定期更换黄油，发现剥落、锈蚀应及时处理。

(4)主缆索的防护层如有开裂、剥落,应尽快修复,必要时可切开防护层检查主缆是否锈蚀并作相应处理,处理完毕后应及时修复。采用涂敷黄油防锈并用简易包裹做防护层的,应定期更换黄油及防护层,并保持其完好状态。

(5)网格式悬索桥,肢杆拉索应保持正常的工作状态,若发现松弛,可调整端头拉杆螺母使其复位。

(6)索鞍应经常清扫,防止尘土杂物堆积、积水(雪)及锈蚀。索鞍的辊轴或滑板应保持正常工作状态。

(7)锚室及封闭的索鞍罩内应保持干燥。有除湿设备的应保持设备正常工作,出现故障及时检修。

(8)索夹、索鞍、吊杆等的紧固螺栓应保持其原设计受力状态,视其工作情况,每半年至两年定期紧固,若发现松动应及时紧固。

(9)若吊杆有明显摆动、倾斜或检查发现其受力变化,应查明原因。若索夹松动,应使其复位并紧固锚栓;若拉杆螺栓松动,应予拧紧;若吊索锚头出现松动,应予更换。吊杆复位后应进行索力检测。

(10)吊杆的保护套,止水密封圈、防雨罩等应保持完好,若发现老化、开裂、破损要及时修补、更换。

(11)吊杆的减振装置要保持正常工作状态,发现异常或失效要及时检修。

(12)未做衬砌的岩石锚室或锚洞,若有表面风化或表面裂纹,应用环氧树脂砂浆或钢丝网水泥砂浆进行处理。

## 九、桥梁支座的日常养护与更换

### (一)日常养护

(1)支座各部应保持完整、清洁,每半年至少清扫一次。清除支座周围的油污、垃圾,防止积水、积雪,保证支座正常工作。

(2)滚动支座的滚动面应定期涂润滑油(一般每年一次)。在涂油之前,应把滚动面揩擦干净。

(3)对钢支座要进行除锈防腐。除铰轴和滚动面外,其余部分均应涂刷防锈油漆。

(4)及时拧紧钢支座各部接合螺栓,使支承垫板平整、牢固。

(5)应防止橡胶支座接触油污引起老化、变质。

(6)滑板支座、盆式橡胶支座的防尘罩,应维护完好,防止尘埃落入或雨、雪渗入支座内。

### (二)支座维修与更换

(1)支座如有缺陷或产生故障不能正常工作时,应及时予以修整或更换。

①支座的固定锚销剪断,滚动面不平整,轴承有裂纹或切口,辊轴大小不合适,混凝土摆柱出现严重开裂、歪斜,必须更换。

②支座座板翘起、变形、断裂时应予更换,焊缝开裂应予整修。

③板式橡胶支座出现脱空或不均匀压缩变形时,应进行调整。

④板式橡胶支座发生过大剪切变形、中间钢板外露、橡胶开裂、老化时,应及时更换。

⑤油毡垫层支座失去功能时，应及时更换。

（2）调整、更换板式橡胶支座、钢板支座、油毛毡垫层支座时采用如下方法：在支座旁边的梁底或端横隔处设置千斤顶，将梁（板）适当顶起，使支座脱空不受力，然后进行调整或更换。调整完毕或新支座就位正确后，落梁（板）到使用位置。

（3）需要抬高支座时，可根据抬高量的大小选用下列几种方法：

①垫入钢板（50mm 以内）或铸钢板（50 ~ 100mm）。

②更换为板式橡胶支座。

③就地浇筑钢筋混凝土支座垫石，垫石高度按需要设置，一般应大于 100 mm。

### 十、锥坡、翼墙的养护

（1）锥坡应保持完好。锥坡开裂、沉陷，受洪水冲空时，应及时采取措施进行维修加固。

（2）翼墙出现下沉、断裂或其他损坏时，应及时维修加固。

## 第五节　桥梁养护计划管理

桥梁养护单位的桥梁工程师完成经常检查后，应填写附录 B 中表 B-5。现场登记所检查项目的缺损类型，估计缺损范围及养护工作量，向桥梁管养单位提出相应的小修保养措施。如果发现桥梁重要部（构）件明显达到三、四、五类技术状况的桥梁，应及时向上级（投资决策单位或桥梁养护监管单位）提交专项报告，上级单位（监管单位）或投资决策单位的桥梁养护工程师应立即组织有关人员现场核查、确定桥梁技术等级，或安排专门检查。定期检查后，应填写附录 B 中表 B-6，并提出养护维修或改建建议。

依据检查评定结果确定桥梁技术状况等级后，按下列原则安排桥梁养护计划。一类桥梁，技术状况处于完好或良好状态，进行正常保养；二类桥梁，技术状况处于良好或较好状态，安排小修；三类桥梁，技术状况处于较差状态，个别重要构件有轻微缺损或部分次要构件有较严重缺损，但桥梁尚能维持正常使用功能，应安排中修，并酌情进行交通管制；四类桥，技术状况处于差的状态，部分重要构件有较严重缺损或部分次要构件有严重缺损，桥梁正常使用功能明显降低，桥梁承载能力降低但尚未直接危及桥梁安全，需对桥梁进行大修或改造，并及时进行交通管制，如限载、限速通过，当缺损较严重时应封闭交通；五类桥：技术状况处于危险状态，部分重要构件出现严重缺损，桥梁承载能力明显降低并直接危及桥梁安全，必须及时关闭交通并进行加固、改建或重建。

一般来说，一类桥梁保养和二类桥梁小修的养护活动是长期存在的，其费用应在年度养护计划中作切块安排，按面积和交通量计列经费；三、四、五类桥梁的维修加固应单列专项经费，根据维修加固工程内容确定费用。现行交通部《公路桥梁养护工作管理制度》明确了桥梁养护单位、监管单位、投资决策单位的职责，一旦发生桥梁安全事故，将易于判断事故责任单位，进而追究责任。因此，桥梁工程师应认真履行职责、做好工作，根据桥梁检查结果，编制三、四、五类桥梁的维修加固方案，并按程序向投资决策单位提交计划建议，还同时保留检查技术资料。

目前我国各省区公路养护体制多不相同，投资决策单位也不相同。部分省区的公路管理

层次有县公路局、市公路局、省（区）公路局、省（区）交通厅，而年度养护计划要由省计划部门审批，投资决策权多集中在省级部门；“一路一公司”模式的管理层次较少，收费业主即是投资决策单位。

某省（区）垂直管理公路系统的桥梁养护计划编制程序如下：

（1）一、二类桥梁的小修保养计划由县级公路桥梁养护单位的桥梁工程师编制，由本级主管桥梁养护的领导审定并列入年度小修保养工作。

（2）三类桥梁的中修计划由县级公路桥梁养护单位的桥梁工程师报市级桥梁养护监管单位的桥梁工程师审核，并向本级计划部门提出桥梁中修的年度计划。

（3）四、五类桥梁的大修、加固、改建或重建项目，由市级公路桥梁养护监管单位的桥梁工程师编制项目计划。对于技术较简单、投资额较小的中小桥梁大修、加固项目，由市级主管桥梁养护的领导或总工程师审定并报本级计划部门列入年度计划；对于技术较复杂、投资较大的大中桥梁的大修、加固、改建或重建，由市级公路桥梁养护监管单位的桥梁养护工程师编制计划后报省（区）级公路桥梁养护监管单位的桥梁工程师审核，经主管领导或总工程师审定后报计划部门列入桥梁年度养护计划。

另外，桥梁养护年度计划中应预留一定的抢修应急资金，用于坍塌断通桥梁或五类桥梁的改建重建。

国家对公路桥梁质量及安全事故实行责任追究制度，必须完善桥梁养护计划的编制及落实的各项制度，做到职责分明。各级桥梁工程师必须依据科学的检查，实事求是地编制、审核桥梁养护计划，并按规定程序做好与计划部门的对接，确保计划落到实处。

# 第三章 桥梁检查与评定

## 第一节 概 述

桥梁是公路的重要结构物,反复承受车辆动力荷载。旧桥原设计荷载标准偏低,结构构件老化,各种材料强度降低,随着经济的发展,公路运输行业的快速增长,超载车辆不断增加,以及环境因素的侵害,设计、施工遗留的缺陷,桥梁的质量状况日趋恶化,耐久性逐渐降低。为确保桥梁的运营安全,及时发现桥梁病害和缺陷,查明其性质和严重程度,分析和评定既有病害和缺陷对桥梁承载能力和日后使用情况的影响,为维修加固设计和今后的养护管理工作提供可靠的依据,桥梁检查与评定工作显得尤其重要。

桥梁检查是桥梁养护管理工作的重要内容,通过检查桥梁进而评定其技术状况,为桥梁养护决策提供依据。桥梁评定是对桥梁的使用状况及其承载能力进行综合评价,评定桥梁的实际承载能力、通行能力、抗洪能力,提出桥梁的养护、改造方案。据统计,截至2007年底全国各类桥梁总数为570 016座,其中危桥98 623座,约占总数的17%。这些桥梁大多建于20世纪60~80年代,设计荷载标准有汽车—10级、汽车—13级、汽车—15级、汽车—20级,限于当时施工水平和材料工艺,桥梁的施工质量不是很高,出现了不同程度的病害,四川宜宾南门大桥等旧桥垮塌事故的发生给我们敲响了警钟,因此务必做好桥梁检查与评定工作。

## 第二节 桥梁日常养护检查与特殊检查

桥梁检查是一项通过对桥梁缺陷和损伤的检查,并根据其性质、部位、严重程度及发展趋势,找出产生缺陷和损伤的主要原因,分析和评价其对桥梁质量和承载能力的影响,从而了解桥梁投入使用至今桥梁技术状况的工作。按检查的范围、深度、方式和检查目的,分为经常检查、定期检查和特殊检查。经常检查主要由桥梁管养单位桥梁养护工程师进行;定期检查通常由具有一定检查经验并受过专门桥梁检查培训,熟悉桥梁设计、施工等方面的桥梁养护工程师负责组织实施;特殊检查由有相应资质和能力的单位承担。

### 一、经常检查

#### (一)经常检查的周期和目的

经常检查每月不得少于一次(汛期应加强检查)。经常检查主要指对桥面设施、上部结构、下部结构及附属构造物的技术状况进行检查。经常检查的目的在于及时发现桥梁外表可见的病害和缺陷,为小修保养计划提供依据,发现重要部件存在明显缺陷时,能及时向上级提

交专项报告。

(二)经常检查的内容

(1)外观是否整洁,有无杂物堆积,杂草蔓生。构件表面的涂装层是否完好,有无损坏、老化变色、开裂、起皮、剥落、锈迹。

(2)桥面铺装是否平整,有无裂缝、局部坑槽、积水、沉陷、波浪、碎边;混凝土桥面是否剥离、渗漏,钢筋是否露筋、锈蚀,缝料是否老化、损坏,桥头有无跳车。

(3)排水设施是否良好,桥面泄水管是否堵塞和破损,排水是否污染桥梁、腐蚀构件。

(4)伸缩缝是否堵塞卡死,连接部件有无松动、脱落、局部破损,橡胶带是否老化,是否漏水而污染墩台盖梁和主梁。

(5)人行道、缘石、栏杆、扶手、防撞护栏和引道护栏(柱)有无撞坏、断裂、松动、错位,钢筋是否外露、锈蚀。

(6)观察桥梁结构有无异常变形,异常竖向振动、横向摆动等情况,然后检查各部件的技术状况,查找异常原因。

(7)支座是否有明显缺陷、脱空、跑位现象,活动支座是否灵活,变形和位移量是否正常。值得特别说明的是,支座检查的工作条件较困难,在一般情况下将其经常检查周期定为一个季度。若支座技术状况较差且缺损发展较快,则应缩短检查周期。

(8)桥位区段河床冲淤变化情况。

(9)基础是否受到冲刷损坏、外露、悬空、下沉,墩台及基础是否受到生物腐蚀。

(10)墩台是否受到船只或漂浮物撞击而受损。

(11)翼墙(侧墙、耳墙)有无开裂、倾斜、滑移、沉降、风化剥落和异常变形。

(12)锥坡、护坡、调治构造物有无塌陷,铺砌面有无缺损、勾缝脱落、灌木杂草丛生。

(13)交通信号、标志、标线、照明设施以及桥梁其他的附属设施是否完好。桥梁设置的观测用的标点、传感器及引线等也应作为桥梁的附属设施,纳入管理检查维护。

(14)其他显而易见的损害或病害。

(三)检查记录

经常检查由桥梁管养单位的桥梁养护工程师组织实施。经常检查结束后要及时更新桥梁养护管理系统数据。经常检查采用目测方法,配以简单工具进行测量,当场填写“桥梁经常检查记录表”,现场登记所检查项目的缺损类型,估计缺损范围及养护工作量,向桥梁管养单位提出相应的小修保养措施,如果发现桥梁重要部(构)件明显达到三、四、五类技术状况的桥梁,应及时向上级(投资决策单位或桥梁养护监管单位)提交专项报告,上级单位(监管单位)或投资决策单位的桥梁养护工程师应立即组织有关人员现场核查、确定桥梁技术等级,或安排专门检查。桥梁经常检查记录表见附录 B 中表 B-5。

## 二、定期检查

(一)定期检查的目的和要求

定期检查的目的在于及早发现桥梁的主体结构及其附属构造物的缺损状况,为评定桥梁的使用功能,制订管理养护计划提供基本数据,为桥梁养护管理系统搜集结构技术状态的动态数据。桥梁定期检查是桥梁养护管理工作的重要基础工作,是评估养护效果、制订养护计划的重要数据来源。桥梁工程师应根据定期检查的情况,对桥梁的进行技术状况评定,提出对桥梁的处置报告。

### (二)定期检查周期

在出现下列情况之一时,应组织定期检查:

(1)定期检查周期根据技术状况确定,最长不得超过三年。值得特别说明的是,由于我国公路运输处于快速增长时期,过桥车辆的数量和重量变化比较大,加强检查很有必要。定期检查可依据桥梁技术状况在1~3年中安排。

(2)新建桥梁交付使用一年后,进行第一次全面检查。

(3)临时桥梁每年检查不少于一次。

(4)在经常检查中发现重要部件的缺损明显达到三、四、五类技术状况时,应立即安排专门检查。

### (三)定期检查的内容

定期检查包括了经常检查的所有内容,大多数都是外观检查。定期检查分为桥面系检查、上部结构检查、支座检查、墩台与基础检查及预防水毁的检查。定期检查既要有常规的系统全面的检查,又要针对病害可能产生的部位重点检查。其常规系统全面检查内容如下:

1. 桥面系检查

按桥面系的组成部分(桥面铺装、伸缩装置、排水系统、栏杆扶手及人行道、照明设备和交通设施)依次检查。

(1)桥面铺装。

桥面铺装直接承受车轮荷载的作用,经受车轮对它的撞击、磨耗后易产生各种缺陷:

①沥青桥面铺装:轻微裂缝(发状或条状)、严重裂缝(龟裂、纵横裂缝)、坑槽、车辙、磨耗等。

②水泥混凝土桥面铺装:表面裂缝、表面磨耗、露骨、坑槽等。

③钢纤维混凝土铺装:网裂、纵裂、横裂、脱皮或局部破损露骨,表面磨耗等。

桥面铺装检查主要是检查桥面铺装有无严重的裂缝(龟裂、纵横裂缝)、坑槽、波浪,检查桥面铺装纵、横坡是否顺适,防水层是否漏水,是否存在桥头跳车等。

(2)伸缩缝装置。

目前我国公路桥梁工程上使用的伸缩缝种类很多,构造类型发展很快。常见桥梁伸缩缝类型及破坏损伤情况见表3-1。

对伸缩缝装置的检查主要以目测为主,必要时量测破损的范围。检查内容包括伸缩缝是否堵塞、挤压、失效;各部分的构件是否完好;锚固连接是否牢固,连接件是否松动;有无局部破损;密封橡胶带是否老化、失去弹性、异常变形或开裂;伸缩缝是否有不正常的响声或异常的伸缩量;钢构件是否锈蚀;伸缩缝是否平整,有无跳车现象等,并详细描述记录。

(3)桥面排水设施。

**常见伸缩缝装置及破坏损伤表**　　表 3-1

| 伸缩缝类型 | 常见破坏及损伤情况 |
| --- | --- |
| U 形锌铁皮伸缩缝 | ①防水材料老化、脱落；<br>②伸缩缝凹槽堵塞、卡死，不能自由变形；<br>③锚固混凝土开裂、破损；<br>④由于墩台下沉，出现异常伸缩 |
| 异型钢伸缩缝 | ①开裂；<br>②缝内堵塞、卡死，不能自由变形；<br>③锚固构件松动或焊缝开焊；<br>④排水管破坏、堵塞 |
| 橡胶伸缩缝 | ①橡胶条破坏、老化、剥离；<br>②锚固构件松动、脱落；<br>③伸缩缝本身下陷和凸出；<br>④填充料被拉离；<br>⑤连接部位漏水 |

桥面排水设施的缺陷，在降雨和化雪时表现得最显著，因此对桥面排水设施缺陷的检查最好在此时进行。主要检查桥面排水是否顺畅，有无积水；泄水管是否完好、畅通；泄水管的盖板是否损坏、丢失，管口是否被堵塞；桥头排水沟是否完好；锥坡有无冲蚀、塌陷。

(4)栏杆、扶手及人行道。

公路上的栏杆及防撞设施是桥面的安全防护设施，暴露在自然环境下，加之人为和车辆的撞击，会产生各种病害，因此要检查有无撞坏、缺损、裂缝、变形过大、金属腐蚀等，检查栏杆、扶手本身破坏情况以及相互连接处是否脱落，钢制构件是否锈蚀、脱漆；检查路缘石是否有破碎，人行道与桥面板连接的牢固程度等。

(5)照明设备、交通设施。

检查灯具(包括航空灯、航道灯、桥上照明灯)是否完整；电路是否稳定；灯柱有无损坏、锈蚀、变形；灯光亮度及照明效果是否正常；通信信号、标志、标线是否损坏、老化、失效，是否需要更换；桥上的路用通信、供电系统及设备是否完好；桥上避雷装置是否完善，避雷系统性能是否良好。

2. 桥梁上部结构的检查

桥梁上部结构是桥梁的主要承重结构，是检查工作的重点内容之一。不同桥型的重点检查内容不同，桥梁上部构造常规检查分三部分：基本受力构件检查；横向联系检查；基本尺寸、纵轴线检查。

(1)基本受力构件检查。

根据桥梁结构形式、构件种类、建桥环境、施工质量以及使用情况等的不同，在基本构件上缺陷产生的部位、种类和程度也不同。

①检查混凝土桥有无混凝土开裂、剥离、断面破损、钢筋外露及锈蚀、混凝土本身质量不足、异常变形等。

②检查拱桥构件有无裂缝、灰缝脱落、渗水、砌块断裂和脱落、风化等。

③检查钢结构桥构件有无锈蚀，铆钉、螺栓松动和脱落，焊缝开裂，构件变形、损伤等。

④检查悬索桥和斜拉桥有无索体振动频率、索力异常变形；锚碇及锚杆破损，锚洞开裂、变形、积水；主缆、吊杆及斜拉索的表面防护破损、老化；索体开裂、鼓胀和变形；索鞍错位、卡死、辊轴歪斜，构件锈蚀、破损等。

以上所述某一缺陷产生，随着日积月累的变化，加上环境影响，有扩大的危险。而且缺陷和原因往往不是一一对应的，不少情况是某一个原因为诱发源，其他则多为促进缺陷发展的原因。因此，在基本受力构件的检查中，一定要细心观察，发现缺陷后，应结合缺陷的种类、部位、范围及严重程度，从设计、施工及使用年限、使用状态记录出发，进行综合分析，进而得到切合实际的初步判断。

(2)横向联系检查。

桥梁上部结构的整体性是靠基本构件的横向联系来保证的。横向联系的构件检查一般包括它们本身状况检查及它们与基本构件连接状况的检查。其检查内容如下：

①对于梁式桥的横隔板，应检查横隔板上的破损及裂缝情况，还应检查连接钢板有无外露及锈蚀现象等。

②对于双曲拱桥，应检查横系梁的裂缝情况，检查与拱肋连接处有无脱离现象，还应检查肋和波接合处情况等。

③对于桁架拱桥，应检查横隔板与主桁片、微弯板与主桁片的结合处情况等。

(3)基本尺寸、纵轴线的检查。

基本尺寸、纵轴线检查是上部结构检查的重点，观察其变形、振动和摆动，能够推测其存在的重大隐患。检查内容如下：

①量测基本构件的实际长度及截面尺寸，构件连接处的完整性及线形。

②观察基本受力构件的变形(下挠、扭曲、侧屈、位移等)、竖向振动和横向振动。

③基本构件纵轴线的检查：对梁式桥指的是主梁纵轴线向下挠曲的测量；对于拱桥指的是主拱圈实际拱轴线形状及拱顶变形量的测量。基本构件纵轴线的检查可以通过外表目测，发现有明显变形时，再用精密仪器测量。

3. 支座的检查

常见支座的病害见表3-2。

因此，对桥梁支座应进行以下几个方面的检查：

(1)支座组件是否完好、清洁，有无断裂、错位、脱空。

(2)活动支座是否灵活，实际位移量是否正确；固定支座的锚销是否完好。

(3)支座垫石有无裂纹。

(4)简易垫层支座的油毡是否老化、破裂和失效。

(5)橡胶支座是否老化、开裂；有无过大的剪切变形或压缩变形，位置是否正确，各夹层钢板之间的橡胶层外凸是否均匀。

(6)四氟滑板支座是否脏污、老化，四氟乙烯板是否完好，橡胶块是否滑出钢板。

(7)盆式橡胶支座的固定螺栓有无剪断破坏，螺母有无松动，钢盘外露部分是否锈蚀，防尘罩是否完好。

常见支座破坏及损伤表　　表3-2

| 支座类型 | 常见破坏及损伤情况 |
| --- | --- |
| 铸钢支座 | ①支座上下错位过大，有倾倒脱落的危险，钢部件损伤包括裂损、脱焊、锈蚀及支座钢件磨损和发生塑性变形；<br>②支座固定件及定位件失效，包括销钉剪断、支座锚（螺）栓松动及剪断、牙板挤死与折断、辊轴连杆螺栓剪断等；<br>③活动支座不灵活、位移超限和转角超限等；<br>④支座垫石部位缺陷，包括支座垫石不平、翻浆、积水和开裂等 |
| 板式橡胶支座 | ①板式橡胶支座表面形成龟裂裂纹；<br>②钢板外露；<br>③不均匀鼓凸与脱胶体；<br>④支座脱空 |
| 盆式橡胶支座 | ①钢件裂缝和变形；<br>②钢件脱焊；<br>③聚四氟乙烯磨损；<br>④支座位移、转角超限 |

(8)组合式钢板支座是否干涩、锈蚀，固定支座的螺栓是否牢固，销板或销钉是否完好。

(9)摆式支座各部分相对位置是否正确，受力是否均匀，钢筋混凝土立柱是否损坏。

(10)滚轴支座的辊轴是否出现不允许的爬动、歪斜。

(11)摇轴支座是否倾斜。

(12)钢筋混凝土摆柱支座的柱体有无混凝土脱皮、开裂、露筋，钢筋及钢板有无锈蚀。

4. 桥梁墩台与基础的检查

(1)墩台与基础常见病害：

①钢筋混凝土墩台身

常见的缺陷是混凝土的剥离、风化、掉角及船只碰撞造成的表面混凝土擦痕、露筋，支座下混凝土局部承压而造成的损坏；常见的裂缝有墩台身沿主筋方向的裂缝或沿箍筋方向的裂缝、盖梁与主筋方向垂直的竖向裂缝。

②砖、石墩台身

常见的缺陷是砌体的砌缝砂浆风化、砌块断裂、防水层损坏。

③基础

常见的病害是基础倾斜、下沉、开裂、冲刷或淘空。

(2)桥梁墩台与基础的主要检查内容：

①桥台及基础有无滑动、倾斜、下沉或冻裂。

②台背填土有无沉降或挤压隆起。

③混凝土及帽梁有无冻胀、风化、开裂、剥落、露筋等。

④石砌体有无砌块断裂、通缝脱开、变形，砌体泄水孔有无堵塞，防水层有无损坏。

⑤墩台顶面是否清洁，伸缩缝处有无漏水。

⑥基础下是否发生不许可的冲刷或淘空现象，扩大基础的地基有无侵蚀。桩基顶段在水位涨落、干湿交替变化处有无冲刷磨损、颈缩、露筋，有无环状冻裂，有无受到污水、咸水或生物的腐蚀。必要时对大桥、特大桥的深水基础应派潜水员潜水检查。

(3)检查方法：

①桥梁墩台身缺陷及裂缝检查

可以采用目测或借助于一些工具(例如用小锤轻敲以检查表面风化程度、剥落情况及内部空洞；用读数显微镜检查裂缝最大宽度等)来完成。

②对于墩台的沉降、位移和倾斜情况的检查

一般可以先由目测并结合桥梁上部结构检查进行初步判断。例如对于简支梁桥，当上部结构检查发现主梁在墩顶倾斜、伸缩缝顶死的情况时，可以初步判定桥墩台可能有倾斜或不均匀沉降；对于拱桥，当主拱圈检查中发现拱顶下沉较多及主拱圈上有较多的径向裂缝时，那么也可以初步认为桥墩台可能有水平位移存在。

桥梁墩台的沉降量详细检验用精密水准仪测量，严格按国家一、二等水准测量规定进行，并应闭合在两岸的永久水准点上。观测点一般选在墩台顶面的两端，其观测标志可用在墩台上埋置的铆钉头作为水准观测点。桥梁墩台的倾斜情况详细检查可以在墩台上设置固定的铅垂线测点，用全站仪或吊垂球测定墩台倾斜度。

对于中小跨度梁桥墩台水平位移的观测，可用特制的钢线尺固定拉力作悬空丈量，直接将丈量结果与竣工资料比较。

对于拱桥墩台水平位移的检查，可用如下两种方法测得：

a. 若有完整的竣工资料，可根据实地测量求得跨径，与竣工时跨径值比较而得到墩台水平位移；

b. 若没有竣工资料，则需要根据实测拱轴线取得拱顶的下沉量，扣除因设预拱度不够而下沉得到的差值，再以此除以拱顶处推力影响线坐标，可以得到桥台的水平位移的估算值。

③桥梁基础的检查

当桥梁墩台有倾斜、位移或在活载作用下墩顶位移较大时，可以初步推断基础存在严重缺陷，应立即进一步详细检查，可采用以下三种方法检查：

a. 对于河床无水或浅水墩台，可设围堰防水直接挖至基础检查。

b. 对于流速不大的深水墩台，可用围堰、封底抽水进行检查。

c. 激光探测和振动检查方法，检查墩台基础中裂缝、断裂、冲空等病害。

5. 预防水毁的技术检查

(1)桥梁墩台、调治构造物、引道、护坡、挡土墙结构是否完好，基础是否冲空或损坏。

(2)桥下有无杂草、树枝、块石等杂物淤塞河道；桥位上游有无堆积、漂浮物。

(3)桥梁上游河道是否稳定，水流有无变化，桥梁下游是否发生冲刷。

(4)有无挖砂、取石对桥梁上、下游河道造成的破坏情况。

(5)调查桥梁上游附近有无水库及其设计标准，是否存在病害隐患。

(6)对特大桥、大桥除上述检查内容外，尚应进行控制检测。桥梁永久性观测点按表3-3设置。

桥梁永久性观测点和检测项目　　表 3-3

| 检 测 项 目 | | 观　测　点 |
|---|---|---|
| 1 | 墩、台身、索塔、锚垫的高程 | 墩、台身底部(距地面或常水位 0.5 ~ 2m)、桥台侧墙尾部顶面和锚垫的上、下游各 1 ~ 2 点 |
| 2 | 墩、台身、索塔倾斜度 | 墩、台身底部(距地面或常水位 0.5 ~ 2m)的上、下游各 1 ~ 2 点 |
| 3 | 桥面高程 | 沿行车道两边(靠缘石处),按每孔跨中、$L/4$、支点等不少于 5 个位置(10 个点)观测。测点应固定于桥面板上 |
| 4 | 拱桥桥台、悬索桥锚碇水平位移 | 拱座、锚碇的上、下游两侧各 1 点 |
| 5 | 悬索桥索卡滑移 | 索卡处设 1 点 |

注:特大型桥梁或特殊桥梁还应根据养护、管理的需要,增设相应的控制项目。

定期检查和经常检查均有目测项目,但定期检查必须接近各部件仔细检查其缺损情况,并结合仪器对桥梁进行全面细致的检查,发现桥梁的缺陷或损伤的外部迹象,并分析其产生的原因,同时要测量桥梁主要承重结构构件的实际几何尺寸。定期检查要当场填写"桥梁卡片表"和"桥梁定期检查记录表"。缺损原因的判断、维修范围的估定、改建和限制交通的建议要慎重进行,必须以检查情况及与以往检查情况的变化对比为依据,要有可信、充足、准确的数据,不可盲目下结论。"桥梁基本卡片表"见附录 B 中表 B-1,"桥梁定期检查记录表"见附录 B 中表 B-6。

## 三、特殊检查

特殊检查应根据桥梁的破损状况和性质,采用仪器设备进行现场测试、荷载试验及其他辅助试验,针对桥梁现状进行检算分析,形成鉴定结论。特殊检查应委托有相应资质和能力的单位承担。出现以下四种情况之一时,应作特殊检查:

(1)定期检查中难以判明损坏原因及程度的桥梁。

(2)桥梁技术状况为四、五类者。

(3)拟通过加固手段提高荷载等级的桥梁。

(4)条件许可时,特殊重要的桥梁在正常使用期间可周期性进行荷载试验。

桥梁遭受洪水、流冰、滑坡、地震、风灾、漂流物或船舶撞击,因超重车辆通过或其他异常情况影响造成损害时,应进行应急检查。

## 四、常用桥梁检查方法

桥梁病害测量技术、仪器设备、测试元件是桥梁检测的重要技术保障,测量技术的科学性、准确性直接关系到桥梁检测能否达到预期目的。桥梁检查人员需要掌握常用桥梁病害测量技术及方法。

### (一)常用桥梁病害测量技术

1. 混凝土剥落、空洞、蜂窝麻面检测

对于此类病害,主要是测量其面积和深度。表观病害检查可以人力目测、锤击敲打,用钢尺测量其病害面积和深度;若为混凝土内部缺陷,则需采用超声脉冲法检测,常用的检测仪器有 IES 便携式混凝土厚度缺陷测试系统,可以连续、快速地测试混凝土内部孔洞、蜂窝等,并能对厚度、缺陷进行三维成像。

2. 混凝土裂缝测量

对于此类病害，主要测量指标有裂缝数量、宽度、长度、深度和裂缝发展方向。裂缝出现前，可以借助于放大镜用肉眼观察；裂缝出现后，可采用读数显微镜测量其缝宽，用塞尺或者裂缝宽度对比卡观察裂缝的发展变化，用钢尺测量其长度。该方法测试精度低。深度测量需采用超声波法，常用仪器有裂缝测深仪。超声波裂缝宽度测量仪器有裂缝测宽仪，该仪器可以把放大的裂缝图像显示在显示屏上，再人工读取宽度。这种测试仪避免了裂缝显微镜必须近距离调节焦距的要求，降低了裂缝测试的劳动强度，但仍需人工估测和记录宽度。

3. 混凝土碳化深度检测

对于该类病害，通常采用在混凝土新鲜断面喷洒酸碱指示剂，通过观察酸碱指示剂的变化来确定碳化深度的方法。常用的酸碱指示剂有酚酞试剂。酚酞试剂由无色变为紫色时，混凝土未碳化；未改变颜色的混凝土已碳化。此时可用测深卡尺测量混凝土表面至酚酞变色交界处的深度。测量该类病害的常用仪器有混凝土碳化深度测试仪。

4. 混凝土强度检测

混凝土强度检测有无破损检测和破损检测。无破损检测常用回弹仪检测。破损检测常用的有钻芯法检测。原则上对结构不采取破损检测，但在其他方法不能确定评定结构（构件）或者承重构件主要受力部位时，应采用取芯法结合其他方法评定。在结构上钻、截取试件时，应尽量选择在承重构件的次要部位或次要承重构件上，并采取有效的措施，确保结构安全。钻、截取试件后，应及时进行修复或加固处理。

5. 混凝土氯含量测定

主要是检测和评定氯含量，评价氯化物腐蚀的深度。混凝土氯含量的测定有滴定条法和试验室化学分析法。测试仪器有氯含量快速测试仪。

6. 钢筋分布与保护层厚度检测

主要采用电磁法无损检测方法确定钢筋的位置，辅以现场修正确定保护层厚度，估测钢筋直径、位置、深度和尺寸。常用测试仪器有钢筋探测仪。

7. 钢筋锈蚀检测

主要采用半电池电位法的原理测定钢筋锈蚀状态。常用测试仪器有钢筋锈蚀探测仪。

8. 应力（应变）量测

应力（应变）测量就是测量结构危险截面的应力分布及最大应力值，应力沿构件的分布情况。目前主要采用应变片测量。

9. 位移测量

位移测量的目的主要是了解结构的刚度及其变化情况，区分结构弹性和非弹性性质，了解结构是否发生异常变形或者局部破坏。测量大位移可采用水准仪、经纬仪和全站仪，小位移可采用百分表、电子百分表和位移计。

10. 斜拉桥、悬索桥拉索检测

拉索检测主要内容有振动频率、索力检测，以及外观检查。外观检查内容包括拉索表面封闭、防护是否完好，有无破损、老化；索体是否开裂、变形及鼓胀。目前拉索检查有钢丝绳诊断系统，该系统通过电磁原理，采用多通道信号处理技术，能够得到被测体的精确状况。该系统

可以实时检测分析，是无破损检测。

11. 水下构件检查

目前国外有用侧向超声波测位仪来检查水下构件的；国内也曾经采用水电效应法检测桩的承载力及完整性，但结果不理想。方法比较可靠的是潜水员潜水检查，用水下摄影机采集图像。图3-1为水下摄影机采集的某桥桩基承台受腐蚀的图像。

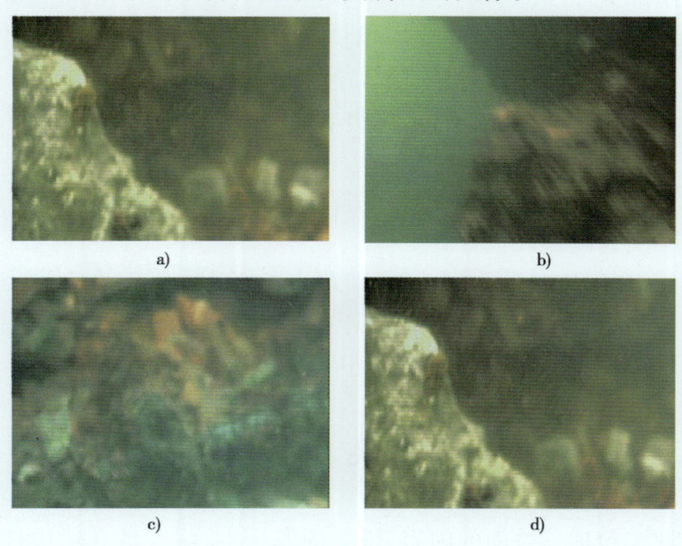


图3-1　水下摄影机采集的某桥桩基承台受腐蚀的图像

12. 混凝土钻孔灌注桩完整性检测

常用方法有超声波透射法、反射波法和机械阻抗法。目前应用最广泛的为超声透射法。超声波检测管布置见图3-2。

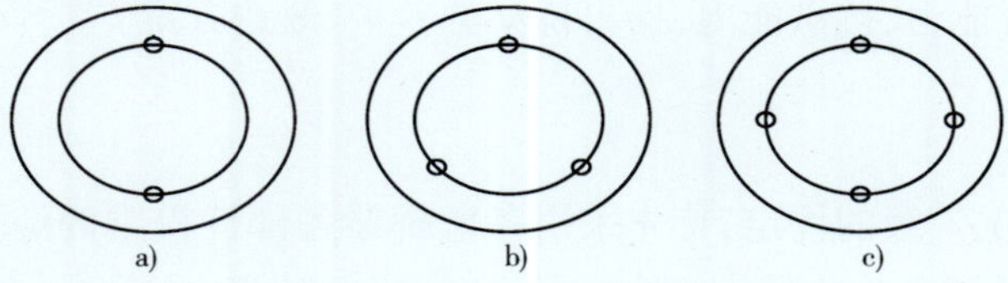


图3-2　检测管布置图

注：适用的桩径范围，两检测管为 $d<1\text{m}$；三检测管为 $1\text{m}<d<2.5\text{m}$；四检测管为 $d>2.5\text{m}$。

（二）常用检测方法与仪器

常用检测方法与仪器见附录E。

## 五、桥梁检查资料的整理

（1）根据行政区域、线路名称、线路走向整理桥梁定期检查数据表册。当天检查的桥梁现场记录，应在次日内整理成每座桥梁定期检查数据表。所有表册按统一格式归档。

（2）整理桥梁典型缺损和病害的照片及相关说明。缺损状况的描述应采用专业标准术语，说明缺损的部位、类型、性质、范围、数量和程度等。

(3)整理桥梁总体照片,包括桥面正面照片、桥梁上游侧立面照片、桥梁下游侧立面照片,并标注清楚。桥梁改建后应重新拍照一张。

(4)按照线路名称、线路走向整理桥梁清单。

(5)整理桥梁基本状况卡片。定期检查后,应将本次检查的桥梁各部件技术状况评定结果登记在桥梁基本状况卡片内。

(6)提交桥梁定期检查报告。该报告应包括下列内容:

①辖区内所有检查桥梁的小修保养情况,并提出养护建议。

②需要大、中修或改建的桥梁计划,并说明维修的项目、拟用的维修方案、估计费用和实施时间。

③要求进行特殊检查桥梁的报告,说明检验的项目及理由。

④需要限制桥梁交通的建议报告。

定期检查内容繁多,工作必须周密计划,细致认真,有序严密,做好原始记录。所得情况和数据应按要求及时整理、建立卡片,同时把数据输入电子管理文件,动态信息资料要及时更新,桥梁卡片等应作为永久性档案保存。按要求进行桥梁检查资料的整理。

## 第三节　桥梁技术状况评定

桥梁技术状况评定包括三方面的内容:桥梁的安全性,耐久性和适应性,涉及环境、设计、施工和使用过程等因素。按评定目的和依据的不同,桥梁技术状况评定可分为一般评定和适应性评定。一般评定由负责定期检查者,依据桥梁定期检查资料,通过对桥梁各部件技术状况的综合评定,确定桥梁的技术状况等级,提出各类桥梁的养护措施。适应性评定应由有相应资质及能力的单位依据桥梁定期检查资料及特殊检查资料,结合试验与结构受力分析,评定桥梁的实际承载能力、通行能力、抗洪能力,提出桥梁的养护、改造方案。

### 一、一般评定

桥梁总体技术状况等级的评定,首先采用考虑桥梁各部件权重的综合评定方法。在各部件技术状况评定时,该方法考虑了各部件缺损程度、缺损对结构的影响、缺损发展变化的影响,采用标度法并叠加发展趋势的修正值。使用该方法的关键是确定缺损程度及标度。在综合评定时,考虑了各部件的权重。权重可采用规范值,也可根据实际情况调整,但调整值应经过批准认可,影响安全性的权重不宜降低。此外,桥梁技术状况等级的划分,还可参照《公路桥涵养护规范》(JTG H11—2004)表3.5.2-3"桥梁技术状况评定标准",对照表中关于各类桥梁总体、各部件(墩台基础、支座、上部结构等)的具体要求,结合定期检查,凭经验评定桥梁的技术状况。桥梁荷载内力由桥面依次传递到上部结构、墩台、基础、地基,某一个环节出现严重缺损都可以影响到桥梁的安全使用。为突出安全因素的影响,对上部结构的主要承重构件、墩台及基础等重要部件,以最差的缺损状况评定。重要部件对安全使用至关重要,维修工作量、难度相当大,因此桥梁技术状况等级的评定也可按照重要部件最差的缺损状况评定。推荐采用考虑桥梁各部件权重及综合评定方法评定桥梁技术状况。

（一）桥梁各部件技术状况的评定方法（推荐方法）

（1）根据缺损程度（大小、多少或轻重）、缺损对结构使用功能的影响程度（无、小、大）和缺损发展变化状况（趋向稳定、发展缓慢、发展较快）等三个方面，以累加评分方法对各部件缺损状况做出等级评定，方法见表3-3。

**桥梁缺损状况评定方法**　　表3-3

| 缺损状况及标度 | | | 组合评定标度 | | | | | |
|---|---|---|---|---|---|---|---|---|
| 缺损程度及标度 | | 程度 | 小──→大<br>少──→多<br>轻度──→严重 | | | | | |
| | | 标度 | 0 | 1 | 2 | | | |
| 缺损对结构的影响程度 | 无、不重要 | 0 | 0 | 1 | 2 | | | |
| | 小、次要 | +1 | 1 | 2 | 3 | | | |
| | 大、重要 | +2 | 2 | 3 | 4 | | | |
| 以上两项评定组合标度 | | | 0 | 1 | 2 | 3 | 4 | |
| 缺损发展变化状况的修正 | 趋向稳定 | −1 | | 0 | 1 | 2 | 3 | |
| | 发展缓慢 | 0 | | 1 | 2 | 3 | 4 | |
| | 发展较快 | +1 | 1 | 2 | 3 | 4 | 5 | |
| 最终评定结果 | | | 0 | 1 | 2 | 3 | 4 | 5 |
| 桥梁技术状况及分类 | | | 完好 | 良好 | 完好 | 良好 | 完好 | 良好 |
| | | | | 一类 | 二类 | 三类 | 四类 | 五类 |

注：①“0”表示良好状态，或表示没有设置的构造部件。当缺损程度为“0”时，不再叠加。

②“5”表示危险状态，或表示原未设置，而调查表明需要补设的部件。

③缺损程度及标度确定可参考《公路桥涵养护规范》（JTG H11—2004）表3.5.2-3“桥梁技术状况评定标准”。

④重要部件以缺损最严重的构件评分；其他部件，根据多数构件缺损状况评分。

（2）考虑各部件权重进行全桥综合评定，方法见表3-4。

（3）一般评定结果分析。

各部件组合标度 $R_i$ 能够量化反应部件的技术状态。当 $R_i \geqslant 3$ 时，说明该部件出现了严重缺损，或虽为中等缺损，但仍继续恶化。此时，即使综合评价为二类桥的，也应该安排维修。

综合性评定时：$D_r \geqslant 88$　　桥梁应进行正常保养

$88 > D_r \geqslant 60$　　桥梁需进行小修

$60 > D_r \geqslant 40$　　桥梁需进行中修

$40 > D_r$　　差的状态的四类桥梁需进行大修或改造，及时进行交通管制，当缺损较严重时应封闭交通；危险状态的五类桥梁需要进行改建或重建，及时封闭交通。

**桥梁各部件权重及综合评定方法** 表 3-4

<table>
<tr><th>部件</th><th>部 件 名 称</th><th>权重 $W_i$</th><th>桥梁技术状况评定方法</th></tr>
<tr><td>1</td><td>翼墙、耳墙</td><td>1</td><td rowspan="17">①综合评定采用下列计算式：<br>$$D_r = 100 - \sum_{i=1}^{n} R_i W_i$$<br>式中：$R_i$——各部件确定的评定标度（0～5）；<br>$W_i$——各部件权重，$\sum W_i = 100$；<br>$D_i$——全桥结构技术状况评分（0～100）；评分高表示结构状况好，缺损少。<br>②评定分类采用下列界限：<br>$D_r \geqslant 88$ 一类<br>$88 > D_r \geqslant 60$ 二类<br>$60 > D_r \geqslant 40$ 三类<br>$40 > D_r$ 四类、五类<br>$D_r \geqslant 60$ 的桥梁，并不排除其中有评定标度 $R_i \geqslant 3$ 的部件，仍有维修的需要</td></tr>
<tr><td>2</td><td>锥坡、护坡</td><td>1</td></tr>
<tr><td>3</td><td>桥台及基础</td><td>23</td></tr>
<tr><td>4</td><td>桥墩及基础</td><td>24</td></tr>
<tr><td>5</td><td>基础冲刷</td><td>8</td></tr>
<tr><td>6</td><td>支座</td><td>3</td></tr>
<tr><td>7</td><td>上部主要承重构件</td><td>20</td></tr>
<tr><td>8</td><td>上部一般承重构件</td><td>5</td></tr>
<tr><td>9</td><td>桥面铺装</td><td>1</td></tr>
<tr><td>10</td><td>桥头与路堤的连接部</td><td>3</td></tr>
<tr><td>11</td><td>伸缩缝</td><td>3</td></tr>
<tr><td>12</td><td>人行道</td><td>1</td></tr>
<tr><td>13</td><td>栏杆、护栏</td><td>1</td></tr>
<tr><td>14</td><td>灯具、标志</td><td>1</td></tr>
<tr><td>15</td><td>排水设施</td><td>1</td></tr>
<tr><td>16</td><td>调治构造物</td><td>3</td></tr>
<tr><td>17</td><td>其他</td><td>1</td></tr>
</table>

注：①表中权重为推荐值，允许根据各地环境条件，按实际情况调整，但影响安全性的权重不宜减小。

②权重的调整可采用专家评估法，调整值应经过批准认可。

（4）桥梁标度计算见表 3-5。

**桥梁技术状况评定表** 表 3-5

| 编号 $i$ | a | b | c | d | e | f | g | 注 |
|---|---|---|---|---|---|---|---|---|
| | 部件 | 权重 $W_i$ | 部件缺损程度标度 | 缺损对使用功能的影响 | 缺损发展状况的修正 | 部件评定结果 $R$(c+d+e) | $W_i \cdot R_i$ | |
| 1 | 翼墙、耳墙 | 1 | | | | | | |
| 2 | 锥坡、护坡 | 1 | | | | | | |
| 3 | 桥台及基础 | 23 | | | | | | |
| 4 | 桥墩及基础 | 24 | | | | | | |
| 5 | 基础冲刷 | 8 | | | | | | |
| 6 | 支座 | 3 | | | | | | |
| 7 | 上部主要承重构件 | 20 | | | | | | |
| 8 | 上部一般承重构件 | 5 | | | | | | |
| 9 | 桥面铺装 | 1 | | | | | | |
| 10 | 桥头与路堤的连接部 | 3 | | | | | | |
| 11 | 伸缩缝 | 3 | | | | | | |
| 12 | 人行道 | 1 | | | | | | |
| 13 | 栏杆、护栏 | 1 | | | | | | |
| 14 | 灯具、标志 | 1 | | | | | | |
| 15 | 排水设施 | 1 | | | | | | |
| 16 | 调治构造物 | 3 | | | | | | |
| 17 | 其他 | 1 | | | | | | |
| $D_r = 100 - 1/5 \cdot \sum W_i \cdot R_i =$ （桥梁等级： ） | | | | | | | | |

(5)算例。

某桥总长 2 898m,共 113 孔,分 9 联,孔径布置为 13×30m+14×30m+3×50m+14×30m+13×30m+15×20m+15×20m+13×20m+13×20m,上部结构 20m、30m 孔径采用宽幅预应力混凝土空心板的刚构连续梁体系,3 支座支承结构受力,50m 孔径简支槽形梁 4 支座受力,下部结构采用桩、柱式桥墩及预应力钢筋混凝土盖梁。桥面双向四车道,全宽 26.5m,共设 20 道毛勒伸缩缝装置。采用电子裂缝测宽仪、电子裂缝测深仪、钢筋探测仪、钢筋锈蚀仪、回弹仪、数码相机、望远镜、皮尺、钢尺、强光探照灯等仪器工具配合桥梁检测车进行检查。检查结果:主梁梁底出现横向裂缝及大量纵向裂缝,其中部分主梁裂缝超限值,严重影响结构的安全;伸缩缝装置频繁损坏,在短时间内反复修复与更换;支座存在不同程度老化、变形、开裂、移位等病害,达到四、五类状况的支座占支座总数 65%;墩柱主要出现墩身竖向裂缝、横向裂缝、局部网裂等;桥面铺装存在大量纵向、横向裂缝和网状裂纹。根据交通部颁发的《公路桥涵养护规范》(JTG H11—2004)进行综合分析与评定,该桥技术状况等级达到四类。由于部分构件损坏严重,影响结构的安全,立即对该桥实施交通管制,并组织维修加固。桥梁管养单位应及时将情况向上级主管部门报告并提出交通管制及维修加固初步意见(表 3-6),上级主管部门接到报告后应及时对评定结果进行复核,并通过特殊检查查明病害原因。在该桥实施交通管制期间,养护部门定期对病害实行监测,路政部门加强交通管制的管理及超载超限车辆的治理力度,上级主管部门组织专家论证与分析,确定维修加固方案,落实病害处治费用。

××桥技术状况评定　　表 3-6

| 编号 $i$ | a | b | c | d | e | f | g | 注 |
|---|---|---|---|---|---|---|---|---|
| | 部件 | 权重 $W_i$ | 部件缺损程度标度 | 缺损对使用功能的影响 | 缺损发展状况的修正 | 部件评定结果 $R(c+d+e)$ | $W_i \cdot R_i$ | |
| 1 | 翼墙、耳墙 | 1 | 0 | — | — | 0 | 0 | 无翼墙、耳墙 |
| 2 | 锥坡、护坡 | 1 | 严重缺损 1 | 影响小 0 | 发展快 0 | $R=(1+0+0)$ | 1 | |
| 3 | 桥台及基础 | 23 | 中等缺损 1 | 影响大 2 | 发展缓慢 0 | $R=(1+2+0)$ | 69 | |
| 4 | 桥墩及基础 | 24 | 中等缺损 1 | 影响大 2 | 发展较快 1 | $R=(1+2+1)$ | 96 | |
| 5 | 基础冲刷 | 8 | 中等缺损 1 | 影响大 2 | 发展缓慢 0 | $R=(1+2+0)$ | 24 | |
| 6 | 支座 | 3 | 严重缺损 2 | 影响大 2 | 发展较快 1 | $R=(2+2+1)$ | 15 | |
| 7 | 上部主要承重构件 | 20 | 严重缺损 2 | 影响大 2 | 发展较快 1 | $R=(2+2+1)$ | 100 | |
| … | … | … | … | … | … | … | … | |
| 17 | 其他 | 1 | 轻度缺损 0 | — | — | 0 | 0 | 避雷针 |
| $D_r=100-1/5\cdot\sum W_i\cdot R_i=100-1/5\cdot(0+1+69+96+24+15+100+\cdots)=34.8$(四类桥) | | | | | | | | |

注:本桥综合评定等级为 $D_r<40$,为四类桥,需对全桥进行维修加固。构件中第 3、4、5 项桥台及基础、桥墩及基础、基础冲刷 $R_i\geq3$,虽为中等缺损,但影响大、发展快,有继续恶化的趋势,必须对该构件进行维修;第 6、7 项支座、上部承重构件 $R_i\geq3$,且已严重缺损影响大、发展快,继续恶化严重,必须立即实施交通管制并尽快维修加固。

(二)按重要部件最差的缺损状况评定

当有重要部件出现较多病害或出现影响结构安全的病害时,若采用桥梁各部件技术状况评定方法考虑各部件权重进行综合评定，可能会产生评定等级不能准确反映桥梁重要部件最差缺损的严重情况，这时就要采用按重要部件最差的缺损状况评定，其缺损程度、标度及分类按表3-3桥梁缺损状况评定方法采用，计算步骤与桥梁各部件技术状况评定步骤相同。

(三)按桥梁总体及部件技术状况评定标准评定

该方法是按技术状况标准的描述凭经验判断。在桥梁技术状况标准表中，对各类桥梁的总体、各部件(墩台基础、支座、上部结构等)的状况均有具体要求，并有一些量化的要求。在采用各部件技术状况的评定方法对桥梁进行评定时，可参考附录B表B-4确定缺损程度及标度。

(四)梁、拱、墩台裂缝的最大限值规定(表3-7)

**梁、拱、墩台裂缝限值** 表3-7

| 结构类型 | 裂缝种类 | | | 允许最大裂缝宽度(mm) | 其他要求 |
|---|---|---|---|---|---|
| 钢筋混凝土梁 | 主筋附近竖向裂缝 | | | 0.25 | |
| | 腹板斜向裂缝 | | | 0.30 | |
| | 组合梁结合面 | | | 0.50 | 不允许贯通结合面 |
| | 横隔板与梁体端部 | | | 0.30 | |
| | 支座垫石 | | | 0.50 | |
| 预应力混凝土梁 | 梁体竖向裂缝 | | | 不允许 | |
| | 梁体纵向裂缝 | | | 0.20 | |
| 砖、石、混凝土拱 | 拱圈横向 | | | 0.30 | 裂缝高度小于截面高度一半 |
| | 拱圈纵向 | | | 0.50 | 裂缝长度小于跨径的1/8 |
| | 拱坡与拱肋结合处 | | | 0.20 | |
| 墩、台 | 墩台帽 | | | 0.30 | 不允许贯通墩身截面一半 |
| | 墩台身 | 经常受浸蚀性水影响 | 有筋 | 0.20 | |
| | | | 无筋 | 0.30 | |
| | | 常年有水，但无浸蚀性水影响 | 有筋 | 0.25 | |
| | | | 无筋 | 0.35 | |
| | | 干沟或季节性有水河流 | | 0.40 | |
| | 有冻结作用部分 | | | 0.20 | |

注：①表中所列除特指外适用于一般条件，对潮湿环境和空气中含有较强腐蚀性气体条件下的裂缝限值要求严格些。
②预应力混凝土梁指全预应力混凝土或部分预应力A类结构。
③当裂缝超过表中数值时，应进行修补或加固，以保证结构的耐久性。

## 二、适应性评定

(一)适应性评定内容

桥梁适应性评定包括承载能力、通行能力、抗洪能力评定。

承载能力评定是将桥梁的实际承载能力与现行设计荷载标准的荷载效应进行比较，反映结构能否达到承载要求。通行能力评定是将设计通行能力与现行交通量进行比较，也可

以和使用期预测交通量进行比较,反映桥梁能否满足现行(或使用期)交通量的要求。抗洪能力评定宜结合水毁调查,根据桥长及孔径、基础埋深、墩台病害等评定桥梁的抗洪能力等级。

(二)适应性评定周期

(1)评定周期一般为3~6年。评定工作可与桥梁定期检查、特殊检查结合进行,建议在一个或者两个定期检查周期之间安排。由于我国交通运输发展迅猛,适应性评定不可间隔太久。

(2)经常受洪水威胁的山区公路桥梁,宜每年进行一次抗洪能力评定。

(3)如遇洪水达到设计洪水位及以上,当年应进行一次抗洪能力评定。

(4)汛期应组织人员对所辖路线上的桥梁进行昼夜巡查,防洪指挥部实行全天24h值班。

## 第四节　桥梁健康状况实时监测

对桥梁进行健康状况实时监测,可以全面获得桥梁的技术状况信息,用来评定结构的安全性、耐久性和使用性,对设计和设计荷载进行验证,为完善设计规范提供依据,为桥梁养护、维修和管理的决策提供依据。它能够自动实时监测环境条件和桥梁结构的物理及几何状态,向管理部门传送监测结果的数据和图表,跟踪检测结构状态并对桥梁结构的异常反应做出紧急警报。2007年6月由交通部颁布实施的《公路桥梁养护管理工作制度》规定,"对特别重要的特大桥,应建立符合自身特点的养护管理系统和健康监测系统"。目前使用的监测系统有桥梁结构监测系统、冲刷监测系统和泥石流监测系统,实践中根据需要选用符合桥梁自身特点的健康监测系统。目前,我国的江阴长江大桥、上海徐浦大桥、润扬大桥、苏通大桥等重要特大桥梁安装了桥梁结构监测系统,实时监测健康状况,以确保桥梁畅通。

### 一、监测预警系统

(一)冲刷监测系统

通过监测仪器,随着量测并记录冲刷深度,现场设置警报器做出危急警告,再装上数据传送机将资料传送回监控室,了解现场冲刷淘空深度情况。监测仪器有同位素探测仪、浑水测深仪。

(二)泥石流监测系统

山区桥梁发生泥石流,常造成桥梁冲断。在这极短的时间内,监测系统发出警告,阻止车、人过桥,保护桥上车、人,附近居民生命安全。

(三)桥梁结构监测系统

桥梁结构监测系统用于监测和评估其在运营期间结构的承载能力、运营状态和耐久能力,以确保桥梁安全运营。桥梁结构监测系统自身由四部分组成:传感器系统、信息收集系统、信息处理与分析系统及系统运作和控制电脑系统,通过网络联系而进行运作。桥梁结构监测系统有:桥梁工作环境监测系统、车辆荷载监测系统、振动监测系统、应力和位移监测系统、缆索索力监测系统、地基安全监测系统。对于特定桥梁,根据需要设置不同的监测系统,例如江阴长江大桥设置上部结构安全监测系统和地基安全监测系统。

桥梁结构监测系统的作用如下：

(1)桥梁工作环境监测系统，主要监测风速、温度等。

(2)车辆荷载监测系统，主要监测交通量、车辆的总重、轴重、车速、分类、拥堵情况等。

(3)振动监测系统，主要监测大桥的振动加速度、振动频率、振型和阻尼等。

(4)应力和位移监测系统，利用安装于大桥内各控制部件的应变仪和位移计，监测其应力和位移状态，用于评价各控制部件的技术状况。

(5)缆索索力监测系统，利用测振仪监测缆索(主缆、吊缆、斜拉索)的自振频率和振型，进而推算索力，通过索力变化来判断桥梁是否处于正常运行状态。

(6)地基安全监测系统，目前主要用于斜拉桥锚碇的监测，通过监测锚碇的水平位移和地基内部应力，评价锚碇的稳定性。

## 二、实例

目前，国内做过桥梁结构系统检测的有以下几座典型的桥梁：香港青马大桥 1997 年建成，同年建立了桥梁结构检测系统、桥梁工作环境检测系统(风监测、温度监测、交通荷载监测)和桥梁整体性能监测系统；江阴长江大桥 1999 年建成，同年建立了上部结构安全检测系统、地基基础安全监测系统；上海徐浦大桥 1997 年建成，1999 年建立了车辆荷载检测系统、温度分析监测系统、挠度检测系统、振动检测系统、应变检测系统和斜拉索振动水平和索力监测系统；虎门大桥检测系统由应变仪、加速度传感器、温度传感器、位移传感器(电容式加速度传感器)、GPS 系统等几部分构成，在施工监控和成桥试验测试系统的基础上能对该桥进行一段通车后的短期运营监测，这对保证虎门大桥的建设质量和以后的运营都产生了积极的影响。通过对桥梁结构运营状况的监测与评估，为特大桥在特殊气候和交通条件下或桥梁运营状况异常时提供预警，为桥梁检查养护、维修与管理决策提供依据和指导。

# 第四章　墩台与基础

## 第一节　概　　述

墩台与基础是桥梁的重要组成部分，世界各国的桥梁下部结构建设都向轻型合理的方向发展。20 世纪 50 年代以来，国内出现了新型桥梁墩台，创造了 X 形、V 形等外观优美的桥墩，随着技术的进步，促使结构更趋于经济合理和轻盈美观。桥梁墩台和基础在建造过程中或建成经多年使用后，将会出现不同程度的损坏，产生各种缺陷。因此，在桥梁的养护检查与维修加固中，不可忽视桥梁墩台基础，否则难以满足整桥的承载能力及安全使用性能要求。

### 一、基本特性

桥墩常见的有单柱式桥墩、双柱式桥墩、重力式桥墩；桥台常见的有重力式桥台、轻型桥台、组合桥台；基础常见的有扩大基础、桩基础、沉井基础。其结构简图见图 4-1 ~ 图 4-3。

（一）桥墩结构简图

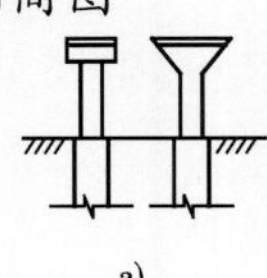
a)

b)

c)

图 4-1　桥墩结构简图

a）单柱式桥墩；b）双柱式桥墩；c）重力式桥墩

（二）桥台结构简图

a)

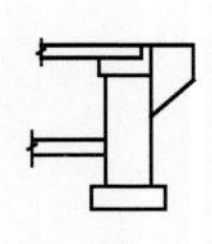
b)

c)

图 4-2　桥台结构简图

a）U 形桥台 b）轻型桥台；c）框架式桥台

（三）基础结构简图

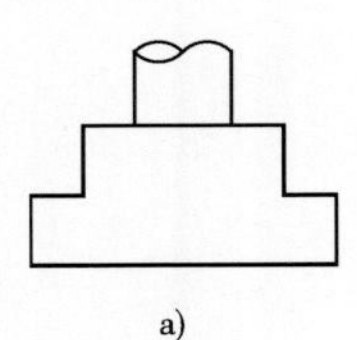
a)

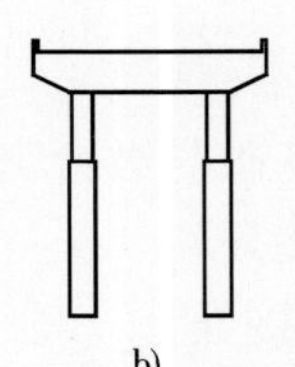
b)

c)

图 4-3　基础结构简图

a）扩大基础；b）桩基础；c）沉井基础

### 二、结构受力特点

墩台与基础主要承受上部结构传来的荷载，同时将此荷载及本身自重传递给地基。桥台衔接两岸路堤，除承受上部结构的荷载外，还要承受台后路堤填土的土压力。桥墩所受的外力则比桥台还要大一些，除了承受上部结构荷载外，还要承受风力、流水压力、冰压力、浮力，以及特殊情况下可能发生的船只或漂浮物的撞击等的作用。此外，桥梁墩台基础还经常承受超载车辆的过重活载作用，其分析如下：

(1)盖梁(或帽梁)是主要承重构件，上部荷载通过支座传至盖梁(或帽梁)，盖梁(或帽梁)一旦承载力不足，就直接影响到上部结构的安全使用性能。

(2)墩台身起到“承上启下”的作用，上部荷载通过桥墩传至基础，在由基础传递到地基。

(3)基础承受上部结构的全部荷载及墩台本身的重量，基础任何部分出现问题，都直接影响整个桥梁的安全，基础是主要承重部件中的重中之重。

## 第二节　承重构件检查和养护工作

### 一、承重构件

承重构件划分为主要承重构件和一般承重构件。桥梁墩台与基础属于主要承重构件，划分如下：

(一)桥墩

(1)重力式桥墩(支座底板、墩身、水面变化处)；
(2)柱式墩(支座底板、盖梁、横系梁、横系梁与柱连接处)；
(3)薄壁式桥墩(支座垫板、墩身、盖梁)。

(二)桥台

(1)重力式桥台(支座底板、台身)；
(2)轻型桥台(支座底板、支撑梁、耳墙)；
(3)扶壁式桥台(支座底板、台身、底板)；
(4)框架式桥台(支座底板、系梁交接处、角隅处)。

(三)基础

(1)扩大基础(基础持力层、基础、基础与墩台交接处)；
(2)桩基础(桩身、系梁、桩与柱交接处)；
(3)沉井基础(沉井、沉井与墩台交接处)。

(四)墩台与基础重点检查部位(表4-1)

**墩台与基础重点检查部位一览表**　　表 4-1

| 编号 | 结构形式 | 重点检查部位(示意图) | 备　注 |
|---|---|---|---|
| 1 | 重力式桥墩 | 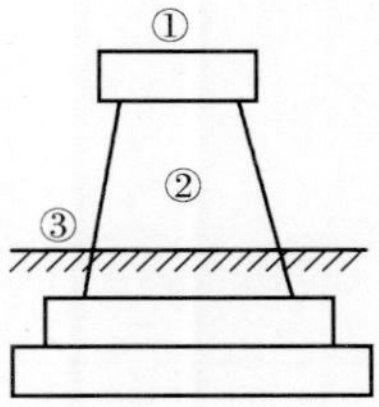 ① ② ③ | ①支座底板<br>②墩身<br>③水位变化处 |
| 2 | 单柱式桥墩 | 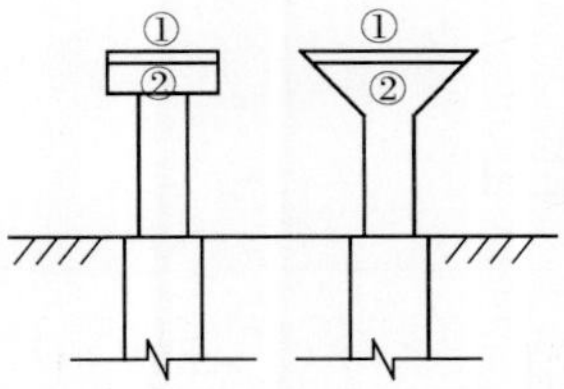 ① ② ① ② | ①支座底板<br>②盖梁 |
| 3 | 双柱式桥墩 | 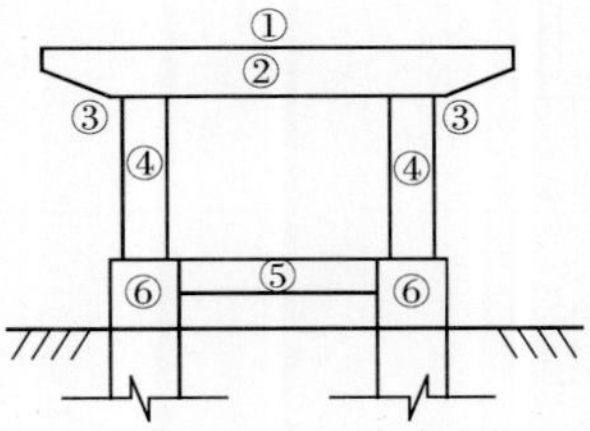 ① ② ③ ③ ④ ④ ⑤ ⑥ ⑥ | ①支座底板<br>②盖梁底跨中处<br>③悬臂根部<br>④墩柱表面<br>⑤横系梁跨中处<br>⑥系梁与墩柱连接处 |
| 4 | Y 形桥墩 | 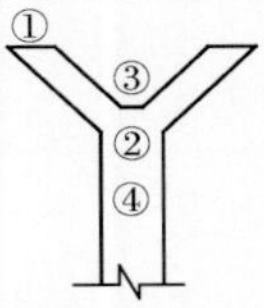 ① ③ ② ④ | ①支座底板<br>②悬臂根部<br>③Y 形交接处<br>④墩柱表面 |
| 5 | T 形桥墩 | 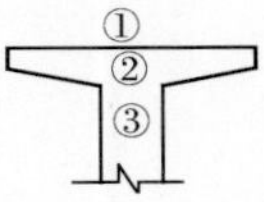 ① ② ③ | ①支座底板<br>②悬臂根部<br>③墩柱表面 |
| 6 | 双悬臂梁式框架式桥墩 | 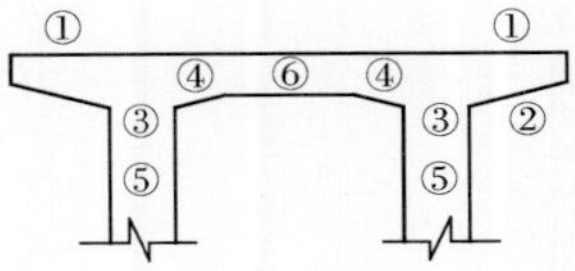 ① ① ④ ⑥ ④ ③ ③ ② ⑤ ⑤ | ①支座底板<br>②盖梁底跨中处<br>③梁柱交接处<br>④角隅部<br>⑤墩柱表面<br>⑥跨中部 |
| 7 | 重力式桥台 | 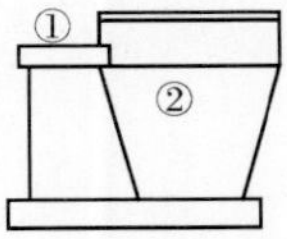 ① ② | ①支座底板<br>②台身 |

续上表

| 编号 | 结构形式 | 重点检查部位(示意图) | 备注 |
|---|---|---|---|
| 8 | 轻型桥台 | 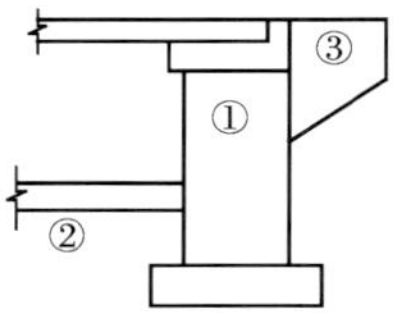 ③ ① ② | ①支座底板<br>②支撑梁<br>③耳墙 |
| 9 | 扶壁式桥台 | 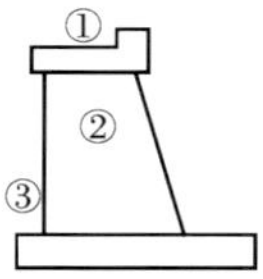 ① ② ③ | ①支座底板<br>②台身<br>③底板 |
| 10 | 框架式桥台 | 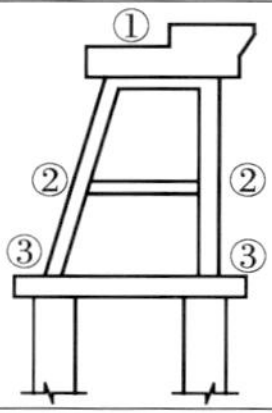 ① ② ② ③ ③ | ①支座底板<br>②系梁交接处<br>③角隅部 |
| 11 | 扩大基础 | 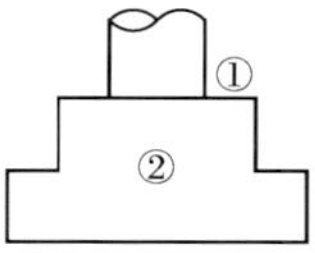 ① ② | ①扩大基础与墩身交接处<br>②扩大基础 |
| 12 | 桩基础 | 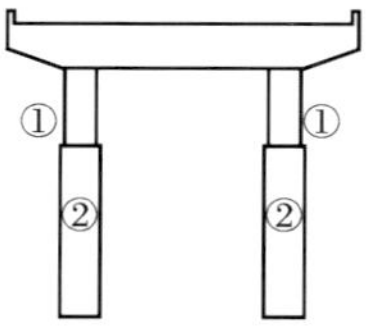 ① ① ② ② | ①桩基础与墩身交接处<br>②桩基础 |
| 13 | 沉井基础 | 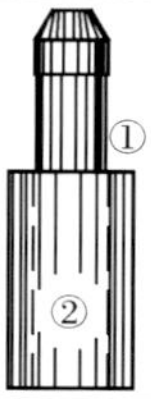 ① ② | ①沉井基础与墩身交接处<br>②沉井基础 |

## 二、重点检查内容

(一)墩台

(1)墩台及基础有无滑动、倾斜、下沉和冻拔。

(2)台背填土有无沉降或挤压隆起。

(3)混凝土墩台及帽梁有无冻胀、风化、开裂、剥落、露筋等。

混凝土墩台常见裂缝及原因分析见表4-2。

混凝土墩台常见裂缝及原因分析　表4-2

| 编号 | 裂缝部位及名称 | 示意图 | 特征及原因 |
| --- | --- | --- | --- |
| 1 | 墩(台)网状裂缝 | | ①此裂缝多发生在常水位以上墩身的向阳面，裂缝呈网状，裂缝宽0.1～1mm，深1～1.5cm，长度不等。<br>②主要原因是混凝土内部水化热和外部气温的温差，或日气温变化影响和日照影响而产生的温度拉应力。<br>③也可能是由混凝土干燥收缩而引起 |
| 2 | 从基础向上发展至墩(台)上部的裂缝 | | ①裂缝上窄下宽，多发生在墩台身的长边(横桥向)中点附近。<br>②由于基础松软或下沉不均匀而引起 |
| 3 | 墩(台)身的水平裂缝 | | ①裂缝为水平层状。<br>②多为混凝土浇注接缝不良引起。<br>③也有可能是由墩柱承受过大弯矩引起 |
| 4 | 墩(台)盖梁裂缝 | | ①自上而下的裂缝多为基础下沉不均而引起盖梁不均匀受力所致。<br>②受拉区出现的竖向裂缝多为抗弯不足而引起。<br>③墩顶斜裂缝多为抗剪不足而引起 |
| 5 | 悬臂桥墩角处的裂缝 | | 由于悬臂端负弯矩过大引起 |
| 6 | 镶面石突出的裂缝 | | ①多为不规则的裂缝。<br>②由于镶面石与墩台连接不良而引起 |

续上表

| 编号 | 裂缝部位及名称 | 示 意 图 | 特征及原因 |
|---|---|---|---|
| 7 | 墩台顶面水平裂缝 | 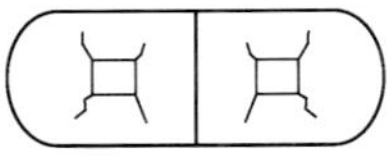 | ①不论空心墩或实心墩均有发生,顺桥轴线横贯顶面或沿支撑垫石呈放射状。<br>②主要是局部应力所致。因梁和活载作用力集中地通过支座(或立柱)传至桥墩,使周围墩顶其他部位产生拉应力 |
| 8 | 承台裂缝 | 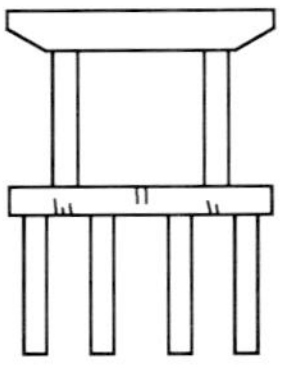 | 主要是桩基不均匀下沉或局部应力所致 |
| 9 | 翼墙和前墙断裂的裂缝 | 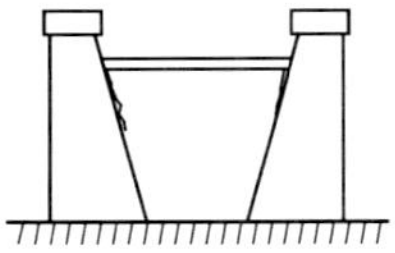 | 往往是由于墙间填土不良、冻胀或基底承载力不足,引起下陷或外倾所致 |
| 10 | 台帽下前墙出现斜裂缝 | 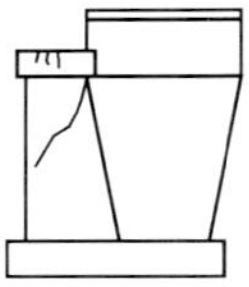 | ①活动支座失灵或支座下的台帽中未设置扩散应力的钢筋网而引起。<br>②台帽受到过大的冲击力而引起 |
| 11 | 台身前墙出现竖向裂缝 | 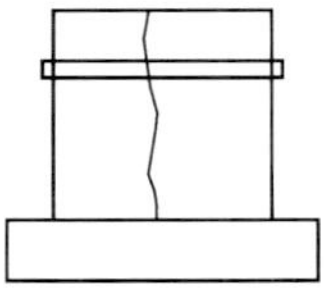 | ①大致在中部,由上而下开裂。<br>②基础不均匀降而引起 |
| 12 | 基础裂缝 | 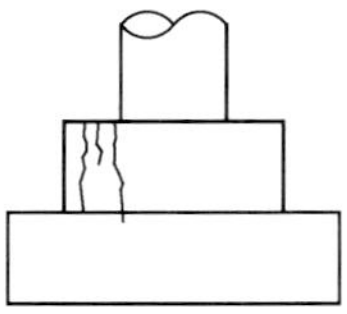 | 由于基础受冲刷淘空形成 |

(4)砖、石墩台有无砌块断裂、通缝脱开、变形。

(5)砌体泄水孔是否堵塞,防水层是否损坏,空心墩的水下通孔是否堵塞。

(6)墩台顶面是否清洁,伸缩缝处是否漏水。

(7)横系梁连接处是否开裂、破损。

(8)墩台的防震设施是否有效。

(二)基础

(1)基础有无发生冲刷而出现淘空现象。

(2)基础有无沉降和不均匀沉降。

(3)基础有无滑移和倾斜。

(4)基础结构短暂状况有无超限应力和开裂。

在桥梁日常养护工作中,桥梁工程师对墩台与基础进行检查时,采用墩台与基础承重部件检查内容一览表,见附录A中表A-1。

## 三、危及桥梁安全的重要病害

桥梁墩台与基础病害类型繁多,有些是次要病害,只要加强保养,不会影响桥梁的承载能力,而以下病害,一旦发生就会影响到桥梁的承载能力,危及到桥梁的安全:

(1)盖梁跨中竖向裂缝,其特征为自下而上开裂,多为抗弯不足引起;跨中自下而上的裂缝发生后,表明构件受拉区混凝土已退出工作,拉应力全部由钢筋承担。构件开裂后,钢筋与外界空气接触,发生锈蚀,截面削弱,变形加大,钢筋断裂,最终导致交通事故。

(2)盖梁悬臂根部斜裂缝,多由抗剪不足引起。

(3)台身或基础竖向裂缝,该类裂缝大致在中部,若为自上而下开裂,一般是横向两端的下沉量比中间大,若为自下而上开裂,则相反。因基础沉降引起的裂缝,尤其是沉降未完成的情况下,危害甚大,处理技术难度也大,必须向上级有关部门汇报。

(4)墩台身水平裂缝,多为水平力过大造成,若不及时处理,当发生自然灾害,如地震、泥石流、洪水,水平力突然大于正常情况时,往往突然造成墩台折断,桥梁坍塌。

(5)柱式桥台倾斜,台背处的伸缩缝被顶紧,或支座严重歪斜,多为台后土填土不良,台高,柱少,或没有锥坡,台后土压力过大造成。桥台倾斜后若不及时处理,轻则影响行车舒适度,造成桥头跳车,重则桥台倒塌,造成垮桥事故。

(6)桥墩倾斜严重,多为基础埋置深度过浅所致,加上河床冲刷、水平力过大,更容易引起倾斜。

(7)基础淘空,河床多为粉砂、黏土等容易被冲刷的物质覆盖,流水常年冲刷而成。基础被淘空后,基底承压面减小,应力也无法扩散,造成承载力不足,引起墩台沉降或者倾斜,甚至造成严重的安全事故。

上述病害会影响到桥梁的使用寿命,因此要加强墩台与基础的养护管理工作。

## 四、墩台、基础养护与维修技术要点

锥坡、翼墙等的养护与维修技术要点详见第二章。同时要经常清除承重构件各部位表面污垢、圬工砌体因渗水而在表面附着的游离物,以及滋生的杂草、树木和洪水带来的漂流物等,保持各构件完好的工作状态。一旦发现承重构件有以下病害时,要加强养护管理和必要的维

修加固,并立即向上级主管部门上报,必要时做好交通管制限制通行。墩台、基础的养护与维修技术要点如下:

1. 墩台

(1)保持墩台身表面清洁,及时清除墩台表面的青苔、杂草、灌木和污秽,发生灰缝脱落的圬工砌体应重新勾缝。

(2)对于混凝土侵蚀剥落、蜂窝麻面,应及时处理。对于表面损坏,应凿毛冲洗、用水泥砂浆抹平;若面积较大,深度超过3cm,则不得用抹浆或喷浆进行修补,须浇注混凝土予以裹覆。

(3)圬工砌体镶面块严重风化和损坏时,应更换新镶面块。

(4)墩台出现鼓胀,查明原因后及时处理。对于由桥台台背填土与水膨胀而引起的鼓胀,应挖除膨胀土,检查排水设施,填以砂砾土,修好损坏面;对于由冻胀引起的鼓胀,应挖除冻土,填以矿渣,并封闭表面不使其漏水,修好损坏面;对于由浇注质量不良引起的鼓胀,应凿除或拆除鼓胀部分,重新砌筑或浇注。

(5)当构件出现裂缝病害后,要分析裂缝产生的原因,针对不同类型的裂缝采用不同的处理措施。

①当裂缝宽度在限值范围内时,可进行封闭处理,一般涂刷环氧树脂胶。

②当裂缝宽度大于限值规定时,应采用压力灌浆法灌注环氧树脂胶或其他灌缝材料。

③当裂缝发展严重时,应加强观测,查明原因,按照现行《公路桥涵养护规范》(JTG H11)的有关规定进行加固处理。

(6)墩台出现空洞时,及时处理,措施为凿眼、压力灌注水泥砂浆或环氧砂浆。

(7)墩台水平位移或倾斜,查明原因,立即采取措施加固处理,处理后加强观察。

(8)柱式墩台折断,立即处理加固。

(9)桥台锥坡及八字墙变形、铺砌层脱落,及时夯实填土,重新砌筑块石、片石,并勾缝。

2. 基础

(1)若基础冲刷过深或基底局部淘空,应立即抛填石块、片石、铅丝石笼等进行维护。

(2)基础受流水冲刷时,应及时采取防护措施。

(3)桥下河床铺砌出现局部损坏时,应及时维修。若砌块损坏,可补砌或采用混凝土修补。

(4)对设置的防撞、导航、警示等附属设施,应经常检查、维护,保持良好状态。

(5)应采取措施保持桥梁墩台基础附近河床的稳定。桥梁上下游各200 m的范围内(当桥长的1.5倍超过200 m时,范围应适当扩大)应做到:

①应适时地进行河床疏浚。每次洪水过后,应及时清理河床上的漂浮物,使水流顺利宣泄。

②在桥下竖立警告牌,禁止任何人或单位在上述范围内挖砂、取土、采石、倾倒废弃物,禁止进行爆破作业及其他危及公路桥梁安全的活动。

③不得任意修建对桥梁有害的建筑物,因抢险、防汛需要修筑堤坝、压缩或拓宽河床时,应事先报经交通主管部门或公路管理机构同意,并采取有效的防护措施。

发现任何有可能破坏桥梁安全的行为,应及时制止。

# 第三节　墩台与基础常见病害原因分析与加固实例

## 一、基础常见病害原因分析与加固

### （一）基础常见病害原因分析

基础常见的类型有扩大基础、桩基础、沉井基础，其常见的病害有倾斜、下沉、开裂、冲刷或淘空。基础倾斜主要原因为入土深度不足；下沉主要原因为地基软弱，压缩模量小，承载力不足；冲刷和淘空主要原因为基础埋置深度不足，河床易受冲刷。基础出现以上病害后，必须及时维修，以确保安全。

### （二）加固淘空地基

1. 桥梁概况

某桥桥长786.3m，上部结构为8×16.6m（双曲拱）+6×65m（钢筋混凝土箱形拱）+1×26m+9×16.6m（双曲拱），下部结构桥墩为实体桥墩，见图4-4。

图4-4　某桥立面图

2. 主要病害及原因分析

该桥主要病害为桥墩基础淘空严重，面积约为2.7m×1.4m和2.2m×4.65m，冲空高度为0～1m。病害发生的原因是水流湍急，河床受冲刷。

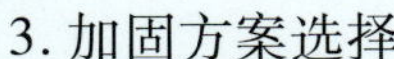

3. 加固方案选择

基础淘空可采用以下方案：

（1）抛石防护；

（2）板桩防护；

（3）水下灌注混凝土防护。

因该桥水深，采用水下灌注混凝土防护。

4. 施工工艺流程

（1）岸上制作钢筋石笼：用$\phi$8mm钢筋制作长1.8m、直径0.75m的片石笼，装入大石后，封闭焊牢。岸上制作钢骨架铁皮模板：根据基础淘空的立体尺寸形状制作，预留直径为20cm灌注及排水检查口，模板为一次性使用，混凝土浇注完成后不拆除。岸上分段制作$\phi$20cm钢管作为灌注导管。

（2）吊装钢筋石笼：借助水的浮力及吊车的升降，安排潜水员水下辅助就位，将桥墩基础冲刷区周围封闭。

（3）吊装模板就位。

（4）灌注导管安装：由潜水员在水下将其与模板上的法兰盘用螺栓连接，固定在桥墩上。

（5）填充袋装早强快硬混凝土，置于石笼与模板之间。

（6）灌注自密式水下混凝土，连续灌注至排水口排水完毕、有大量混凝土冒出时为止，再用袋装混凝土将排水检查口和灌注口封死,完成灌注。

水下灌注混凝土防护关键工艺为有效封闭基础淘空区,控制水下混凝土灌注方向和导向排水排气,保证淘空区填充饱满无空隙。

(三)加固软基

1. 桥梁概况

某桥始建于1968年7月,原桥上部结构为8.2m+8.2m+7.95m的实腹式板拱,下部结构桥墩为实体墩,桥台为U形桥台,扩大基础,桥梁总长40.7m,桥面净宽7.65m+2×0.25m,见图4-5。

2. 主要病害及原因分析

该桥主要病害为第1跨和第2跨拱圈的拱顶和1/4截面出现横向裂缝,裂缝贯穿全桥宽。病害产生的主要原因为1号墩地基基础沉降。桥梁病害见图4-6。

图4-5　侧面照片

图4-6　基础沉降引起拱圈开裂(仰视照片)

3. 维修加固设计要点

1号墩地基进行灌浆,加大墩、台壁厚度,拱圈下增设套拱,见图4-7、图4-8。

图4-7　对1号桥墩进行压浆

图4-8　对墩、台壁进行加厚

4. 灌浆处理软地基桥墩加固施工工艺

(1)注浆施工流程见图4-9。

(2)施工工艺及质量控制:

①放孔:根据设计图纸的纵横间距放好孔位,并用红油漆做好标志。

②钻孔:采用干法成孔,钻进时需保证钻孔角度与水平面垂直。

③浆液制备:采用P32.5普通硅酸盐水泥制备水泥浆液,水灰比为1:1.2,采用水玻璃作为速凝剂,加入量为水泥质量的3%~5%。

④注浆:注浆先外围后中间,并采用跳孔间隔方式进行施工(图4-10),注浆压力0.2~0.7MPa。注浆完成后采用浓浆将全孔封堵密实和抹平。

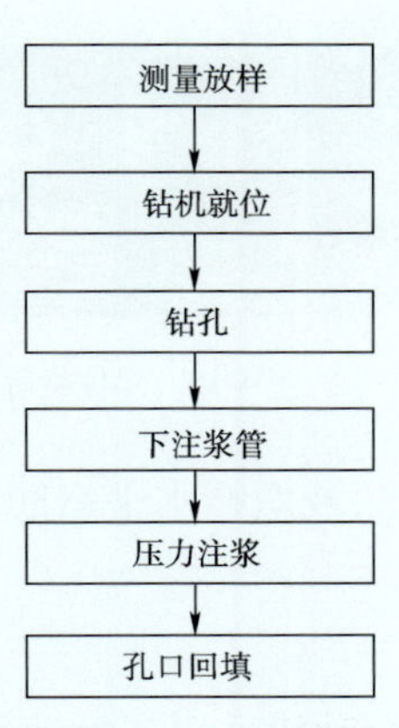

图 4-9　注浆施工流程图

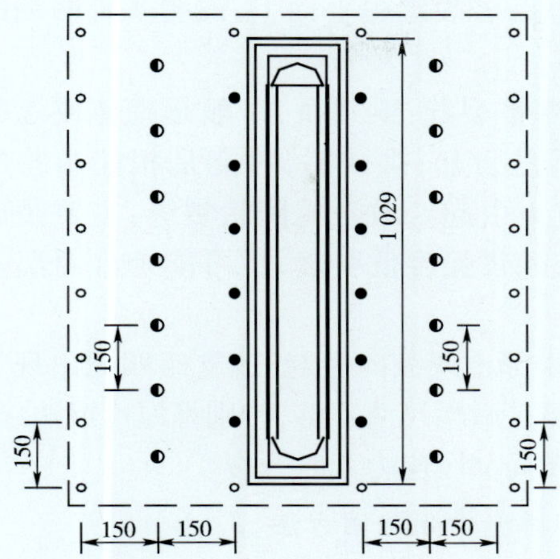

图 4-10　软基灌浆施工示意图（尺寸单位：m）
○-Ⅰ序灌浆孔　◐-Ⅱ序灌浆孔　●-Ⅲ序灌浆孔

（3）施工质量保证措施如下：

①材料质量过关，有合格证，按照规范要求进行抽检，抽检结果合格后，方可用于工程施工。

②加强计量管理，钻孔、注浆过程有专人计量，并作记录。

③如在灌浆过程中发现异常，必须立即停止灌浆，查明原因方可继续施工。

④灌浆应确保地层各部位有足够的浆液均匀地渗透进去。

⑤水泥浆的制备须保证不离析。

5. 施工经验总结

灌浆完成后，固结作用明显；加大墩、台壁厚度提高承载力作用，同时在旧拱圈下增设套拱，起到了支承作用，保证混凝土的密实性是关键环节。

6. 加固效果

该桥采用以上方法加固后运营两年，裂缝未见发展、墩台基础稳定。目前，该桥综合技术状况良好（图 4-11）。

图 4-11　维修加固后照片

## 二、桥墩常见病害原因分析与加固

桥墩常见的有重力式桥墩、桩柱式桥墩、薄壁墩、柔性墩、空心墩，常见病害有裂缝、墩柱倾斜。裂缝产生原因众多，有自然因素的原因，也有设计施工的原因。对因结构抗力不足引起的裂缝，必须及时维修处理。墩柱倾斜主要原因在于基础入土深度不足。

### （一）实体桥墩常见病害原因分析

实体墩（图 4-12）材料一般采用圬工砌体或片石混凝土，其体积大、自重大、抗推刚度也大。平衡外力，保证桥墩的强度和稳定，主要是靠自身的重量。

（1）墩身竖向裂缝：一般是由基础横向不均匀沉降引起。若裂缝由下而上，说明基础中部的沉降大于两端；若裂缝由上而下，说明基础两端的沉降大于中部。

图 4-12 实体桥墩图形

(2)墩身水平裂缝：梁式桥，一般是砌体或混凝土浇注质量不足引起；拱式桥，可能是相邻两跨的水平力相差过大引起。墩身的网状裂缝：主要是砌缝砂浆不足或砂浆强度低引起，也可能是日照温差引起。

(3)墩帽中部出现纵向裂缝，或支座四周出现放射形裂缝，主要是墩帽尺寸不够，特别是厚度或边缘宽度不足，或墩帽水平钢筋网配置不足，混凝土强度低，在局部压应力大时开裂。

(二)实体桥墩常用加固方法

(1)对于网状裂缝，若为非受力裂缝，对墩台无多大影响，一般采用环氧砂浆修补即可。

(2)墩帽出现的裂缝，视缝宽大小，采用环氧砂浆灌缝。如果开裂严重，则需要对墩帽加封闭形钢筋混凝土围带或钢箍，见图4-13。

(3)对墩身水平裂缝，如果开裂不严重并已基本稳定，不影响桥墩安全，未上下贯通或左右对称，过车时无明显的张合现象，经分析不影响桥墩安全时，可灌注高强度水泥浆封闭；如开裂严重或仍在发展，危及行车安全，应查明原因后进一步加固改善，常用的方法有灌浆封闭，再外包钢筋混凝土。

(4)对墩身竖向裂缝，如果是基础横向不均匀沉降引起，且沉降尚在进行，应先加固地基，再用水泥浆或砂浆灌缝封闭。若墩身截面尺寸满足偏心要求，可采用封闭形钢筋混凝土围带或型钢箍；若墩身尺寸不足，出现大偏心，则可采用墩身挂网植筋，外包钢筋混凝土加大墩身截面法加固，见图 4-14。

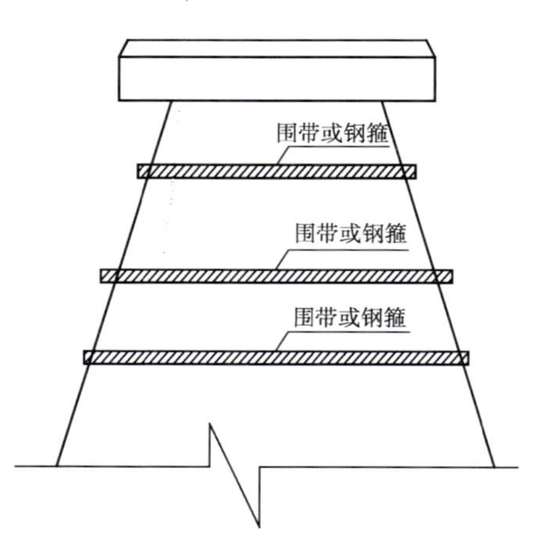

图 4-13 设水平围带或钢箍

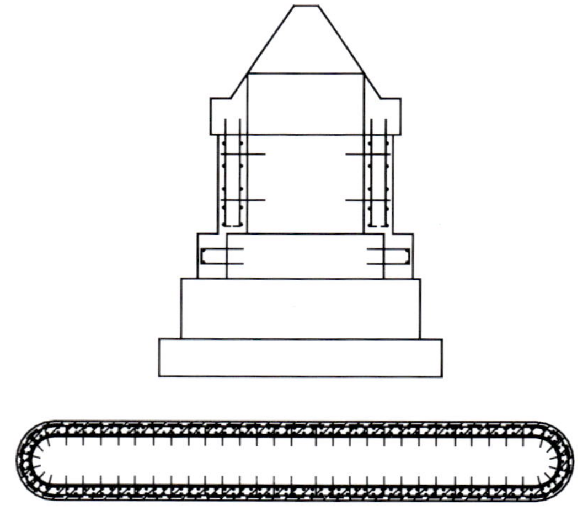
图 4-14 挂网植筋，外包钢筋混凝土增大墩身截面

## 三、桥台常见病害原因分析与加固

桥台常见的有重力式桥台、轻型桥台、组合桥台，裂缝是最常见的病害。

(一)U 形桥台常见病害及加固实例

1. 侧墙向外倾斜

(1)某桥概况:某桥为一孔净 20m 预应力混凝土 T 梁桥(图 4-15),桥面宽 12m,设计荷载:汽车—20 级,挂车—100。

(2)主要病害及原因分析:主要病害为桥台侧墙出现纵向裂缝且外倾。主要原因为是桥台排水不畅,台后填土重量增加。

(3)加固方案:加固设计采用 25mm 精轧螺纹钢施加预应力对拉的方式加固桥台,抵抗填土给桥台侧墙产生的土压力。在桥台内埋设盲沟排水管排水。其加固示意及加固后效果见图 4-16、图 4-17。

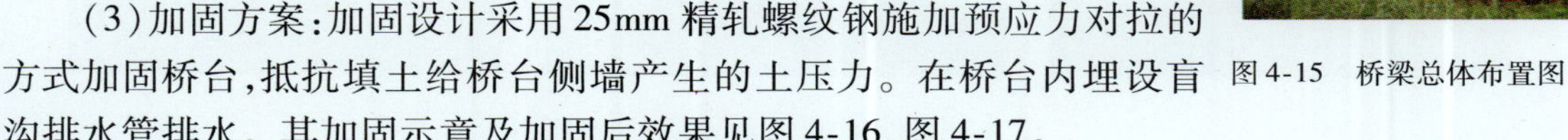

图 4-15　桥梁总体布置图

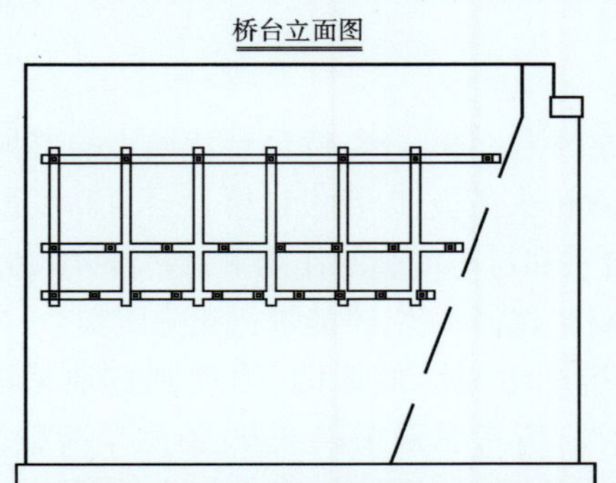


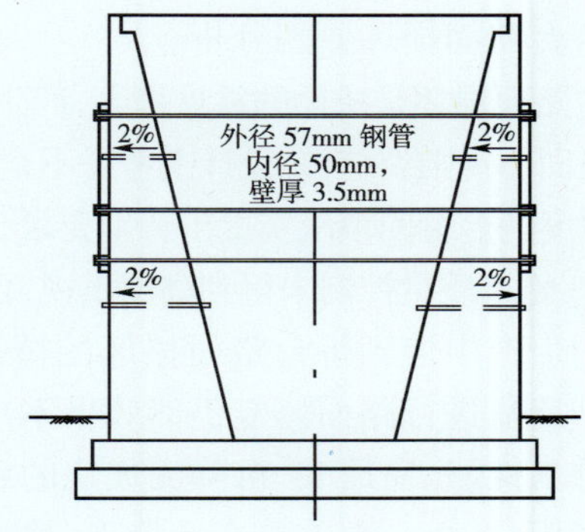


图 4-16　加固示意图

图 4-17　加固后效果图

2. 前墙竖向剪切开裂

(1)典型前墙竖向剪切开裂见图 4-18。

(2)前墙竖向剪切开裂,主要有以下原因:

①活动支座失灵或支座下的台帽中未设置扩散应力的钢筋网。

②台帽受到过大冲击力所致,前墙抗剪不足引起。

③基础沉降。

(3)加固方案:

①如果是由于支座引起的要先更换支座,再用高强度等级的水泥浆或砂浆灌注封闭裂缝;封闭后,前墙再加剪切钢筋外包钢筋混凝土加固。加固方案见图 4-19。

②若为超载作用引起,可更换台帽下局部区域材料(可由浆砌片石更换为混凝土)见图

图 4-18　桥台前墙竖向开裂典型照片

4-20;若为基础沉降引起,要先加固地基,处理裂缝。

3. 桥台路面损坏原因分析

桥台路面损坏是桥梁的常见病害,产生的主要原因为:①桥台与桥台台背填土的差异沉降,导致桥台路面不规则裂缝;②设计上考虑不全面,未设置桥头搭板,以及设计桥台台身高度过高,并且未对高深度的台背回填压实提出特别要求,在填料自重和行车荷载的作用下,台背回填必然产生竖向变形;③施工质量控制未得到高度重视,台背回填材料选择不当,未能进行充分压实。

养护生产中遇到桥台路面损坏的情况,应分析产生损坏的原因,因地制宜地采取相关措施。对于反复进行路面修复仍然效果不理想的情况,应考虑采用以下方法:汽车荷载影响深度内换填透水性好、易压实、沉降完成快的砂砾或稳定土材料,换填长度应超出枕梁 2m 以上;增设桥头搭板,搭板一端支撑在台背上,另一端支撑在枕梁上;搭板长度根据台背回填材料、回填深度,以及设计行车速度确定,一般不小于 5m;搭板混凝土内应设置上下各一层受力钢筋。

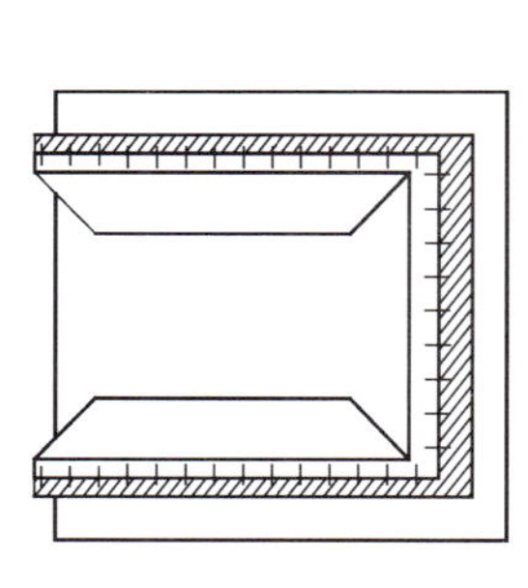
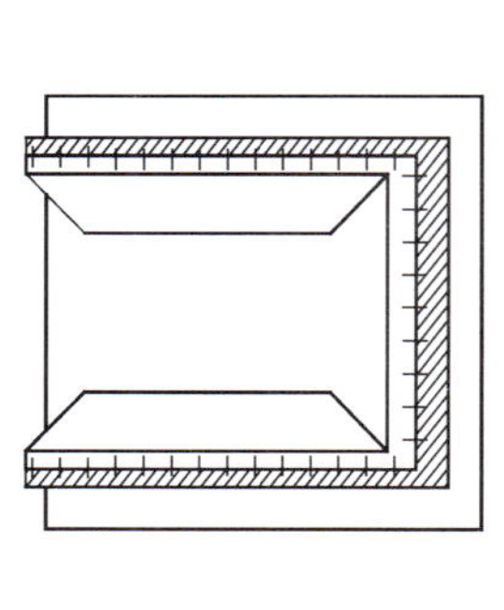

图 4-19　外包钢筋混凝土加固桥台

图 4-20　台帽下浇注 1 ~2m 混凝土加固(尺寸单位:cm)

(二)肋板桥台常见病害及加固实例

1. 某桥概况

某桥始建于 1992 年,上部结构为 3 × 13m 预应力混凝土空心板,下部结构桥台为埋置式肋板桥台、扩大基础,桥墩为双柱式墩,扩大基础。设计荷载为汽车—超 20 级、挂车—120,见图 4-21。

2. 主要病害及成因分析

(1)主要病害为:北岸桥台帽梁下约60cm处均出现环肋板四周的水平裂缝,并且裂缝已经贯通,裂缝最宽处达0.5cm。

(2)原因分析如下:①裂缝产生的位置正好在施工缝处,施工缝处漏浆、错台形成薄弱层,成为裂缝产生的主要原因;②该桥纵坡2.5%,空心板端部滑移顶住桥台背墙,致使伸缩缝失效,加剧了裂缝发展。其病害典型照片见图4-22。

图4-21　某桥全貌

3. 桥台加固设计要点

(1)"壁可法"修补裂缝

采用"壁可法"封闭裂缝,工艺如下:①裂缝表面处理;②粘注入座;③封缝;④试气密封检查;⑤注入灌注胶;⑥收尾处理灌胶;⑦结束。裂缝修补后外观见图4-23。

图4-22　桥台帽梁台身横向开裂

图4-23　裂缝修补后外观图

(2)"粘钢法"补强桥台肋板

施工工艺及施工保证措施:①混凝土表面处理:设法使表面露出新混凝土并打磨修平,冲洗干净;②钢板表面处理:钢板表面擦拭干净、除锈和打磨修平;③粘贴钢板:预埋螺钉固定钢板,封闭钢板四周,并充分填满钢板与混凝土之间缝隙。"粘钢法"加固见图4-24。

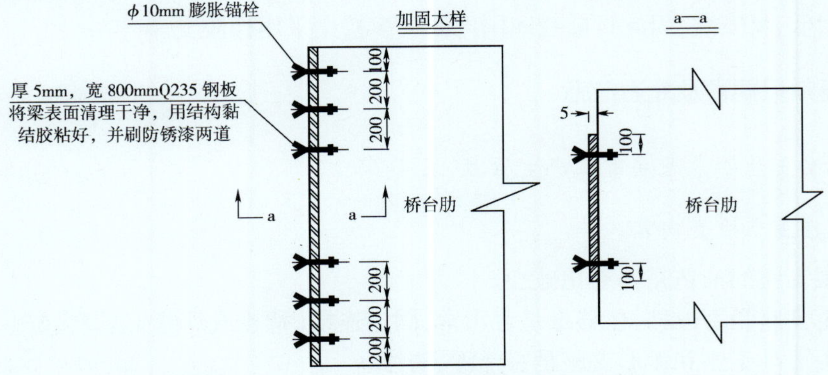


图4-24　"粘钢法"加固示意图(尺寸单位:mm)

本桥加固后效果良好,加固外观见图4-25。

图4-25 “粘钢法”加固外观图

# 第四节 支座常见病害及支座更换

## 一、支座的主要功能及分类

### (一)支座的主要功能

支座主要有两方面的功能:一方面是承受作用于上部结构的各种力,并将它可靠地传给墩台;另一方面是适应梁体因温度、混凝土的收缩徐变及荷载作用下引起的水平位移和挠曲引起的梁体转动,使上部结构可自由变形而不产生额外的附加内力。

### (二)支座的分类

(1)按照支座的作用分类:分为固定支座和活动支座两种。固定支座用来固定桥梁结构在墩台上的位置,只能转动而不能移动;活动支座则能在各种外力作用下使结构自由转动和移动。

(2)按照支座材料分类:钢支座(平板支座、弧形支座、摇轴支座和辊轴支座)、聚四氟乙烯支座(滑动支座)、橡胶支座(板式橡胶支座、盆式橡胶支座、四氟板式橡胶支座)、混凝土支座(混凝土铰支座)、铅支座(传力部分由硬铅构成)。其中橡胶支座因能很好地满足支座功能的要求,且费用低、易安装,因此目前我国国内的大多桥梁采用橡胶支座。

## 二、支座常见病害及处治措施

### (一)桥梁支座的常见病害及产生原因(表4-3)

### (二)支座重点检查内容

(1)垫层支座的油毡是否老化破裂。

(2)固定支座是否位移,位移量是否正常,固定连接(螺栓或焊缝)是否完好。

(3)钢板滑动支座和弧形支座是否干涩、锈蚀。

(4)摆柱支座各部件相对位置是否正确,受力是否均匀,钢筋混凝土立柱是否损坏。

支座常见病害及产生原因分析一览表　　表4-3

| 序号 | 病 害 形 式 | 病 害 描 述 | 主要原因分析 |
|---|---|---|---|
| 1 | 支座自身结构的损坏 | 简易支座（油毛毡、橡胶垫、石棉板等）破裂、老化、挤出 | 早期修建的较小跨径简支梁使用简易支座，在现重交通情况下造成损坏 |
| | | 钢结构支座不能自由转动 | 支座滑动面、滚动面生锈，位移超限，钢结构变形过大等 |
| | | 支座各钢构件锈蚀、结构咬死 | 养护中未及时对金属构件进行除锈、防腐保养；支座滑动面、滚动面中有杂物 |
| | | 橡胶支座开裂、严重变形、老化、位移 | 橡胶支座质量问题；橡胶老化或荷载超出支座承载能力；支座设置形式不当 |
| 2 | 支座锚固部位破坏 | 钢结构支座螺栓剪断，支座锚栓松动及剪断，压板咬死、折断 | 钢结构支座锚固件（定位件）失效 |
| | | 盆式橡胶支座钢件出现裂纹，支座钢板翘起，锚固件剪断 | 支座固件安装质量问题或养护不到位 |
| 3 | 支座相连接的结构部位的破坏 | 支座座板混凝土压坏、剥落 | 支座底板补强钢筋不足或混凝土强度不满足要求 |
| | | 梁和墩预埋件出现锈蚀 | 伸缩缝漏水，造成支座周围积水 |
| 4 | 其他形式的损坏 | 支座与支座垫石间出现脱空、偏压 | 支座垫石顶面不平整导致局部应力增大；楔形钢板脱落；支座安装偏差造成受力不均；支座顶面不水平 |
| | | 橡胶支座不滑动 | 四氟乙烯滑板表面脏污，硅胶未注满；支座失效，梁体失去伸缩能力 |

（5）橡胶支座是否老化开裂，变形是否均匀，有无脱空或偏压，位置是否正确；盆式橡胶支座有无锈蚀，防尘罩是否完好。

（6）滑动钢盆橡胶支座的固定螺栓有无剪断损坏，螺母有无松动。

（7）活动支座是否灵活，实际位置是否正确。

（8）支座垫石有无开裂、露筋、破碎。

（三）支座维修与更换

（1）支座如有缺陷或产生故障不能正常工作时，应及时予以修整或更换。

①支座的固定锚销剪断，滚动面不平整，轴承有裂纹或切口，滚轴大小不合适，混凝土摆柱出现严重开裂、歪斜，必须更换。

②支座座板翘起、变形、断裂时应予以更换，焊缝开裂应予以整修。

③板式橡胶支座出现脱空或不均匀压缩变形时应进行调整。

④板式橡胶支座发生过大剪切变形、中间钢板外露、橡胶开裂、老化时应及时更换。

⑤油毡垫层支座失去功能时，应及时更换。

（2）调整、更换板式橡胶支座、钢板支座、油毛毡垫层支座时采用如下方法：在支座旁边的底梁或端横隔处设置千斤顶，将梁（板）适当顶起，使支座脱空不受力，然后进行调整或更换。调整完毕或新支座就位正确后，落梁（板）到使用位置。

（3）需要抬高支座时，可根据抬高量的大小选用下列几种方法。

①垫入钢板（50mm 以内）或铸钢板（50～100mm）。

②更换为板式橡胶支座。

③就地浇筑钢筋混凝土支座垫石，垫石高度按需要设置，一般应大于 100mm。

④加入预制钢筋混凝土块。

## 三、支座更换实例

### （一）桥梁概述

某桥建成于 2001 年 12 月，总长 2 898m，桥梁孔径布置为 13×30m＋14×30m＋3×50m＋14×30m＋13×30m＋15×20m＋15×20m＋13×20m＋13×20m，全桥分为 9 联，共 113 孔。跨径 20m、30m 上部结构采用三支座受力，每联中间 4 个桥墩与梁体固结，全联为刚构连续梁体系。跨径 50m 的上部结构为四支座支承受力，桥面连续（图 4-26）。

图 4-26　某桥全貌

### （二）支座病害情况

该特大桥共有支座 3 852 个，支座类型主要有为圆形板式橡胶支座和球冠圆板式橡胶支座、滑板支座等。全桥约 60% 的支座出现病害，表现为支座严重变形、移位、胶体开裂、胶体老化、局部脱空、承压不均、钢垫板锈蚀、安装不到位、垫石破损等。支座病害见图 4-27。

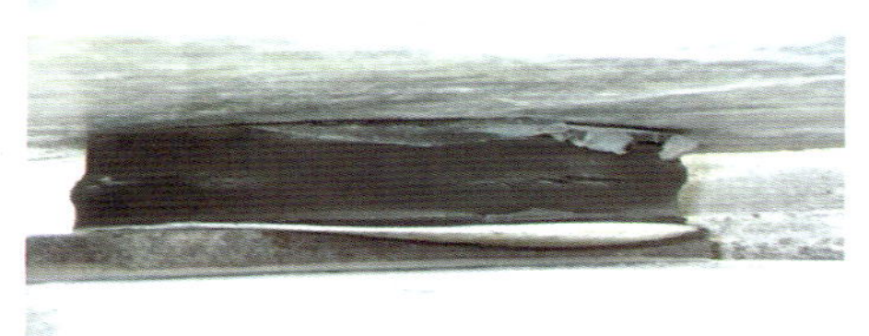

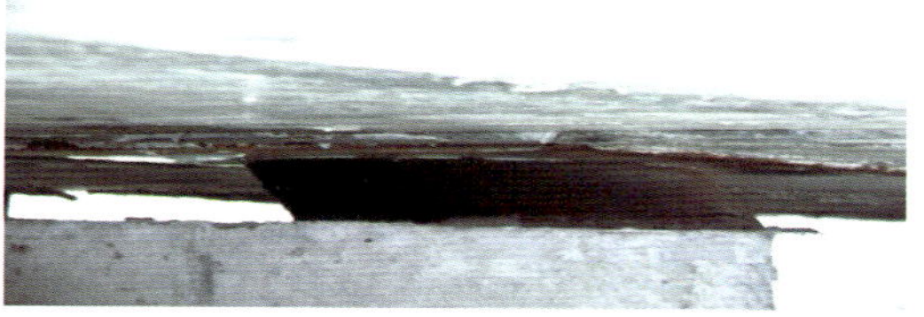

图 4-27　支座病害图示

### （三）支座病害原因分析

支座病害产生的原因主要有以下几个方面：

1. 设计原因

大桥的纵坡为1.08%，要求支座表面与梁底之间采取措施保持水平。设计文件无任何措施，支座出现了局部脱空。

边墩支座采用球冠橡胶支座，球冠橡胶支座易出现脱空状态和偏压状态。边墩的球冠支座在四氟板与下钢板之间产生了滑动，同时橡胶与梁板底面也产生了相对滑移现象。

2. 施工原因

大部分支座安装不正，出现局部脱空现象，引起四氟板与支座的剥离，加上混凝土垫石表面不平整而导致支座破坏。

3. 支座材料质量

该桥橡胶支座的橡胶采用氯丁橡胶和天然橡胶，含胶率为43.5%，含胶率偏低。

4. 环境原因

该桥处于海洋气候环境中，湿度大，空气中含盐量高，外露钢垫板及橡胶易受腐蚀，从而加速支座的老化。

（四）支座更换方案

支座更换方案如下：

（1）原设计采用的板式橡胶支座更换为相同尺寸的板式橡胶支座。

（2）次边墩及其相邻中墩内侧四氟滑板橡胶支座承载能力不满足要求，用加大尺寸的四氟滑板橡胶支座更换；其余四氟滑板橡胶支座更换为相同尺寸的四氟滑板橡胶支座。

（3）原设计采用的球冠圆板式橡胶支座更换为板式橡胶支座。

（4）原设计采用的球冠圆板式滑板橡胶支座更换为GYZF4四氟滑板橡胶支座。

（5）桥台和过渡墩处的每块空心板均由横向单支座改为双支座，新增支座型号与同处双支座型号相同。更换支座前需增设支座垫石，支座垫石采用预制构件加环氧树脂砂浆的办法设置。

（五）支座更换施工工艺

对每个盖梁上的支座应同步顶升、同步更换。具体工艺流程见图4-28。

采用50t液压千斤顶。每片梁下面安放两只千斤顶，两侧共4只千斤顶。检查油路的完好情况。千斤顶具体布置见图4-29。

为了保证各个墩柱起梁均衡和位移的一致，采用一台油泵控制16个千斤顶，达到千斤顶的同步。其连接形式见图4-30。

（六）施工中注意事项

（1）顶升更换施工前，首先计算梁体、桥上铺装及其他附属设施的重量，确定千斤顶的尺寸大小和基本顶升能力。并应详细检查各支座情况，包括支座位置、梁底距支座底面高度等，以保证支座更换后，梁体位置保持不变。根据该桥梁的结构特点，左右幅不是分离结构，更换时左、右幅同时进行操作；同时考虑该桥面结构为整体现浇结构，为避免分别起顶对桥面板的剪切破坏，应采用同步起顶方式。

（2）对盖梁顶面进行清洁打扫及打磨处理，以保证放置顶升设备位置干净、无浮尘、平整。

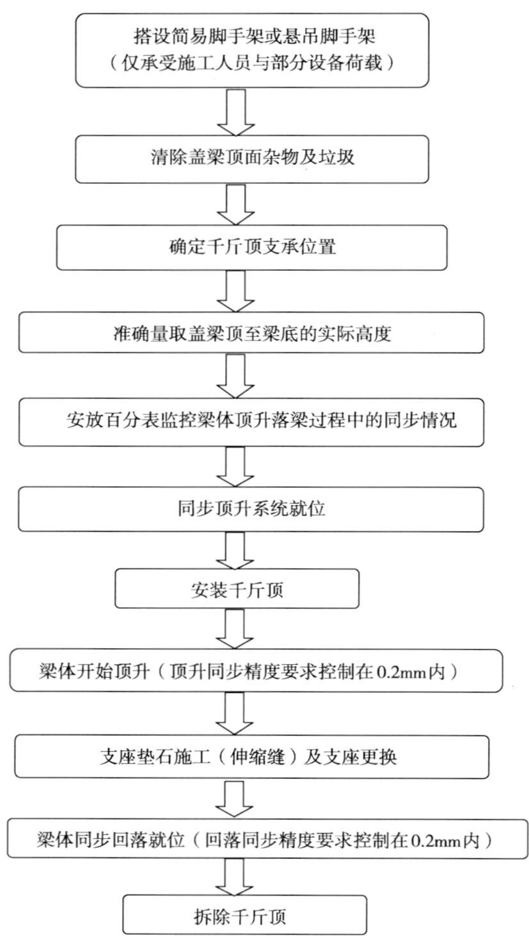


图4-28　支座更换施工工艺流程图

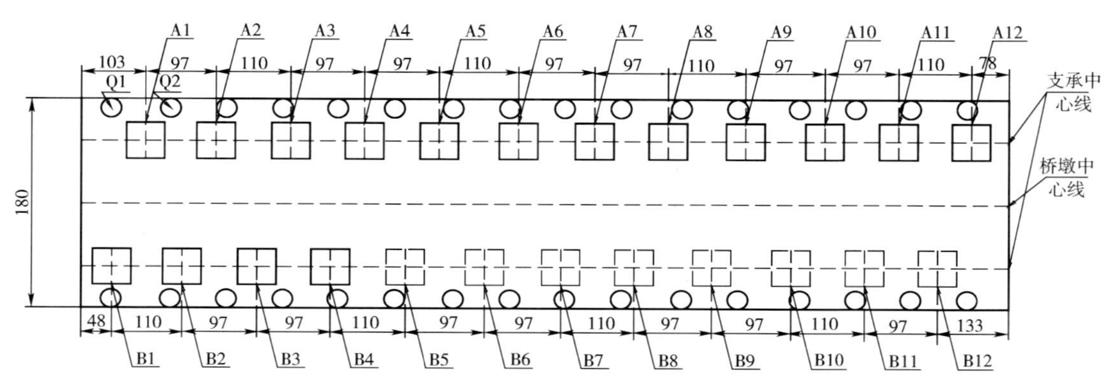


图4-29　千斤顶布置示意图(尺寸单位:cm)

注:图中A1～A12、B1～B12为支座,Q1、Q2……为千斤顶。

(3)千斤顶不宜受偏压力,应在千斤顶上部加设调坡钢板,使千斤顶受垂直压力,避免因偏压"咬死"导致下降落梁的同步性差异,同时也能有效防止梁板局部受压过大。为保证安全,千斤顶应具有优秀的自锁功能,防止泄漏而发生事故。

(4)顶升前,安装位移计或百分表,以在顶升中控制顶升高度,并能够监控顶升的同步情况。

(5)在正式顶升前进行试顶(试顶主要是为了消除支撑本身的非弹性变形或沉降),以便检查各顶升设备的同步性、稳定性和梁板的完好性。确认一切正常后,方可正式开始顶升。

(6)梁体顶升采用梁体位移与顶力双控,以梁体位移为主要控制指标。当油表显示千斤顶超过了计算顶力或百分表显示梁体出现异常位移时,则立即停止加压,查明原因后再进行梁体的顶升工作。顶升总行程以所有支座和梁体分离为标准,并且控制在计算允许的范围内,分几次完成,每次顶升约2mm。每级顶升到位后,暂停5min让梁体内的应力释放并达到新的平衡后再进行下一级的顶升。顶升过程中,应及时加垫千斤顶保护环,作为临时支撑点,以保证安全。顶升过程中,对主梁进行监测,观察裂缝有无异常变化,应确保在施工中均匀顶升,一旦出现异常现象,应立即停止顶升,查明原因,确保施工安全。

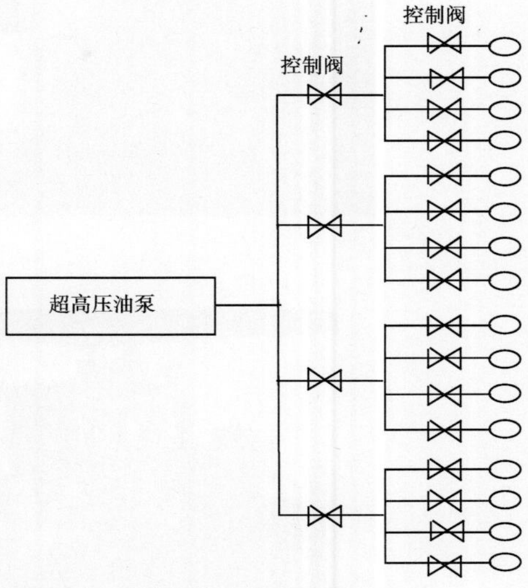


图4-30　千斤顶连接示意图

(7)在更换支座的过程中,更换的方法对桥梁结构安全的影响是非常大的,因此在更换的过程中需要对桥梁结构的各主要受力部位进行监控,以保证更换过程的安全和可控制。

(8)顶升到位后,立即进行支座更换。伸缩缝处支座更换需凿除旧支座垫石并增设新支座垫石。为缩短更换时间,新增支座垫石用预制构件结合环氧砂浆的方法设置,支座垫石顶面应保证水平。支座顶面和板底之间须设置一块楔形钢板以保证梁底与支座顶面水平紧密接触。支座位置处盖梁顶与板底应打磨处理,并应保证干净、干燥,以使垫石及钢板黏结牢固。施工前应详细测量,确定楔形钢板的四个角点的厚度。更换时,用环氧树脂将楔形钢板粘贴于梁底,应保证钢板底面水平。

(9)更换完毕并检查各支座准确到位后,方可开始同步落梁。

(10)落梁完毕后,必须仔细检查支座有没有脱空现象,如有则重新顶升,加垫薄钢板进行处理。

支座更换过程见图4-31~图4-33。

(七)质量检验

1.基本要求

支座的材料、质量和规格必须满足设计和有关规范的要求,经验收合格后方可安装;支座上下各部件纵轴线必须对正;支座不得发生偏歪,要保持水平状态,避免不均匀受力和脱空现象。

2.质量标准(表4-4、表4-5)

图 4-31　千斤顶安装

图 4-32　液压控制系统

图 4-33　更换新支座

**支座垫石规定值或允许偏差**　　表 4-4

| 检 查 项 目 | 规定值或允许偏差 | 检 查 项 目 | 规定值或允许偏差 |
|---|---|---|---|
| 混凝土强度(MPa) | 在合格标准内 | 顶面高程(mm) | ±2 |
| 轴线偏移(mm) | 5 | 顶面四角高差(mm) | 1 |
| 断面尺寸(mm) | ±5 | 预埋位置(mm) | 5 |

**支座安装规定值或允许偏差**　　表 4-5

| 检 查 项 目 | | 规定值或允许偏差 |
|---|---|---|
| 支座中心与主梁中线(mm) | | 应重合,最大偏差 <2 |
| 高程 | | 符合设计要求 |
| 支座四角高差(mm) | 承压力≤5 000kN | <1 |
| | 承压力 >5 000kN | <2 |
| 支座上下各部件纵轴线 | | 必须对正 |
| 活动支座 | 顺桥向最大位移(mm) | ±250 |
| | 双向活动支座横桥向最大位移(mm) | ±25 |
| | 横轴线错位距离(mm) | 根据安装时的温度与年平均最高、最低温差计算确定 |
| | 支座上下挡块最大偏差的交叉角(′) | 必须平行(<5) |

# 第五章　梁（板）桥

## 第一节　概　述

梁桥(包括板桥)是一种使用最广泛的桥梁形式,具有多种不同的构造类型,是公路桥梁中最常用的桥型。按结构体系分,梁式桥的形式有简支梁(图5-1)、悬臂梁、连续梁(图5-2)、T形刚构、连续刚构等,按截面形式分为有T形梁、箱形梁(或槽形梁)、I形梁等。

图5-1　简支梁桥

图5-2　连续梁桥

交通部于20世纪八九十年代发布的梁桥标准通用图,适应了当时公路桥涵的荷载水平,但从经济技术方面考虑,不少设计荷载等级偏低。目前这类桥梁仍在运营,缺陷逐渐呈现,断板现象时有发生,主梁开裂更是普遍存在。对其缺陷进行补强与技术改造已成为公路养护部门与设计研究部门的当务之急,加强检查、研究缺陷产生的原因、对其进行客观评定显得尤为重要和必要。

## 第二节　简支梁桥

简支梁桥是梁式桥中应用最早、使用最广泛的一种桥型,其受力明确、结构简单,是中小桥最常用的桥型。简支梁桥按截面形状可分为:π形梁桥、T形梁桥、箱形梁桥、肋形梁桥、槽形梁桥等。

### 一、概述

(一)基本特性

箱形梁桥的上部结构一般由主梁、横隔板、铰缝、支座和桥面系组成,梁与梁之间由铰缝连接;T形、π形梁桥、单室(多室)箱形梁桥等,梁与梁之间无铰缝,属刚性连接。这些梁桥的断面结构见图5-3～图5-5。

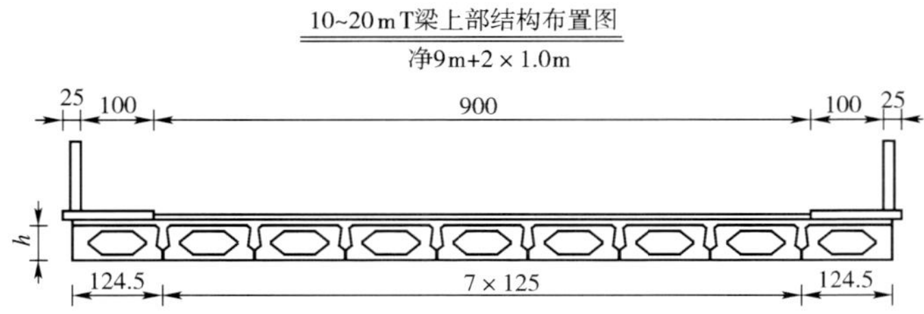


图 5-3　空心板结构图(尺寸单位:cm)

注:10m、13m、16m、20mT 梁板高 $h$ 分别为:50cm、60cm、75cm、90cm。

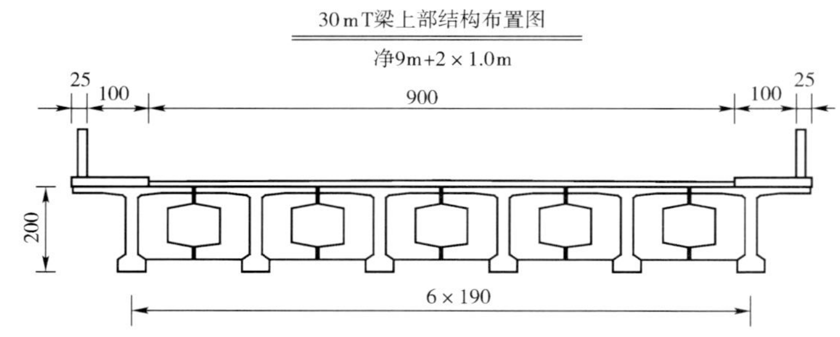


图 5-4　T 形梁结构图(尺寸单位:cm)

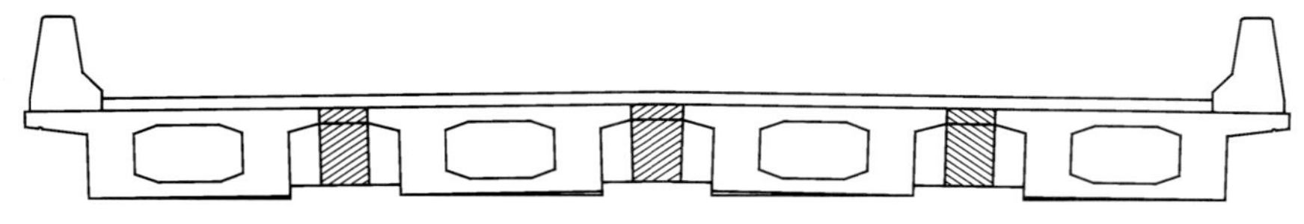

图 5-5　箱形梁结构图

(二)结构特点

简支梁桥属静定结构,结构内力不受地基变形等的影响,因而适宜在地基较差的桥位上建造。钢筋混凝土简支梁桥经济合理的常用跨径在 16m 以下,大于 16m 时一般采用预应力混凝土结构。

(三)结构受力特点

上部结构重量和汽车荷载通过主梁由支座传递至桥台或桥墩,支承桥,其结构力学模型、均布荷载作用下简支梁的剪力图和弯矩图见图 5-6。从简支梁的弯矩图可以看出,正弯矩(下缘受拉)最大在跨中及附近。横桥向断面由多片梁组合成的桥梁,车辆作用于桥面时其重量并不均匀地分配在每片梁上,存在荷载横向分布。荷载横向分布系数与主梁抗弯刚度、抗扭刚度和梁(板)联结相关。在相同的抗弯刚度、相同的抗扭刚度条件下,铰接板、铰接 T 形梁等以铰联结的横向分布系数最不均匀,其次是刚性联结的箱形(T)梁,横向分布系数最为均匀的为整体现浇构件。因此,为了改善汽车荷载的横向分布,主梁往往采取有效措施(如桥面植筋)与桥面铺装层联结,设计成组合截面,以此提高主梁的抗弯刚度和抗扭刚度,改铰接为半刚性联结。

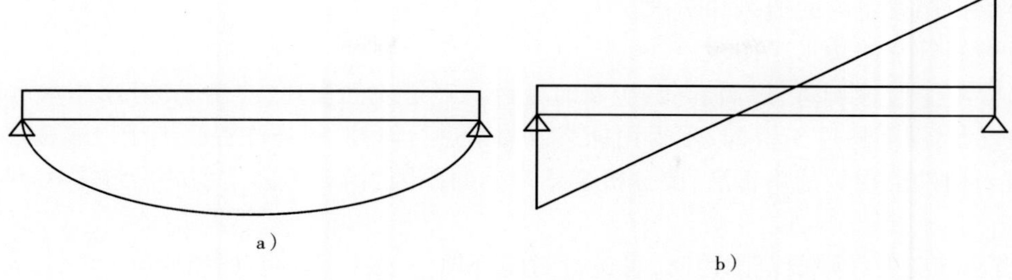


图5-6　简支梁内力特性
a)简支梁弯矩图 $M$;b)简支梁剪力图 $V$

## 二、上部承重构件检查和养护工作

(一)上部承重构件

上部承重构件为主梁,检查部位包括跨中处、1/4 跨径处、支座处、联结部件、铰缝。

(二)重点检查内容

1. 主梁

(1)结构的实际尺寸,包括截面、跨径、钢筋直径和布置等。

(2)材料力学性能,包括钢筋混凝土和钢材的强度、弹性模量等。

(3)混凝土有无空洞、蜂窝、剥落、层离、风化隆起、露筋、裂缝和破碎,钢筋锈蚀等。

(4)支座处有无剪切裂缝,承重构件有无局部承压破碎;1/4 截面处有无开裂;跨中有无弯曲裂缝;混凝土有无缺损和钢筋有无锈蚀。

(5)梁端头、底面有无损坏,箱形梁内有无积水,通风是否良好。

(6)预应力钢束锚固区段混凝土有无开裂,沿预应力筋的混凝土表面有无纵向裂缝。

2. 联结部件

(1)横隔板重点检查内容有:结构尺寸、混凝土裂缝、钢筋锈蚀、空洞;连接钢板的焊缝有无锈蚀、断裂;边梁有无横移或向外倾斜。

(2)组合梁的桥面板与梁的结合部位的混凝土有无开裂、渗水。

3. 铰缝

铰缝混凝土有无破碎脱落、梁与梁间是否出现错台等。

在桥梁日常养护工作中,桥梁工程师对简支梁桥上部承重构件进行检查时,采用梁(板)桥主要承重构件检查内容一览表,见附录 A 中表 A-2 。

(三)危及桥梁安全的重要病害

简支梁(板)桥最危险的病害是受力引起的裂缝,常发生在主梁的跨中、支点处。该类裂缝为受力裂缝,多为抗弯或抗剪不足引起。这些病害会影响到桥梁的使用寿命,因此要加强简支梁桥的养护管理工作。

(四)上部承重构件养护与维修技术要点

桥面系、排水系统等的养护与维修技术要点详见第二章。上部承重构件(主梁)的养护与维修技术要点如下:

(1)保持箱梁室内的通风和防水。

(2)做好日常的防水工作。

(3)混凝土侵蚀剥落、蜂窝麻面,应及时处理。对于表面损坏,应凿毛冲洗,用水泥砂浆抹平;面积较大,深度超过3cm时,不得用抹浆或喷浆进行修补,须浇注混凝土予以裹覆。

(4)当构件出现裂缝病害后,要分析裂缝产生的原因,针对不同类型的裂缝采用不同的处理措施。

①当裂缝宽度在限值范围内时,可进行封闭处理,一般涂刷环氧树脂胶。

②当裂缝宽度大于限值规定时,应采用压力灌浆法灌注环氧树脂胶或其他灌缝材料。

③当裂缝发展严重时,应加强观测,查明原因,按照现行《公路桥涵养护规范》(JTG H11)的有关规定进行加固处理。

(5)出现空洞时,及时处理,措施为凿眼、压力灌注水泥砂浆或环氧砂浆。

(6)对于不影响桥梁结构稳定的混凝土剥落、露筋损坏,可将松脱的混凝土凿除后,再对锈蚀钢筋进行除锈和防锈处理后,再重新浇注高强度等级混凝土进行修补。

(7)保持伸缩缝内清洁,对已经破坏的伸缩缝进行表面封闭修补,防止水渗入混凝土内部造成进一步破坏。

## 三、上部承重构件常见病害原因分析与加固

根据简支梁(板)桥结构受力特点,常见病害有主梁裂缝,铰缝脱落、开裂,π形微弯板碎裂,桥面坑洞,T形梁腹板竖向开裂。

### (一)上部承重构件病害分析

#### 1. 竖向裂缝

竖向裂缝一般发生在跨中,主要原因为跨中抗弯承载力不足。若由截面尺寸不足引起,还会伴随跨中下挠。竖向裂缝发生后常有多条,超过规范限值时,须采取补强加固措施。

#### 2. 斜向裂缝

斜向裂缝一般发生在支座两端,主要原因是主拉应力过大,超过了结构的允许拉应力,表现在承载力上就是截面的抗剪承载力不足,超过规范限值时,须采取补强加固措施。

#### 3. 纵向裂缝

纵向裂缝多发生在板底,沿受力钢筋发展,原因可能是板底混凝土保护层过薄,钢筋锈蚀胀裂;也有可能是因外界因素(如收缩徐变等原因),预应力钢筋失效造成局部应力过大。当发生纵向裂缝时,要立即采取有效措施进行维修处理。

#### 4. 横向裂缝

横向裂缝多发生在板底部,大多发生在1/4~1/2跨径之间,主要原因是抗弯承载力不足,为受力裂缝,当超过规范限值时,必须采取补强加固措施。

#### 5. 铰缝脱落、开裂

铰缝脱落、开裂,主要原因是施工时混凝土质量差,振捣不密实。铰缝失效后,将形成单板受力,比较危险,会加速其他病害的产生,须重新浇筑。

#### 6. π形微弯板碎裂、桥面坑洞

π形微弯板碎裂、桥面坑洞,主要原因为桥面铺装层过薄(8cm厚的桥面铺装层),车轮应

力过于集中,混凝土强度等级偏低,在高应力状态下混凝土被压碎,出现坑洞。当π形微弯板承载力不足时,就出现裂缝。

7. T形梁腹板竖向开裂

T形梁腹板的竖向开裂现象较为常见。这些裂缝均为结构性裂缝。竖向裂缝又可分为两种:一种为下缘受拉区裂缝,另一种为腹板上的竖向裂缝。

(1)下缘受拉区裂缝(图5-7)。

下缘受拉区裂缝多发生在梁跨中部。梁跨度越大,裂缝越多越密,自下缘向上发展,与主筋垂直,一般至上翼缘与梁肋相接处停止,两端逐渐减少,一般贯穿梁底;裂纹宽度较小,一般在0.03~0.1 mm之间,在活载作用下发展变化不大。这些裂缝的产生主要是梁体受力后,梁底部承受弯拉应力,当弯拉应力超过混凝土弯拉应力时,混凝土拉应变即达到极限值,产生开裂。

(2)腹板上的竖向裂缝(图5-8)。

图5-7　T形梁受拉区裂缝

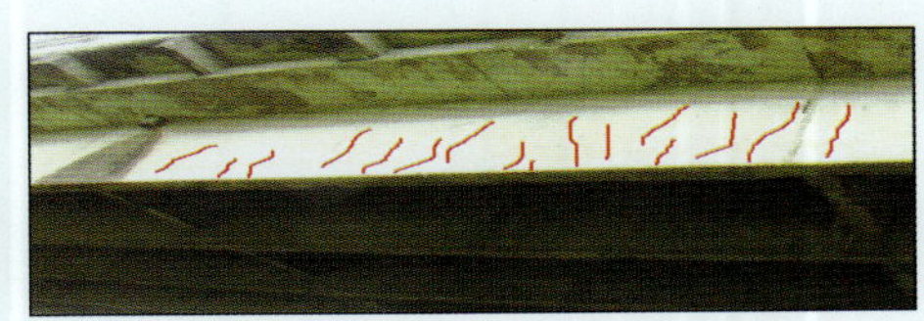

图5-8　T形梁腹板上的竖向裂缝

腹板上的竖向裂缝是最为常见且严重的一种裂缝。梁的跨度越大,裂缝越宽越长。其裂缝多处于薄壁部分,在梁的半高线附近裂宽较大,缝宽一般为0.15~0.3 mm之间,一般不贯穿梁底。裂缝的产生主要是温度及周围环境所致,是混凝土收缩和外力作用的综合产物。混凝土初期裂缝产生后,经荷载作用裂缝数量逐渐增多。

(二)加固实例

1. 桥梁概况

某桥全长288.5 m,桥面净宽7m+2×1m(人行道),上部结构桥跨组合为10×20m+5×15m钢筋混凝土简支T形梁,每跨横向5片T形梁,横隔梁与T形梁预制安装。采用板式橡胶支座。旧结构混凝土强度等级为C25,受力钢筋采用Ⅱ级钢筋。下部结构采用双柱式墩,桥台采用重力式桥台,明挖基础,其余均为小沉井基础。原结构设计荷载:汽车—15级,挂车—80;加固后设计荷载:公路—Ⅱ级。

2. 主要病害

第1~15跨各片T形梁均有竖向弯曲裂缝,靠近跨中附近弯曲裂缝较长,裂缝从肋底部向上发展,基本高过梁肋1/3高度,部分裂缝甚至贯穿梁肋全高;部分T形梁在支点附近出现斜裂缝,斜角60°~80°。

3. 成因分析

这些裂缝主要是受荷载后下缘受拉区裂缝,也有部分为腹板上的竖向裂缝。

4. 加固设计

加固方法如下:

(1)通过在T形梁底部粘贴钢板,提高T形梁承受部分恒载及大部分活载的抗弯承载能力；通过在T形梁套设U形抗剪钢板条，提高T形梁承受部分恒载及大部分活载的抗剪承载能力。

(2)根据裂缝宽度大小进行封闭和灌注处理：对于宽度大于0.15mm的裂缝进行压力灌注处理，对于宽度小于0.15mm的裂缝进行表面封闭处理。加固设计简图见图5-9。

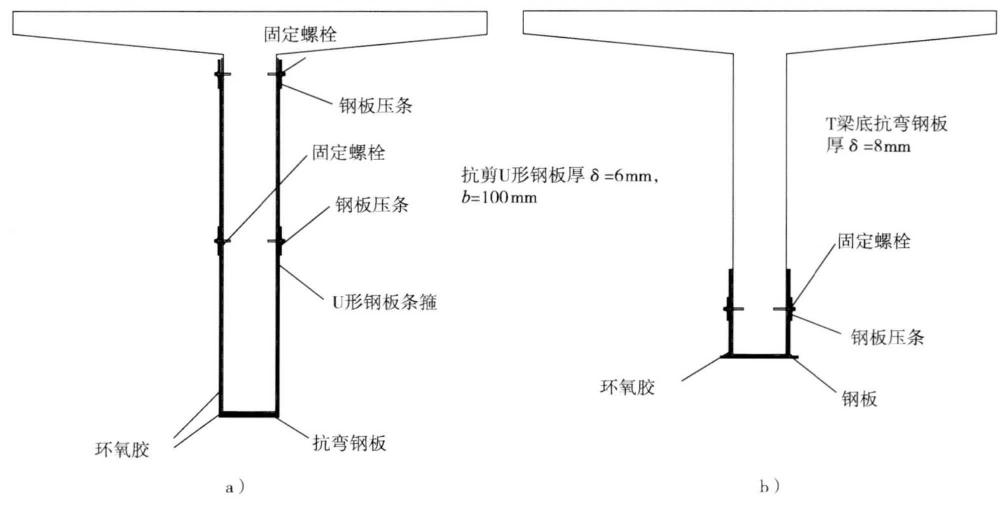


图5-9　T形梁粘贴钢板加固

a)主梁端部截面图；b)主梁跨中截面图

5. 施工工艺及质量控制

(1)粘贴钢板。

①灌注钢板结构胶的选用。

为确保钢板与被加固构件形成整体，粘钢灌注胶须均匀密实地填充于钢板与混凝土构件之间。这需要粘钢灌注胶具有较小的黏度，且具有足够的黏结强度和弹性模量。粘钢灌注胶其质量应符合《公路桥梁加固设计规范》(JTG/T J22—2008)第4章的相关规定，钢板封边胶的性能应符合《混凝土结构加固工程技术规范》(GB 50367—2006)的要求。

②根据重要性不同，胶体分为A级和B级。本工程均为主要受力构件加固，故均采用A级胶。

(2)灌注钢板加固工艺流程。

混凝土表面处理→钻孔植埋螺栓→安装钢板→配制结构胶→封边→灌注→钢板表面防腐处理。

(3)灌注钢板加固的施工要点。

①混凝土表面处理：根据设计图纸的要求并结合现场测量定位，在需灌钢加固混凝土的表面放出钢板位置大样，凿除需灌钢区混凝土表面6~8mm厚的表层砂浆，使坚实的混凝土石子外露，并形成平整的粗糙面，表面不平处应用尖凿轻凿整平，再用钢丝刷刷毛，剔除表层疏松物，最后用无油压缩空气吹除表面粉尘或清水冲洗干净，待完全干燥后用脱脂棉蘸丙酮擦拭表面。

②钻孔植埋螺栓：采用植筋法安装螺栓时，应采用与螺栓直径配套的钻头进行钻孔，螺栓

的成孔直径按照《公路桥梁加固施工技术规范》(JTG/T J23—2008)附录 A 表 A.2.1-1 确定。在钻孔前应探明钢筋位置,并作标记。当钻孔与钢筋位置冲突时,适当调整孔位,并按调整的孔位安装钢板。钻孔应清理干净,保持干燥,不得有油污。植螺栓的施工工艺按照《公路桥梁加固施工技术规范》(JTG/T J23—2008)附录 B 执行。

③安装钢板:依据现场混凝土上的实际放样进行钢板下料,并依据现场植埋的螺杆,对待灌注的钢板进行配套打孔,然后将钢板的粘贴面用磨光砂轮机或钢丝刷磨机进行除锈和粗糙处理,打磨粗糙度越大越好,打磨纹路应与钢板受力方向垂直;用脱脂棉蘸丙酮将钢板表面擦拭干净。将钢板固定在螺栓上,并保证钢板与混凝土表面的间隙在 3mm 以上,以确保灌注胶层有足够的厚度;焊接钢板接缝,完成钢板安装。亦可先焊接钢板,然后整体安装,但需确保安装质量和注胶空隙;并注意 U 形抗剪钢板条与抗弯钢板之间的 3mm 空隙。建议 T 形梁粘贴钢板采用注胶的形式进行粘贴,并应待钢板全部安装焊接完毕后,方可封缝注胶。切忌注胶后焊接,以免降低环氧胶的性能。

④配制结构胶:将钢板封边胶 XH111 A/B Fast 按照供应商提供的产品说明书要求的比例主剂 A∶固化剂 B=2∶1(质量比)准确称量,将主剂 A 与固化剂 B 倒在容器中,用低速搅拌器,搅拌均匀,在适用期内用完。粘钢灌注胶 XH160 A/B 应在封边后完成,且钢板封边胶达到完全固化有足够的强度后再进行配制和使用;其配制应按照供应商提供的产品说明书的要求进行,XH160 A/B 主剂 A∶固化剂 B=10∶3(质量比)。

⑤封边:将注入嘴粘在钢板的注入孔上,在钢板边缘插入排气管,在螺栓头上罩上盖碗,然后用钢板封边胶封闭钢板边缘,完成封边。注入嘴布置间距为 2~3m。

⑥灌注:用泵将粘钢灌注胶从注入嘴灌注到钢板和混凝土的空隙中,灌注工作持续到所有排气管均有胶液流出。在灌注过程中,用橡皮锤敲打钢板以确认是否灌注密实。要求灌浆之前先通气试压,以 0.2~0.4MPa 的压力将粘钢灌注胶从注入嘴压入,当排气孔出现浆液后停止加压,以钢板封边胶堵孔,再以较低压力维持 10min 以上。

⑦钢板表面防腐处理:经检验确认钢板粘贴固化密实效果可靠后,去除所有注入嘴和排气管,并喷砂除锈至 Sa2.5 级,防锈涂料可采用环氧防腐漆,涂刷特防胶前,钢板必须呈金属光泽。由丙酮除油污,进行严格清洁处理后,才可进行涂刷,后涂必须在前涂固化后才能进行。涂装防腐年限不少于 15 年。

(4)加固材料与施工质量的检验与验收。

①施工开始前,应由监理及业主确认钢板和灌钢结构胶等产品合格证、产品质量检验报告,各项性能应满足相关规范和设计要求。

②材料性能抽样检验。当工程的灌钢结构胶用量小于 1t 时,应做一组试样进行抗拉强度、抗剪强度及钢与混凝土轴心抗拉强度检验;用量大于 1t 时,应每增加 1t 增加一组试验。受检的结构胶应由独立试验室人员在不小于两个包装单位中随机抽取。

③施工质量检验及验收。在完成灌注钢板经 24h 固化后,用小锤沿粘贴面轻轻敲击钢板,从音响判断灌注胶体的密实度。如无空洞声,则表示已灌注密实,否则应在钢板空鼓处重新打孔用针筒灌胶。钢板灌注固化密实的有效粘贴面积不应小于设计粘贴面积的 95%,检查时除敲击检测法外,还有超声波检测法、红外线检测法两种。

另外,对于局部的小面积钢板,如盖梁墩顶处条形抗剪钢板等,建议采用手工涂抹环氧胶粘贴钢板的方式进行。具体工艺与灌注胶仅有如下区别：

①配制结构胶 XH111 和粘贴钢板：先用丙酮清洗处理后的待粘钢区域混凝土表面和钢板待粘贴面，将粘钢结构胶 XH111A/B 按照供应商提供的产品说明书要求的比例主剂A：固化剂 B＝2：1（质量比）准确称量，将主剂 A 与固化剂 B 倒在容器中，用低速搅拌器搅拌均匀，在事先已确认的可操作时间内再用抹刀将该结构胶涂抹在已处理好的混凝土表面以及待粘贴钢板表面上，胶体中间厚边缘薄，胶层厚度应控制在 2～5mm，然后，将钢板贴于预定位置上。

②加压固定钢板：当埋植螺杆并将钢板贴合上后，加垫片，紧固螺母，交替拧紧各加压螺杆，以使胶液刚从钢板边缝挤出为度，达到密实粘贴程度。

③植筋施工工艺：

a. 混凝土表面处理：清理混凝土表面杂质；

b. 钻孔：按照直径和深度要求钻孔；

c. 清孔：先用毛刷清除孔内灰尘，再用清洁的压缩空气将灰尘清干净；

d. 植筋：填孔并植入螺栓；

e. 固化：按要求留有足够的时间让黏结剂固化。

6. 加固效果

本桥加固后经检测，承载能力达到公路—Ⅱ级荷载标准。

## 第三节　连 续 梁 桥

当桥梁有两跨以上，在梁体全长内无断开处时，我们称之为连续梁桥（图 5-10）。连续梁桥主梁若干孔为一联，连续支承在几个支座上。当跨度较大时，采用连续梁较省材料，更适合用悬臂拼装或悬臂浇筑、纵向拖拉或顶推法施工。连续梁在恒活载作用下，产生的支点负弯矩对跨中正弯矩有卸载的作用，使内力状态比较均匀合理，因而梁高可以减小，节省材料，且刚度大，整体性好，超载能力大，安全度大，桥面伸缩缝少。

图 5-10　连续梁桥总体布置图

### 一、概述

（一）基本特性

弯矩和剪力沿梁长产生连续不断的效应，一跨受载，邻跨及本联其余各跨均受影响。当荷载作用时，中间支点反力增加，截面附近产生负弯矩，从而显著减小了跨中的正弯矩，使内力状态比较均匀合理，从而提高桥梁刚度和整体性，加大了超载能力，使安全性也得以提升。

（二）结构特点

钢筋混凝土及预应力混凝土连续梁桥是中等跨度以上公路桥梁中常用的桥型，使用跨径为 20～200m，30m 以上常用预应力混凝土结构。连续梁桥横截面形式随着跨度的增加，有板

（包括空心板）、T（I）形梁、箱形梁。

（三）结构受力特点

如图5-11所示，连续梁在正弯矩区下部受拉，上部受压；而在负弯矩区则相反，梁上部受拉，下部受压；在正负弯矩区的交界处（约为单跨的1/4处）梁不受弯曲作用，仅受剪力作用。

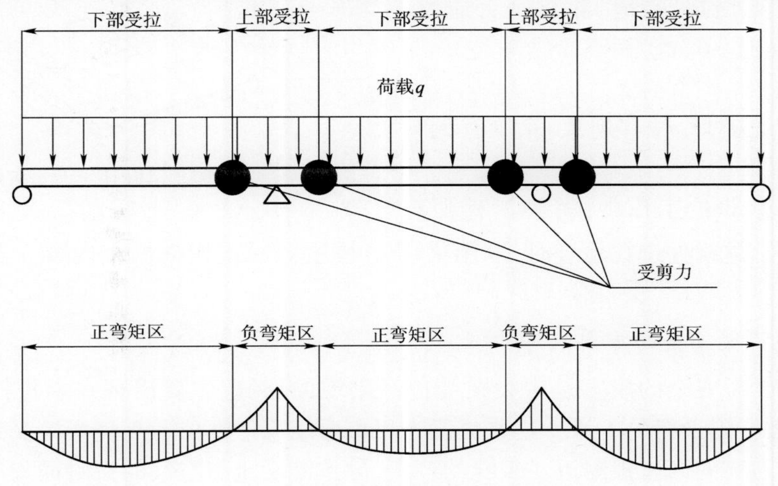


图5-11　连续梁桥弯矩图

连续梁桥可以由多条连续梁组成，一条连续梁可以有若干跨。每联跨数太多，联长就要加大，其受温度变化及混凝土收缩等影响产生的纵向位移也较大，使伸缩缝及活动支座的结构复杂化；如果每联太短，则伸缩缝的数量就会增多，不利于高速行车。

当任一墩台基础出现不均匀沉陷而导致连续梁下支座的标高产生变化时，容易在桥梁结构内产生附加内力，影响桥梁的整体结构稳定。所以，连续梁桥比较适用于桥基非常好的场合。

较小跨度的连续梁桥通常采用钢筋混凝土结构，但也有采用预应力混凝土的，其横截面有板、T形、箱形；但大跨度的均为预应力混凝土结构，其横截面为箱形。

箱形截面是大跨度连续梁最适宜的横截面形式。闭合的箱形截面抗扭刚度大，静、动力性能好，收缩变形小。其顶板和底板具有较大的面积，是结构承受正、负弯矩的主要部件；腹板的功用是承受截面的剪力和主拉应力；梗肋设在顶板与腹板交接处，梗肋可提高截面的抗扭刚度和抗弯刚度，减少扭转剪应力和畸变应力。

## 二、上部承重构件检查和养护工作

（一）上部承重构件

上部承重构件为主梁，检查部位包括腹板、箱梁内部、梁端头附近、支座及顶面。

（二）重点检查内容

1.腹板

挠度变形有无过大，混凝土有无开裂、剥落、钙化、露筋或是钢筋锈蚀现象。

预应力混凝土连续梁桥预应力筋锚固齿板后出现斜向裂缝（图5-12），这是所有预应力箱梁都可能出现的病害。其原因主要是齿板附近应力集中过大,普通钢筋配置偏少,预应力束锚固过于集中等。

2. 箱梁内部

混凝土有无损坏、裂缝,箱梁是否通风、有无积水现象。

3. 梁端头

混凝土有无破坏、位移现象,箱梁有无有进水现象。

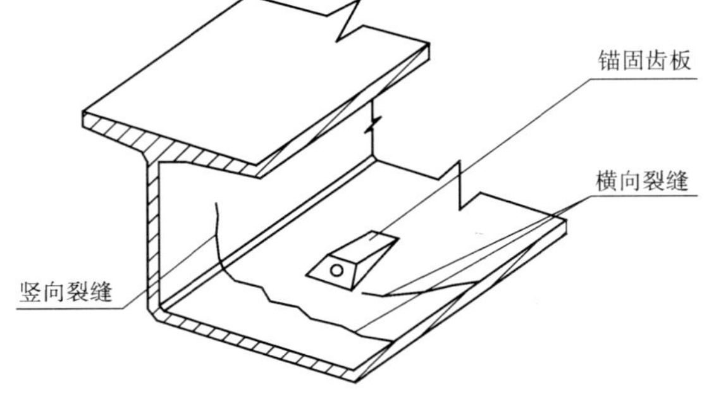

图 5-12　锚固齿扳后的裂缝

在桥梁日常养护工作中,桥梁工程师对连续梁桥上部承重构件进行检查时,采用梁(板)桥主要承重构件检查内容一览表,见附录 A 中表 A-2 。

（三）危及桥梁安全的重要病害

危及连续梁桥安全的病害是主梁在受拉区出现的裂缝,主要出现在承重构件上的跨中、1/5跨下缘和墩柱附近梁的上缘。这些位置为正负弯矩峰值部位和正负弯矩交界位置,以及应力集中的预应力锚固区齿板附近。裂缝的产生,导致混凝土与空气的接触面积增大,增加了混凝土老化的机会,同时还破坏了内部钢筋的保护层,使得钢筋有机会在空气中与水或是其他物质所接触,加快钢筋的腐蚀速度,造成桥梁结构的破坏,降低桥梁的耐久性。同时,支座和伸缩缝位置的病害也会导致桥梁受力结构的改变,形成混凝土结构的破坏,从而影响到桥梁的使用寿命,因此要加强连续梁桥主要承重部件的养护管理工作。

1. 跨中位置

梁的下缘或梁底面出现横向裂缝,侧面出现竖向裂缝,横向裂缝呈中间宽两端窄或等宽分布,竖向裂缝呈下宽上窄分布。该裂缝的产生是由于主梁在跨中位置在荷载作用下,主梁中性轴上部受压,下部受拉,在拉应力超过钢筋混凝土强度时,就会在主梁侧面和底部出现垂直于拉力方向的竖向裂缝和横向裂缝,将导致连续梁纵向受力的不足,形成严重下挠甚至主梁断裂,影响桥梁整体结构的稳定。

2. 1/5 跨位置

底面出现横向裂缝,侧面出现斜裂缝,横向裂缝呈中间宽两端窄分布,斜裂缝呈下宽上窄分布。该裂缝的产生是由于该位置位于正负弯矩的交界点,弯矩为零,梁体仅受梁体自重产生的剪力作用,所以在该位置会沿着剪力方向产生斜裂缝,严重时在梁底面出现横向裂缝,影响桥梁的整体结构的稳定。

3. 预应力锚固位置

箱梁内部预应力锚固齿板四周出现围绕锚固区的混凝土开裂。该位置的破坏是由于该位置应力较为集中,而齿板与箱梁内壁之间混凝土厚度不一致,所以在其交界位置出现混凝土破坏。该病害的产生会导致主梁预应力作用的损失或是失效,影响桥梁整体结构的受力稳定。

（四）上部承重构件养护与维修技术要点

桥面系、排水系统等的养护与维修技术要点详见第二章。上部承重构件(连续箱梁)的养

护与维修技术要点如下：

(1)要保持箱梁内空气的流通。发现空气不流通时，应及时疏通或是增加通风口。

(2)要保持箱梁内的干燥，发现渗水或是漏水应及时修补。

(3)对混凝土空洞、蜂窝、麻面、表面风化、剥落等应进行修补。

(4)对露筋或保护层剥落，应进行维修处理。

(5)当构件出现裂缝病害后，要分析裂缝产生的原因，针对不同类型的裂缝采用不同的处理措施。

(6)预应力筋附近产生混凝土破坏，应分析破坏的原因，并针对不同类型的破坏采用不同的处理措施。

## 三、上部承重构件常见病害原因分析与加固

### (一)上部承重构件病害分析

裂缝是连续梁桥最常见的缺陷和主要病害。裂缝是结构变形的结果，是桥梁状况的外在表现。

1. 受拉区弯曲裂缝

受拉区弯曲裂缝一般出现在普通钢筋混凝土梁受拉区的底部(支座处在顶面)和侧面，为横向裂缝。其产生原因：①由于连续梁跨中部在弯曲作用下下挠，连续梁腹板上部受压，下部受拉(支座顶面刚好相反)，当梁的抗弯刚度不够时，在梁的受拉区就会产生横向弯曲裂缝。②当连续梁的纵向预应力不足，或是后期预应力损失过大时，也会造成受拉区弯曲裂缝的产生。

2. 梁腹板的斜裂缝

梁腹板的斜裂缝一般出现在支座到1/4 跨径之间，属于剪切裂缝。

裂缝产生的原因比较复杂，主要是由于纵向或竖向预应力不足，或是损失过大导致原有的支承力下降，造成支座到1/4 跨径之间剪切破坏形成斜裂缝。另外，箱梁内外温差过大，也会产生裂缝；箱梁的抗弯或抗扭刚度不足，偏心荷载下箱梁畸变应力过大；腹板厚度偏小；剪力滞效应影响；非预应力钢筋配置不足；混凝土混合料及添加剂影响；施工不当，纵向预应力束直线布置；跨径布置不合理等原因都有可能引起混凝土开裂。

3. 梁底纵向裂缝

梁底纵向裂缝一般出现在预应力梁的主筋位置附近，沿着主筋方向延伸。

箱梁的顶、底板出现纵向裂缝，通常是由于顶、底板横向弯矩过大，无横向预应力，箱梁横向弯矩空间效应，板厚偏小，横向配筋不足，箱梁内外温差过大产生温度应力等原因所导致。

箱梁顶、底板梗腋处出现的纵向裂缝，主要是由于该处有大量的预应力纵向钢束通过，局部应力过大，或者是对箱梁的正剪力滞效应考虑不足，或者是偏心荷载下箱梁畸变扭转引起腹板上下端部应力过大等所致。

另外，普通钢筋混凝土梁在受拉区的纵向裂缝宽度是不允许超过规定值的($<0.3$mm)，而预应混凝土梁预应力束位置的纵向裂缝的允许值为0.2mm，一旦超出范围说明梁有非常严重的问题，应立即采取封闭桥梁等措施或实行交通管制并进行修补处理。

4. 网状裂缝

混凝土上的网状裂缝没有规律，出现的时期也各有不同。在混凝土浇注初期，由于养生不够，或是外加剂计量不够准确都有可能造成混凝土表面出现网状裂缝。其宽度一般为0.01～0.05mm，在车辆活载作用下长度和宽度的变化很小，对结构的影响不大，但仍需继续观察，以免网状裂缝扩大后形成局部的混凝土剥落，造成露筋和钢筋锈蚀，影响桥梁的安全。

5. 预应力锚固区混凝土开裂

该位置混凝土开裂有几个原因，其中主要是预应力锚固区集中应力过大所导致；另外，混凝土质量问题也是导致该区域出现裂缝的原因，如混凝土强度不够，配筋不合理，锚固齿板偏小等。

6. 梁与梁连接处的纵向裂缝

两片梁间铰接位置容易出现纵向裂缝，同时还会因为梁的下挠程度不同而在两片梁之间产生错位现象。其原因主要是各片梁之间铰接处薄弱，横向联系不够所导致。其病害的产生主要表现在桥面相应位置出现反射裂缝。此病害的产生在箱梁下挠仍在允许范围内时不会对桥梁结构产生破坏性的影响，但仍需加强监控，一旦发现其有进一步破坏趋势时应及时进行相关处治。

## （二）加固措施

1. 体外预应力加固法

体外预应力加固是通过增加体外预应力索（包括钢绞线、高强钢丝束和精轧螺纹钢筋）对既有混凝土梁体主动施加外力，以改善原结构的受力状况的加固方法。

（1）体外预应力加固优点：

①在自重增加很少的情况下，能够大幅度改善和调整原结构的受力状况，提高承重结构的刚度和抗裂性能。

②由于承重结构的自重增加少，故对墩台及基础受力状况影响很小，可减少对墩台及基础的加固。

③对桥梁营运影响较小，可在不限制通行的条件下进行施工。

④预应力加固法既可作为桥梁通过重车时的临时加固手段，又可作为永久性提高桥梁荷载等级的措施。

对于板桥来说，采用对受拉区施以体外预应力进行加固，可以抵消部分自重应力，起到卸载的作用，从而较大幅度地提高板的承载力。对于箱形连续梁桥，使用增设体外预应力法进行加固时，可将体外预应力布置于箱内，若梁的正弯矩不足，预应力筋应靠近底板；若梁的负弯矩不足，预应力筋则应靠近顶板。为解决体外预应力筋的竖弯，可设钢筋混凝土隔板；而体外预应力筋的端头的锚固则常采用后设钢筋混凝土锚块的方式，见图5-13。

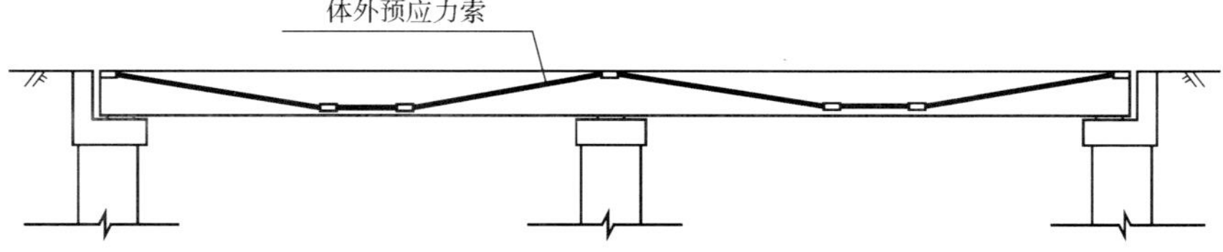


图5-13　连续梁桥增设体外预应力索布设示意图

（2）体外预应力加固设计：

①预应力钢筋(束)可由水平筋(束)和斜筋(束)组成,亦可由通长布置的钢丝束或钢绞线组成。加固中采用的体外束应具有防腐能力,且宜具有可更换性。

②转向装置可采用钢部件、现浇混凝土块体或附加钢锚箱结构。转向装置必须与梁体连接可靠,其连接强度必须进行验算。转向装置的尺寸设计应综合考虑体外预应力产生的径向力大小、体外预应力束的根数及其曲线形状、孔道直径、普通钢筋间距及混凝土保护层等因素。

③体外索的自由长度超过 10m 时应设置定位装置。

④当被加固构件的混凝土强度等级低于 C25 时,不宜采用预应力加固方法。

(3)施工中注意事项:

①预应力钢筋加工:预应力所用的粗钢筋、钢绞线等预应力材料在下料安装之前要密封包裹,防止锈蚀。钢绞线、精轧螺纹钢筋应采用切断机或砂轮锯切断,不得采用电弧切割。预应力筋的下料长度应通过计算确定,计算时应考虑张拉设备所需的工作长度、冷拉伸长值、弹性回缩值和外露长度等因素。

②安装及张拉:按设计要求增设转向装置或齿板,并安装锚具。对称、均匀张拉至设计吨位,施工张拉力次序可为:0→15%→0→50%→80%→100%。张拉方法按现行《公路桥涵施工技术规范》(JTJ 041)的相关规定执行。

③施工监控:在控制张拉力和伸长量的同时,应对旧桥控制截面和关键位置的应变及主梁挠度进行监控。

2. 墩柱支承法

在桥墩两侧或跨中设置钢筋混凝土墩柱,墩柱顶安装橡胶支座,为梁体提供新的支承(图5-14)。此加固方式,对在重荷载作用下出现病害的桥梁,能很好地减少跨中的弯曲和支承处的剪力,加固效果非常明显。采用此法,在加固中要注意新增墩柱附近梁的顶面受拉和梁的受剪情况以及体系的改变对全桥的影响。开挖基础时注意对相邻基础的影响,以防挖垮桥梁。

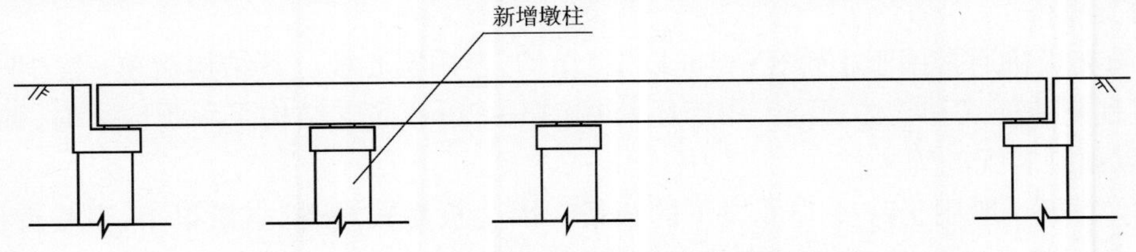


图 5-14　连续梁桥新增墩柱加固示意图

3. 八字支承法

通过在桥下设置八字支承提供两个弹性支座,可使原来的一跨变成一组三跨的连续梁,能够减少跨中的弯曲和支承处的剪力,改善桥梁的受力情况(图 5-15)。

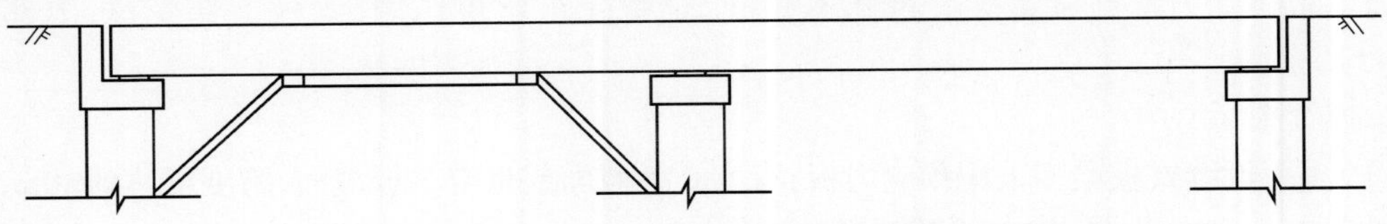

图 5-15　连续梁桥新增八字斜撑加固示意图

# 第四节 板 桥

板桥指的是以板作为上部承重构件的桥梁，采用钢筋混凝土或预应力混凝土结构，可做成实心或空心，采用预制或就地现浇，以适应各种形状的弯、坡、斜桥，是公路桥梁中量大、面广的常用桥型（图5-16）。

图5-16 板桥总体布置图

## 一、概述

### （一）结构特点

1. 外形简单，制作方便

板桥不但外部几何形状简单，而且内部一般无需配置抗剪钢筋，仅按构造弯起斜筋，因而施工简单且利于工厂化成批生产。

2. 建筑高度小

板桥适宜于桥下净空受到限制时使用，与其他桥型相比，既降低桥面高度，又可缩短引道长度。

3. 承重能力高，刚度大

对于整体式板桥，由于是双向受力结构，因而比一般梁有更高的承载能力和更大的刚度；同时，本身构造简单，极易适应斜、弯、坡及S形、喇叭形或形状更复杂桥梁的要求。

### （二）板桥的类型及结构受力特点

板式梁桥通常包括钢筋混凝土及预应力钢筋混凝土简支板桥和钢筋混凝土及预应力钢筋混凝土连续式板桥。

1. 简支板桥

（1）简支板桥通常用于小跨径（13m以下）结构，多用实心板。其结构简单，受力明确。施工方法有预制装配式和整体现浇。单跨小跨径（13～20m）简支结构采用预应力时，通常使用空心板，以预制装配的为主。

（2）实心板一般用于跨径13m以下的板桥。因为板高较矮，挖空量很小，空心拆模不便，可做成钢筋混凝土实心板，立模现浇或预制拼装均可。

（3）空心板用于等于或大于13m跨径，采用先张或后张预应力混凝土结构。先张法用钢绞线和冷拔钢丝；后张法可用单根钢绞线、多根钢绞线群锚或扁锚，立模现浇或预制拼装。成孔采用胶囊、拆装式模板或一次性成孔材料，如预制薄壁混凝土管或其他材料。

简支板桥受力特点与简支梁桥基本相同，全桥受正弯矩作用，梁板下部受拉，上部受压（图5-17）。

2. 连续板桥

（1）多跨连续式板梁多采用预应力板，有实心板截面或是空心板截面，跨度可达到40m，大多采用现浇施工，整体性强，横向联系较好。

（2）钢筋混凝土和预应力混凝土板桥，其发展趋势为：采用高强度等级混凝土，为了保证

使用性能尽可能采用预应力混凝土结构；预应力方式和锚具多样化；预应力钢材一般采用钢绞线。板桥跨径可做到25m，目前已建成35～40m跨径的桥梁。板桥跨径不宜太大，否则用料不省；若板高矮，则刚度小；若预应力度偏大，则上拱高；若预应力度偏小，则可能出现下挠；若采用预制安装，横向联系不强，使用时容易出现桥面纵向开裂等问题。由于吊装能力增大，预制空心板幅宽有加大趋势，1.5m左右板宽是合适的。

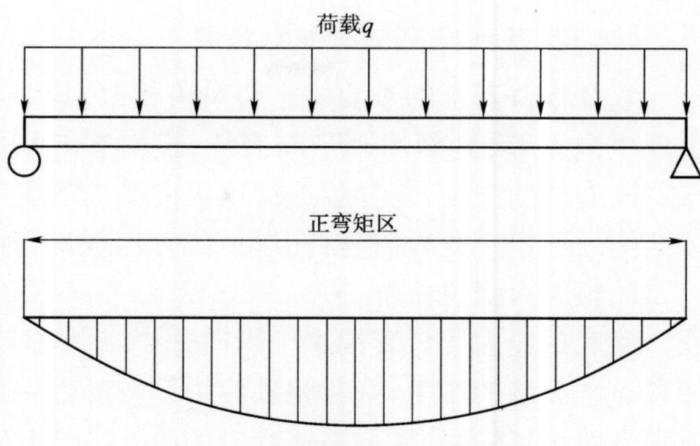


图5-17　简支板桥弯矩图

(3)预制装配式板应特别注意加强板的横向联系，保证板的整体性，如接缝处采用“剪力键”。为了保证横向剪力传递，至少在跨中处要施加横向预应力。

连续板梁在正弯矩区下部受拉，上部受压；而在负弯矩区则相反，梁上部受拉，下部受压；在正负弯矩区的交界处(约为单跨的1/4处)梁不受弯曲作用，仅受剪力作用(图5-18)

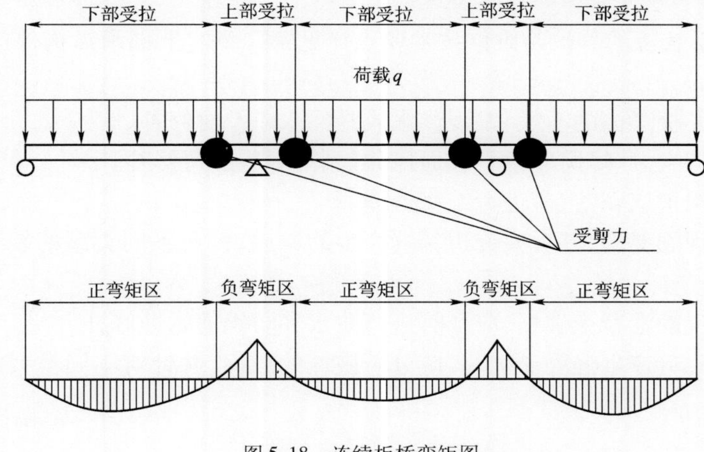


图5-18　连续板桥弯矩图

## 二、上部承重构件检查和养护工作

### (一)上部承重构件

上部承重构件为主梁，检查部位包括腹板、板端头及附近。

### (二)重点检查内容

1. 主梁腹板

挠度变形有无过大，混凝土有无开裂、剥落或是钙化，有无出现露筋或是钢筋锈蚀现象；铰缝处有无受剪破坏产生开裂或是错位位移，有无啃边现象等。

2. 板端头：混凝土有无破坏，有无出现位移现象，空心板梁有无有进水现象。

在桥梁日常养护工作中，桥梁工程师对板桥上部承重构件进行检查时，采用梁(板)桥主要承重构件检查内容一览表，见附录A中表A-2。

(三)危及桥梁安全的重要病害

危及板桥安全的重要病害与梁桥相似,其中对跨中横向裂缝应引起足够重视,板跨中底面出现横向裂缝,侧面出现竖向裂缝,横向裂缝呈中间宽两端窄分布。竖向裂缝呈下宽上窄分布。该裂缝的产生,将导致连续梁纵向受力的不足,形成严重下挠甚至主梁断裂,影响桥梁整体结构的稳定。此外,板桥在以下位置出现病害也会危及桥梁安全:

1. 预应力张拉位置

梁底预应力筋位置混凝土纵向开裂,该病害是由于混凝土强度不够,或是桥梁荷载过大所导致。该裂缝的产生,会导致预应力筋与外界接触,加快其腐蚀速度,使其预应力的作用降低或是失效,最终导致桥梁整体受力的改变,影响结构的稳定。

2. 铰缝位置

梁板铰缝位置产生破坏,导致桥梁板横向联系的削弱或是消失,从而导致桥梁板从正常的受力转为单板受力,降低了桥梁的抗弯能力。形成单板受力的梁板容易出现进一步的断裂破坏,影响桥梁的正常使用。

(四)上部承重构件养护与维修技术要点

桥面系、排水系统等的养护与维修技术要点详见第二章。上部承重构件(板梁)的养护与维修技术要点如下:

(1)要保持空心板梁内的干燥,发现渗水或是漏水应及时修补。

(2)对混凝土的空洞、蜂窝、麻面、表面风化、剥落等应进行修补。

(3)对露筋或保护层剥落,应进行维修处理。

(4)当构件出现裂缝病害后,要分析裂缝产生的原因,针对不同类型的裂缝采用不同的处理措施。

(5)对铰缝位置的混凝土破损,应及时进行防水和防钢筋锈蚀修补。

(6)预应力筋附近产生混凝土破坏,应分析破坏的原因,并针对不同类型的破坏采用不同的处理措施。

## 三、上部承重构件常见病害原因分析与加固

(一)上部承重构件病害分析

1. 受拉区弯曲裂缝

在桥梁跨中的裂缝通常出现在腹板侧面和底面,侧面通常为竖向裂缝,底面通常为横向裂缝(图 5-19、图 5-20)。此种裂缝的出现通常还伴随着跨中下挠,其产生的原因是由于桥梁在荷载作用下,在桥梁跨中产生弯曲应力,跨中下挠,跨中混凝土上部受压,底部受拉。当混凝土底部的抗拉强度小于桥梁弯曲产生的拉应力时,

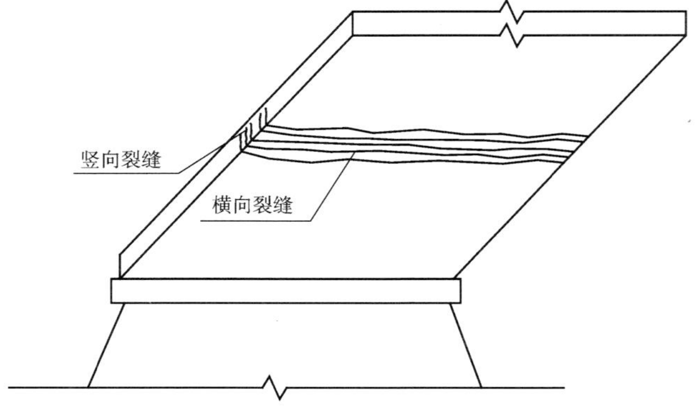


图 5-19 板底受拉区裂缝示意图 1

就在桥梁跨中底面产生弯曲裂缝。

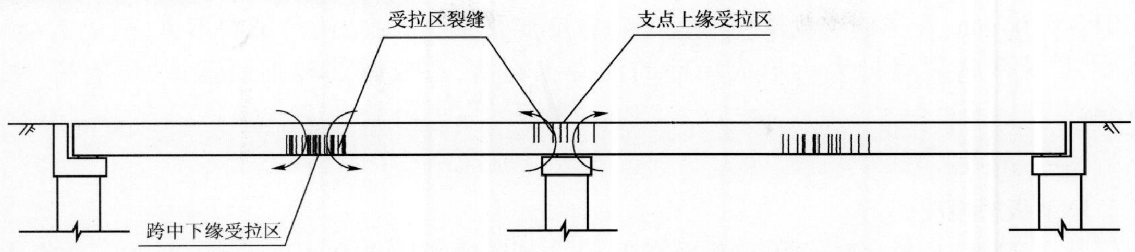


图5-20 板底受拉区裂缝示意图2

腹板侧面的竖向裂缝通常是从腹板底面开始，由下而上产生和发展；而桥梁梁板底面产生的横向弯曲裂缝通常是出现在板中部，由于板桥较其他类型桥梁的横向联系要相对弱一些，在板中也会出现一个横向的下挠，所以裂缝呈中间宽，两边窄分布。

2. 支点附近的上缘受拉区裂缝

根据连续式板桥的受力特点，支座处的连续板受负弯矩的作用，其受力情况与跨中处的受力情况刚好相反，在支座处的梁板上部受拉，下部受压。在荷载作用下，当钢筋混凝土抗拉强度小于其所受到的弯曲应力时，混凝土破坏，表现形式为横向裂缝。由于病害部位出现在上部，通常还会伴随有混凝土剥落、渗水、露筋或是钢筋锈蚀现象的产生。

3. 板间铰缝开裂

混凝土实心板或空心板出现纵向裂缝，通常是在其铰缝处产生（图5-21）。产生原因是板铰缝处的横向联系较弱，在横向弯矩的作用下铰缝受到破坏断裂形成纵向裂缝。其形成的原因是多方面的：有设计的原因，横向配筋不足或是没有设置横向预应力导致；也有施工原因，施工质量有问题，焊接不牢或是原来设计的预制装配式板改为了现场浇注，使得单向板变为了整体双向板，导致受力方式的改变，造成铰接位置更为脆弱；还有超限车辆的影响也是造成其板间铰缝开裂的主要原因。

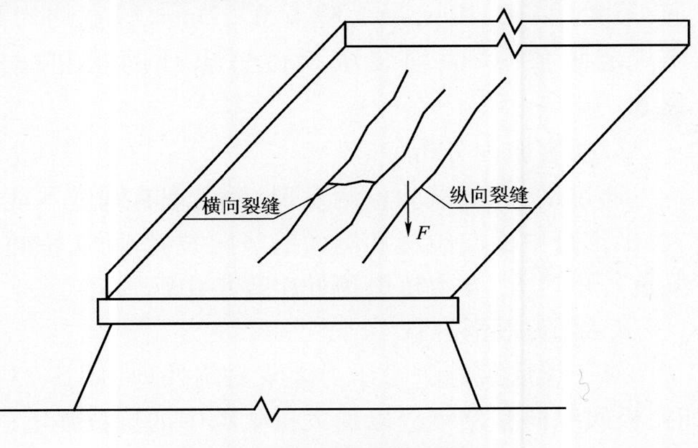


图5-21 板底纵向裂缝示意图

4. 预应力锚固区混凝土开裂

张拉锚具的锚下纵向裂缝，长度一般不超过梁（板）高，主要为锚下局部应力集中产生的劈裂拉力所致。亦有可能为混凝土质量问题，如混凝土强度不够或是混凝土受侵蚀破坏后耐久性降低导致。

沿预应力钢束的纵向裂缝，主要为预应力钢束保护层过薄，钢束处局部应力过大产生劈裂或是混凝土保护层碳化后的预应力筋生锈所致。

5. 网状裂缝

混凝土上的网状裂缝没有规律，出现的时期也各有不同。在混凝土浇注初期，由于养

生不够，或是外加剂剂量不够准确都有可能造成混凝土表面出现网状裂缝。其宽度一般为0.01～0.05mm，在车辆活载作用下长度和宽度变化很小，对结构的影响不大，但仍需继续观察，以免网状裂缝扩大后形成局部的混凝土剥落，造成露筋和钢筋锈蚀，影响桥梁的安全。

（二）加固实例

1. 某板桥概况

某立交跨线板桥，全长350m，桥面宽2×0.3m（防撞墙）+8.0m，桥梁上部构由三联组成：第一联为19.5m+20m+3×25m+20m+19.5m现浇预应力混凝土连续板，第二联为6×20m现浇钢筋混凝土连续板，第三联为25m+30m+25m现浇预应力混凝土连续板。下部结构为钢筋混凝土桩柱式墩台。支座为盆式橡胶支座，伸缩缝为型钢伸缩缝，桥面为水泥混凝土面层。设计荷载：汽车—20级、挂车—120。桥梁于2001年6月竣工。

2. 主要病害

上部结构：第二联板底出现260道横向裂缝（图5-22），其中128道贯通，最长6.0m（贯通），最大缝宽0.22mm，均在《公路桥涵养护规范》（JTG H11—2004）规定允许最大缝宽0.25mm范围内；侧面361道竖向裂缝，大部分贯通，最大缝长0.41m，最大缝宽0.32mm，其中16道缝宽超过规范限值；翼缘板底面共存在14道横向裂缝，其中大部分贯通，最大缝长0.40m，最大缝宽0.22mm，缝宽均为超出规范限值；桥面铺装墩顶位置出现网状和横向裂缝。

图5-22　板底横向裂缝图

3. 病害原因分析

通过动、静载试验检测发现，桥梁现有刚度不能满足公路—Ⅰ级的荷载标准，导致挠度过大，出现跨中横向裂缝和侧面的竖向裂缝；而从桥面铺装层网状裂缝和横向裂缝的位置得知桥梁负弯矩过大，导致桥墩顶处出现集中病害。

4. 维修加固设计

对于梁底裂缝进行压力灌浆封闭处理（图5-23），以防止裂缝继续扩大或是钢筋锈蚀；同时，板底纵向粘贴钢板以加大桥梁跨中的抗拉强度（图5-24），提高梁体刚度。

图5-23　板底横向裂缝压浆修补图

图5-24　板底粘贴钢板图

对于桥梁负弯矩区的裂缝，设计考虑凿除桥梁铺装层，增设粗钢筋（图5-25），重新浇筑混凝土铺装层。

5. 加固效果

本桥加固后经检测，整体竖向刚度及强度达到公路—Ⅰ级的荷载标准。

图5-25　桥面布设钢筋图

# 第六章　刚　构　桥

## 第一节　概　　述

刚构桥(图6-1)是公路桥梁中常用的一种桥型,按结构立面形式可分为连续刚构桥、T形刚构桥和斜腿刚构桥。该类桥型的特点为墩梁固结,在受力特性上都存在负弯矩。

20世纪50~70年代,T形刚构桥发展较快,目前最大跨径已达174m。T形刚构桥是一种墩梁固结、具有悬臂受力特点的桥型。T形刚构造桥分为跨中带剪力铰和跨中设挂梁两种基本类型。带铰的、对称的T形刚构桥在恒载作用下是静定结构,在活载作用下是超静定结构。T形刚构桥与连续梁相比,行车平顺条件不如连续梁,结构刚度、变形、动力性能也不如连续梁,其最大的优点是综合材料用量和施工费用少。

图6-1　T形刚构桥

连续刚构桥(图6-2)其受力特性接近连续梁桥,桥墩常做成抗推刚度较小的柔性墩,节省了大型支座的昂贵费用,减少了墩及基础的工程量。目前,在大跨径预应力混凝土桥中,连续刚构桥已成为主要的考虑桥型,其最大跨径已达301m。

斜腿刚构桥(图6-3)常用于跨线桥。20世纪50年代,第一座斜腿刚构桥在德国诞生,为铁路桥,采用支架现浇。我国著名的斜腿刚构桥——洪门斜腿刚构桥于1986年在江西建成,之后斜腿刚构桥在我国获得了快速发展,主要用于高速公路跨线桥。

图6-2　连续刚构桥

图6-3　斜腿刚构桥

# 第二节　连续刚构桥

## 一、概述

### (一)发展历史

我国从20世纪80年代中期开始建造连续刚构桥,其后发展迅速,近年来修建了几座著名的预应力混凝土连续刚构桥,如广西布柳河大桥,主孔长235m;湖北黄石长江大桥,主孔3×245m;广东虎门大桥副航道桥,主孔270m,为目前世界同类桥中最大跨径。目前预应力混凝土连续刚构桥,绝大多数采用悬臂浇筑法施工。一般采用C50～C60高强混凝土和大吨位预应力钢束。

### (二)基本特性

连续刚构桥(图6-4)是墩梁固结的预应力混凝土大跨梁式桥之一,属于连续体系桥型。典型的连续刚构桥体系对称,跨度大多在100～300m之间,边跨约为中跨的0.63倍,桥墩的高度大多在50m以下,常设计成柔性墩。桥梁通常采用变高度梁,且多用箱形截面。桥梁整体性能好,抗扭潜力大,桥体外形简洁明快,维护方便。桥梁连续无伸缩缝、行车平顺,具有较大的顺桥向抗弯刚度和横向抗扭刚度,能满足特大跨度桥梁的要求。

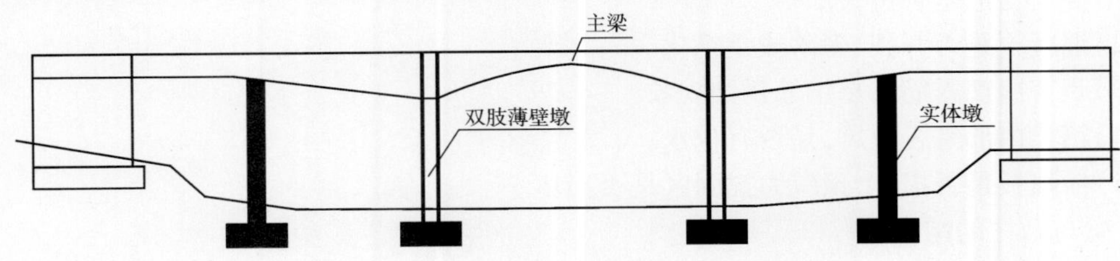


图6-4　连续刚构桥桥型图

### (三)结构受力特点

连续刚构桥在受力方面与连续梁桥较为相似,但由于连续刚构为墩梁固结,免去了墩顶上的支座,所以必须考虑由于桥墩受力及混凝土收缩、徐变、温度变化引起的弹塑性变形对上部结构内力的影响;且桥墩须有一定柔度,以形成摆动支撑体系,墩所受弯矩有所减少,而在墩梁结合处仍有刚架受力性质。连续刚构桥的内力见图6-5。

连续刚构桥正弯矩区最大内力出现在跨中,易出现弯拉裂缝,裂缝出现后影响桥梁的承载能力,是该类桥养护的重点部位;而负弯矩区最大内力出现在墩顶部,该部位也是桥梁养护的重点部位。

## 二、上部承重构件检查和养护工作

### (一)上部承重构件

上部承重构件划分为一般承重构件和主要承重构件。一般承重构件有横隔板等,主要承

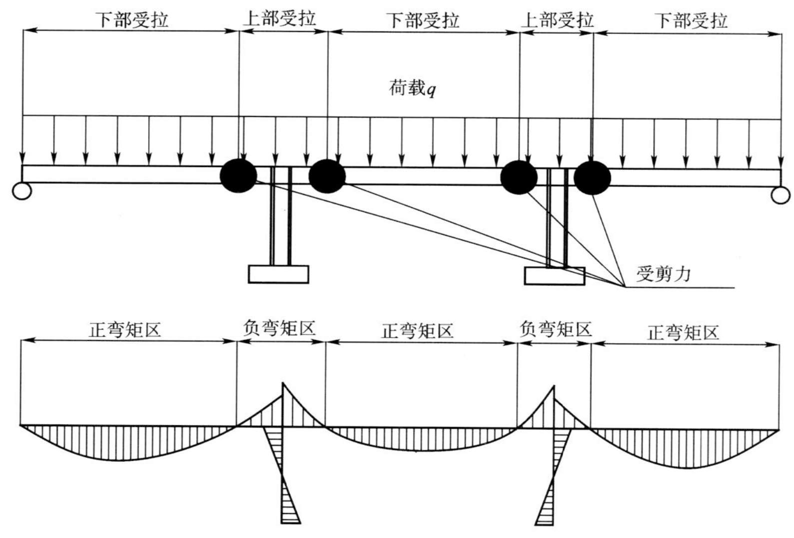


图 6-5　连续刚构桥弯矩图

重构件为主梁,重点检查部位包括跨中腹板、梁与墩柱的结合部、梁端头附近。

(二)重点检查内容

1. 跨中腹板

(1)挠度变形是否过大。

(2)混凝土是否开裂、剥落或是钙化。

(3)是否出现露筋或是钢筋锈蚀现象。

(4)箱梁内部是否通风,是否有积水。

(5)横隔板是否损坏,预应力锚固区是否损坏。

2. 梁与墩柱的结合部

(1)墩柱顶与主梁固结位置是否出现裂缝。

(2)混凝土是否有剥落、露筋现象。

3. 桥墩顶主梁

(1)混凝土是否开裂、表面剥落或是下陷。

(2)是否出现露筋或是钢筋锈蚀现象,是否渗水。

4. 梁端头

(1)混凝土是否破坏,是否出现位移现象。

(2)箱梁是否有进水现象。

5. 跨中

检查跨中竖向位移、位移速度和挠度是否超过限值。

在桥梁日常养护工作中,桥梁工程师对连续刚构桥主要承重构件进行检查时,采用连续刚构桥上部承重构件检查内容一览表,见附录 A 中表 A-3。

(三)危及桥梁安全的重要病害

连续刚构桥病害类型繁多,有些是次要病害,只要加强保养,不会影响桥梁的承载能力,而

某些病害,一旦发生就会影响到桥梁的承载能力。危及桥梁安全的重要病害有:

(1)主梁跨中正弯矩竖向裂缝,其特征为自下而上发展,多为抗弯不足引起;跨中自下而上的裂缝发生后,表明构件受拉区混凝土已退出工作,拉应力全部由钢筋承担。构件开裂后,钢筋与外界空气接触,发生锈蚀,截面削弱,变形加大,钢筋断裂,最终导致安全事故。

(2)墩顶负弯矩竖向裂缝,其特征为自上而下发展,多为抗弯不足引起;当裂缝发生后,表明混凝土已退出工作,应力全部由钢筋承担。构件开裂后,钢筋与外界空气接触,发生锈蚀,截面削弱,变形加大,钢筋断裂,最终导致安全事故。

(3)跨中挠度过大、竖向位移速度过快,表明预应力钢筋损失过大,截面抗弯能力已不足,若不高度重视,极易造成安全事故。

(4)墩顶出现斜裂缝,表明抗剪承载能力不足,必须及时加固处理。

(四)上部承重构件养护与维修技术要点

桥面系、排水系统等的养护与维修技术要点详见第二章,同时要经常清除承重构件各部位表面污垢、圬工砌体因渗水而在表面附着的游离物,以及滋生的杂草、树木和洪水带来的漂流物等,保持各构件完好的工作状态。一旦承重构件发现以下病害时,要加强养护管理和必要的维修加固,需要立即向上级主管部门上报,必要时做好交通管制限制通行。连续刚构桥上部承重构件的养护与维修技术要点如下:

(1)做好日常的防水工作。

(2)保持伸缩缝内清洁,对已经破坏的伸缩缝进行表面封闭修补,防止水渗入混凝土内部造成进一步破坏。

(3)出现空洞时,及时处理,措施为凿眼、压力灌注水泥砂浆或环氧砂浆。

(4)保持箱梁室内的通风和防水。

(5)对于不影响桥梁结构稳定的混凝土剥落、露筋损坏,可先将松脱的混凝土凿除后,然后对锈蚀钢筋进行除锈和防锈处理,再重新浇注高强度等级混凝土进行修补。

(6)混凝土侵蚀剥落、蜂窝麻面,应及时处理。对于表面损坏,应凿毛冲洗、用水泥砂浆抹平;面积较大,深度超过3cm时,不得用抹浆或喷浆进行修补,须浇注混凝土予以裹覆。

(7)当构件出现裂缝病害后,要分析裂缝产生的原因,针对不同类型的裂缝采用不同的处理措施。

①当裂缝宽度在限值范围内时,可进行封闭处理,一般涂刷环氧树脂胶。

②当裂缝宽度大于限值规定时,应采用压力灌浆法灌注环氧树脂胶或其他灌缝材料。

③当裂缝发展严重时,应加强观测,查明原因,按照现行《公路桥涵养护规范》(JTG H11)的有关规定进行加固处理。

## 三、上部承重构件常见病害原因分析与加固

裂缝是桥梁最常见的缺陷和主要病害。出现裂缝表明材料出现了损伤,某处承载能力可能不满足目前运营要求,结构安全性能储备已下降。

(一)上部承重构件病害原因分析

1. 受拉区弯曲裂缝

受拉区弯曲裂缝(图6-6)一般出现在普通钢筋混凝土梁受拉区的底部(桥墩处为顶面)和侧面,为横向裂缝。其产生原因:①由于梁跨中部在弯曲作用下下挠,腹板上部受压,下部受拉(桥墩位置刚好相反),当梁的抗弯刚度不够时,在梁的受拉区就会产生横向弯曲裂缝。②当主梁的纵向预应力不足,或是后期预应力损失过大时,也会造成受拉区弯曲裂缝的产生。

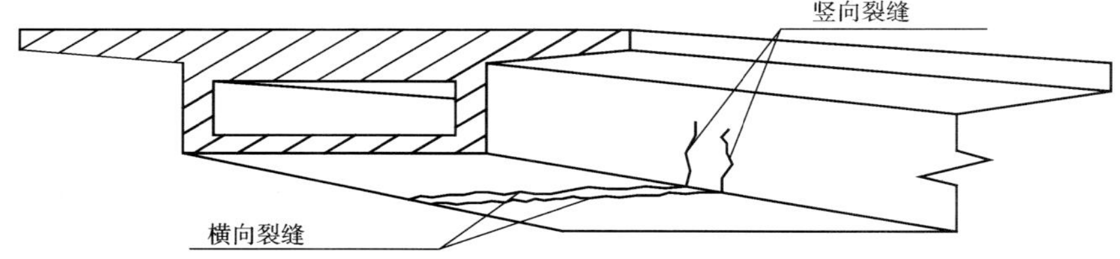


图6-6　箱梁受拉区裂缝示意图

2. 梁腹板的斜裂缝

梁腹板的斜裂缝一般出现在1/5桥跨位置,属于剪切裂缝(图6-7)。

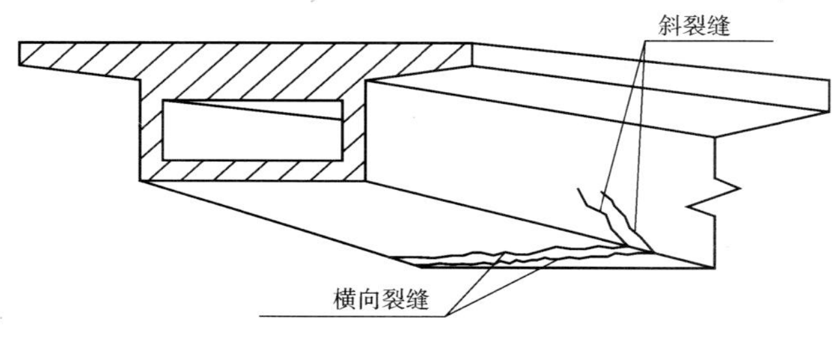


图6-7　梁腹板剪切裂缝示意图

裂缝产生的原因比较复杂,主要是由于桥跨1/5处位于梁体的反弯点位置,当纵向或竖向预应力不足,或是损失过大导致原有的支承力下降,以及混凝土的强度不够时,都会造成1/5桥跨位置剪切破坏形成斜裂缝。

另外,当箱梁内外温差过大,箱内温度高于箱外温度时,箱梁内壁受压,外壁受拉,外壁容易产生裂缝;当箱内温度低于箱外温度时,箱梁内壁受拉,外壁受压,内壁容易产生裂缝(在长期反复作用下,在梁腹板产生温度效应裂缝);箱梁的抗弯或抗扭刚度不足,偏心荷载下箱梁畸变应力过大;腹板厚度偏小;剪力滞效应影响;非预应力钢筋配置不足;混凝土混合料及添加剂影响;施工不当,纵向预应力束直线布置;跨径布置不合理等原因都能引起混凝土的开裂。

3. 梁底纵向裂缝

梁底纵向裂缝(图6-8)一般出现在预应力梁的主筋位置附近,沿着主筋方向延伸。

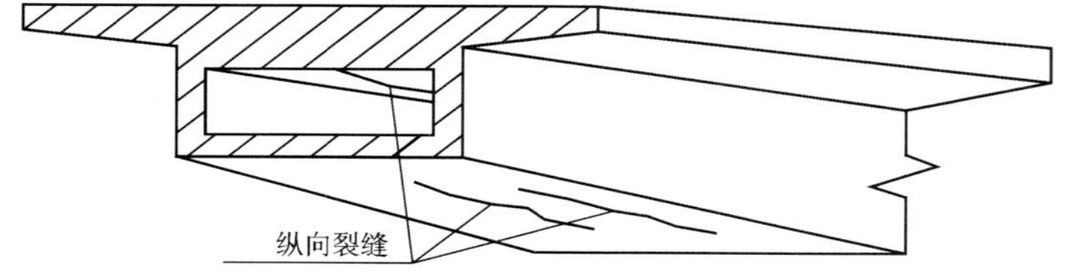


图6-8　梁底纵向裂缝示意图

箱梁的顶、底板出现纵向裂缝,通常是由于顶、底板横向弯矩过大,无横向预应力,箱梁横向弯矩空间效应,板厚偏小,横向配筋不足,箱梁内外温差过大产生温度应力等原因所导致。

箱梁顶、底板梗腋处出现纵向裂缝,主要是由于该处有大量的预应力纵向钢束通过,局部应力过大,或者是箱梁的正剪力滞效应考虑不足,或者是偏心荷载下箱梁畸变扭转引起腹板上下端部应力过大等所致。

另外,普通钢筋混凝土梁在受拉区的纵向裂缝宽度是不允许超过规定值的( <0.2mm),而预应力混凝土梁预应力束位置的纵向裂缝的允许值为0.15mm,一旦超出范围说明梁有非常严重的问题,应立即采取封闭桥梁或实行交通管制并进行修补处理。

4. 网状裂缝

混凝土的网状裂缝没有规律,出现的时期也各有不同。在混凝土浇注初期,由于养生不够,或是外加剂剂量不够准确都有可能造成混凝土表面出现网状裂缝。其宽度一般为0.01~0.05mm,在车辆活载作用下长度和宽度的变化很小,对结构的影响不大,但仍需继续观察,以免网状裂缝扩大后形成局部的混凝土剥落,造成露筋和钢筋锈蚀,影响桥梁的安全。

5. 预应力锚固区混凝土开裂(图6-9)

该位置混凝土开裂有几个原因,其中主要是预应力锚固区集中应力过大所导致;另外,混凝土质量问题也是导致该区域出现裂缝的原因,如混凝土强度不够,配筋不合理,锚固齿板偏小等。

6. 蜂窝、麻面、露筋

蜂窝、麻面、露筋因施工质量问题造成。这种病害往往是伴随着钢筋没有保护层直接暴露在空气中逐步锈蚀,影响梁的抗拉强度,危及到梁的安全。

7. 墩柱与梁固结区及其附近混凝土开裂

由于连续刚构桥使用的是柔性墩,随着桥梁顺桥向的位移,在桥梁主梁与墩台的结合部会产生巨大的弯曲应力,所以该位置容易产生裂缝(图6-10)。

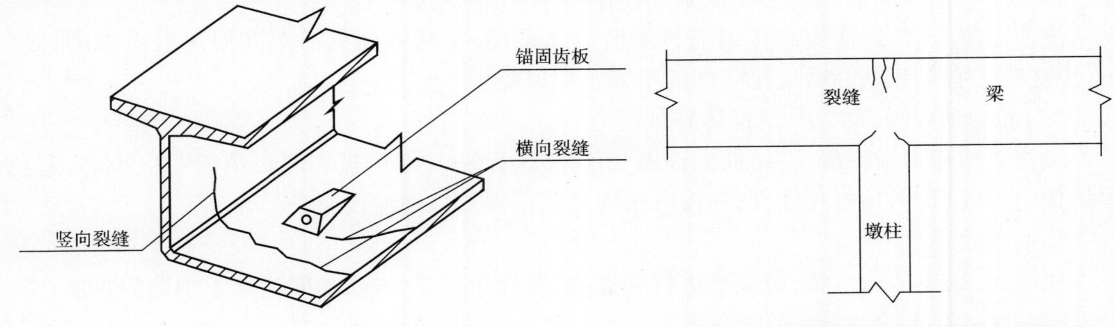


图6-9 预应力锚固区裂缝示意图

图6-10 连续刚构桥墩与梁固结处裂缝示意图

(二)加固实例

1. 桥梁概况

某桥为主桥75m+7×120m+75m的刚构连续组合体系。其上部结构:主桥为单箱单室箱形梁,采用三向预应力体系。全桥未设连续预应力钢束、下弯束或其他弯束。箱梁混凝土设计强度等级为C50(实际为C60)。设计荷载为:汽车—超20级,挂车—120,人群荷载$3.5kN/m^2$。

病害分析:箱梁腹板开裂和跨中的下挠,从1997年开始,对主桥箱梁的裂缝和结构的线形进行了跟踪检测。检测结果表明:目前主桥箱梁腹板的开裂和跨中下挠以基本趋于稳定。根据大桥主桥质量检测与评价报告分析,存在以下问题:

(1)箱梁开裂

箱梁开裂主要表现为三个方面:一是箱梁腹板大范围的斜向开裂;二是合龙段附近箱梁顶板在一定范围内的纵向开裂;三是箱梁顶板和横隔板轻微的无规律裂缝。

(2)箱梁施工节段接缝和混凝土表观缺损

北侧边跨部分区段顶板的挂篮孔和梗腋处箱梁顶板局部渗水,部分区段箱梁局部表面有砂浆修补过的痕迹,并在个别区段发现有少量钢筋外露现象。

(3)桥面标高及纵向线形

各跨跨中相对桥梁竣工时发生下挠。总体上看,南侧半联下挠大于北侧,两侧次边跨的下挠程度又明显大于其他各跨。南侧次边跨(58~59号墩间跨)实测的跨中最大下挠量上游侧为14.3cm,下游侧为14.7cm。北侧次边跨(64~65号墩间跨)实测的跨中最大下挠量上游侧为13.9cm,下游侧为12.6cm。两次边跨的下挠量均明显大于由于徐变引起的跨中计算下挠变形3.9cm。

综合比较、分析历年各次测量结果,应该说箱梁的下挠变形速度趋缓,且基本趋于稳定。

2. 加固设计

针对以上裂缝,进行压浆修补处理;针对箱梁跨中的正弯矩裂缝,应在四分点附近设置3道横隔板,和不弯起锚固15—7型、1860MPa的无黏结的预应力钢绞线来改善底板和腹板的受力;针对腹板出现的大量斜裂缝,采用增厚腹板,并粘贴钢板条来抑制斜裂缝的发展。

3. 加固要点

(1)腹板加厚

布设钢筋网:在箱梁内侧,在粘贴的薄钢板条外再加铺一层钢筋网,两岸及上下游对称分布。混凝土表面应注意凿毛凿平和剔除浮石,并用高压射流技术清洗开凿表面(结合面)。应注意钢筋网与预埋锚筋焊接形成整体,钢筋网采用焊接连接。

浇注混凝土:需再次用高压射流技术清洗结合面,在其表面保持湿润但无自由水的情况下,模浇注掺有早强剂和微量膨胀剂的早强水泥混凝土。

(2)新增横隔板混凝土、增设体外预应力

浇注新增横隔板混凝土:植筋的锚固长度不小于6cm,在顶板和底板植筋时应小心,避免损伤预应力管道;与顶板相连部位,需在桥面适当位置开口灌注混凝土。

4. 加固效果

加固后,通车运营三年,对箱梁进行检查,未发现新裂缝,说明加固达到了预期的效果。

## 第三节　T形刚构桥

### 一、概述

#### (一)发展历史

20世纪50~70年代,T形刚构桥发展较快,目前最大跨径已达174m;进入90年代,国内高速公路的迅猛发展,要求行车平顺舒适,T形刚构桥已不在适用。

（二）基本特性

T 形刚构桥是一种具有悬臂梁特点的梁式桥，从桥墩上伸出较短的悬臂，跨中用简支挂梁或剪力铰组合而成（图 6-11）。T 形刚构桥分为跨中带剪力铰和跨中设挂梁两种基本类型。带铰的、对称的 T 形刚构桥在恒载作用下是静定结构，在活载作用下是超静定结构。

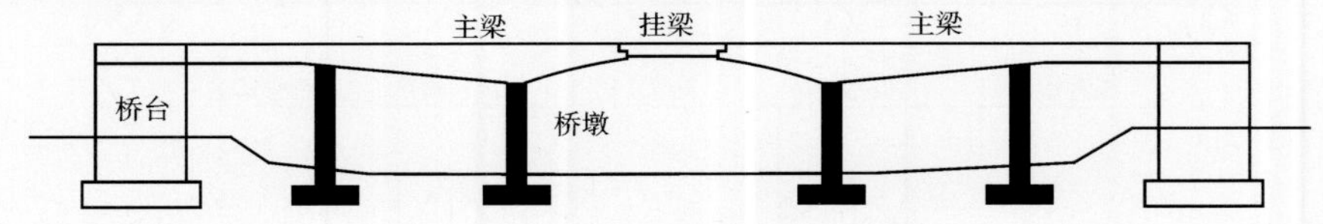


图 6-11 T 形刚构桥型图

（三）结构受力特点

带铰的 T 形刚构桥的上部结构全部是悬臂部分，相邻两悬臂通过剪力铰相连接。带铰的 T 形刚构桥由于日照、混凝土收缩徐变和基础的不均匀沉降等因素的影响，剪力铰两侧悬臂的挠度不会相同，必然产生内力，会对桥梁原结构的稳定产生一定的影响。

带挂孔的 T 形刚构是静定结构，与带铰的 T 形刚构相比，各个 T 形单元在受力和变形方面略差一些，它受力明确。由于增加了牛腿的构造，增加了桥面伸缩缝的数量，会对行车造成一定的影响。

T 形刚构桥在连续梁桥的零弯矩点处设置可以自由转动的铰而形成的静定结构，其内力具有简支梁的不受地基不均匀沉陷影响的优点，可使用于地质不良地区，具有支点负弯矩卸载作用。其所受弯矩见图 6-12 和图 6-13。

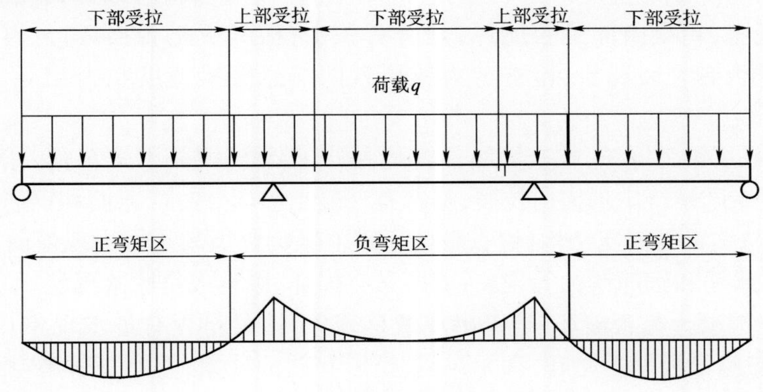


图 6-12 带铰的 T 形刚构受弯矩图

T 形刚构桥正弯矩区内力最大出现在跨中，易出现弯拉裂缝，裂缝出现后影响桥梁的承载能力，是该类桥养护的重点部位；而负弯矩区最大内力出现在墩顶部，该部位也是桥梁养护的重点部位。同时 T 形挂梁、剪力铰部位局部应力过大也会产生裂缝，也是养护的重点部位之一。

## 二、上部承重构件检查和养护工作

（一）承重构件

上部承重构件划分为一般承重构件和主要承重构件。一般承重构件有横隔板等，主要承

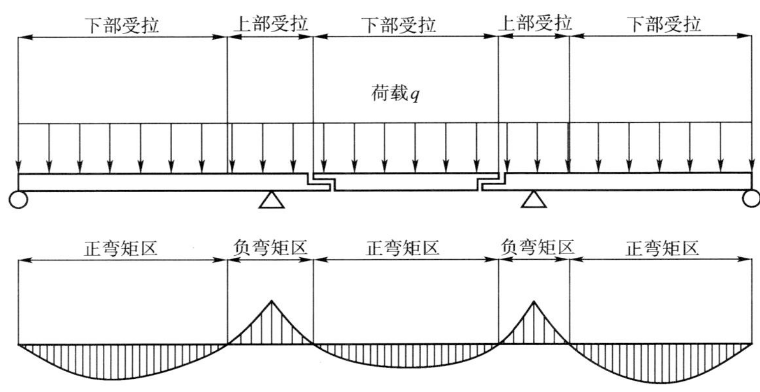


图 6-13　带挂梁的 T 形刚构受弯矩图

重构件为挂梁(跨中腹板、挂梁端头)、主梁(梁与墩柱的结合部、悬臂梁支承简支挂梁的牛腿位置、梁端头附近)。

(二)重点检查内容

1. 简支挂梁

跨中下挠变形是否过大;混凝土是否开裂、剥落或是钙化,是否出现露筋或是钢筋锈蚀现象;箱梁内部是否通风,是否有积水;横隔板是否损坏;两端头支座是有损坏、脱空或是脱落现象;伸缩缝是否损坏,是否能够自由变形。

2. 主梁

(1)悬臂梁:悬臂梁下挠变形是否过大;混凝土是否开裂、剥落或是钙化,是否出现露筋或是钢筋锈蚀现象;箱梁内部是否通风,是否有积水;横隔板是否损坏;悬臂梁支承简支挂梁的牛腿位置是否有开裂现象;检查剪力铰位置两端悬臂梁挠度是否相等,混凝土是否出现破坏。

(2)墩柱顶与主梁为固结:检查固结位置是否出现裂缝;混凝土是否有剥落、露筋现象;墩柱顶面主梁负弯矩区是否出现横向拉裂;是否有混凝土破坏、渗水、露筋和钢筋锈蚀等现象。

(3)墩柱顶与主梁为简支结构:检查墩柱顶面主梁负弯矩区是否出现横向拉裂;是否有混凝土破坏、渗水、露筋和钢筋锈蚀等现象;支座是有损坏、脱空或是脱落现象。

(4)梁端头:混凝土是否破坏,是否出现位移现象,箱梁是否有进水现象;支座是否位移、变形或是损坏;支座垫板是否完好,有无开裂、变形和锈蚀现象;支座是否脱空;伸缩缝是否有异常变形、破损、脱落、漏水,是否造成明显的跳车。

在桥梁日常养护工作中,桥梁工程师对 T 形刚构桥主要承重构件进行检查时,采用 T 形刚构桥上部承重构件检查内容一览表,见附录 A 中表 A-4。

(三)危及桥梁安全的重要病害

连续刚构桥病害类型繁多,有些是次要病害,只要加强保养,不会影响桥梁的承载能力,而某些病害,一旦发生就会影响到桥梁的承载能力。危及桥梁安全的重要病害有:

(1)主梁跨中正弯矩竖向裂缝,其特征为自下而上发展,多为抗弯不足引起;跨中自下而上的裂缝发生后,表明构件受拉区混凝土已退出工作,拉应力全部由钢筋承担。构件开裂后,钢筋与外界空气接触,发生锈蚀,截面削弱,变形加大,钢筋断裂,最终导致安全事故。

(2)墩顶负弯矩竖向裂缝,其特征为自上而下发展,多为抗弯不足引起;当裂缝发生后,表明混凝土已退出工作,应力全部由钢筋承担。构件开裂后,钢筋与外界空气接触,发生锈蚀,截面削弱,变形加大,钢筋断裂,最终导致安全事故。

(3)跨中挠度过大、竖向位移速度过快,表明预应力钢筋损失过大,截面抗弯能力已不足,若不高度重视,极易造成安全事故。

(4)墩顶出现斜裂缝,表明抗剪承载能力不足,必须及时加固处理。

(5)挂梁牛腿部位出现裂缝,表明局部应力过大,该病害会造成挂梁脱落。

(6)剪力铰铰接功能失效,外力无法传递,主梁悬臂因超载而端挠度过大,造成交通事故。

(四)上部承重构件养护与维修技术要点

桥面系、排水系统等的养护与维修技术要点详见第二章,同时要经常清除承重构件各部位表面污垢、圬工砌体因渗水而在表面附着的游离物,以及滋生的杂草、树木和洪水带来的漂流物等,保持各构件完好的工作状态。一旦承重构件发现以下病害时,要加强养护管理和必要的维修加固,如需要则立即向上级主管部门上报,必要时做好交通管制限制通行。T形刚构桥上部承重构件的养护与维修技术要点如下:

(1)做好日常的防水工作。

(2)保持箱梁室内的通风和防水。

(3)保持伸缩缝内清洁,对已经破坏的伸缩缝进行表面封闭修补,防止水渗入混凝土内部造成进一步破坏。

(4)混凝土侵蚀剥落、蜂窝麻面,应及时处理。对于表面损坏,应凿毛冲洗、用水泥砂浆抹平;面积较大,深度超过3cm时,不得用抹浆或喷浆进行修补,须浇注混凝土予以裹覆。

(5)当构件出现裂缝病害后,要分析裂缝产生的原因,针对不同类型的裂缝采用不同的处理措施。

①当裂缝宽度在限值范围内时,可进行封闭处理,一般涂刷环氧树脂胶。

②当裂缝宽度大于限值规定时,应采用压力灌浆法灌注环氧树脂胶或其他灌缝材料。

③当裂缝发展严重时,应加强观测,查明原因,按照现行《公路桥涵养护规范》(JTG H11)的有关规定进行加固处理。

(6)出现空洞时,及时处理,措施为凿眼、压力灌注水泥砂浆或环氧砂浆。

(7)对于不影响桥梁结构稳定的混凝土剥落、露筋损坏,先将松脱的混凝土凿除,然后对锈蚀钢筋进行除锈和防锈处理,再重新浇注高强度等级混凝土进行修补。

(8)对于下挠太大的T形刚构桥挂梁,可以进行更换处理。

## 三、上部承重构件常见病害原因分析与加固

裂缝是桥梁最常见的缺陷和主要病害。裂缝的出现表明材料出现了损伤,某处承载能力可能不满足目前运营要求,结构安全性能储备已下降。

(一)上部结构承重构件病害分析

1.受拉区弯曲裂缝

受拉区弯曲裂缝一般出现在挂梁跨中受拉区的底部和桥墩位置梁的顶面,通常表现为横向

裂缝和侧面的竖向裂缝。其产生原因:①由于挂梁跨中部在弯曲作用下下挠,梁腹板上部受压,下部受拉(桥墩位置刚好相反),当梁的抗弯刚度不够时,在梁的受拉区就会产生横向弯曲裂缝。②当主梁的纵向预应力不足,或是后期预应力损失过大时,也会造成受拉区弯曲裂缝的产生。

2. 牛腿位置的斜裂缝(图 6-14)

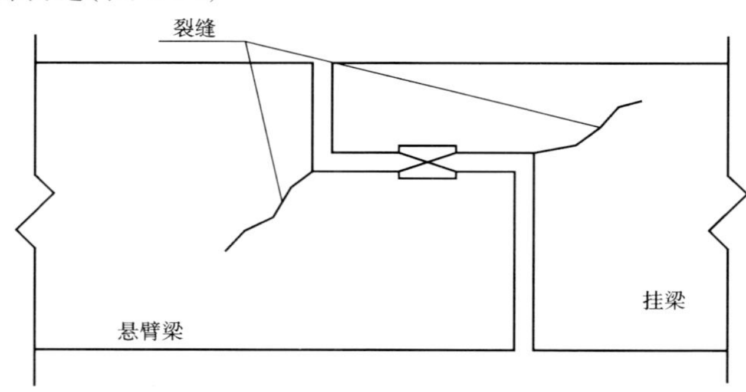


图 6-14　悬臂梁牛腿位置斜裂缝示意图

该位置的斜裂缝通常是由于局部的应力过大而形成的;或是由于悬臂梁的下挠变形和混凝土的收缩徐变以及施工误差等原因,在 T 形刚构悬臂端部与挂孔端部之间形成折角,造成桥面不平顺,形成车辆冲击颠簸,使得伸缩缝乃至端部的混凝土损坏。

3. 墩柱与梁固结区及其附近混凝土开裂

由于 T 形刚构桥使用的是柔性墩,随着桥梁顺桥向的位移,在桥梁主梁与墩台的结合部会产生巨大的弯曲应力,所以该位置容易产生裂缝。

4. 梁底纵向裂缝

梁底纵向裂缝一般出现在预应力梁的主筋位置附近,沿着主筋方向延伸。

箱梁的顶、底板出现纵向裂缝,通常是由于顶、底板横向弯矩过大,无横向预应力,箱梁横向弯矩空间效应,板厚偏小,横向配筋不足,箱梁内外温差过大产生温度应力等原因所导致。

箱梁顶、底板梗腋处出现的纵向裂缝,主要是由于该处有大量的预应力纵向钢束通过,局部应力过大,或者是箱梁的正剪力滞效应考虑不足,或者是偏心荷载下箱梁畸变扭转引起腹板上下端部应力过大等。

另外,普通钢筋混凝土梁在受拉区的纵向裂缝宽度是不允许超过规定值的( $<0.2$mm),而预应力混凝土梁预应力束位置的纵向裂缝的允许值为 0.15mm,一旦超出范围出现说明梁有非常严重的问题,应立即采取封闭桥梁等措施或实行交通管制并进行修补处理。

5. 网状裂缝

混凝土的网状裂缝没有规律,出现的时期也各有不同。在混凝土浇注初期,由于养生不够,或是外加剂剂量不够准确都有可能造成混凝土表面出现网状裂缝。其宽度一般为 0.01 ~0.05mm,在车辆活载作用下长度和宽度的变化很小,对结构的影响不大,但仍需继续观察,以免网状裂缝扩大后形成局部的混凝土剥落,造成露筋和钢筋锈蚀,影响桥梁的安全。

6. 预应力锚固区混凝土开裂

该位置混凝土开裂有几个原因,其中主要是预应力锚固区集中应力过大所导致;另外,如混凝土质量问题也是导致该区域出现裂缝的原因,如混凝土强度不够,配筋不合理,锚固齿板

偏小等。

7. 蜂窝、麻面、露筋

蜂窝、麻面、露筋由施工质量问题造成。这种病害往往是伴随着钢筋没有保护层直接暴露在空气中逐步锈蚀,影响梁的抗拉强度,危及到梁的安全。

(二)加固实例

1. 桥梁概述

某桥为三孔带挂梁的T形刚构桥,孔径布置:52.5m+80.0m+37.5m。T形刚构梁为单箱双室,混凝土设计强度等级为C40。挂梁为17m的简支T梁,每孔5片梁,为C25混凝土。

主要存在问题:大桥于1994年建成通车,次年发现1号T构悬臂梁产生较大的向下挠度,随即在悬臂梁端部桥面加铺了5cm的沥青混凝土填平层。长期监测表明,悬臂端下挠在持续发展,1999年4月最大下挠达18.4cm。

伴随悬臂梁下挠,箱梁出现横向和纵向裂缝(1号T构第5梁段较为严重);桥面铺装损坏,失去防水和分布荷载功能;伸缩缝损坏,失去伸缩功能。

2. 加固设计

维持桥梁外形和结构体系不变,利用现有的T构箱梁断面尺寸及混凝土强度,采用增设预应力钢束以提高箱梁的预应力度及承载力;通过调整T形刚构部分顺桥方向不同位置的桥面铺装厚度和挂梁支座垫石高度,使桥面标高恢复到原设计标高,改善行车条件。

3. 加固工序

(1)凿除T构桥面部分铺装,第5梁段的防撞栏全部拆除(但保留其中的预埋钢筋),其余部分按间距为5m分割防撞栏,并拆除已损坏的伸缩缝(保留伸缩缝预埋钢筋)。

(2)锚固齿板位置开槽,绑扎齿板钢筋,浇注混凝土,并养护至要求强度。

(3)桥面铺装植锚筋,布设预应力钢束,然后绑扎桥面铺装分布钢筋。

(4)按先长后短顺序张拉预应力筋束,全部张拉完后,浇注桥面铺装混凝土。

(5)整体顶升悬臂梁侧挂梁,移开支座,在原位浇注支座垫石至相应高度,待达到要求强度后安装支座和落梁。

(6)安装伸缩缝,修补分割部位的防撞护栏。

4. 加固效果

在增设预应力束之后,悬臂梁下挠已有所减小。通车一年后,经现场检查未发现裂缝和下挠现象,说明加固效果达到加固设计要求。

## 第四节　斜腿刚构桥

### 一、概述

(一)发展历史

斜腿刚构桥结构新颖、线条优美,具有许多独特的优点。自1953年联邦德国建成霍伦桥之后,30多年来,这种桥梁结构形式相继在许多国家在现。安康汉江钢斜腿刚构桥是我国目前跨径最大的刚构桥。斜腿铰支距 176.0m，梁、腿及横撑均采用箱形截面。在陕西宝鸡、河北浊障河也架起了这种形式的混凝土桥。目前较小跨径的单向及双向斜腿刚构桥在许多地区都相继建成。

（二）基本特性

斜腿刚构是刚架桥的两个支腿向梁的两端斜置而成的结构形式（图 6-15）。这种结构比同样跨度的桁架或拱桥都省料，外形轻巧，施工方便。其轴线比较接近荷载压力线，而两侧支承于桥台的伸出部分可以使梁的跨中弯矩进一步减小。因此，这种桥的跨度可以做得比较大而仍然经济。该类桥型适用于河岸较高陡、峡谷较深和需建造立交桥的地方。

（三）结构受力特点

斜腿刚构桥的刚架腿是斜置的，两腿和梁中部的轴线大致成拱形，这样，腿和梁所受到的弯矩比同跨度的门式刚架显著减小，而轴向压力有所增加。同上承式拱桥相比，这种桥不需要拱上结构，构件数目较少；当桥面较窄而跨度较大时，可将其斜腿在桥的横向放坡，以保证桥的横向稳定。

斜腿刚构桥正弯矩区最大内力出现在跨中（图 6-16），易出现弯拉裂缝，裂缝出现后影响桥梁的承载能力，是该类桥养护的重点部位；而负弯矩区最大内力出现在墩顶部，该部位也是桥梁养护的重点部位。同时斜腿是压弯构件，也易出现病害，也是桥梁养护的重点部位之一。

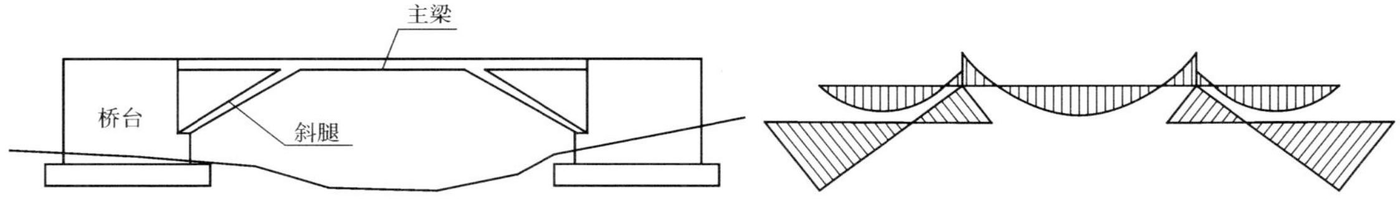


图 6-15　钢筋混凝土斜腿刚构桥示意图　　图 6-16　斜腿刚构弯矩包络图

## 二、上部承重构件检查和养护工作

（一）承重构件

上部承重构件划分为一般承重构件和主要承重构件。一般承重构件有横隔板等，主要承重构件为主梁（跨中腹板、梁与斜腿墩柱的结合部、梁端头附近）、斜腿。

（二）重点检查内容

1. 主梁

（1）跨中腹板：挠度变形是否过大；混凝土是否开裂、剥落或是钙化；是否出现露筋或是钢筋锈蚀现象；箱梁内部是否通风，是否有积水；横隔板是否损坏；预应力锚固区是否损坏。

（2）梁与斜腿墩（柱）的结合部：墩柱顶与主梁固结位置是否出现裂缝；混凝土是否有剥落、露筋现象。

（3）斜腿墩顶主梁：混凝土是否开裂、表面剥落或是下陷；是否出现露筋或是钢筋锈蚀现象；是否渗水。

（4）梁端头：混凝土是否破坏；是否出现位移现象；箱梁是否有进水现象。

2. 斜腿

斜腿墩身:墩柱中间至墩柱与梁固结处之间是否出现横向裂缝;混凝土是否有剥落、露筋现象。

在桥梁日常养护工作中,桥梁工程师对斜腿刚构桥主要承重构件进行检查时,采用斜腿刚构桥上部承重构件检查内容一览表,见附录 A 中表 A-5。

(三)危及桥梁安全的重要病害

斜腿刚构桥病害类型繁多,有些是次要病害,只要加强保养,不会影响桥梁的承载能力,而某些病害,一旦发生就会影响到桥梁的承载能力。危及桥梁安全的重要病害有:

(1)主梁跨中正弯矩竖向裂缝,其特征为自下而上发展,多为抗弯不足引起;跨中自下而上的裂缝发生后,表明构件受拉区混凝土已退出工作,拉应力全部由钢筋承担,构件开裂后,钢筋与外界空气接触,发生锈蚀,截面削弱,变形加大,钢筋断裂,最终导致安全事故。

(2)跨中挠度过大、竖向位移速度过快,表明预应力钢筋损失过大,截面抗弯能力已不足,若不高度重视,极易造成安全事故。

(3)斜腿负弯矩竖向裂缝,其特征为自上而下发展,多为抗弯不足引起;当裂缝发生后,表明混凝土已退出工作,应力全部由钢筋承担。构件开裂后,钢筋与外界空气接触,发生锈蚀,截面削弱,变形加大,钢筋断裂,最终导致安全事故。

(4)斜腿出现横向裂缝,表明压弯承载能力不足,必须及时加固处理。

(四)上部承重构件养护与维修技术要点

桥面系、排水系统等的养护与维修技术要点详见第二章,同时要经常清除承重构件各部位表面污垢、圬工砌体因渗水而在表面附着的游离物,以及滋生的杂草、树木和洪水带来的漂流物等,保持各构件完好的工作状态。一旦承重构件发现以下病害时,要加强养护管理和必要的维修加固,如需要则立即向上级主管部门上报,必要时做好交通管制限制通行。斜腿刚构桥上部承重构件的养护与维修技术要点如下:

(1)做好日常的防水工作。

(2)保持箱梁室内的通风和防水。

(3)保持伸缩缝内清洁,对已经破坏的伸缩缝进行表面封闭修补,防止水渗入混凝土内部造成进一步破坏。

(4)对于不影响桥梁结构稳定的混凝土剥落、露筋损坏,先将松脱的混凝土凿除,然后对锈蚀钢筋进行除锈和防锈处理,再重新浇注高强度等级混凝土进行修补。

(5)出现空洞时,及时处理,措施为凿眼、压力灌注水泥砂浆或环氧砂浆。

(6)混凝土侵蚀剥落、蜂窝麻面,应及时处理。对于表面损坏,应凿毛冲洗、用水泥砂浆抹平;面积较大,深度超过 3cm 时,不得用抹浆或喷浆进行修补,须浇注混凝土予以裹覆。

(7)当构件出现裂缝病害后,要分析裂缝产生的原因,针对不同类型的裂缝采用不同的处理措施。

①当裂缝宽度在限值范围内时,可进行封闭处理,一般涂刷环氧树脂胶。

②当裂缝宽度大于限值规定时,应采用压力灌浆法灌注环氧树脂胶或其他灌缝材料。

③当裂缝发展严重时,应加强观测,查明原因,按照现行《公路桥涵养护规范》(JTG H11)

的有关规定进行加固处理。

## 三、上部承重构件常见病害原因分析与加固

### (一)上部承重构件病害分析

裂缝是桥梁最常见的缺陷和主要病害。裂缝的出现表明材料出现了损伤,某处承载能力可能不满足目前运营要求,结构安全性能储备已下降。

1. 受拉区弯曲裂缝

受拉区弯曲裂缝一般出现在普通钢筋混凝土梁受拉区的底部(桥墩处为顶面)和侧面,为横向裂缝。其产生原因:①由于梁跨中部在弯曲作用下下挠,腹板上部受压,下部受拉(桥墩位置刚好相反),当梁的抗弯刚度不够时,在梁的受拉区就会产生横向弯曲裂缝。②当主梁的纵向预应力不足,或是后期预应力损失过大时,也会造成受拉区弯曲裂缝的产生。

2. 梁腹板的斜裂缝

梁腹板的斜裂缝一般出现在1/5桥跨位置,属于剪切裂缝。裂缝产生的原因比较复杂,主要是由于桥跨1/5处位于梁体的反弯点位置,当纵向或竖向预应力不足,或是损失过大导致原有的支承力下降,以及混凝土的强度不够时,都会造成1/5桥跨位置剪切破坏形成斜裂缝。

3. 梁底纵向裂缝

梁底纵向裂缝一般出现在预应力梁的主筋位置附近,沿着主筋方向延伸。

箱梁的顶、底板出现纵向裂缝,通常是由于顶、底板横向弯矩过大,无横向预应力,箱梁横向弯矩空间效应,板厚偏小,横向配筋不足,箱梁内外温差过大产生温度应力等原因所导致。

箱梁顶、底板梗腋处出现的纵向裂缝,主要是由于该处有大量的预应力纵向钢束通过,局部应力过大,或者是箱梁的正剪力滞效应考虑不足,或者是偏心荷载下箱梁畸变扭转引起腹板上下端部应力过大等。

另外,普通钢筋混凝土梁在受拉区的纵向裂缝宽度是不允许超过规定值的(<0.2mm),而预应力混凝土梁预应力束位置的纵向裂缝的允许值为0.15mm,一旦超出范围出现说明梁有非常严重的问题,应立即采取封闭桥梁或实行交通管制并进行修补处理。

4. 网状裂缝

混凝土的网状裂缝没有规律,出现的时期也各有不同。在混凝土浇注初期,由于养生不够,或是外加剂剂量不够准确都有可能造成混凝土表面出现网状裂缝。其宽度一般为0.01~0.05mm,在车辆活载作用下长度和宽度的变化很小,对结构的影响不大,但仍需继续观察,以免网状裂缝扩大后形成局部的混凝土剥落,造成露筋和钢筋锈蚀,影响桥梁的安全。

5. 预应力锚固区混凝土开裂

该位置混凝土开裂有几个原因,其中主要是预应力锚固区集中应力过大所导致;另外,混凝土质量问题也是导致该区域出现裂缝的原因,如混凝土强度不够,配筋不合理,锚固齿板偏小等。

6. 蜂窝、麻面、露筋

蜂窝、麻面、露筋由施工质量问题造成。这种病害往往是伴随着钢筋没有保护层直接暴露在空气中逐步锈蚀,影响梁的抗拉强度,危及到梁的安全。

7. 斜腿墩（柱）与梁固结区及其附近混凝土开裂（图 6-17）

该位置顶面梁受到负弯矩作用，而斜腿受到斜向的压力和水平的推力作用，应力比较集中，所以该位置的混凝土比较容易产生破坏。

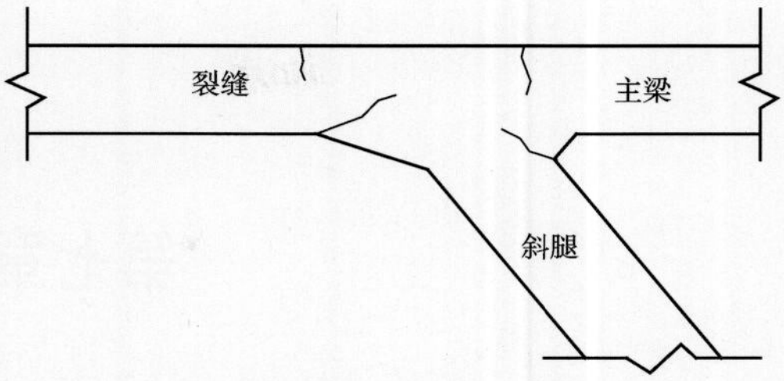

图 6-17　斜腿与梁固结位置裂缝示意图

8. 斜腿墩身出现横向裂缝

墩身中部偏上位置有一个反弯点，该位置仅受剪力和轴向压力作用，较容易产生横向剪切破坏。

（二）加固

斜腿刚构桥结构形式与连续刚构结构形式近似，出现问题也大致相同，加固方式与连续刚构、连续梁或是简支梁桥有共通之处。所以，就不对其加固方式进行赘述。

# 第七章 拱 桥

## 第一节 概 述

### 一、历史发展

拱桥是我国使用最广泛的桥型之一，在桥梁发展史上具有重要的地位。据统计，目前我国公路桥梁60%左右为拱桥。这些拱桥大部分为20世纪七八十年代建设，设计荷载等级比较低。随着我国经济高速发展以及交通大件运输的需求，这些桥梁发生了不同程度的病害，一些结构性病害甚至危及到桥梁运营安全。如何维持低荷载等级桥梁的安全使用和如何提高桥梁的荷载等级是养护工作面临的重要问题。

### 二、基本特性

拱桥相对于其他桥型来说，其形式更加多样化，造型更加奇异美观，构造也十分复杂，分类方法多种多样。

(1)按主拱圈修筑材料分为砖拱桥、石拱桥、钢筋混凝土拱桥、钢管混凝土拱桥以及钢拱桥等。

(2)按截面形式分为板拱桥、肋拱桥、箱形拱桥和双曲拱桥。

(3)按拱上结构形式分为实腹式拱桥和空腹式拱桥。

(4)按拱轴线形式分为圆弧线拱桥、悬链线拱桥和抛物线拱桥。

(5)按桥面位置分为上承式拱桥、中承式拱桥和下承式拱桥。

(6)按力学特征和铰的数量分为无铰拱、二铰拱和三铰拱桥。大多数桥梁的主拱采用无铰拱形式。

### 三、结构受力特点

拱桥理论计算中一般采用“五点重合法”确定主拱轴线，即要求拱轴线上的拱顶、两个1/4跨点和两个拱脚与三铰拱恒载压力线重合。

拱式结构以受压为主。在竖向荷载作用下，拱桥产生水平反力，造成墩台基础竖向沉降以及水平位移，墩台的位移往往引起主拱受力体系产生较大的位移附加应力，使得压力线和拱轴线发生偏离，造成拱圈截面偏心受压。当偏心距大于限值时，拱圈将有可能开裂破坏。

拱桥设计中拱轴线方程取决于拱轴系数 $m$。拱轴系数为拱顶处恒载强度与拱脚处恒载强

度的比值。拱轴线是否合理决定了拱桥承载能力的大小。拱桥内力图见图 7-1。

拱桥相对于其他桥型有较大的超设计荷载的承载能力，但是鉴于拱桥在较大荷载作用有瞬间失稳特性，因此应该保存较大的结构安全储备。活载作用下的内力计算中，考虑到拱桥的抗弯性能远差于抗压性能的特点，一般在弯矩影响线上按设计荷载标准的最不利汽车荷载组合进行布载，以最大正(负)弯矩控制设计，如实际汽车荷载远大于设计荷载，拱圈将出现较大的正(负)弯矩，结构因抗弯能力不足而产生横向裂缝，因此应加强超重车辆的治理以及桥梁养护工作。

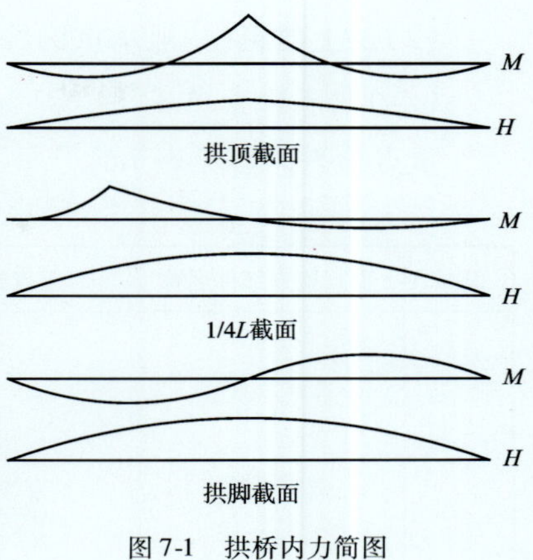

图 7-1　拱桥内力简图

## 第二节　圬工板拱桥

### 一、概述

圬工拱桥在世界桥梁发展史中有举足轻重的地位。我国也是世界上最早发明石拱桥的国家。早在公元 605 年，我国古代的能工巧匠已经修建了世界著名的赵州桥(图 7-2)，并且建成后一直使用至现在。赵州桥主拱净跨 37.02m，矢高 7.23m，主拱两端各设置了 2 孔腹拱，拱轴线采用扁圆弧线。从结构理论上来看，赵州桥完全符合科学技术的要求。石拱桥具有取材方便，施工简易、造型优美的特点，广泛运用在水泥、钢筋等建材匮乏的年代。可以说，目前全国正在使用的石拱桥大部分设计荷载标准较低，不能满足日益发展的交通运输需要，也出现了较多影响桥梁安全运营的病害，给我们的桥梁养护管理工作带来更高的挑战。

图 7-2　赵州桥

圬工板拱桥是指采用砖石或混凝土为主拱圈修筑材料的矩形板状截面拱桥，拱圈宽度和桥宽大体相当，截面高度由受力计算确定，通常要比其宽度小很多。根据桥跨长度，拱轴线形通常做成圆弧形、悬链线形和抛物线形。根据拱上构造的特点，板拱又可分为实腹式板拱和空腹式板拱。

圬工板拱桥拱圈通常采用无铰拱。根据圬工拱桥恒载比重大的特点，在使用中一般采用恒载压力线作为拱轴线，恒载越重，这样的做法就越合理。根据轴线方程的推导过程可知，实腹式圬工板拱桥的合理拱轴线为悬链线，空腹式圬工板拱采用“五点重合法”确定的悬链线拱轴，拱轴线与恒载压力线存在偏离。经研究证明，拱顶的偏离弯矩为负，拱脚的偏离弯矩为正，刚好与两控制截面的弯矩符号相反，这对拱顶、拱脚截面的受力是有利的。因此，“五点重合法”确定的悬链线拱轴比用恒载压力线更加合理。

### 二、上部承重构件检查和养护

(一)承重构件

(1)主拱圈(主要承重构件)：板拱圈(拱顶下缘及侧面、1/4 拱圈处、拱脚上缘及侧面)。

(2)拱上建筑(一般承重构件):腹拱圈、拱上立柱(横墙)、盖梁、行车道板。

(二)重点检查内容

重点检查内容见表7-1。

重点检查内容表　　表7-1

| 编号 | 重点检查部件名称 | 重点检查部位(示意图) | 重点检查内容 |
|---|---|---|---|
| 1 | 板拱圈 | | ①板拱圈变形,拱脚错台、拱顶变形;<br>②拱脚产生位移。<br>③板拱圈的拱顶下缘及侧面横向裂缝;<br>④拱脚上缘及侧面的横向裂缝;<br>⑤拱圈1/4截面处横向裂缝、纵向裂缝<br>⑥板拱圈和腹拱圈纵向裂缝;主拱圈局部混凝土破碎,脱落等破坏现象;<br>⑦主拱圈拱脚处径向裂缝;<br>⑧边拱横移或外倾现象<br>⑨拱圈渗水;<br>⑩拱圈砌块断裂、脱落、风化;<br>⑪拱圈砌块灰缝脱落 |
| 2 | 拱上建筑 | | ①拱上排架、柱压碎、倾斜、变形;立柱上下端水平裂缝;梁板跨中竖向裂缝;盖梁、横系梁裂缝;<br>②侧墙与主拱圈断裂、脱开;侧墙倾斜、外移、鼓肚;<br>③靠墩台或实腹段的腹拱圈的拱脚、拱顶径向裂缝 |

在桥梁日常养护工作中,桥梁工程师对圬工板拱桥主要承重构件进行检查时,采用圬工及混凝土拱桥主要承重构件检查内容一览表,见附录A中表A-6。

(三)危及桥梁安全的重要病害

板拱圈是板拱最重要的受力结构。正常运营的拱圈属于受压结构,受超设计荷载和拱圈自身变形的影响,压力线和形心线发生偏离,造成偏心受压,严重的往往造成跨中、拱脚等重要设计受力控制截面产生径向裂缝,使受力体系发生改变。这种结构裂缝一般比较有规律,在跨中、拱脚、1/4跨,或者截面尺寸变化处径向贯通式开裂,裂缝宽度较均匀。板拱圈发生裂缝,养护单位要进行现有裂缝调查和裂缝发展观测,并及时限制交通或封闭交通。

(四)上部承重构件养护与维修技术要点

锥坡、翼墙等的养护与维修技术要点详见第二章,同时要经常清除承重构件各部位表面污垢、圬工砌体因渗水而在表面附着的游离物,以及滋生的杂草、树木和洪水带来的漂流物等,保持各构件完好的工作状态。一旦承重构件发现以下病害时,要加强养护管理和必要的维修加固,如需要则立即向上级主管部门上报,必要时做好交通管制限制通行。圬工板拱桥上部承重构件的养护与维修技术要点如下:

(1)圬工砌体损坏:圬工砌体的边角压碎、砌块断裂或脱落,干砌石拱桥砌缝张口,要及时

维修处理;个别砌块压碎或脱落,应用新的块体填塞更换;砌缝砂浆发生脱落,凿除后重新用干硬性砂浆或微膨胀砂浆填筑,表面重新勾缝。

(2)主拱圈混凝土表面轻微病害修补:发现混凝土有空洞、蜂窝、表面风化、剥落病害后,要及时处理,清除松散部分,用高强度等级的混凝土、水泥砂浆、改性环氧砂浆等材料修补。

(3)主拱圈表面损坏修补:混凝土表层损坏、剥落,发现病害后要及时处理,凿除松动的表层混凝土。损坏面积不大时,可用聚合物水泥砂浆、改性环氧砂浆(混凝土)修补;损坏面积大时,可用高强度等级混凝土砂浆修补。

(4)主拱圈裂缝修补及维修加固措施:对主拱圈结构性裂缝要进行调查和观测,查明裂缝产生的原因,采取相应维修加固措施。缝宽在限值以内的,采用表面封闭法处理裂缝,涂刷裂缝修补材料或用改性环氧胶泥适当加压刮抹;大于规范限值的,采用自动低压渗注法和压力注浆法封闭裂缝裂缝;发展严重时,查明原因,封闭裂缝后,采取补强加固措施。因墩台位移及沉降等原因引起的裂缝,先加固基础,再封闭裂缝;因承载力不足引起的裂缝,要先封闭裂缝,再采取增设钢筋混凝土拱圈、拱背增大截面、更换砌体等补强加固措施。

(5)要保持主拱及拱式腹拱的拱铰及变形缝正常工作状态。清除弧面铰及变形缝内嵌入的杂物,保持其能自由转动、变形。填缝材料如油毛毡、浸渍沥青的木板等,如有损坏应及时更换。

(6)实腹拱的侧墙若发生较大变形、开裂,应查明原因并作相应处理。若是填料不实,或拱腔积水,应挖开拱上填料,修补防排水系统,拆除鼓凸部分侧墙后重新砌筑,重新回填拱上填料及重做路面,也可酌情换用轻质填料或加大侧墙尺寸。

若发现侧墙与拱圈之间脱开,或侧墙上有斜向(若是砌体通常沿砌缝呈锯齿状)开裂,应检查墩台与主拱的变形。开裂轻微且不再发展的,可作一般修补裂缝处理。若开裂严重或裂缝在发展中,应考虑加固、改造方案。

## 三、上部承重构件常见病害原因分析与加固

### (一)常见病害原因分析

1. 板拱横向开裂

板拱横向裂缝是拱桥中最严重的结构病害之一。墩台基础位移、汽车荷载过大,以及桥面恒载增加引起拱轴系数的改变等因素都会造成板拱主拱圈横向裂缝。主拱圈开裂后,造成拱圈截面强度下降。

通过对板拱横向裂缝位置、形状、宽度、长度、深度等进行观测,初步判定裂缝的性质,判定裂缝对桥梁安全性的影响程度,判定裂缝截面是否已经形成铰。

(1)测量板拱拱脚起拱处的高程和平面位置,判断拱桥是否发生位移。拱桥变位引起的附加内力易造成板拱横向裂缝。

(2)检查桥面是否进行过加铺,如果加铺了恒载,应重新确定拱轴系数 $m$,核定拱轴线方程是否合理,计算因拱轴线不合理产生截面拉应力是否与横向裂缝相一致。如果因加铺恒载原因产生横向裂缝,应及时对加铺恒载进行卸载。

(3)调查桥梁所在路线上近期是否有超重车辆通过。较大的活载作用下往往会造成板拱

拱圈因抗弯能力不足而出现横向裂缝。

(4)横向裂缝多出现在拱圈拱顶的下边缘、1/4 跨下边缘和拱脚处上边缘,一般均为偏心受压产生的拉力裂缝,因此这些部位也应成为桥梁养护管理的检查重点。

目前我国建成的圬工板拱桥多为无铰拱,这是一个三次超静定结构。一般情况下,板拱破坏过程就是一个超静定结构转变成静定结构,然后成为可变结构的过程。当第一条横向裂缝贯通主拱圈截面时,板拱由原来的无铰拱变成单铰拱,拱圈内力迅速进行调整,部分薄弱截面内力增加,造成新的裂缝进一步产生,直至变成二铰拱、三铰拱结构。三铰拱属于静定结构,仍然属于几何不变体系,随着病害的进一步发展,一旦拱圈出现四个铰,结构将变成可变体系,随时都可能垮塌。这是板拱的一个理想破坏过程。现实情况中,由于受特殊外界因素的影响,单铰拱可能会直接变成四铰拱,然后瞬间垮塌,因此养护部门一旦发现无铰拱结构转变成单铰拱结构时,应立即采取限制交通的管制措施。

(二)加固实例

1. 桥梁概述

某桥全桥长 38.7m,桥面宽 11.6m + 2 × 0.24m。上部结构为 1—14.5m 实腹式圆弧无铰板拱桥,下部结构为重力式 U 形桥台和明挖扩大基础。设计荷载为汽车—20 级、挂车—100。该桥于 1994 年建成通车(图 7-3)。

图 7-3 某桥总体布置图

主要病害及原因分析:

(1)主拱圈出现多条裂缝,其中有两道严重开裂且贯通整个拱圈,缝宽超过极限(15 ~45mm)。

(2)旧桥排水系统老化,桥梁渗水严重(图 7-4)。

(3)南岸桥台右侧墙出现整体外移现象。

(4)腹拱开裂:

图 7-4 主拱圈出现裂缝、渗水严重

①腹拱圈出现纵向裂缝,往往伴随主拱圈出现纵向裂缝,其原因主要是墩、台基础的上、下游不均匀沉降。

②腹拱圈拱脚、拱顶出现横向裂缝并经侧墙到桥面,主要原因为短柱及腹拱圈未设铰,或铰已失去功能。

③侧墙腹与拱圈脱离及侧墙的其他裂缝,主要原因为在设铰的部位侧墙及桥面未设变形缝。

④最常见病害为拱圈砌块松动脱落、腹拱横向开裂。

病害照片见图 7-5、图 7-6。

(5)主拱圈挠度过大,原因有:

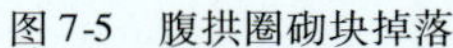

图 7-5　腹拱圈砌块掉落

图 7-6　腹拱圈横向开裂

①由于墩台位移引起，常伴随拱顶横向开裂、桥面下沉。

②截面尺寸不足，刚度偏小，桥面振感明显。

2. 加固设计方案

主拱圈增加钢筋混凝土加大拱圈截面。该方案须封闭半幅交通，先修补主拱圈裂缝然后采用 C30 钢筋混凝土衬砌加大拱圈截面，更换防撞墙并设置桥面排水系统，修复病害桥台。主拱圈加固方案简图见图 7-7。

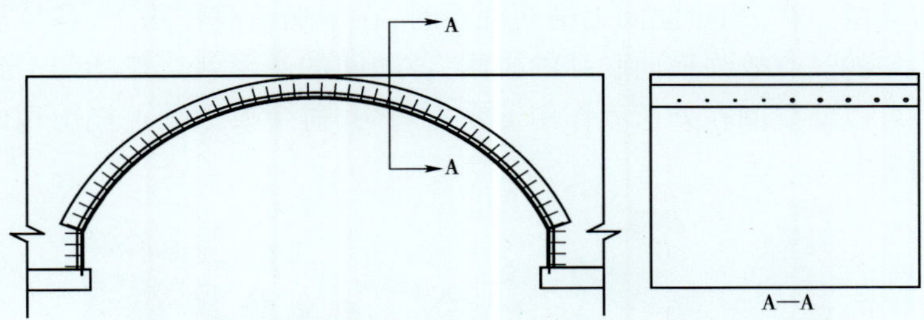


图 7-7　主拱圈挂网植筋，喷射混凝土加大截面

## 第三节　双曲拱桥

### 一、概述

双曲拱桥于 20 世纪 60 年代诞生于江苏无锡。由于这种桥梁结构具有造型美观、结构轻巧、施工方便等优点，是当时轻交通量条件下小跨轻载桥梁的合理桥型，20 世纪六七十年代在我国公路桥梁建设中得到广泛推广，设计荷载多为汽车—13 级，依据 1972 年交通部颁布的《公路工程技术标准（试行）》和 1982 年交通部颁布《公路工程技术标准》（JTJ 1—81）标准进行设计。

双曲拱桥主拱圈通常是由拱肋、拱波、拱板和横向联系等几部分组成（图 7-8）。在施工中采用先"化整为零"后"集零为整"的工艺，预制拱肋和拱波，再组合拼装起来与现浇混凝土拱背层形成拱圈，使桥梁以组合式整体结构承重。

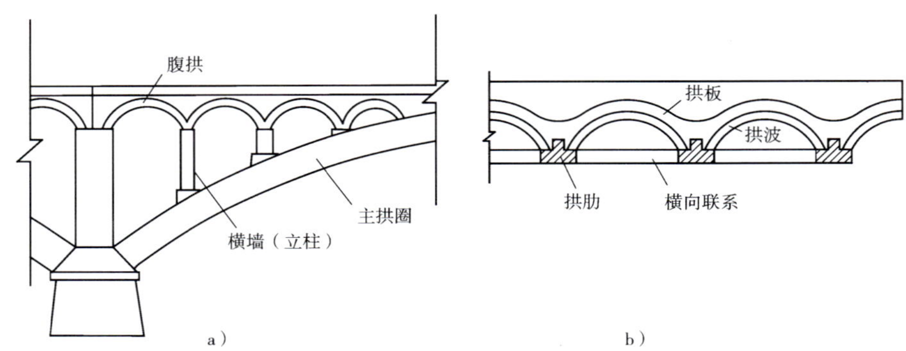


图 7-8　双曲拱桥构造图

a）双曲拱立面；b）双曲拱横截面

拱肋是主拱圈的重要组成部分，它参与拱圈共同承受全部恒载和活载，对主拱圈质量有重大影响。因此必须保证拱肋具有足够的强度、刚度、纵向和横向稳定性。拱肋通常利用支架现浇混凝土或采用预制安装的方法施工。

拱波参与主拱圈共同承受荷载，拱板在拱圈截面中占有最大比重，而且现浇混凝土拱板又将拱肋、拱波连成整体，使拱圈能以实现“集零为整”。因此，拱波在加强拱圈整体性方面起着重要的作用。

双曲拱桥与梁桥一样，当拱肋间无横向联系时，在车辆荷载作用下，各片拱肋的变形在横桥方向是很不均匀的。有较强横向联系的拱圈，各肋间的变形就比较均匀一致。这说明设置和加强横向联系可以使拱圈在外荷载作用下受力均匀，避免拱波顶可能出现的纵向裂缝。双曲拱桥外观见图 7-9。

图 7-9　双曲拱桥外观图

## 二、上部承重构件和检查养护工作

### （一）承重构件

（1）主拱肋：桥台拱座、拱脚处拱圈起拱线、拱肋下部、主拱拱顶、主拱 1/4。

（2）联结部件（一般承重构件）：横系梁、拱波。

（3）拱上建筑（一般承重构件）：腹拱圈、拱上立柱（横墙）、盖梁、行车道板。

### （二）重点检查内容

重点检查内容见表 7-2。

**重点检查内容表**　　表 7-2

| 编号 | 重点检查部件名称 | 主要承重部位(示意图) | 检 查 内 容 |
|---|---|---|---|
| 1 | 主拱圈 | | ①主拱圈是否下沉、开裂；<br>②主拱圈是否出现径向裂缝；<br>③主拱 1/4 跨、拱顶是否变形，并出现受拉裂缝；<br>④拱圈是否渗水；<br>⑤拱脚是否位移；<br>⑥混凝土是否出现剥落、蜂窝、空洞，钢筋是否锈蚀；<br>⑦跨中竖向位移及位移速度 |
| 2 | 拱肋与拱波 | | ①拱肋与拱波结合部位是否出现纵向裂缝、环向裂缝，是否分离；<br>②拱肋是否剥落、钢筋锈蚀 |
| 3 | 横系梁 | | ①横隔板是否出现裂缝；<br>②混凝土是否有空洞、剥落，钢筋是否锈蚀；<br>③横向联系是否出现变形、连接拉杆断裂 |
| 4 | 拱上建筑 | | ①立柱、盖梁和板跨裂缝；<br>②腹拱圈拱脚、拱顶裂缝及其他裂缝；<br>③侧墙裂缝、倾斜、外移、脱开；<br>④混凝土剥落、露筋锈蚀；<br>⑤砌块脱落、断裂、风化，灰缝脱落 |

在桥梁日常养护工作中，桥梁工程师对双曲拱桥主要承重构件进行检查时，采用圬工及混凝土拱桥主要承重构件检查内容一览表，见附录 A 中表 A-6。

(三)危及桥梁安全的重要病害

主拱肋和横系结构是双曲拱桥最重要的受力结构。主拱肋承受双曲拱桥的上部结构的恒载和车辆荷载，横系结构横向连接拱肋，使全桥整体受力。正常运营的拱肋基本处于受压状态，受超设计荷载和横系结构失效的影响，往往造成拱肋跨中、拱脚等设计受力控制截面产生径向裂缝，横系梁拉裂等病害。拱肋结构裂缝通常伴随拱波纵向裂缝、横系梁裂缝同时产生，车辆轮迹下的拱肋裂缝病害最为严重，边肋较为轻微，横系梁失效后病害发展较快。拱肋发生裂缝后，养护单位要进行现有裂缝调查和裂缝发展观测，并及时限制交通或封闭交通。

(四)上部承重构件养护与维修技术要点

锥坡、翼墙等的养护与维修技术要点详见第二章，同时要经常清除承重构件各部位表面污垢、圬工砌体因渗水而在表面附着的游离物，以及滋生的杂草、树木和洪水带来的漂流物等，保持各构件完好的工作状态。一旦承重构件发现以下病害时，要加强养护管理和必要的维修加固，如需要则立即向上级主管部门上报，必要时做好交通管制限制通行。双曲拱桥上部承重构件的养护与维修技术要点如下：

(1)圬工砌体损坏:圬工砌体的边角压碎、砌块断裂或脱落,干砌石拱桥砌缝张口,要及时维修处理;个别砌块压碎或脱落,应用新的块体填塞更换;砌缝砂浆发生脱落,凿除后重新用干硬性砂浆或微膨胀砂浆填筑,表面重新勾缝。

(2)主拱圈混凝土表面轻微病害修补:混凝土空洞、蜂窝、表面风化、剥落,发现病害后要及时处理,清除松散部分,用高强度等级的混凝土、水泥砂浆、改性环氧砂浆等材料修补。

(3)主拱圈表面损坏修补:混凝土表层损坏、剥落,发现病害后要及时处理,凿除松动的表层混凝土。损坏面积不大时,可用聚合物水泥砂浆、改性环氧砂浆(混凝土)修补;损坏面积大时,可高强度等级混凝土砂浆修补。

(4)主拱圈裂缝修补及维修加固措施:主拱圈结构性裂缝要进行调查和观测,查明裂缝产生的原因,采取相应维修加固措施。缝宽在限值以内的,采用表面封闭法处理裂缝,涂刷裂缝修补材料或用改性环氧胶泥适当加压刮抹;大于规范限值的,采用自动低压渗注法和压力注浆法封闭裂缝裂缝;发展严重时,查明原因,封闭裂缝后,采取补强加固措施。因墩台位移及沉降等原因引起的裂缝,先加固基础,再封闭裂缝;因承载力不足引起的裂缝,要先封闭裂缝,再采取增设钢筋混凝土拱圈、拱背增大截面、更换砌体等补强加固措施。

(5)主拱及拱式腹拱的拱铰及变形缝应保持正常工作状态。清除弧面铰及变形缝内嵌入的杂物,保持能自由转动、变形。填缝材料如油毛毡、浸渍沥青的木板等,如有损坏应及时更换。

(6)实腹拱的侧墙若发生较大变形、开裂,应查明原因并作相应处理。若是填料不实,或拱腔积水,应挖开拱上填料,修补防排水系统,拆除鼓凸部分侧墙后重新砌筑,重新回填拱上填料及重做路面,也可酌情换用轻质填料或加大侧墙尺寸。

若发现侧墙与拱圈之间脱开,或侧墙上有斜向(若是砌体通常沿砌缝呈锯齿状)开裂,应检查墩台与主拱的变形。开裂轻微且不再发展的,可作一般修补裂缝处理。若开裂严重或裂缝在发展中,应考虑加固、改造方案。

## 三、上部承重构件常见病害原因分析与加固实例

### (一)常见病害原因分析

1. 拱波纵向开裂(图 7-10)

拱波裂缝多发生在主拱圈的跨中附近拱波顶上,裂缝沿跨径方向向两端延伸。裂缝宽度一般较大,开裂主要集中在跨中至 $L/4$ 之间,尤其在拱顶处的中间最为严重。

造成裂缝病害的主要原因是双曲拱横向联系刚度较弱,活载横向分布较差,拱肋受力不均匀。

2. 横系梁端开裂(图 7-11)

横系梁端与拱肋相接处常见开裂和脱落现象,跨中横系梁端裂缝较为严重。裂缝产生的主要原因是:双曲拱桥的横系梁一般尺寸都偏小,强度和刚度也相对较弱,在外荷载作用下,双曲拱桥整体受力效果较差,在横系梁端产生较大的变形和内力,导致其开裂。

图 7-10 拱波纵向开裂

3. 拱肋横向裂缝(图 7-12)

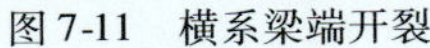

图 7-11　横系梁端开裂

图 7-12　拱肋横向开裂

拱肋横向裂缝主要出现在跨中、1/4 跨和拱脚处,严重者在全桥截面横向贯通。裂缝一般还分布在拱肋跨中部分的 2 ~ 3m 范围内,也有分布在(1/4 ~ 3/4)$L$ 范围内。在拱肋侧面上,裂缝由拱肋下边缘向上延伸,裂缝宽度一般为 0.5mm,严重的可达 1mm 以上。

裂缝产生的主要原因是:拱肋截面太薄弱,拱肋截面钢筋含量过少甚至没有钢筋,拱肋的承载能力和抗弯能力不足,在正弯矩作用下,导致其开裂。

4. 拱上横墙外倾(图 7-13)

拱上横墙外倾与横墙竖向裂缝同时出现,通常裂缝出现在拱桥边肋附近。裂缝在重荷载作用下进一步加大,造成横墙结构松动,严重者向外倾斜。造成该病害的主要原因是双曲拱桥结构单薄,横墙与主拱结构整体受力效果不理想,横墙大多数为浆砌片块石结构,受主拱结构下挠以及汽车行驶振动的共同影响,横墙竖向开裂最终导致外倾。

5. 桥面沉陷(图 7-14)

图 7-13　拱上横墙外倾

图 7-14　桥面沉陷

双曲拱桥桥面普遍存在沉陷、破损现象。病害主要原因是:日常桥面养护不到位,桥面泄水管有的堵塞,桥面积水未能及时排出桥面;桥面铺装多为低强度等级混凝土路面或沥青路面,铺装层较薄,强度低,防水性差;桥面水容易下渗进入拱上填料,拱上填料为砂石粒料,路面水渗入后造成填料离析、软化,拱上填料在重型交通的作用下弹性变形形成桥面沉陷。

桥面沉陷对结构造成的影响:在双曲拱桥结构中,腹拱圈、拱波及拱肋开裂严重,大量桥面积水,会沿裂缝下渗,使钢筋混凝土结构中钢筋锈蚀,致使裂缝的进一步加大,严重影响桥梁的承载能力,并造成行车不舒适,影响了公路的正常运营。

（二）双曲拱桥加固实例

1. 桥梁概况

某桥（图7-15）竣工于1972年，桥长250m，桥跨为15m（等截面圆弧双曲拱）+3×60m（变截面悬链线双曲拱）+15m（等截面圆弧双曲拱），原设计荷载为汽车—13级，拖车—60。

2. 病害原因分析

（1）腹拱拱波纵向裂缝严重，出现少量贯通性裂缝。主要原因为横系梁弱，整体性差，墩台的不均匀沉降引起，需增设横系梁；腹拱拱顶出现纵向裂缝，说明截面尺寸偏小，抗弯承载力不足。

图7-15　某桥全貌

（2）腹拱圈拱顶出现纵横裂缝，最大纵向缝宽已达15mm，主拱拱波局部有纵向裂缝，混凝土剥落，钢筋露筋锈蚀严重。主要原因为拱脚附近截面尺寸偏小，局部压应力下混凝土破碎、剥落，横向联系弱，整体性能差，导致横向传力不均匀。

3. 加固设计

（1）采用增大截面再贴钢板补强加固。加固简图见图7-16。

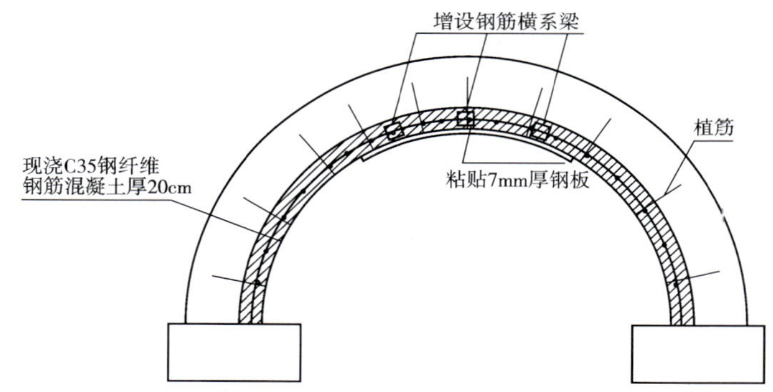


图7-16　腹拱下缘增设钢纤维钢筋混凝土附加拱圈，同时在拱顶粘贴钢板，增设横系梁

（2）采取在主拱圈拱脚17.6m段增设钢纤维钢筋混凝土底板，拱顶粘贴钢板，增设钢筋混凝土横系梁。加固简图见图7-17。

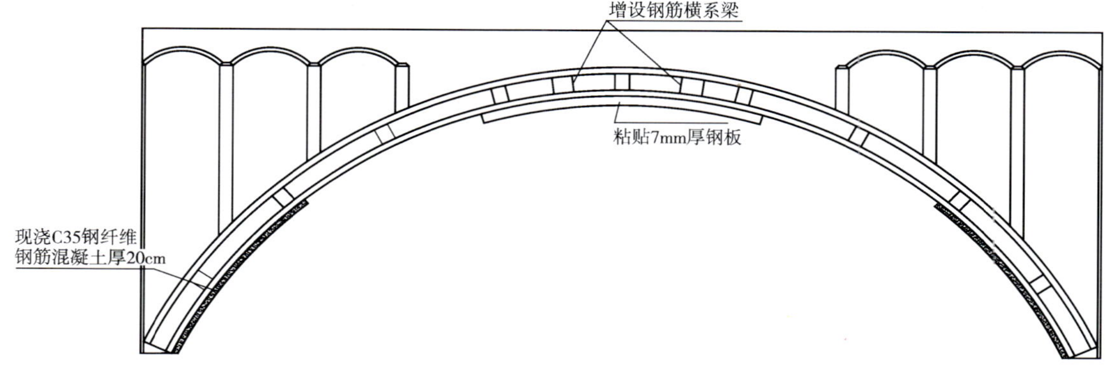


图7-17　主拱圈拱脚增设钢纤维钢筋混凝土附加拱圈，同时在拱顶粘贴钢板，增设横系梁

加固外观图片见图 7-18 ~ 图 7-20。

图 7-18 粘贴钢板外观

图 7-19 现浇钢纤维混凝土底板外观

图 7-20 增设横系梁外观

4. 施工工艺和措施

(1)施工期间禁止车辆通行。

(2)拱肋间增设底板和腹拱增设附加拱圈的施工，遵循从拱脚向拱顶方向且两岸基本对称进行，拆除栏杆则应从跨中朝两岸方向保持基本对称进行。

(3)粘贴钢板前，应对混凝土面进行切底处理；粘贴完后，应对空隙进行处理。

(4)灌缝采用压力灌缝，遇到大的裂缝，还应进行第二次压力灌缝处理。

5. 加固效果评价

本桥采取增大截面尺寸提高刚度、粘贴钢板和增设横系梁提高全桥的承载能力。试验目标主要是：

(1)测试加固后实际刚度与理论刚度对比。

(2)测试加固后实际承载能力与原旧桥设计荷载对比。采取静载与动载试验(脉动试验、行车试验、跳车试验、制动试验)进行测试。静载试验测试了跨中挠度、拱顶、1/4 截面、拱脚截面的承载力。主桥静载试验测试截面布置图见图 7-21。

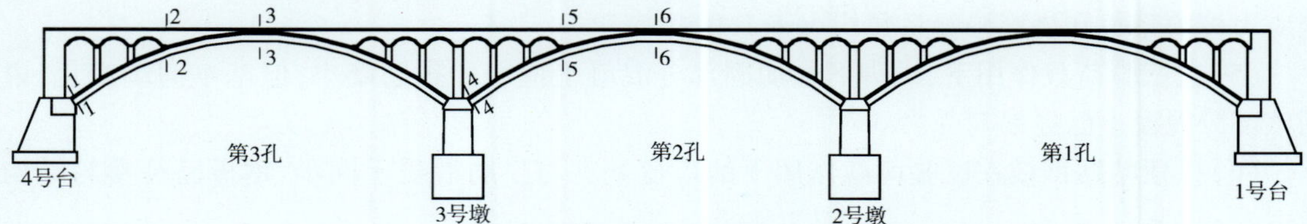


图 7-21 主桥静载试验测试截面布置图

应变布置见图 7-22。

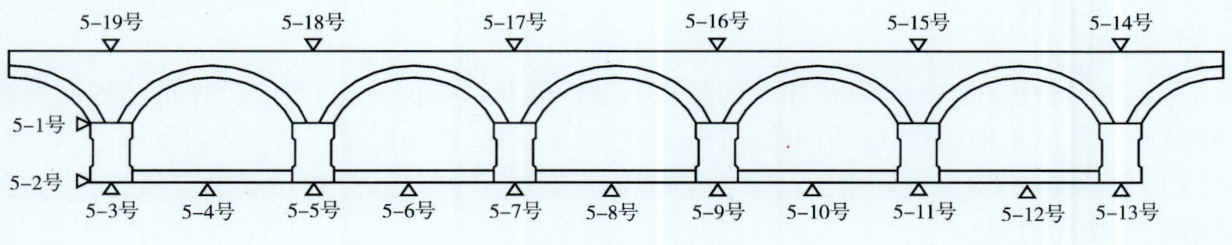


图 7-22 应变布置图

位移测点见图 7-23。

静载试验采用两辆 40t 的车辆加载，车型见图 7-24。

6. 静载试验结论

(1)主桥位移纵向影响线测试结果与理论值吻合良好，桥梁结构整体刚度正常。同时，影

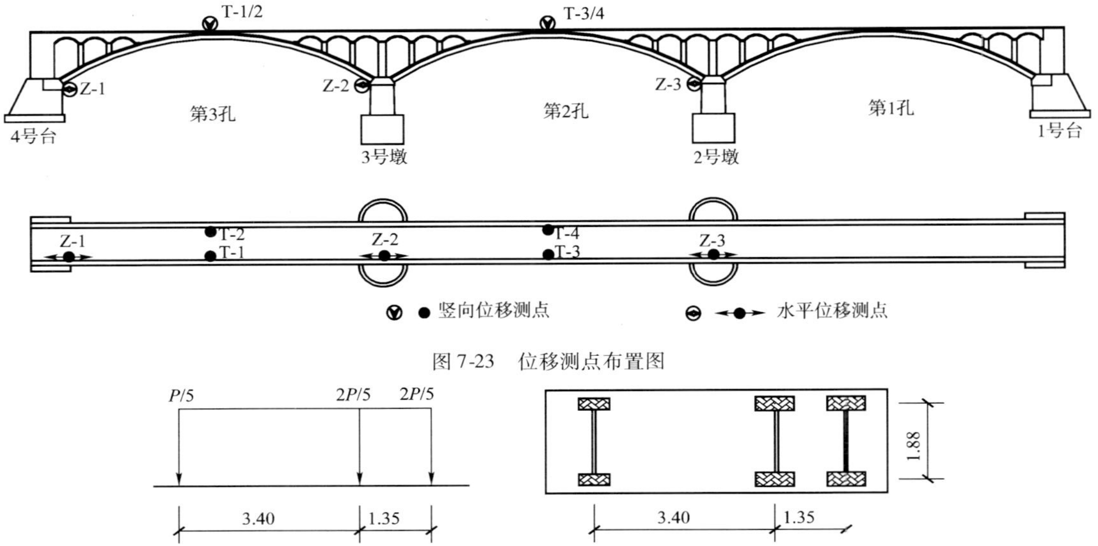


图 7-23 位移测点布置图

图 7-24 静载试验车型(尺寸单位:m)

响线测试结果显示,结构受力存在一定的连拱效应,连拱效应的影响范围主要在测试截面的相邻跨内,与理论计算结果吻合,结构整体工作状态正常。

(2)主桥各测试截面实测应变残余,以及主桥拱顶截面实测挠度残余均小于10%,说明测试截面以及结构整体变形均处于良好的弹性工作状态。

(3)主桥测试截面测点实测应变沿截面高度基本呈线性分布,截面变形满足平载面假定。

(4)试验荷载作用下,主桥测试截面实测应力,以及拱顶截面实测挠度均小于理论值,实测应力校验系数和挠度校验系数均小于1.0。

(5)在试验荷载作用下,拱脚下缘加固部分混凝土应变比拱肋略小,但基本同步变化,说明该部分混凝土已经参与受力。

(6)拱顶粘贴钢板在试验荷载作用下的应变基本与拱肋混凝土同步,钢板已经参与结构受力。

以上静载试验测试结果表明,结构承载能力和使用性能均满足公路—Ⅱ级使用荷载的要求,工作性能正常。

7. 动载试验

测定桥梁整体在动力荷载作用下的受迫振动特性和结构的自振特性,以评价结构的现有工作状态。共做4种试验:脉动试验、行车试验、跳车试验、制动试验。具体内容如下:

(1)脉动试验:测试在环境振动下桥梁的微小竖向振动响应,分析桥梁的自振特性,如自振频率、振型和阻尼。

(2)行车试验:试验车以10km/h、20km/h、30km/h和40km/h的速度通过桥梁,测试桥梁跨中的竖向振动响应和墩顶的纵向振动响应。

(3)跳车试验:单辆40t试验车以10km/h的速度在桥梁跨中越过高10cm的三角垫木,以模拟桥面铺装局部损伤状态,测定桥跨结构在桥面不良状态时行车车辆荷载作用下的竖向振动响应。

(4)制动试验:采用单辆40t试验车在墩顶处紧急制动,测试桥梁的纵向振动响应。

图7-25给出了主桥测点布置示意。

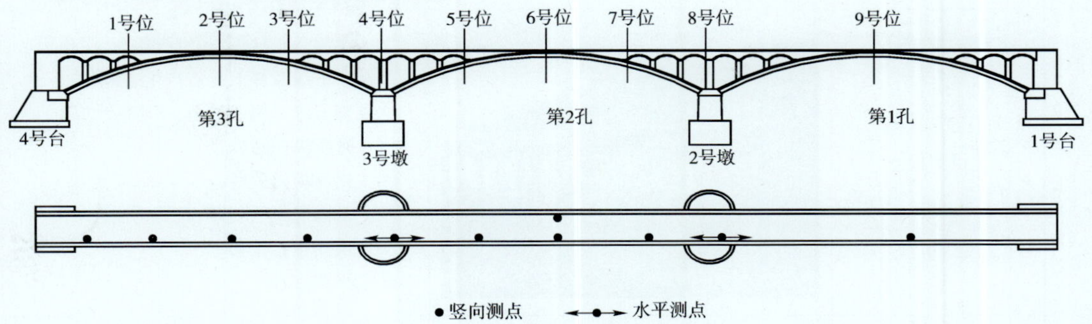


图7-25　主桥动载试验测点布置示意图

8.动载试验结论

(1)主桥实测一阶频率为1.86Hz,理论值为1.77Hz,实测值均大于理论值,说明实际结构刚度大于理论计算采用值;由结构实测基频按《公路桥涵设计通用规范》(JTG D60—2004)第4.3.2条得到主桥冲击系数为0.094。

(2)行车、跳车和制动试验结果显示结构竖向和纵向受迫振动响应均在正常范围内。

9.加固后结论

(1)加固后实际承载能力达到公路—Ⅱ级标准,满足现行公路桥涵设计规范的汽车荷载等级要求。

(2)结构刚度增大,动载振动响应在正常范围内。

该桥加固效果显著,为一成功案例。

## 第四节　箱形拱桥

箱形拱桥(图7-26)拱圈截面由几个箱室组成,其外形和板拱相似,截面挖空率较大,可达到全截面的50%~70%,较实体板拱桥可减少圬工用料和自重,适合于大跨径拱桥,箱形拱为闭合箱形截面,截面抗弯和抗扭刚度较大,单条箱肋刚度较大,稳定性较好,能单箱肋成拱,适合于无支架施工法。

### 一、上部承重构件检查和养护工作

(一)承重构件

(1)主拱圈(主拱圈的拱顶下缘及侧面、1/4拱圈处、拱脚上缘及侧面、接缝);

(2)拱上建筑(一般承重构件):腹拱圈、拱上立柱(横墙)、盖梁、行车道板;

(二)重点检查内容

重点检查内容见表7-3。

图7-26　箱形拱桥总体布置图

重点检查内容　　表 7-3

| 编号 | 重点检查部件名称 | 重点检查部位(示意图) | 重点检查内容 |
|---|---|---|---|
| 1 | 主拱圈检查 | | ①主拱圈是否变形,如拱脚错台、拱顶变形;<br>②拱顶下缘及侧面是否产生裂缝;<br>③拱脚上缘及侧面裂缝;<br>④主拱圈纵向裂缝;<br>⑤主拱圈横向裂缝;<br>⑥主拱圈混凝土剥落、露筋锈蚀;<br>⑦主拱圈是否位移;<br>⑧主拱圈渗水 |
| 2 | 拱上建筑检查 | | ①立柱、盖梁和板跨裂缝;<br>②腹拱圈拱脚、拱顶裂缝及其他裂缝;<br>③侧墙裂缝、倾斜、外移、脱开;<br>④混凝土剥落、露筋锈蚀;<br>⑤砌块脱落、断裂、风化,灰缝脱落 |
| 3 | 接缝 | | ①接缝是否脱落、松散;<br>②接缝是否渗水 |

在桥梁日常养护工作中,桥梁工程师对圬工板拱桥主要承重构件进行检查时,采用圬工及混凝土拱桥主要承重构件检查内容一览表,见附录 A 中表 A-6。

(三)危及桥梁安全的重要病害

主拱圈是箱形拱最重要的受力结构,正常运营的拱圈属于受压结构,受超设计荷载和拱圈自身变形的影响,压力线和形心线发生偏离,造成偏心受压,严重的往往造成跨中、拱脚等重要设计受力控制截面产生径向裂缝,使受力体系发生改变。这种结构裂缝一般比较有规律,在跨中、拱脚、四分之一跨,或者截面尺寸变化处径向贯通式开裂,裂缝宽度较均匀。板拱圈发生裂缝,养护单位要进行现有裂缝调查和裂缝发展观测,并及时限制交通或封闭交通。

(四)上部承重构件养护与维修技术要点

锥坡、翼墙等的养护与维修技术要点详见第二章,同时要经常清除承重构件各部位表面污垢、圬工砌体因渗水而在表面附着的游离物,以及滋生的杂草、树木和洪水带来的漂流物等,保持各构件完好的工作状态,一旦承重构件发现以下病害时,要加强养护管理和必要的维修加

固,需要时立即向上级主管部门上报,必要时做好交通管制限制通行,箱形拱桥上部承重构件的养护与维修技术要点如下:

(1)主拱圈混凝土表面轻微病害修补。

混凝土空洞、蜂窝,表面风化、剥落,发现病害后要及时处理,清除松散部分,用高强度等级的混凝土、水泥砂浆、改性环氧砂浆等材料修补。

(2)主拱圈表面损坏修补。

混凝土表层损坏、剥落,发现病害后要及时处理,凿除松动的表层混凝土,损坏面积不大时,可用聚合物水泥砂浆、改性环氧砂浆(混凝土)修补,损坏面积大时,可用高强度等级混凝土砂浆修补。

(3)主拱圈裂缝修补及维修加固措施。

主拱圈结构性裂缝要进行调查和观测,查明裂缝产生的原因,采取相应维修加固措施。缝宽在限值以内的,采用表面封闭法处理裂缝,涂刷裂缝修补材料或用改性环氧胶泥适当加压刮抹;大于规范限值,采用自动低压渗注法和压力注浆法封闭裂缝,发展严重时,查明原因,封闭裂缝后,采取补强加固措施。因墩台位移及沉降等原因引起的裂缝,先加固基础,再封闭裂缝;因承载力不足引起的裂缝,要先封闭裂缝,再采取增设钢筋混凝土拱圈、拱背增大截面、更换砌体等补强加固措施。

(4)主拱及拱式腹拱的拱铰及变形缝应保持正常工作状态。清除弧面铰及变形缝内嵌入的杂物,使其能自由转动、变形。填缝材料如油毛毡、浸渍沥青的木板等,如有损坏应及时更换。

(5)实腹拱的侧墙若发生较大变形、开裂,应查明原因并作相应处理。若是填料不实,或拱腔积水,应挖开拱上填料,修补防排水系统,拆除鼓凸部分侧墙后重新砌筑,重新回填拱上填料及重做路面,也可酌情换用轻质填料或加大侧墙尺寸。

若发现侧墙与拱圈之间脱开,或侧墙上有斜向(若是砌体通常沿砌缝呈锯齿状)开裂,应检查墩台与主拱的变形。开裂轻微且不再发展的,可作一般修补裂缝处理。若开裂严重或裂缝在发展中,应考虑加固、改造方案。

## 二、上部承重构件常见病害原因分析与加固实例

### (一)常见病害原因分析

1. 主拱圈主要病害及原因分析

(1)主拱圈抗弯强度不够引起的拱圈开裂。裂缝主要发生在拱顶区段的拱圈下缘与侧面、拱脚处的拱圈与侧面。

(2)主拱圈抗剪强度不够引起拱圈开裂。裂缝主要发生在拱脚、空腹孔的立柱(或横墙)的底梁截面。

(3)主拱圈材料抗压强度不够,引起劈裂或压碎。

(4)两拱脚墩台不均匀沉降引起拱圈开裂,一般出现在拱顶区段,横桥向贯穿全拱圈,裂缝宽度上下变化不大,且两侧有错动。墩台基础上、下游不均匀沉降引起拱圈及墩台出现顺桥向裂缝。

(5)墩台沿桥梁纵向发生向后滑动或转动引起拱圈及墩台出现顺桥向裂缝,裂缝主要发

生在拱顶区段的拱圈下缘与侧面、拱脚处的拱圈与侧面。当向桥孔方向滑动或转动时，裂缝在拱圈上缘。

2. 拱上结构

(1)对于立墙(或立柱)、盖梁、底梁及拱形腹孔拱圈的强度和刚度不足而引起的病害，可布设钢筋网，浇注混凝土或喷射混凝土，加大结构截面，或粘贴钢板，提高刚度。一般轻微裂缝可用"壁可法"灌缝或环氧砂浆封缝；对一般混凝土老化、腐蚀、剥落、露筋锈蚀等，可先对露筋进行除锈后用环氧砂浆修补。

(2)对于严重裂缝或剪断的行车道板(或梁)必须更换；对于板(或梁)间铰缝剪切破坏的，可在铰接板(或梁)间植筋，重新浇注铰缝混凝土后在桥面铺设钢筋网、现浇钢筋混凝土桥面，加强桥面横向联系，提高整体受力能力。

(3)对于因强度或刚度不足引起的行车道板(或梁)的轻微裂缝，可采用板(或梁)底粘贴碳纤维布或钢板的方法，增大抗拉强度，提高板(或梁)刚度。

(4)对于拱形腹孔及主拱圈实腹段的拱腔内填料的软弹变形引起的桥面破坏，一般需换填拱腔填料(级配碎石、水泥稳定碎石或低强度等级混凝土)后重浇钢筋混凝土桥面铺装层。

(二)加固实例

1. 某桥维修加固实例(图 7-27)

1)某桥概述

某桥于 1988 年 8 月建成通车，全长 332.5m，上部结构为 1 跨 20m 钢筋混凝土双曲拱 +3 跨 80m 钢筋混凝土箱拱 +1 跨 30m 钢筋混凝土双曲拱，下部结构采用重力式墩台，基础为明挖基础。桥面宽度为：净 9m +2 ×0.75m，设计荷载为汽车—15 级，挂车—80。

图 7-27　检测人员使用桥检车检测该桥病害

2)主要病害成因分析及维修加固工艺

(1)挑梁

①挑梁竖向裂缝的成因：

大部分拱上帽梁和挑梁悬臂段根部出现竖向裂缝(图 7-28、图 7-29)，裂缝自梁顶向下延伸。裂缝多发生在负弯矩最大的位置，为受力裂缝。产生的裂缝的主要原因是悬臂端根部的负弯矩过大，构件承载能力低造成的。

②维修设计及施工要点：

针对裂缝产生的原因，加固方案采用外包钢筋混凝土，以此提高构件的抗弯承载能力。主要施工工艺为：

a. 凿除挑梁加固部位表面混凝土，凿深以露出箍筋直径一半为准；

b. 植入新旧混凝土体连接钢筋；安放外包钢筋网，连接部位与植筋焊接；

c. 立模后现浇混凝土。

加固外观见图 7-30、图 7-31。

图 7-28　竖向裂缝（长 0.40m，最大缝宽 0.50mm）

图 7-29　斜向裂缝（长 0.50m，最大缝宽 0.50mm）

图 7-30　凿除挑梁

图 7-31　布筋立模

（2）主拱圈、拱上横墙（立柱）：

①混凝土剥落、露筋的主要成因：

主拱圈、拱上结构、墩上结构表层混凝土剥落（图 7-32 ~ 图 7-34），形成若干个凹面，主要原因为桥面系破损造成渗水，长期的雨水侵蚀使得主拱圈的砌缝和主跨拱肋现浇带、合拢口多处渗水，造成混凝土剥落、露筋、锈蚀等病害。

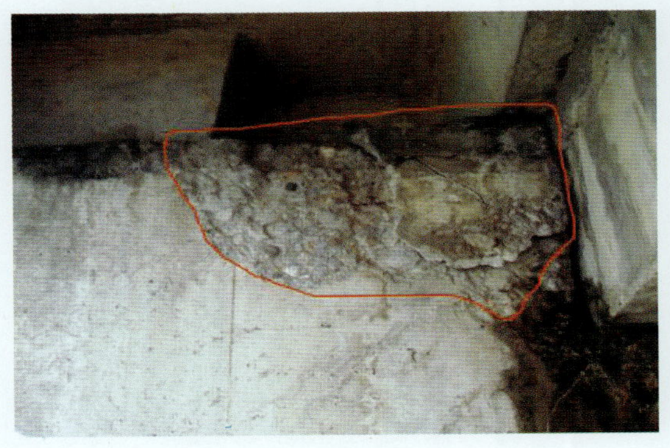

图 7-32　混凝土剥落，面积 0.60m × 0.30m

图 7-33　混凝土剥落，共计 5 处，面积均为 0.14m × 0.3m

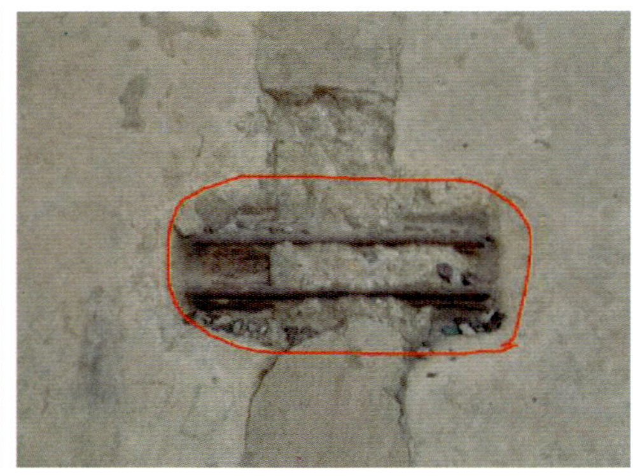

图 7-34　混凝土剥落、露筋、锈蚀

注:共计 59 处,面积 0.1m×0.1m~0.4m×0.15m。

②维修设计及施工要点:

为防止病害进一步扩大,采用环氧砂浆修补。修补工艺介绍如下:

a. 凿除松脱、剥离等已损坏部分的混凝土,对混凝土修补部分进行凿毛处理,混凝土表面要求做到无水湿、无油渍、无灰尘和其他污物,无软弱带,保持平整、干燥、坚固、密实。

b. 出现露筋的部位要凿除因锈蚀而损坏的混凝土,全部露出钢筋,除锈,若锈蚀钢筋横截面积损失超过 20% 的,必须补焊钢筋,并做好防锈处理。

c. 均匀的涂上环氧胶液黏结剂。

d. 涂抹环氧砂浆。

e. 环氧材料的养护。

f. 环氧砂浆参考配合比见表 7-4。

**环氧砂浆参考配合比**　　表 7-4

| 材料名称 | 配合比(重量比) | 材料名称 | 配合比(重量比) |
|---|---|---|---|
| 环氧树脂(E-44) | 100 | 环氧丙烷丁基醚(501) | 15 |
| 邻苯二甲酸二丁酯 | 12 | 乙二胺 | 9 |
| 中砂 | 700 | 石英粉或滑石粉 | 100 |

g. 维修后外观见图 7-35、图 7-36。

图 7-35　环氧砂浆修补后坑洞

图 7-36　环氧砂浆修补后的立柱顶部

(3)墩台、拱上横墙、立柱裂缝修补:

①裂缝成因:

a. 桥台侧墙的裂缝,缝宽比较大,单条竖向开裂,分布在上、下游桥台侧墙,主要为基础不均匀沉降引起。病害见图7-37、图7-38。

b. 墩上结构和拱上横墙、立柱裂缝,缝宽比较小,既有单条裂缝存在,也有局部网状裂缝,分布在墩壁、横墙立面及立柱侧面,主要由混凝土收缩性徐变引起,见图7-39、图7-40。

②维修设计及施工要点:

对于桥台因不均匀沉降产生的裂缝,采用环氧树脂灌浆法进行维修,其施工工艺如下:

a. 裂缝表面处理:同"壁可法"的裂缝表面处理一样。

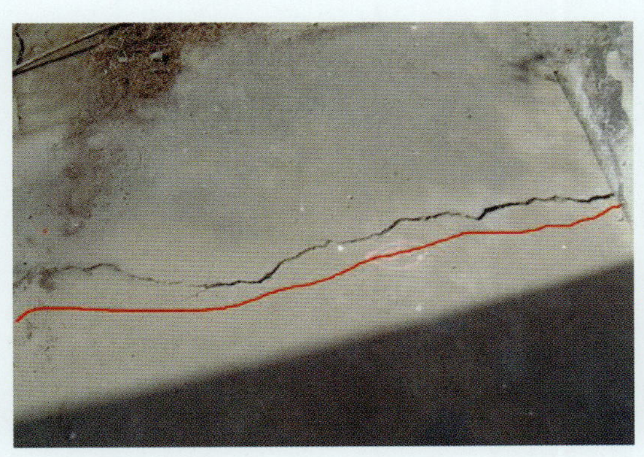

图7-37 纵向裂缝,长2.0m,最大缝宽10.0mm

图7-38 竖向裂缝,长8m,最大缝宽2.0mm

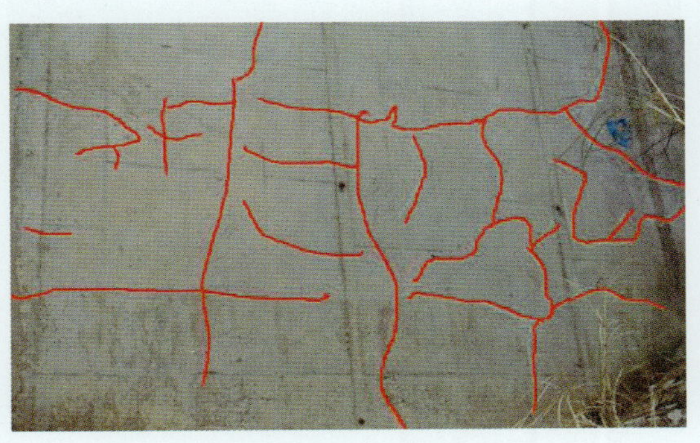

图7-39 网状裂缝,面积3.15m×3.5m

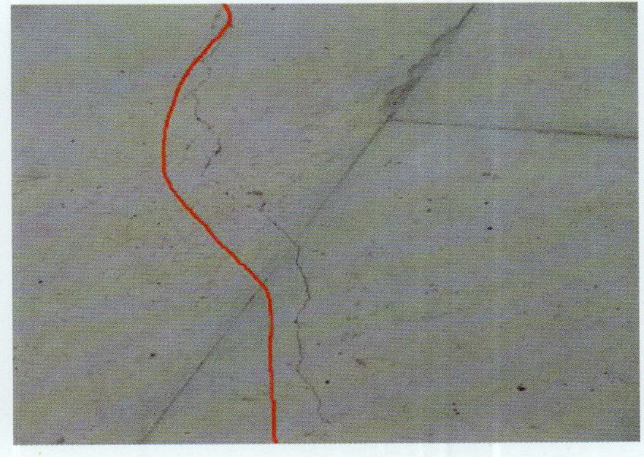

图7-40 竖向裂缝,长3.5m,最大缝宽0.24mm

b. 钻眼埋嘴。

c. 嵌缝止浆:目的是防止浆液流失,确保浆液在灌浆压力下将裂缝填充密实。

d. 封闭方法:对裂缝较大(宽2cm以上)的混凝土构件,可用人工或风凿成V形槽,宽度为5~10cm,深3~5cm。对于裂缝较小的混凝土构件可沿裂缝走向均匀刷一层环氧浆液,宽7~8cm,然后在上面分段紧密贴上一层玻璃布,宽5~7cm。

e. 试气密封检查。

f. 经试气密封检查认为封缝质量良好、无渗漏现象后即可配制浆液灌注胶，准备灌缝。

g. 收尾处理。

环氧树脂浆液参考配合比见表 7-5。

环氧树脂浆液参考配合比　　表 7-5

| 材料名称 | 配合比(重量比) | 材料名称 | 配合比(重量比) |
|---|---|---|---|
| 环氧树脂(E-44) | 100 | 丙酮 | 25 |
| 糠醛 | 25 | 乙二胺 | 16 |

(4)行车道板：

①行车道板病害成因：

行车道板的主要病害为板底的横向裂缝，最大缝宽为 0.20mm，且多数缝宽仅为 0.04 ~ 0.12mm，均小于规范限值 0.25mm。裂缝产生的原因主要是超重车辆作用下，板承载力不足，挠度过大而引起的。病害如图 7-41、图 7-42 所示。

图 7-41　拱上板式腹孔照片

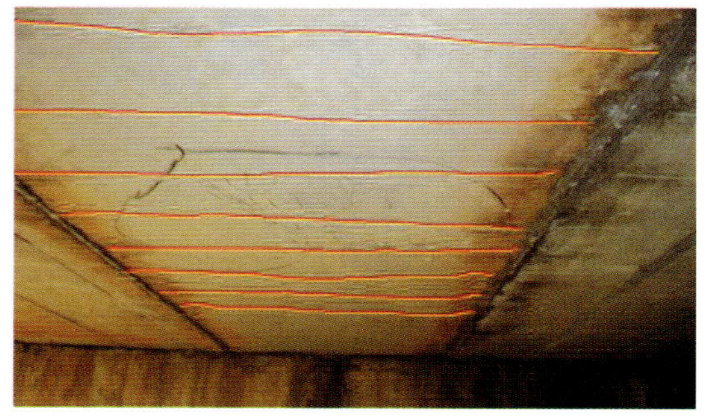

图 7-42　横向裂缝，总计 8 条，长 1.0m，最大缝宽 0.08mm，间距 0.1 ~ 0.5m

②维修设计及施工要点

a. 加固方案——粘贴碳纤维加固。

b. 施工工艺及材料指标控制：

a)混凝土表面处理：充分打磨混凝土面层；

b)配制并涂刷底胶；

c)配制找平材料并涂刮找平乳胶；

d)配制并涂刷浸渍类树脂或者粘贴树脂；

e)砂光、滚刷浸渍胶；

f)粘贴碳纤维；

g)尼龙轮滚压碳纤维面层；

h)表面防护：所有碳纤维粘贴完后在板底部刷 0.5cm 厚的环氧砂浆。

碳纤维布的主要力学性能指标见表 7-6。

碳纤维布的主要力学性能指标 表 7-6

| 性能项目 | 性能指标 |
|---|---|
| 抗拉强度标准值$f_{f,k}$(MPa) | ≥3 000 |
| 受拉弹性模量$E_f$(MPa) | ≥$2.1\times10^5$ |
| 伸长率 | ≥1.5% |
| 弯曲强度$f_{fb}$(MPa) | ≥600 |
| 层间剪切强度(MPa) | ≥35 |
| 仰贴条件下纤维复合材与混凝土正拉黏结强度(MPa) | ≥2.5,且为混凝土内聚破坏 |
| 单位面积质量($g/m^2$) | ≤300 |

改性环氧树脂胶黏剂安全性能指标见表 7-7。

碳纤维布黏结用胶黏剂安全性能指标 表 7-7

| 性能项目 | 性能指标 |
|---|---|
| 抗拉强度(MPa) | ≥40 |
| 受拉弹性模量(MPa) | ≥2 500 |
| 伸长率(%) | ≥1.5 |
| 抗弯强度(MPa) | ≥50,且不得呈脆性破坏(破碎状) |
| 抗拉强度(MPa) | ≥70 |
| 与混凝土的正拉黏结强度 | ≥2.5 MPa,且为混凝土内聚破坏 |
| 不发挥物含量(固体含量)(%) | 99 |

底胶和修补胶应与胶黏剂相适配,其安全性能指标分别见表 7-8、表 7-9。

底胶的安全性能指标 表 7-8

| 性能项目 | 性能指标 |
|---|---|
| 与混凝土的正拉黏结强度 | ≥2.5 MPa,且为混凝土内聚破坏 |
| 不发挥物含量(固体含量)(%) | 99 |
| 混合后初黏度(23℃时)(MPa·s) | ≤6 000 |

修补胶安全性能指标 表 7-9

| 性能项目 | 性能指标 |
|---|---|
| 胶体抗拉强度(MPa) | ≥30 |
| 胶体抗弯强度(MPa) | ≥40,且不得呈脆性破坏(破碎状) |
| 与混凝土的正拉黏结强度(MPa) | ≥2.5,且为混凝土内聚破坏 |

③加固效果

该桥加固后,经过两年的观察,病害基本得到控制,行车舒适,桥梁运营良好。

# 第五节 刚架拱桥

（一）发展历史

刚架拱桥是钢筋混凝土拱式结构，是在双曲拱、桁架拱、肋拱和斜腿刚构等结构型式基础上研发起来的一种新桥型，属于有推力的高次超静定结构。刚架拱由拱肋（实腹段和拱腿段）、弦杆、斜撑及横系梁构成骨架，然后在沿桥面的骨架和横系梁形成的格构间组装预制桥面板，最后铺筑桥面混凝土，形成空间承载体系。结合刚架拱的研究，在常用作桥面板的微弯板的基础上，提出了一种新型的桥面板——肋腋板，这种板变微弯板的单向板为双向板，板的重量减轻，强度也更均衡，使刚架拱桥的结构更加经济合理。刚架拱桥于 1977 年至 1978 年在江苏省无锡县首先建成。

由于刚架拱桥具有构件少，自重轻，施工简便，结构形式简洁，材料用量经济合理，并适应于多种施工方法等优点，因此已在我国得到了广泛应用。据不完全统计，全国已建刚架拱桥累计达 3 万余延米，这类拱桥技术可靠、适用性强，外形美观，改变了圬工拱桥粗大笨重的外形。

（二）基本特性

刚架拱桥的基本构造见图 7-43。

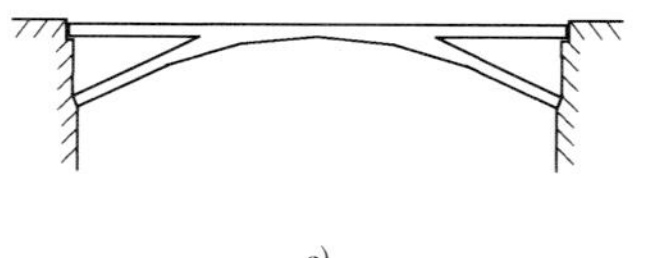
a)

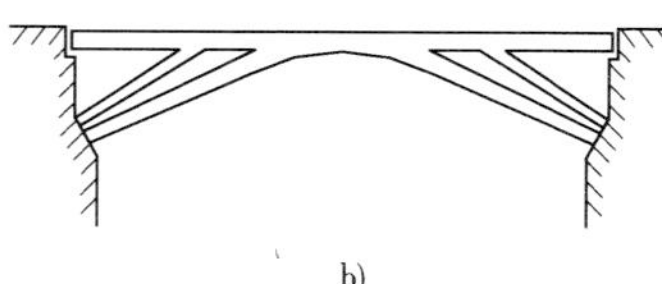
b)

c)

图 7-43 刚架拱桥的基本图式

刚架拱桥的基本组成是由拱腿与实腹段合拢后组成裸拱，在裸拱的基础上架弦杆及斜撑形成刚架拱片，在刚架拱片之间设置横系梁，安装预制的肋腋板（或微弯板）和悬臂板，现浇混凝土填平层和桥面铺装组合而成，其构造见图 7-44。

弦杆、拱腿和实腹段三部分的交接处为大节点，弦杆和斜撑的交接处为小节点。拱腿斜撑一般分别固结或铰接于墩台内，称为拱腿支座和斜撑支座，弦杆一般支承于墩台的立墙上，称为弦杆支座。也有不设弦杆支座，将竖杆与弦杆固结相连。

（三）结构特点

1. 多次超静定结构体系

结构为多次超静定，主结构由拱肋构成主拱，拱上建筑取斜腿刚构的形式，可以说是拱与斜腿刚构的复合结构，故名为刚架拱。在顺桥方向，将常规拱桥的主拱圈与拱上建筑部分组成整体受力结构，拱上建筑不是单纯的传递荷载，而是参与承受荷载；在横桥方向，通过肋腋板或微弯板将拱肋与现浇桥面组成整体的受力结构。结构杆件大部分为偏心受压构件，无纯拉构件，从而充分利用了混凝土抗压能力强的特点，使其具有较大的承载能力。

2. 结构轻型，且具有足够的承载力

自重约为双曲拱桥总荷载的 60%，使恒载推力减少，并对下部构造和地基承载力的要求相对降低一些，便于基础的形式选择和软土地基建桥。

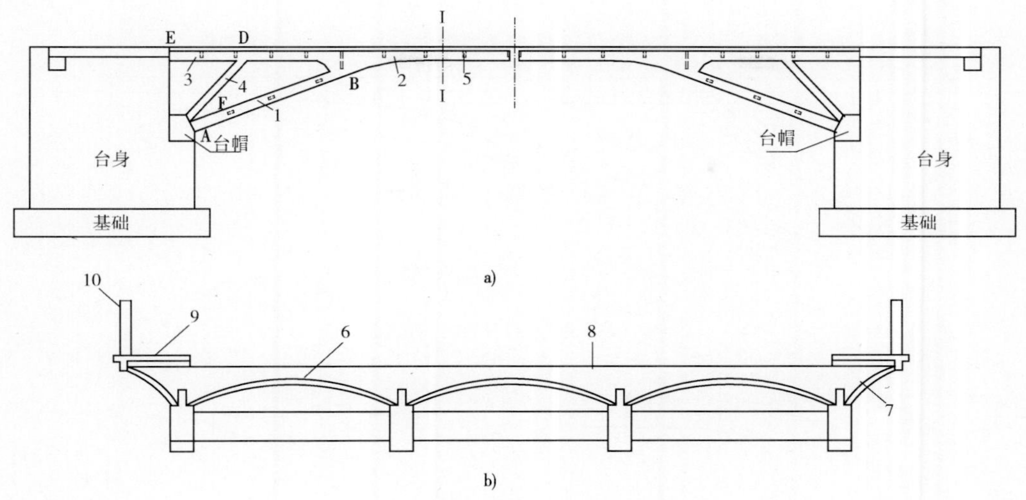


图7-44　刚架拱桥构造图

a)刚架拱片;b) I-I 剖面

1-拱腿;2-实腹段;3-弦杆段;4-斜撑;5-横系梁;6-肋腋板或微弯板;7-悬臂板;8-现浇混凝土填平层和桥面铺装;9-人行道;10-栏杆;A-拱腿支座;B-大节点;D-小节点;E-弦杆支座;F-斜撑支座

3. 适用性强

刚架拱虽为拱式体系,但恒载推力较常规拱桥小,为控制桥梁建筑高度,可将矢跨比选择得小一些,一般采用1/7~1/10。也容许桥台发生适量的位移。施工方法的适用性也较强,可采用预制吊装、有支架现浇、悬臂拼装、转体施工等。

4. 桥型美观

结构线条简单,造型美观,构件吊装重量小,施工方便,预制装配化程度高(如按体积比,预制装配率达80%以上),安装速度较快,工期较短。

5. 省材料

材料用量指标较低,经济效益明显。20~60m跨径的刚架拱桥,上部构造的桥面用钢量一般为38~45kg/$m^3$,混凝土用量为0.4~0.5$m^3$/$m^2$。若以同跨径、同荷载标准与其他桥型相比,刚架拱桥的上部构造混凝土用量较双曲拱桥减少约40%左右,用钢量约增加10%左右;与桁架拱桥比较,混凝土用量和钢筋用量均可减少。

(四)结构受力特点

(1)超载潜力小

刚架拱桥是一种轻型的组合体系拱桥,拱上结构与主拱结合成一个整体共同受力,与一般简单体系拱桥相比,拱上建筑联合作用能减轻主拱受力 ,但是在日常使用中由于超重车辆的作用容易出现病害。

(2)外弦杆呈梁式结构受力状态

刚架拱桥在超载使用时,轴压构件如实腹段、主拱腿、斜撑(次拱腿)、内弦杆(中腹孔)无多大问题,但受弯构件如外弦杆(边腹孔)正弯矩区容易出现裂缝及较宽肋腋板开裂,甚至穿孔,见图7-45。特别是跨径大、单斜撑的刚架拱桥,弦杆病害较多,见图7-46和图7-47。

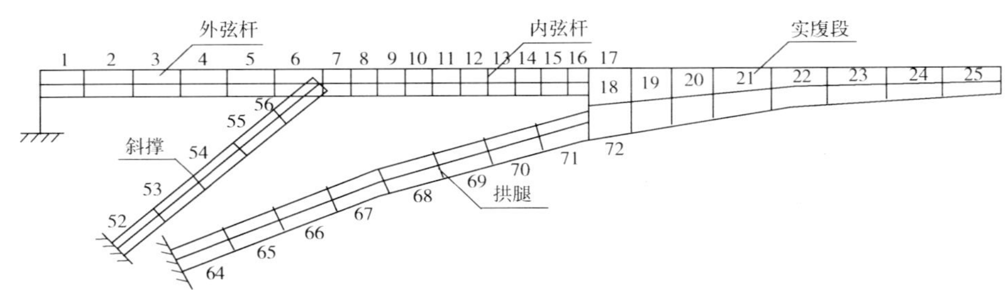


图 7-45　刚架拱桥结构计算简图

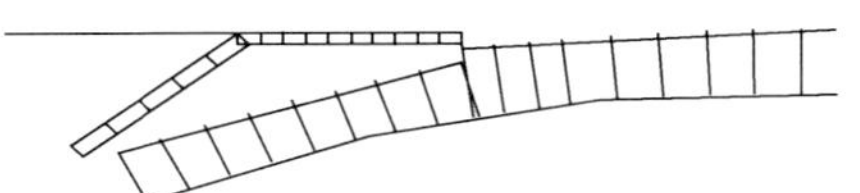

图 7-46　70m 刚架拱桥恒载轴力示意图

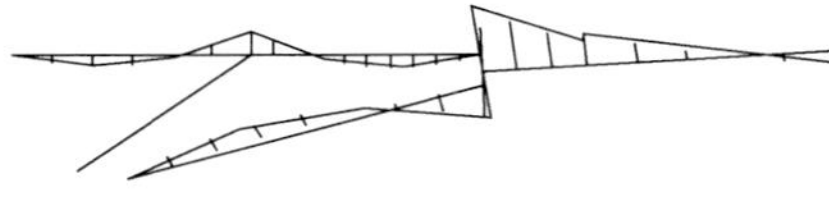

图 7-47　70m 刚架拱桥恒载弯矩示意图

同时,外弦杆还有其他不利因素:一是拱片之间的间距大,弦杆内力大;二是分阶段受力,第一阶段恒载作用下受拉区边缘已出现较大拉应力,容易出现裂缝,第二阶段活载作用下才是整体截面承受。

## 一、上部承重构件检查和养护工作

### (一)上部承重构件

上部承重构件有刚架拱片(拱片的拱脚、1/4 拱圈、拱顶);弦杆;主、次拱腿;微弯板;大、小节点;横向联结系,见图 7-48。

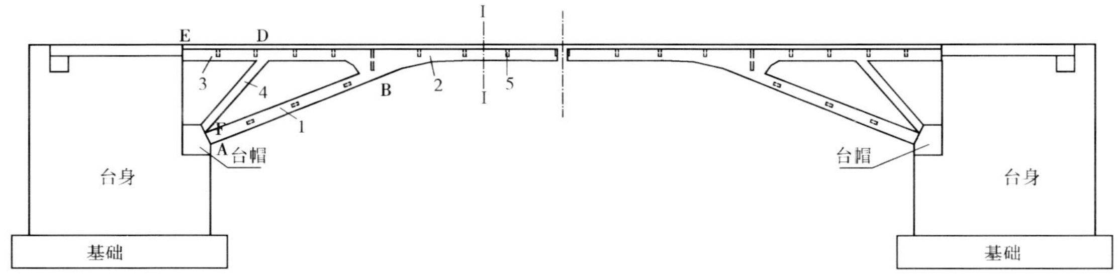


图 7-48　上部承重构件示意图

1-拱腿;2-实腹段;3-弦杆段;4-斜撑;5-横系梁

### (二)重点检查内容

(1)裂缝。

拱片实腹段有无竖向或斜向裂缝;

上弦杆有无竖向裂缝;

主拱腿,主拱腿和实腹段连接处上方,大节点部位,主拱腿拱脚断面上缘等部位有无裂缝;

次拱腿,次拱腿和上弦杆连接处上方,小节点部位等部位有无裂缝;

微弯板或肋腋板的板身,板与上弦杆或实腹段连续处,组合横梁等部位有无裂缝;

(2)主拱震感是否明显,跨中下挠度值。

(3)斜撑支脚混凝土、横向联结系混凝土是否压碎。

(4)横系梁与拱片联结是否松动、开裂;连接部钢板锈蚀、断裂;微弯板是否穿孔、塌陷、露筋;拱脚位移值。

(5)刚架拱片、微弯板及横向联结系混凝土材料表观检查:蜂窝、麻面;剥落;露筋;空洞或孔洞;掉角;钢筋锈蚀;混凝土碳化;混凝土腐蚀;保护层厚度等。

在桥梁日常养护工作中,桥梁工程师对刚架拱桥主要承重构件进行检查时,采用刚架拱桥上部承重构件检查内容一览表,见附录 A 中表 A-7。

(三)危及桥梁安全的重要病害

危险桥梁安全的重要病害主要发生在刚架拱片和微弯板。

1. 跨中下挠

下挠严重,拱轴线严重偏离,变形随时间发展迅速,下挠值超过计算跨径的 1/800。拱桥承载力下降,影响行车安全。

2. 横系梁与拱片联结松动、开裂

横系梁与拱片联结松动、开裂,导致拱片在微弯板推力下侧移,影响拱桥整体性,不能正常行车并造成安全隐患。

3. 微弯板穿孔、塌陷、露筋

微弯板出现露筋、穿孔并塌陷,不能正常行车,造成严重安全隐患。

4. 裂缝

超过限值的裂缝出现将引起构件内应力发生变化,使其承载力下降。

①竖向裂缝:裂缝大多贯穿,缝宽大于 1mm,间距小于 10cm;

②微弯板或肋腋板纵向开裂:出现大量纵向裂缝,部分缝宽大于 0.2mm 或缝长大于 2/3 截面尺寸;

③径向裂缝:出现大量径向裂缝,大多贯穿,部分缝宽大于 1mm,间距小于 10cm;

④实腹段、拱腿斜裂缝:缝宽超出限值,缝长大于 2/3 截面尺寸。

5. 拱脚位移

拱脚不稳定,出现严重水平、竖向裂缝和转角现象,造成结构和桥面变形过大,承载能力比设计降低 25% 以上。

(四)上部承重构件养护与维修技术要点

桥面系、排水系统等养护与维修技术要点详见第二章,同时要经常清除承重构件各部位表面污垢,圬工砌体因渗水而在表面附着的游离物,以及滋生的杂草、树木和洪水带来的漂流物等,保持各构件完好的工作状态,一旦承重构件发现以下病害时,要加强养护管理和必要的维修加固,需要时立即向上级主管部门上报,必要时做好交通管制限制通行,刚架拱桥上部承重构件的养护与维修技术要点如下:

1. 刚架拱片

①要经常清除拱片表面污垢及圬工砌体因渗水而在表面附着的游离物,保持各部构件完好的工作状态。

②保持通泄水管、桥面及实腹段拱腔排水畅通，发现漏水及时修补。

③对混凝土的空洞、蜂窝、麻面、表面风化、剥落等应进行修补。

④对露筋或保护层剥落应进行维修处理。

⑤当构件出现裂缝病害后，要分析裂缝产生的原因，针对不同类型的裂缝采用不同的处理措施。

2. 弦杆

①对混凝土的空洞、蜂窝、麻面、表面风化、剥落等应进行修补。

②对露筋或保护层剥落，应进行维修处理。

③当构件出现裂缝病害后，要分析裂缝产生的原因，针对不同类型的裂缝采用不同的处理措施。

3. 微弯板

①对混凝土的空洞、蜂窝、麻面、表面风化、剥落等应进行修补。

②对露筋或保护层剥落，应进行维修处理。

③当构件出现裂缝病害后，要分析裂缝产生的原因，针对不同类型的裂缝采用不同的处理措施。

## 二、上部承重构件常见病害原因分析与加固实例

（一）上部承重构件病害分析

（1）斜杆拱脚处横向裂缝。主要原因是桥台、墩基础出现不均匀沉降，使拱脚处出现竖向剪切应力，导致拱脚下弦杆件出现裂缝。

（2）弦杆部出现裂缝。主要原因是原刚架拱桥设计标准低，弦杆部强度不足使其承载能力和抗开裂能力不高。

（3）横系梁、横拉杆、横隔板竖向开裂。横系梁的典型裂缝形态见图7-49。主要原因是由于原设计荷载等级低，横向联系较薄弱，由于刚架拱桥在长期活载作用下横系梁的横向连接功能减弱，导致桥梁横向整体刚度降低，引起横系梁内拉应力超出允许值，使横向联系的梁、杆、板出现竖向裂缝，甚至断裂。

横系梁
拱片
裂缝

图7-49　横系梁的典型裂缝形态

（4）微弯板的开裂。微弯板的开裂典型形态见图7-50。

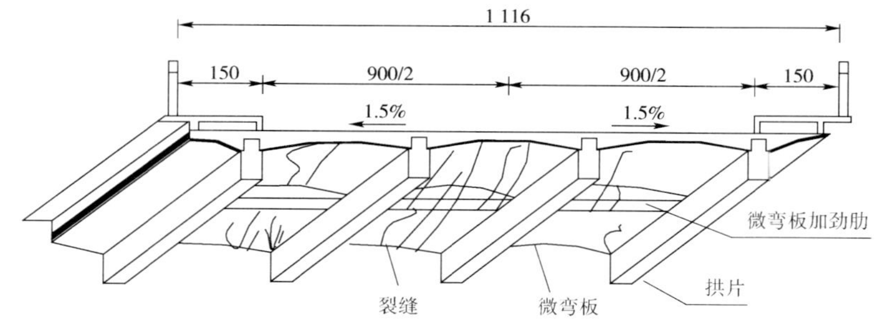


图7-50　微弯板的典型裂缝形态（尺寸单位：cm）

微弯板边界条件的改变是产生裂缝的主要原因。构造上微弯板与拱片在板上部现浇一层混凝土，使得其处于简支与固定之间，但桥梁在恒载的长期作用和活载交替反复的局部作用下，横系梁和拱片出现了不同程度的裂缝，从而使桥梁整体联系降低。

(5)拱片的裂缝。

上弦杆和拱顶处的裂缝均属于竖向断裂裂缝，且裂缝上端窄下端宽，明显是受拉所致。连接处裂缝大部分顺主拱腿或次拱腿方向，与水平方向成30°~60°角是受弯引起的主拉应力裂缝。拱片裂缝典型形态见图7-51。

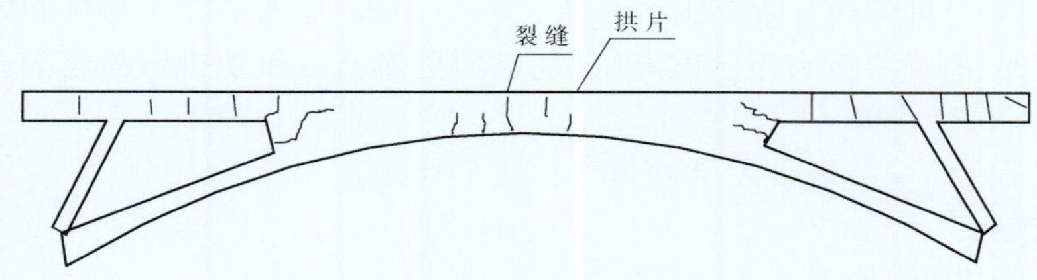


图7-51　拱片的典型裂缝形态

(二)加固实例

1.某刚架拱桥概况

某桥全长104.00m，桥面净宽：净14m+2×0.50m(防撞护栏)，原设计荷载：汽车—20级，挂车—100，跨径组合为：52.86m+6m+2×16m，桥跨结构为1—50m刚架拱和2—16m空心板(北岸)，主跨为$L_0=50m$、$f_0=6.25m$、$f_0/L_0=1/8$，钢筋混凝土刚架拱桥，共5个拱片，桥面体系是微弯板结构，桥墩基础是双柱式墩，桥台基础是U形桥台，于1998年建成通车，见图7-52、图7-53。

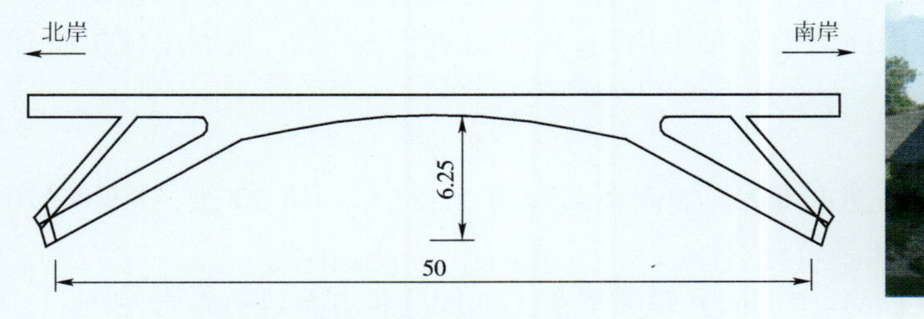


图7-52　主跨刚架拱简图(尺寸单位：m)

图7-53　大桥侧面照片

(1)主要病害：

某桥位于交通要道上，交通频繁，超限车辆多，经2004年2月检测，发现该桥存在严重病害：

①弦杆、拱脚

刚拱桥的所有弦杆出现贯穿全断面径向裂缝共110条(其中，隆安侧110条，南宁侧33条)，裂缝宽度在0.5~3.0mm之间，部分裂缝处伴有混凝土破碎现象；隆安侧5根斜撑全部松动。

隆安侧2号、4号拱脚出现2条长约30cm的径向裂缝，裂缝宽度在0.1~0.5mm之间。

②拱肋、横系梁

1 号拱肋实腹段根部出现 1 条贯穿全断面裂缝，裂缝宽度在 0.5 ~ 1.0mm 之间；南宁侧 2 号、3 号、4 号拱肋跨中出现 10 条表面裂缝，裂缝贯穿全断面；4 号拱肋跨中下沉约 3cm。

横系梁与拱肋的连接处出现裂缝，部分横系梁与拱肋连接处的焊接口脱离，南宁侧靠近跨中的 3 号、4 号拱肋之间横系梁下沉 12cm，3 号、4 号拱肋之间的所有横系梁都出现裂缝，两拱肋向外张开，位移达 0.5 ~ 1.0cm。

③微弯板、桥面

3 号、4 号拱肋之间的所有微弯板均下沉 1.0 ~ 3.0cm，微弯板在 4 号拱肋处的支座被压碎，支撑面积变小，有一块微弯板已破碎（此前已经更换），有 6 块微弯板底部有不同程度的裂缝。

桥面不规则下沉，呈波浪形状，下沉最大值达 5 ~ 6cm。

（2）成因分析：

①车流量大，超限车辆多；

②拱圈、横系梁、弦杆、微弯板的原设计截面尺寸太薄，不能满足超限荷载要求的刚度、强度、稳定性的要求；

③横系梁和拱肋处施工缝、拱片连接处的施工缝是强度较弱的部位，在外荷载作用下该部位易产生裂缝，甚至破裂；

④ 拱顶截面相对薄弱，超载车辆引起实腹段及拱腿受力和变形较大，在荷载的反复作用下，引起斜撑的松动，横系梁的损坏、下沉等现象，使得斜撑的支撑作用和横系梁的横向联结作用受到破坏，继而引发内、外弦杆相对跨径增大，使其受力方式有较大变化，内力重新分布，从而使变形和裂缝继续扩展。

这些最终引起了拱片的整体性差、横向刚度不够、拱片间的横向联系差的现象，使拱桥的刚度、强度、稳定性下降，使得拱桥横向内力分布不均匀，且内力进行重分布，从而出现了上述的严重病害。

（3）加固设计：

2004 年 5 月至 8 月对该桥主跨进行加固，加固荷载标准为：汽车—超 20 级，挂车—120（并将汽车—超 20 级重车质量取 90t 进行验算）。

以增大截面和配筋为主的外包混凝土加固和锚喷混凝土加固两种方案进行综合治理。

各主要断面设计图（图 7-54 ~ 图 7-57）（内轮廓代表原结构，外轮廓代表加固后结构）。

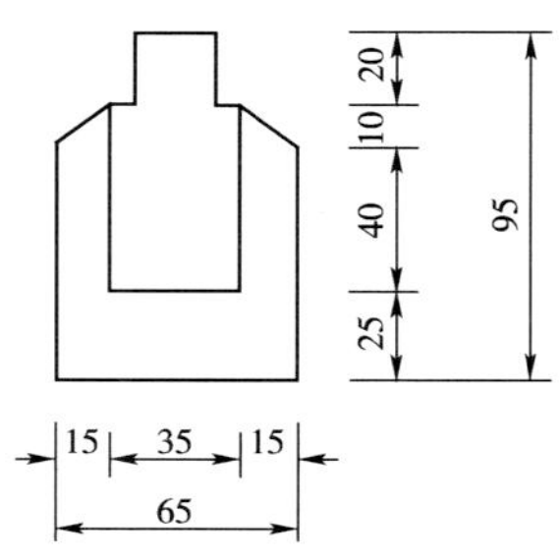


图 7-54　实腹段加固图（尺寸单位：cm）

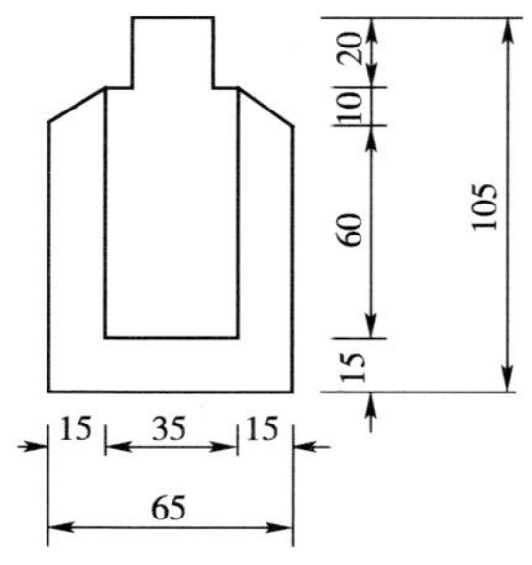


图 7-55　内弦杆加固图（尺寸单位：cm）

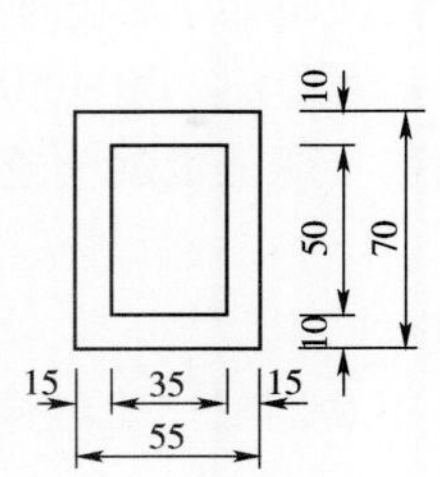


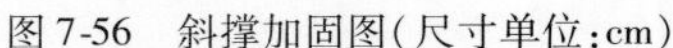

图 7-56　斜撑加固图(尺寸单位:cm)

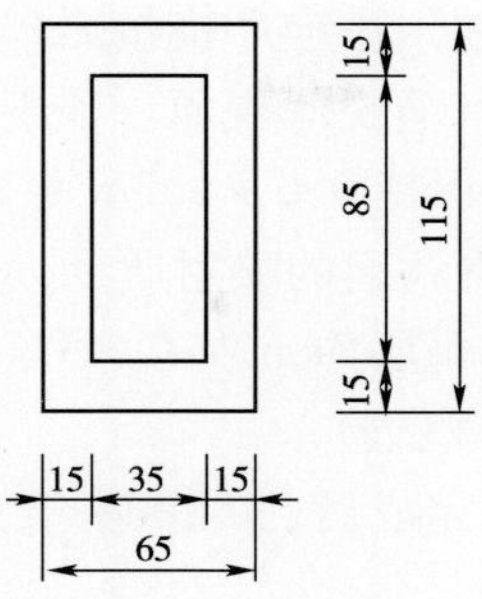


图 7-57　拱腿断面加固图(尺寸单位:cm)

(4)施工工艺

构件结合面处理→原结构上植筋→钢筋加工、安装→模板安装→混凝土浇注。

(5)施工技术要点:

①锚固钢筋种植。

a)钻孔:

按设计画出植筋位置,用冲击钻钻孔,为了方便钢筋插入,孔径比植筋直径大 2 ~ 4mm,且孔尽量垂直于结构平面。钻孔中遇到主筋时,必须改孔。

b)清孔:

为保证孔壁干净,便于植筋胶与混凝土黏结牢固,孔壁用高压水冲洗干净后,再用空压机的高压气管引入孔底吹干净,待干燥后方可进行下一道工序。

c)注胶:

本桥用 YZJ-2 型植筋锚固胶。注胶前,必须详细阅读植筋胶说明书,掌握其正确用法,查看有效期,过期的坚决不能用。当环境条件(温度、湿度)不满足时,应停止施工。检查植筋孔是否干净、干燥。满足上述条件后,按配合比配置植筋胶并拌和均匀,把胶体放入枪中,接上混合管(必要时接上延长管)。将混合管插入孔底,从孔底处注入胶体,注满孔洞的 2/3,保证植筋后饱满。

d)植入钢筋

将除锈后加工好的钢筋轻击至孔底,钢筋插入要缓慢,防止胶体在钢筋的快速挤压下喷出,造成钢筋与胶体之间不能完全紧密结合。钢筋插到底后调整外露部分的位置,并固定好钢筋。胶体固化前,不能扰动锚杆,以免影响效果。

②喷射混凝土

a)喷射混凝土前,先检查喷射机是否正常,同时用高压水冲洗受喷面,待表面无积水时,涂刷一层界面剂。

b)使用喷射机前,将输料管与出料弯头用快速接头连接。

c)按试验配合比将材料拌和成混合料,然后送进干喷机内(为减少拌制中产生粉尘,须保持砂石有 5% ~8% 的含水率)。搅拌机上料顺序:1/2 砂→水泥(同时均匀撒入速凝剂)→1/2 砂→水泥。经搅拌机拌和而成的拌和料,如用手抓起来可握成团,松开即洒落,嘴吹无尘的状态最佳。

d)喷射混凝土时,喷射手必须穿戴劳保用品(下水衣裤、安全帽、防尘口罩、防护镜和胶手套等)操作喷头。喷射手应严格按照水灰比控制好用水量。水量小,粉尘大,回弹多;水量大,则出现滑移流动、自动脱落现象。喷射时,料尽可能与受喷面垂直,无法垂直时,倾角应小于30°,喷嘴与受喷面保持0.6~1.2m距离。喷射顺序为自下而上,按30~50cm直径呈螺旋形前进,并注意钢筋网背面的喷射质量,避免空洞,同时要注意与现浇混凝土连接面的平顺,结合良好,分两层施喷,每层3cm左右,喷层间隙20~30min。

(6)加固后荷载试验

桥梁加固施工完成后,于2004年9月15日至2004年9月21日对该桥进行现场荷载试验。

(7)静载试验结果

①应变测试结果

静载测试时在各工况荷载作用下,各控制截面相应的实测应变、挠度均未超过计算值,校验系数在0.20~0.36之间,满足规范要求。

主要控制截面的实测挠度、应变值和荷载值的线性关系均较好,结构处于良好的弹性工作状况。

②残余变形测试结果

各跨控制截面位移测点的残余挠度小于7%,应变测点的残余应变小于3%,满足规范要求。

③横向分布系数

主跨*L*/2截面在工况二偏载作用下实测的各拱片横向分布系数与计算值较接近,满足规范要求。

④桥跨结构外观观察结果

大桥为新加固完工未正式通行的桥梁,但在主跨1号、2号和3号拱片*L*/2截面底面出现横向裂缝,并延伸至侧面。加载时裂缝宽度有所扩展,但未超过0.25mm,且卸载后基本回复。试验后未发现有新的可见裂缝产生。

⑤墩台变位

工况一至工况六中各沉降观测点的最大沉降量为0.06mm,水平变位为0.21mm,南宁方向墩台最大沉降量为0.09mm,水平变位为0.07mm,沉降量均小于0.1mm,水平变位小于0.3mm,且卸载后基本回复。

(8)动载试验结果

①结构动力性能参数表(表7-10)

**结构动力性能参数表** 表7-10

| 项目 | | 试验值 | 计算值 |
|---|---|---|---|
| 振动基频(Hz) | 测点1 | 5.273~6.592 | 3.361 |
| | 测点2 | 6.230~6.641 | |
| | 测点3 | 5.225~5.566 | |
| 振动阻尼(%) | 测点1 | 0.74~1.69 | — |
| | 测点2 | 0.88~1.60 | |
| | 测点3 | 0.75~1.98 | |

续上表

| 项 目 | | | 试验值 | 计算值 |
|---|---|---|---|---|
| 1 + 冲击系数 | 车速 | 5km/h | 1.12～1.31 | 1.08 |
| | | 10km/h | 1.11～1.19 | |
| | | 20km/h | 1.14～1.18 | |
| | | 30km/h | 1.13～1.18 | |

②加固后效果

根据现行《公路桥涵设计通用规范》(JTG D60)计算出冲击系数$\mu$取0.08,即$1+\mu=1.08$,而在跑车工况时,各试验车速下测试的最大冲击系数均超过0.08,最大为0.31。实测结构振动基频大于计算值。分析各检测数据,该桥主跨上刚构目前处于线弹性阶段,刚度较大,承载能力有一定的富余。主跨$L/2$截面处的裂缝尚未对结构受力产生影响。冲击系数较计算值大,有可能对结构产生较大的动挠度和动应力。

分析各检测数据,该桥经加固后整体性得到加强,各主控截面受力状况得到极大改善,承载能力基本满足加固设计荷载所要求的荷载等级,说明所采取的加固措施安全合理,加固后该桥的承载能力满足加固设计荷载等级的要求。

## 第六节 中承式钢管混凝土桁架拱桥

中承式钢管混凝土桁架拱桥是一种梁、拱组合体系桥,该类桥梁造型美观、造价低廉。总体布置图见图7-58。

图7-58 中承式钢管混凝土拱桥

该类拱桥采用钢管混凝土材料,其材料特点如下:一方面借助内填混凝土提高钢管壁受压时的稳定性,提高钢管的抗腐蚀性和耐久性;另一方面借助管壁对混凝土的套箍作用,提高了混凝土的抗压强度和延性,将钢材和混凝土有机地组合起来;在施工方面,钢管混凝土可利用空心钢管作为劲性骨架甚至模板,施工吊装重量轻,进度快,施工用钢量省。由于在材料和施工方法上的优越性,将这种结构应用于以受压为主的拱桥是十分合理的。

### (一)中承式钢管混凝土拱桥基本特性

1. 中承式钢管混凝土拱桥

中承式钢管混凝土拱桥主要分为两种布置形式:单跨和连续多跨,见图7-59、图7-60。

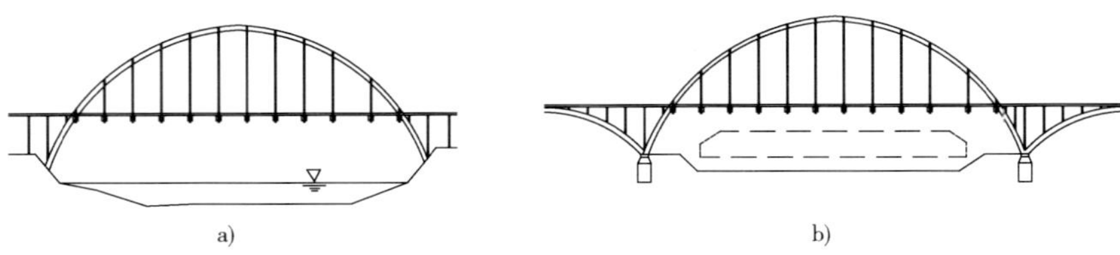


图 7-59　单跨中承式钢管混凝土拱桥形式

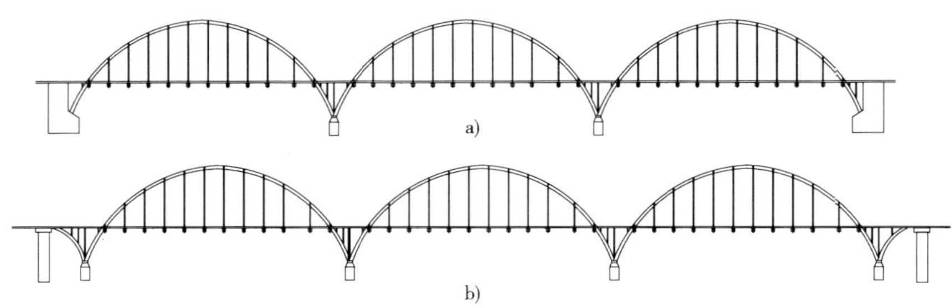


图 7-60　多跨中承式钢管混凝土拱桥形式

(1)单跨布置按照主孔拱脚的支承方式有可分为:①支承在两岸固定基础上;②支承在桥墩上;③自锚式拱。

(2)连续多跨布置按照拱脚支承方式有:①连续布置的中承式拱桥;②连续多孔自锚式拱桥。

2. 中承式钢管混凝土拱桥构造特点

1)拱肋

拱肋的截面形式(图 7-61):①单圆形;②哑铃形;③多肢桁构形(又可分为三肢形、四肢形、六肢形,多采用四肢形)。

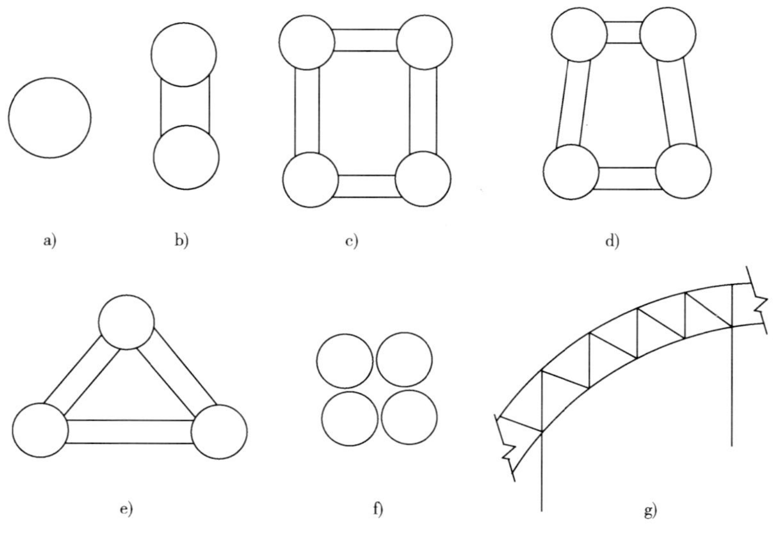


图 7-61　拱肋横截面形式

2）钢管壁

考虑到防腐的要求，壁厚一般不得小于 12mm，并且与混凝土面积之比（含钢率 $\mu$）为 5% ~10%。

3）横撑

可做成钢管混凝土的，在拱脚区多做成连续的桁式 K 撑或 X 撑，在桥面系以上多采用直撑、K 撑和 H 撑。

4）吊杆

材料可采用平行钢绞线或平行钢丝束，外套无缝钢管或热挤聚乙烯层防护，吊杆上端的端头尚须用高强度等级混凝土封固。

5）立柱

主要形式有钢筋混凝土立柱和钢管混凝土立柱两种，它们的柱脚均应焊接在拱肋上的钢板箱上，钢板箱内灌有混凝土。

6）桥面系

构造中横梁间距一般保持在 4 ~10m 之间，纵梁一般为空心板、T 形梁等简支结构体系，为防止车辆碰撞吊杆，桥面上常设置防撞墩或栏杆。

## 一、上部承重构件检查和养护工作

### （一）承重构件

拱圈、主梁、吊杆、锚具。

### （二）重点检查内容

（1）拱肋：检查涂装层有无损坏或剥落，拱肋及联结系的所有焊缝有无裂缝，尤其应注意检查拱座与拱肋交界的转折区及系杆锚固区混凝土有无裂缝、积水。如发现结构有裂缝，应对有损伤裂缝的杆件和螺栓、焊缝等标上颜色，经常观察其发展情况，并对裂缝起讫位置、缝宽、走向等情况进行详细记录。

（2）吊杆及锚具：检查吊杆的防护层有无裂纹、破损、老化和积水，重点检查吊杆端部出口处、钢管护套以及钢管护套与 PE 护套连接处的外观情况。检查吊杆的钢管护套有无松动、油漆脱落、锈蚀，套管顶是否密封，连接处有无渗水、漏水等。若套管破裂，吊杆可能会因雨水的渗入而受到腐蚀。检查吊杆两端的锚固部位，包括吊杆端部及冷铸锚头、横梁锚固构造、吊杆套管等是否有浸水、锈蚀和开裂、松动等。防护套管油漆是否完好，冷铸锚头有无松动、裂缝或破损。对吊杆的振动进行观察。观察吊杆振动是否明显（特别是在大风时），减振措施是否损坏失效，防护套是否破坏；当桥上发生 6 级以上大风后，应检查吊杆有无异常。为了分析吊杆的振动，应记录桥上风力、风速、风向和温度、湿度资料，并进行分析。

在桥梁日常养护工作中，桥梁工程师对中承式钢管混凝土桁架拱桥主要承重构件进行检查时，采用中承式拱桥主要承重构件检查内容一览表，见附录 A 中表 A-8。

### （三）危及桥梁安全的重要病害

该类桥型病害类型繁多，有些是次要病害，只要加强保养，不会影响桥梁的承载能力，而以下病害，一旦发生就会影响桥梁的承载能力，危及桥梁的安全：

(1)主梁跨中竖向裂缝,多为受弯裂缝,裂缝出现表明构件抗弯承载力已不足,需及时加固处理。

(2)主梁支点斜裂缝,多为受剪裂缝,裂缝出现表明构件抗剪承载力已不能满足要求,需及时加固处理。

(3)拱座与拱肋交界处裂缝,该处裂缝出现后,极大降低了构件的承载能力,常为基础不均匀沉降引起。

(4)裂纹:多发生在吊杆及锚具中。吊杆出现裂纹后直接影响吊杆承受拉力的能力,而锚具出现裂纹后,直接影响锚固是否牢固。一旦吊杆脱落,锚具失效,就会危及桥梁安全。

(四)上部承重构件养护与维修技术要点

锥坡、翼墙等的养护与维修技术要点详见第二章,同时要经常清除承重构件各部位表面污垢、圬工砌体因渗水而在表面附着的游离物,以及滋生的杂草、树木和洪水带来的漂流物等,保持各构件完好的工作状态,一旦承重构件发现以下病害时,要加强养护管理和必要的维修加固,需要时立即向上级主管部门上报,必要时做好交通管制限制通行,中承式钢管混凝土桁架拱桥承重构件的养护与维修技术要点如下:

1.拱肋焊缝质量差,焊缝有开裂、锈蚀等现象

拱肋钢管衔接处焊缝出现开裂、锈蚀等现象,若是因施工时拱圈焊接质量未能达到国家规定的合格标准,处理措施如下:

①应急处治措施:对焊缝锈蚀部分进行打磨除锈,重新焊接后进行防腐处理。

②联系具有相关检测资质的检测单位对拱肋进行检测,一般采用超声波探测钢管拱肋内混凝土脱空程度,并出具相关检测评估报告。

③如果依据检测结果发现钢管混凝土内脱空程度严重,则该桥面有坍塌危险,应对钢管拱肋进行压浆加固处治。

2.吊杆防护套破坏

吊杆不锈钢外套开裂,需要打开不锈钢外套钢管检查吊杆外表情况,外层PE保护层若出现不同程度的开裂和环状断裂,处理措施如下:

①应急处治措施:对吊杆不锈钢外套钢管及PE保护层进行详细检查,对PE保护层进行更换。

②联系具有相关检测资质的检测单位对吊杆内吊索锈蚀情况进行检测,并出具相关检测评估报告。

③如果依据检测结果发现钢管混凝土内吊杆内吊索锈蚀严重,应立即委托相关检测资质的检测单位对吊杆内吊索锈蚀情况进行检测,并出具相关检测评估报告,为更换吊索提供依据。

3.吊杆锚端的防水装置病害

吊杆下端有渗水现象,下锚头保护罩内大量积水且用于保护用的黄油也基本溶解或挥发殆尽,上锚头的黄油也部分挥发,是由于原锚头内防腐油脂填充不密实,雨水深入吊杆内部,处理措施如下:

①应急处治措施:对吊杆及上下锚头进行全面检查,将下锚头防水罩内的水放掉,定期更换和填充防腐油脂。

②检查结果若发现吊杆上、下锚头内锚杯出现严重锈蚀，要将锈蚀的锚头更换并对桥梁进行加固处理。

4. 短吊杆与拱肋相剪

短吊杆与拱肋相剪，是由于虽然设计已经考虑了短吊杆设置偏转矫正装置，但未考虑到通车后拱轴线的变形，拱肋预留的钢管直径偏小，造成短吊杆与拱肋相剪，处理措施如下：

①应急处治措施：只需要对发生与拱肋轻微相剪的短吊杆进行检查和定期监控。

②检查若发现短吊杆与拱肋剪切处 PE 保护层损坏，有必要对发生剪切的短吊杆进行更换。

5. 拱肋与桥面系交接处横梁出现裂缝

拱肋与桥面系交接处横梁出现裂缝，该处横梁直接落在拱肋上，同时也承担着传递桥面荷载的功能，所以在桥面冲击荷载和桥梁温度应力作用下很容易出现裂缝，目前部分中承式钢管混凝土桁架拱桥出现病害，通常都会在这些区域出现裂缝，横梁出现上述裂缝后会导致桥梁承载力降低。处理措施：发现拱肋与桥面系交接处横梁出现裂缝后，有必要对出现裂缝的横梁进行加固处理。

6. 拱座及拱脚承台出现裂缝

拱座部分尤其是裸露的钢管混凝土与拱座交界处，由于其位置以及结构的特殊性，经常发生在交界处上面露出的钢管表面，涂层出现褶皱和龟裂；拱座的外包混凝土出现褶皱和裂纹，有的还伴有变形；由于拱座处的排水不畅导致积水。出现上述问题处理措施如下：

①应急处治措施：需要对发生褶皱和龟裂的钢管表面进行防腐处理，对出现裂缝的拱座和拱脚承台进行裂缝封闭处理，并对裂缝进行标记和监控。

②若发现修补后的裂缝仍然有发展趋势，要对拱座和拱脚承台进行加固处理。

## 二、加固实例

### （一）概述

某国道中承式钢管混凝土桁架拱桥，桥跨组合为 8 × 16m + 220m + 7 × 16m，全桥长 480.135m，主桥为单孔净跨径 220m 中承式钢管混凝土桁架拱桥，矢跨比为 1/5，拱轴线为悬链线，拱轴系数 $m = 1.543$，两条主拱肋间距 21.7m。该桥共设 35 对吊杆，间距 5.1m。

### （二）病害情况

与钢管拱肋相交处的 4 片横梁的梁身出现多条竖向裂缝，最大裂缝长 1.45m，最大缝宽 0.44mm，最大缝深 83mm（图 7-62）。根据《公路桥涵养护规范》（JTG H11—2004）的评定标准，上述 4 片横梁处于较坏的状态，评定为四类桥。

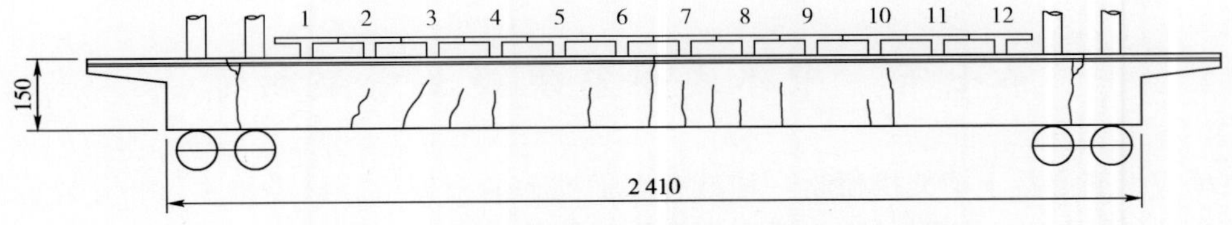


图 7-62　混凝土梁身裂缝分布示意图（尺寸单位：cm）

(三)设计要点

经对病害进行详细观测和受力验算,处治方案如下:

①对该4片横梁裂缝宽度≥0.15mm的裂缝,采用“壁可法”对裂缝进行封闭处理;

②横梁底粘贴6mm厚钢板(图7-63、图7-64);

③在梁侧加贴6mm厚钢板。

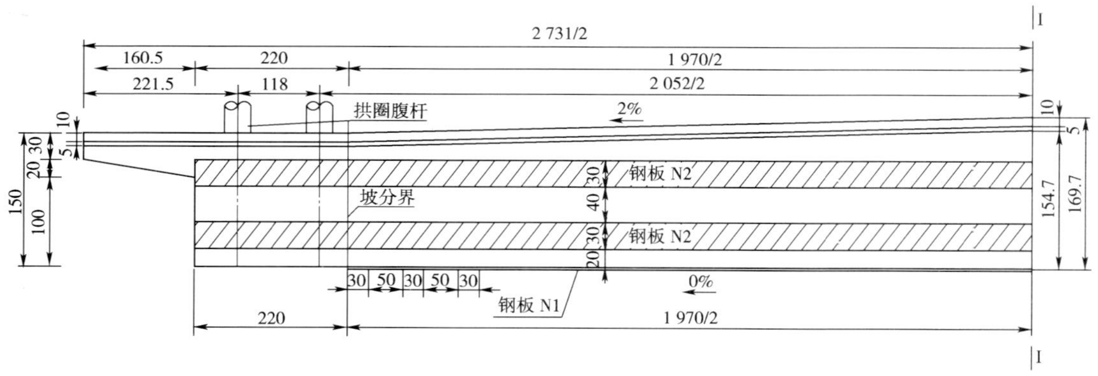


图7-63 混凝土梁身粘贴钢板正立面示意图(尺寸单位:cm)

(四)主要加固施工工艺及质量控制

①钢筋除锈处理:对混凝土破损、钢筋外露锈蚀区域的钢筋先进行除锈处理,将其氧化层用钢刷予以清除,使之露出光洁部分;由钢筋锈蚀探查确定的钢筋锈蚀区域,对该部位混凝土表面用钢丝刷、毛刷等进行清洁处理,确保表面无油污、油脂、蜡状物等影响渗透的污物。

②裂缝处理工程:将裂缝按宽度进行分类,对宽度介于0.05~0.15mm的裂缝采用密封胶进行封闭处理,对宽度大于等于0.15mm的裂缝埋设灌浆嘴,灌注结构注缝胶。

③梁身放线、钻孔、植筋。

④粘贴钢板加固。

⑤密封钢板及混凝土间隙。

⑥灌注建筑结构胶。

⑦钢板防腐处理。

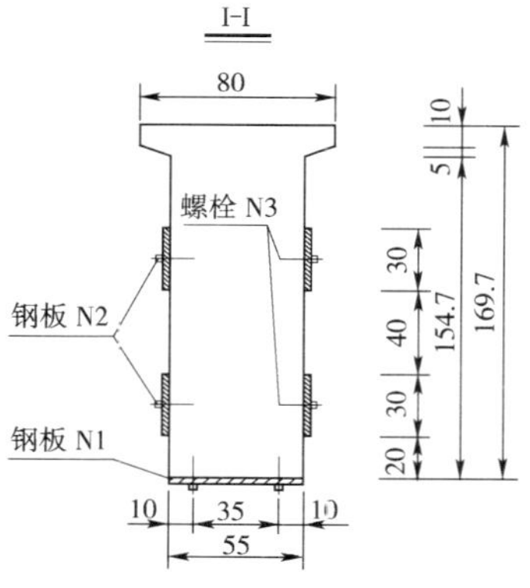

图7-64 混凝土梁身粘贴钢板侧立面示意图(尺寸单位:cm)

(五)加固效果

横梁加固后,进行荷载试验,鉴定横梁实际承载能力是否满足设计要求。

## 第七节 中承式钢筋混凝土桁架拱桥

中承式钢筋混凝土桁架拱桥是一种具有水平推力的桁架桥。该类桥不仅自重轻,而且结构受力合理,适用于软基建桥,特别适用于农村及其他经济不发达地区。自20世纪60年代后期至今,国内已建成大量桁架拱桥,成为公路及农桥的桥型之一,为经济的发展发挥了巨大作

用。进入21世纪后，各地经济将继续快速发展，交通量将进一步增长，桁架拱桥将继续发挥更大的作用。

中承式钢筋混凝土桁架拱桥的受力特点是在竖向荷载作用下，拱的两端不仅有竖直反力，而且还有水平反力。由于水平反力的作用大大降低了拱的弯矩，故拱截面以受压为主，因而可以充分发挥混凝土的抗压强度，使其跨越能力比一般钢筋混凝土梁桥大得多，是大跨度钢筋混凝土桥的最好形式之一。该类桥外形美观，富于韵律感，在风景区常能收到与自然环境协调的美学效果，因此在近代得到很大的发展。

（一）中承式钢筋混凝土拱桥基本特性

1. 中承式钢筋混凝土拱桥的总体布置

中承式钢筋混凝土拱桥主要分为三种布置形式：敞口式拱、带上横联拱和连续拱。

2. 中承式钢筋混凝土拱桥构造特点

（1）拱肋

我国目前修建的大、中跨径中承式钢筋混凝土拱桥，其拱肋大都采用抗扭性能好的等宽变高度箱形截面。

（2）吊杆

等间距布置，间距为4～10m，可采用刚性吊杆或柔性吊杆两种，刚性吊杆适用于敞口式拱桥，一般设计为矩形，使吊杆与横梁形成一个刚性半框架；柔性吊杆一般采用高强钢丝索或者冷轧粗圆钢制作，前者常采用镦头锚，后者常采用轧丝锚，其上端与拱肋、下端与横梁相连接。为了提高钢索耐久性和防止钢索锈蚀，一般采用两种方法进行防护：①缠包法；②套管法。

（3）行车道系

由桥面板、纵梁和横梁（吊杆下端横梁和立柱上端盖梁）组成，其形式有三种：①在横梁上铺设装配式钢筋混凝土（或预应力混凝土T形梁或II形梁）；②将预制的纵梁安装在横梁上，再在纵梁上现浇桥面板，形成组合梁；③在横梁上铺设预制空心板。无论采用哪种形式，桥面系与拱肋的相交处均要设置断缝，避免桥面系因拱肋变形而产生裂缝。

（4）人行道

一般分设在拱肋两侧。

（5）横系梁

拱肋间横系梁分三种情况：①桥面以上一般设横撑、对角撑或空格式构造等，但应高出桥面净空高度；②在桥面板与拱肋相交处设置固结横梁，让桥面搁置在其上；③在桥面以下的拱肋区段内，除在拱肋之间设置固结横梁外，还在其余若干位置上设置立柱和盖梁，构成若干榀封闭框架，达到增强拱肋间的横向稳定和支承桥面板的作用。

## 一、上部承重构件检查和养护工作

（一）承重构件

拱圈、主梁、吊杆、锚具。

（二）重点检查内容

（1）拱肋：检查涂装层有无损坏或剥落，拱肋及联结系的所有焊缝有无裂缝，尤其应注意检查拱座与拱肋交界的转折区及系杆锚固区混凝土有无裂缝、积水。如发现结构有裂缝,应对有损伤裂缝的杆件和螺栓、焊缝等标上颜色,经常观察其发展情况,并对裂缝起讫位置、缝宽、走向等情况进行详细记录。

(2)吊杆及锚具:检查吊杆的防护层有无裂纹、破损、老化和积水,重点检查吊杆端部出口处、钢管护套以及钢管护套与 PE 护套连接处的外观情况。检查吊杆的钢管护套有无松动、油漆脱落、锈蚀,套管顶是否密封,连接处有无渗水、漏水等。若套管破裂,吊杆可能会因雨水的渗入而受到腐蚀。检查吊杆两端的锚固部位,包括吊杆端部及冷铸锚头、横梁锚固构造、吊杆套管等是否有浸水、锈蚀和开裂、松动等。防护套管油漆是否完好,冷铸锚头有无松动、裂缝或破损。对吊杆的振动进行观察。观察吊杆振动是否明显(特别是在大风时),减振措施是否损坏失效,防护套是否破坏;当桥上发生 6 级以上大风后,应检查吊杆有无异常。为了分析吊杆的振动,应记录桥上风力、风速、风向和温度、湿度资料,并进行分析。

在桥梁日常养护工作中,桥梁工程师对中承式钢筋混凝土桁架拱桥主要承重构件进行检查时,采用中承式拱桥主要承重构件检查内容一览表,见附录 A 中表 A-8。

(三)危及桥梁安全的重要病害

该类桥型病害类型繁多,有些是次要病害,只要加强保养,不会影响桥梁的承载能力,而以下病害,一旦发生就会影响桥梁的承载能力,危及桥梁的安全:

(1)主梁跨中竖向裂缝,多为受弯裂缝,裂缝出现表明构件抗弯承载力已不足,需及时加固处理。

(2)主梁支点斜裂缝,多为受剪裂缝,裂缝出现表明构件抗剪承载力已不能满足要求,需及时加固处理。

(3)拱座与拱肋交界处裂缝,该处裂缝出现后,极大降低了构件的承载能力,常为基础不均匀沉降引起。

(4)裂纹:多发生在吊杆及锚具中。吊杆出现裂纹后直接影响吊杆承受拉力的能力,而锚具出现裂纹后,直接影响锚固是否牢固。一旦吊杆脱落,锚具失效,就会引起安全问题。

(四)上部承重构件养护与维修技术要点

锥坡、翼墙等的养护与维修技术要点详见第二章,同时要经常清除承重构件各部位表面污垢、圬工砌体因渗水而在表面附着的游离物,以及滋生的杂草、树木和洪水带来的漂流物等,保持各构件完好的工作状态,一旦承重构件发现以下病害时,要加强养护管理和必要的维修加固,需要时立即向上级主管部门上报,必要时做好交通管制限制通行,中承式钢筋混凝土桁架拱上部承重构件的养护与维修技术要点如下:

1. 拱肋混凝土破损、剥落等病害

拱肋混凝土出现裂缝、剥落等病害,是因施工混凝土振捣不均匀,混凝土老化造成。处理措施如下:

①应急处治措施:对裂缝和剥落处进行修复处理并做好监控。

②若裂缝仍有发展趋势,特别是吊杆端头出现裂缝,要对混凝土拱肋进行加固。

2. 吊杆防护套破坏

吊杆不锈钢外套开裂,需要打开不锈钢外套钢管检查吊杆外表情况,外层 PE 保护层若出

现不同程度的开裂和环状断裂，这将直接影响吊杆的防水能力，严重时将会导致吊杆 PE 保护层内吊索的锈蚀，处理措施如下：

①应急处治措施：对吊杆不锈钢外套钢管及 PE 保护层进行详细检查，对 PE 保护层进行更换。

②联系具有相关检测资质的检测单位对吊杆内吊索锈蚀情况进行检测，并出具相关检测评估报告。

③如果依据检测结果发现钢管混凝土内吊杆内吊索锈蚀严重，要对吊杆进行更换处理。

3. 吊杆锚端的防水装置病害

吊杆下端有渗水现象，下锚头保护罩内大量积水且用于保护用的黄油基本溶解或挥发殆尽，上锚头的黄油也部分挥发，是由于原锚头内防腐油脂填充不密实，雨水深入吊杆内部，这样势必造成吊杆的防水失效引起锈蚀破坏。易造成钢丝大量锈蚀，其锈蚀形态为坑蚀，这易引起钢丝应力集中，脆性增加，存在突然拉断的隐患，处理措施如下：

①应急处治措施：对吊杆及上下锚头进行全面检查，将下锚头防水罩内的水放掉，定期更换和填充防腐油脂。

②检查结果若发现吊杆上、下锚头内锚杯出现严重锈蚀，将锈蚀的锚头更换并对桥梁进行加固处理。

4. 拱座及拱脚承台出现裂缝

拱座部分由于其位置以及结构的特殊性，拱座的外包混凝土出现褶皱和裂纹，有的还伴有变形；由于拱座处的排水不畅导致积水。出现上述问题，处理措施如下：

①应急处治措施：对出现裂缝的拱座和拱脚承台进行裂缝封闭处理，并对裂缝进行标记和监控。

②若发现修补后的裂缝仍然有发展趋势，要对拱座和拱脚承台进行加固处理。

## 二、加固实例

### （一）概述

某桥桥型为：4 × 10m（钢筋混凝土微弯板梁式引桥）+ 3 × 72. 1m（钢筋混凝土箱形拱）+ 10m（钢筋混凝土微弯板引桥），全长 311m。

### （二）病害情况

主拱外观质量基本完好，有少数纵向裂缝分布，宽度小于 2mm。腹拱损坏较严重，拱腹分布的大多为纵、横向裂缝均为通长且沿板厚方向贯穿，裂缝宽度大于 2mm，最大宽度可达 3 ~ 4mm，且渗水现象严重。桥面板混凝土普遍开裂，局部混凝土桥面板已经断裂且有下陷现象，严重影响行车。经结构健康监测和评估评定为 4 类危桥，处于较差的状态。

### （三）施工工艺及质量控制

1. 粘贴钢板法加固腹拱

①裂缝灌浆修补。粘贴钢板前必须先进行裂缝修补，根据各处裂缝的具体情况，使用小钉锤、凿子等对裂缝两边各 2 cm 左右的硬物进行凿除，将裂缝凿成 V 形槽，再用钢刷清除槽内浮渣，然后用干净棉花蘸丙酮将 V 形槽表面擦净，再用环氧砂浆进行填塞封闭。

②粘贴钢板。粘贴钢板法是用环氧砂浆将钢板粘贴在钢筋混凝土受拉区或薄弱部位，使其与结构物形成整体。为了保证粘贴的效果，首先按照要求规格加工好的钢板粘贴面除锈，可以用钢丝刷除锈，然后用棉纱蘸丙酮擦洗干净。同样，粘贴钢板的部位也要凿平，并用钢丝刷除灰，用丙酮擦洗干净。

2. 粘贴钢板工艺

先在原桥粘贴部位的表面上刷一层环氧树脂胶浆，间隔片刻再在钢板上均匀地铺一层环氧树脂砂浆，一般厚度在 5 mm 左右。然后将钢板贴到原桥粘贴部位，旋紧膨胀螺丝进行加压，使多余的砂浆沿钢板边挤压出来，达到密实。

3. 浇筑混凝土箱形拱加固主拱圈

首先清除混凝土拱圈上垃圾，查找拱背上的裂缝，按照腹拱圈裂缝的修补方法进行裂缝修补；然后分两步浇注混凝土，首先浇筑拱肋(腹板)，然后浇筑顶板。

# 第八章 斜 拉 桥

## 第一节 概 述

### 一、发展历史

斜拉桥是一种自锚结构体系，它不需要拉索两端巨大而昂贵的锚墩结构（图8-1）。它的拉索应力基本上沿索长不变，能充分利用材料。斜拉桥在跨内呈直线布置，并具有相当的抗拉刚度。斜拉索对桥跨结构的主梁产生有利的压力，改善了主梁的受力状态，同时，正交异性板制造工艺已趋成熟，钢加劲梁不仅有抗弯能力，使钢斜拉桥跨结构更能充分发挥跨越能力大的优势。

图8-1 斜拉桥立面图

1956年，瑞典的Strömsund桥开始了现代斜拉桥的先端，至今全世界建成约500余座，中国建成30余座。它的发展远比吊桥晚，但发展十分迅速。

### 二、斜拉桥特性

（一）跨径合理选择

（1）按照目前高强钢丝的强度来推算，斜拉桥理论跨径虽然可达3 000m，但斜拉桥的刚度主要由拉索提供，且拉索的垂度将使斜拉桥的刚度降低，所以根据刚度要求其跨径不宜超过1 300m。从防止拉索出现共振考虑，拉索长度不宜超过600m，其相应的跨径限制在1 100m左右。

（2）从经济性上分析，在超大跨度范围内，自锚式斜拉桥由于加劲梁中巨大的轴向压力将耗费可观的材料而难以和大跨悬索桥竞争，所以其跨径宜在1 100m之内。

（3）大跨径桥梁在同样桥宽和主梁截面形式的条件下，其抗风稳定性主要取决于桥梁的固有频率，即关键在于结构本身的抗风性能和结构有效的减振控制措施。从动力性能上比较，斜拉桥在1 200m以上的超大跨径范围将失去优势。

综上所述，斜拉桥的最有利跨度范围应当是1 200m以下。过长的拉索由于垂度的非线性效应将使承载能力和刚度下降，采用辅助索将斜拉索拉紧并使斜拉索呈折线形的方法实质上是在向悬索转化。超大跨度采用悬索桥仍然是最合理、美观经济的桥型。跨径在1 100m以内斜拉桥替代悬索桥是合理的。

(二)桥型设计

斜拉桥的塔、索和桥面结构式样繁多,经多年的实践,斜拉桥已从最初的稀索体系发展到密索体系,从辐射形(扇形)索和平行索发展到半扇形索,从钢斜拉桥、PC斜拉桥发展到各种不同组合的混合结构斜拉桥。三跨布置的典型斜拉桥,其基本风格可以归纳为两大类:

(1)刚性塔和柔性薄梁相结合的双索面飘浮体系,代表一种雄伟飘逸的美学风格。

(2)刚性箱梁和柔性独塔相结合的单索面塔梁固结体系,代表一种稳重挺拔的美学风格。

(三)工艺严格、技术难度高

斜拉桥的施工工艺,要考虑几何非线性的分析方法、索的初张力,即恒载索力确定和优化。

当斜拉桥跨度日趋增大,施工时的跨高比也将随之加大,对施工控制的要求必将更高,因此准确、快速的监控方法是实现大跨度桥梁安全施工和质量保证的必要手段。

(四)斜拉索的耐久性

过去50年内,全世界修建了500余座斜拉桥,斜拉索锈蚀导致斜拉桥早期损坏比较突出。如著名的委内瑞拉Maracaibo桥采用混凝土包裹的斜拉索,建成16年后发现拉索锚固端严重锈蚀即更换拉索,换索耗时两年,耗资5 000万美元,工程师们预测不久的将来仍需换索;德国汉堡的Kohlbrand Estuary桥,由于拉索腐蚀严重,在建成后的第三年,就更换了所有的斜拉索,耗资6 000万美元,为原造价的4倍;国内某斜拉桥仅使用13年后即因拉索腐蚀而全部更换拉索。

## 三、斜拉桥结构受力特点

斜拉桥主要组成部分为斜拉索、索塔及主梁,它们的不同结构、材料及相互连接形式形成多种体系与特点(图8-2)。

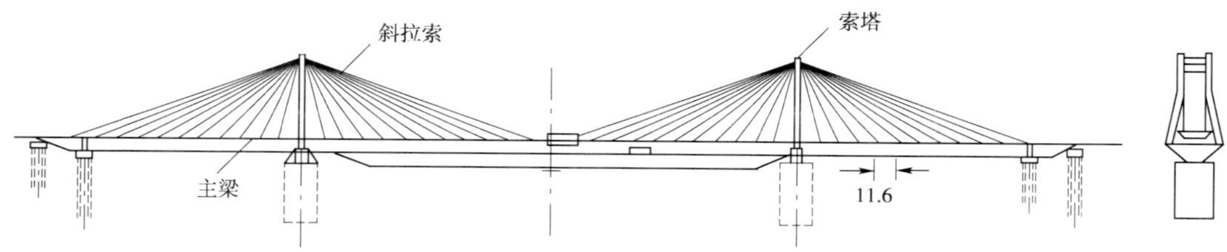


图8-2 斜拉桥结构图(尺寸单位:m)

(一)斜拉索

斜拉索包括拉索、锚具和过渡段三部分。拉索承受拉力;设置在其两端的锚具用来传递拉力(图8-3);过渡段埋设在塔和梁的内部,用于密封穿过梁和塔体内的钢索,其中减振器对钢索起减振作用。

1.拉索

拉索的主要形式:高强度平行粗钢筋索,高强平行(半平行)钢丝索(PWS),平行(半平行)钢绞线索,单股钢绞缆索,锁合式螺管索(LCR)。

我国常用拉索有平行钢丝拉索和钢绞线拉索。

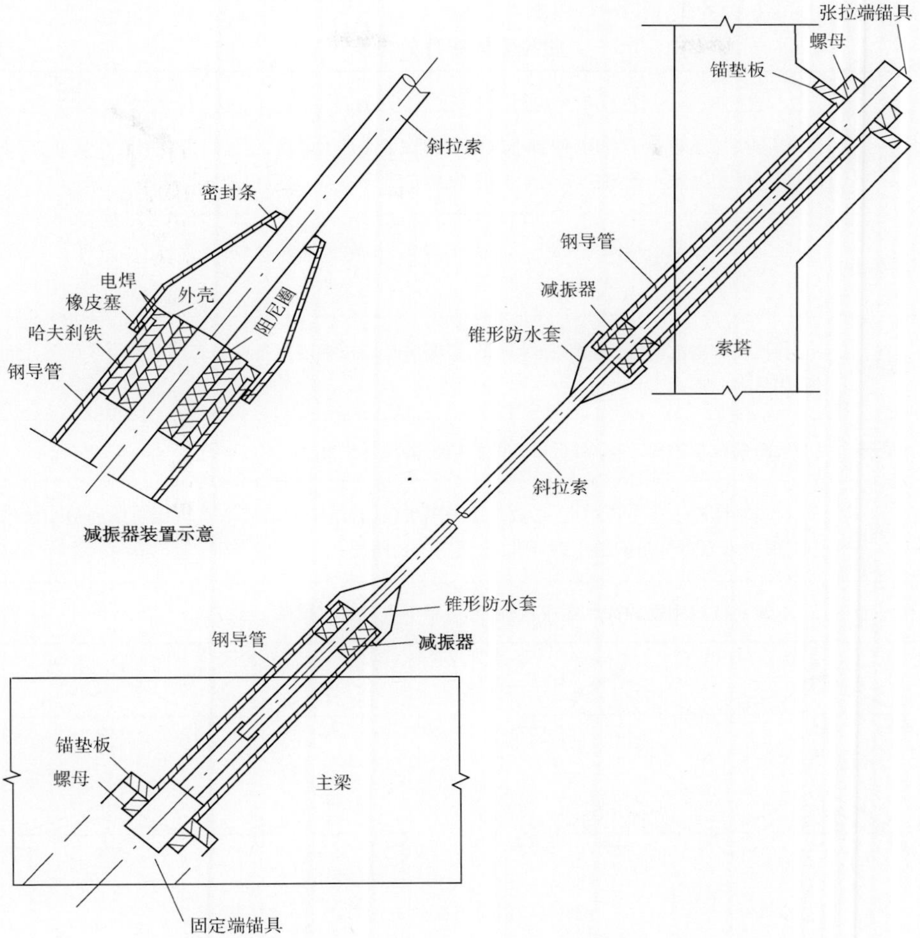

图 8-3 斜拉索构造图

2. 锚具

我国目前斜拉索所用锚具主要有冷铸镦头锚和夹片群锚两种型式，冷铸镦头锚用于平行钢丝索，钢丝由丝板穿入，通过锚杯内腔后从锚碇板的孔眼中穿出，然后将钢丝镦头。钢丝的拉力通过镦头传到锚碇板上。在锚杯空隙中填满由 $\phi1.5 \sim \phi2.0$mm 的钢球、锌粉和环氧树脂组成的混合物，在室温下浇注，亦称冷铸，以防热铸高温对锚头性能的影响。混合物的作用是传递钢丝与锚杯间的力，减少镦头疲劳受力。千斤顶通过与锚杯内缘螺纹连接进行张拉，张拉后拧紧锚杯外缘螺母而传力。夹片群锚用于平行钢绞线索，锚具构造基本同预应力混凝土连续梁中的常用锚具。只是由于调索等需要，锚具外缘设螺纹，通过螺母支承在垫板上。

3. 过渡段

过渡段的构造由锚垫板（承压板）、索导管（钢导管）及减振器三部件构成。索导管顶端与锚垫板焊接，可以改善锚下混凝土应力。减振器内周夹紧斜拉索，外周与索导管密贴，使索的振动直接传到混凝土结构上，起到减振作用。所以，过渡段的作用是：在梁、塔体内预留空洞，以能进行穿索、张拉，将钢丝（或钢绞线）扩散，穿入锚具孔；减少索，尤其是索端的振动。

4. 斜拉索的布置(表 8-1、图 8-4 和图 8-5)

斜拉索的布置分类表 表 8-1

| 类型 | | 特点 |
|---|---|---|
| 斜拉索的纵向布置 | 辐射形 | 所有斜拉索集中于塔顶,使各根斜拉索具有可能最大倾角,因此拉索效率发挥最好,拉索用钢量相对最少。但其缺点是斜拉索交汇于塔顶,构造处理困难,一般塔顶要设鞍座 |
| | 竖琴形 | 各斜拉索相互平行倾角相同,拉索效率最低,用钢量最大,但从各方面看,斜拉索不交边,比较整齐、美观 |
| | 扇形 | 斜拉索在塔上的锚固间距宜尽量小,主要满足斜拉索锚头布置与张拉空间要求。这是目前斜拉桥采用最多的形式 |
| 斜拉索的横向布置 | 星形 | 边跨斜拉索锚固于梁端,可以增大斜拉桥的整体刚度 |
| | 单索面 | 拉索平面设于行车道中央,形成车道分隔带,具有结构外形简洁及最佳视线和最小桥墩尺寸等优点,但单索面对抗扭不起作用,所以只适用于公路桥 |
| | 双索面 | 双索面抗扭刚度和抗风性能都较好,适用于大跨度斜拉桥 |

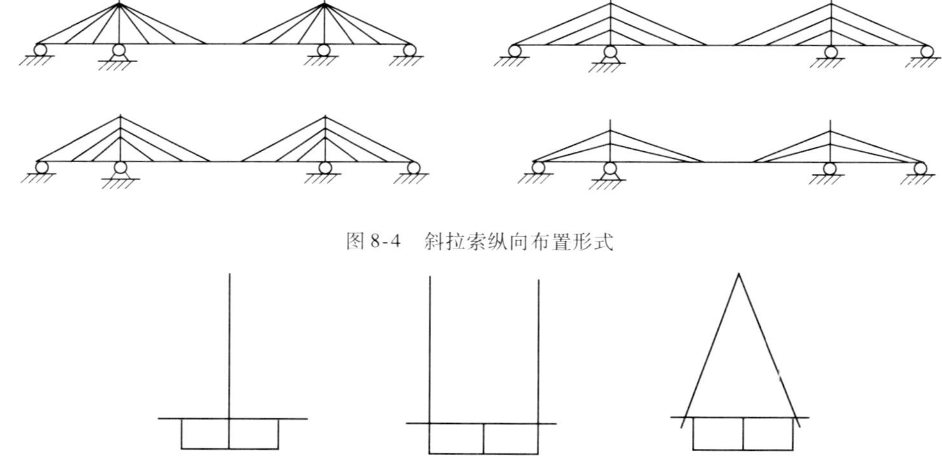

图 8-4 斜拉索纵向布置形式

图 8-5 斜拉索横向布置形式

(二)索塔

索塔承受塔自重,拉索、主梁及桥面的恒载与活载(图 8-6 和图 8-7)。索塔可以是钢结构或钢筋混凝土结构,索塔是以受压为主的压弯构件,采用钢筋混凝土能发挥其承压的特点,养护维修费用少,所以我国斜拉桥索塔多采用钢筋混凝土结构。

索塔根据斜拉索布置、主梁跨度、桥面宽度等因素进行结构形式确定,常用的索塔形式在横桥向有柱形、A 形和倒 Y 形。单柱塔构造简单,应用较普遍;A 形和倒 Y 形塔顺桥向刚度大,有利于承受塔两侧不平衡的索拉力,抵抗较大的弯矩和减少塔顶的纵向位移,减小梁的挠度。在横桥向常用的索塔型式有单柱式、双柱式、门式、A 形、H 形及钻石形等。

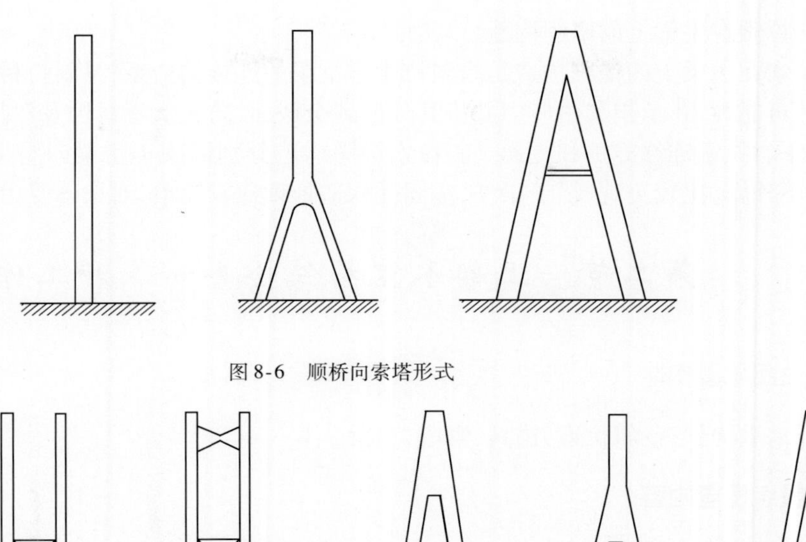

图 8-6 顺桥向索塔形式

图 8-7 横桥向索塔形式

索塔上锚固斜拉索的连接构造，是斜拉桥结构的重要部位，其要保证斜拉索锚固的可靠性。锚固构造形式主要有鞍座形式、交叉锚固形式和对称锚固形式。

(三)主梁

1. 主梁分类

主梁有4种类型:钢主梁，混凝土主梁，钢和混凝土结合梁，钢和混凝土混合梁。钢主梁的主要特点:质量轻，跨越能力大，构件可在工厂制作，质量可靠，便于安装，施工速度快，养护工作量大。混凝土主梁的特点是:刚度大，挠度小，阻尼效果好，混凝土自重大，抗振动性能较好。钢和混凝土结合梁的特点:除有钢主梁的特点外，与钢主梁相比，能节省钢材用量，且其刚度大，抗风稳定性好，能有利分担斜拉索的水平分力，但自重比钢主梁大;与混凝土主梁相比，主梁轻，结构简单，施工速度快。钢和混凝土混合梁的特点是:加大边跨主梁的刚度和质量，有利于减小中跨内力与变形，并能减小或避免边跨端支点负反力，特别适用于边跨与中跨比值较小的情况，有利于塔顶处，中、边跨水平力得到平衡。

2. 主梁在塔墩上的支承体系(表8-2)

主梁在塔墩上的支承体系分类表 表8-2

| 类 型 | 特 点 |
|---|---|
| 悬浮体系 | 整根主梁除两端设置支座外，都由斜拉索吊起而在纵向可稍作浮动，相当于跨内具有弹性吊点的单跨梁 |
| 支承体系 | 主梁在中间塔墩上也设支座，相当于跨内有弹性吊点的三跨连续梁 |
| 塔梁固结体系 | 主梁与中间塔柱的根部完全固结，相当于配置体外预应力索的连续梁 |
| 刚构体系 | 又称塔、梁、墩固结体系，主梁与塔座和桥墩完全固结，相当于配置体外预应力的连续刚构 |

3. 斜拉索在主梁上的锚固构造

斜拉索在主梁上的锚固构造是指斜拉索与主梁的连接构造系，是斜拉桥的重要部位，可保证连接的可靠性，及承担集中应力并将其分散到全截面，防止索端锈蚀及斜拉索产生颤振应力腐蚀，便于斜拉索维修养护和更换。斜拉索锚固构造分别锚固于主梁内与主梁外。锚于梁体内，锚头不外露，比较美观；锚于梁外，锚固处构造处理比较简单，对梁体受力有利。

## 第二节　上部承重构件检查和养护工作

### 一、上部承重构件

上部承重构件有：斜拉索，锚具，索塔，主梁。

### 二、重点检查内容

上部承重构件的重点检查内容：

斜拉索：钢丝、锚具锈蚀，截面削弱、滑移变位，涂层损坏、裂纹、起皮或剥落，护套内的材料老化变质，锚头损坏；

主梁：剥落、露筋，跨中挠度，构件变形、位移，裂缝，蜂窝、麻面，剥落、掉角，洞、孔洞，保护层厚度，钢筋锈蚀，混凝土碳化，腐蚀，涂层劣化，焊缝裂缝，铆钉（螺栓）损失，螺栓（铆钉）松动、脱落，结构位移；

索塔：倾斜变形，风化，混凝土裂缝，表面损伤，沉降，锚固区开裂，锚固区渗水；

锚具：锚杯积水，潮湿，防锈油结块，锈蚀。

在桥梁日常养护工作中，桥梁工程师对斜拉桥主要承重构件进行检查时，采用斜拉桥上部承重构件检查内容一览表，见附录 A 中表 A-9。

### 三、危及桥梁安全的重要病害

斜拉桥建成通车后，由于车辆荷载、温度和其他环境因素的作用以及材料本身某些随时间变化的特性的影响，桥梁结构将出现一些危及桥梁安全的病害，主要有：

（1）主梁和索塔轴线空间位置的偏离。主梁和索塔轴线的空间位置是衡量斜拉桥是否处于正常工作状态的一个重要指标。

主要病害：单塔斜拉桥索塔轴线向主跨（河跨）方向倾斜或双塔柱斜拉桥两索塔倾向河跨或两索塔同向倾斜；主梁波状起伏，桥面系严重开裂，合龙段下凹不平，主梁跨中挠度过大，出现裂缝，尤其是受力裂缝。

斜拉桥的索塔主要承受轴向压力，斜拉桥的主梁除了承受自重和活载的弯矩外，还承受由拉索水平分力引起的轴向力。当索塔和主梁轴线的实际位置偏离设计位置时，存在于索塔和主梁内的轴向力就会在塔和主梁内产生附加弯矩，附加弯矩加剧塔、主梁轴线偏离正常位置，影响桥梁安全。

（2）斜拉索索力偏差过大。斜拉桥拉索索力的变化是衡量斜拉桥是否处于正常工作状态的一个重要指标。

斜拉桥是一种内部高次超静定结构,当实际索力偏离了设计索力,会使索塔和主梁产生弯矩,影响主梁和索塔轴线空间位置。

(3)斜拉桥拉索钢丝锈蚀,截面削弱,出现裂纹,锚固系统锈蚀。

斜拉桥的拉索是斜拉桥的主要受力构件,它将主梁的恒载和活载通过索塔传递给地基。当斜拉桥的防护层、钢拉索及锚固系统锈蚀严重,引起拉索失效,则整座桥梁将面临倒塌的危险。

(4)斜拉索振动异常。

异常的振动不仅会产生弯曲附加应力而引起拉索疲劳损伤,而且会损坏索的钢套筒、套筒帽及其固定螺栓、拉索的防振阻尼器及索的护套,缩短拉索的使用寿命。

## 四、上部承重构件养护与维修技术要点

桥面系、排水系统等的养护与维修技术要点详见第二章,同时要经常清除承重构件各部位表面污垢、圬工砌体因渗水而在表面附着的游离物,以及滋生的杂草、树木和洪水带来的漂流物等,保持各构件的工作状态完好,一旦承重构件发现以下病害时,要加强养护管理和必要的维修加固,需要时立即向上级主管部门上报,必要时做好交通管制限制通行,斜拉桥上部承重构件的养护与维修技术要点如下:

1. 斜拉索及锚具

①不锈钢管护套有松动、脱落、锈蚀,连接处有渗水、漏水等,应及时进行固定回位、防锈处理。

②若套管破裂,斜拉索因雨水的渗入而受到腐蚀,应及时更换套管。

③斜拉索钢丝有锈蚀时,应及时进行防锈处理。

④对下锚头及垫板处的排水小孔经常检查,若堵塞,可利用检查挂篮对锚头小孔进行捅孔检查,保持排水畅通。

⑤锚头锈蚀时应及时进行防锈处理。

⑥采用套筒压注水泥浆防护的斜拉索,当其金属套筒腐蚀,护套内高强度钢丝已经锈蚀,必须更换斜拉索。

⑦以热挤高密度聚乙烯作护套的工厂成品索,如护套内有裂缝,套内钢丝有轻微锈蚀,应清除浮锈,钢丝表面涂防锈涂料或防锈油后热补乙烯护套。

⑧斜拉索端部应力较集中处发现钢丝有应力腐蚀或氢致腐蚀迹象(如钢丝上腐蚀凹坑、剥蚀等),应立即更换拉索。

⑨金属护套内压注水泥浆防护的斜拉索,金属套筒腐蚀,但钢丝仍未锈蚀的,仅换金属护套比全索更换经济,施工条件许可情况下,可更换金属护套,重新压注水泥浆。

⑩斜拉索钢锚箱如发现裂纹发展,不得随意补焊,可以采用 $\phi6 \sim \phi8$mm 钻孔止裂。钻孔必须钻掉裂纹尖端部分。如裂纹未进一步发展,可以不作进一步处理。如发现裂纹进一步扩展,需深入分析研究,采取合适的加固方案:高强度螺栓连接,或是焊补。由于锚箱为承受巨大集中力的结构,此种修补需十分慎重,应中断交通甚至考虑进一步卸载。焊补时气温要高于10℃,先计算气刨刨去的范围和深度,研究补焊程序,并由合格焊工施焊。最好采用热量较小的 $CO_2$ 气体保护焊,补焊最好一次完成,焊后控伤。构件较大、较厚时,应考虑预热。此后的

营运中仍需观测该处是否有新裂纹产生。

2.索塔

(1)保持索塔表面清洁,及时清除杂草、污物等。

(2)塔壁渗水,混凝土表面风化、露筋现象,表面防腐涂层剥落,应及时进行防腐层涂刷处理。

(3)钢横梁锈蚀、脱漆、变形、脱焊现象,应及时作防锈、涂漆、恢复原位、补焊处理。

(4)塔内检修梯等钢构件有脱焊现象,表面有锈蚀、脱漆等现象,应及时作防锈、涂漆、恢复原位、补焊处理。

(5)检查梯道的防锈漆脱落,应及时作防锈涂漆处理。

(6)塔座棱线混凝土裂缝,可采用防水砂浆嵌补封闭。

(7)大体积承台混凝土中部裂缝,经一段时间观察后不再发展,可将裂缝凿成V形,用防水砂浆嵌补封闭。细微裂缝,经过加强洒水养护后已经闭合,可不作处理。如裂缝继续扩展增宽(>0.2mm),并有可能影响结构强度安全的,应会同设计单位共商补强办法。

(8)塔身、承台混凝土劣化、保护层脱落等缺陷,应进行重新涂装。涂装前对裂缝及破损进行处理。对于环氧树脂细石混凝土或环氧砂浆,可不涂胶黏剂,对普通混凝土修补需在各面涂加胶黏剂。阻锈剂如氨基甲酸乙酯树脂,与铁锈反应后能阻止铁锈增长。

(9)索塔纵、横向裂缝以及大量的不规则裂缝,处理方法如下:

①表面处理法

对于变形引起的,不再发展的细而浅的裂缝,因其对结构承载力无影响,一般可采用表面处理法。通常根据裂缝的扩展程度确定相应的表面处理方法。

a.裂缝宽度小于0.3mm时,对裂缝进行表面涂抹处理。如江西九江湖口大桥主梁的变形裂缝(宽度在0.1mm以下),采用XYPEX(赛柏斯)水泥基渗透结晶型防水材料进行表面涂抹处理,效果很好。

b.宽度在0.3~1.0mm之间的裂缝,可采用防水型化学灌浆处理。化学灌浆材料主要包括环氧树脂类、聚氨酯类、水玻璃类等。

c.当裂缝宽度大于1.0mm时,可用水灰比为0.5~0.6的研磨水泥灌浆处理。

d.几毫米宽的裂缝可以直接用42.5级普通水泥灌浆处理。

e.对结构防水要求较高的结构上所出现的多而密的细微裂缝,可以进行表面贴补处理,一般在裂缝表面贴土工膜(布)或其他防水片。

②结构补强法

对于由荷载作用所引起、可能导致桥梁结构承载力下降的裂缝,必须予以高度重视,一般采用结构补强法。结构补强的措施大致有以下几种:

a.补强型化学灌浆。适用于不规则裂缝处理。

b.粘贴钢板。钢板锚固到混凝土体内,并且与裂缝方向基本垂直。

c.增加预应力钢筋。新增的预应力钢筋应与混凝土结构中原有的钢筋连接,或采用体外预应力筋补强的方法,布筋方向应与裂缝方向基本垂直。

d.增加一层钢丝网。适用于数量较多、面积较大的裂缝处理。

e.粘贴碳纤维片。纤维片是近年来发展的一种高科技材料,其抗拉强度约为钢材的7~10

倍,用环氧树脂粘贴到混凝土的表面即可,施工简便,适用于数量较多、面积较大且不规则的裂缝处理。

f. 粘贴碳纤维板。

3. 主梁

(1)钢梁

①保持表面清洁,及时清除杂草、污物、积水等。

②对钢表面的鼓包、锈包或漆膜脱落、表面粉化、脱焊现象则应及时进行涂刷漆、补焊、恢复原位处理。

③对梁的裂缝处理。

a. 焊接和增加盖板等方法修补。

b. 对于疲劳破坏产生的裂缝的修补,如仅以焊接和增加盖板等将裂缝堵塞,解决不了问题的,必须充分调查裂缝发生部位的钢材质量、焊接状态、应力状态、锈蚀状态和疲劳状态等,依据调查的结果,采取对策。有的甚至需要更换构件改善材质,变更结构改善应力状态。

(2)混凝土梁

① 保持表面清洁,及时清除杂草、污物和积水等。

混凝土表面风化、露筋现象,表面防腐涂层剥落,应及时进行防腐层涂刷处理。

② 主梁的纵、横向裂缝,特别是箱形梁、肋板梁的主拉应力斜裂缝,剪力直缝,结合梁及混凝土桥面板的纵、横裂缝以及大量的不规则裂缝的处理方法同索塔处理裂缝的方法。

## 第三节 上部承重构件常见病害原因分析与加固实例

### 一、常见病害原因分析

(一)索塔

1. 承台和塔座表面裂缝

裂缝沿塔座棱线分布。双柱式塔柱的承台顺桥向中部表面裂缝。

原因分析:

(1)因塔座形状接近复斗形,棱线处往往是一些缺少骨料的砂浆,抗裂性差。

(2)双柱式塔柱随着柱身的不断增高,承台两端受压力增大,承台中部受反弯矩作用,上部混凝土受拉开裂。

(3)保养不及时,塔座水分散失过快。大体积承台混凝土水化热高,内外层温差大,表面混凝土受拉开裂。

2. 索孔位置不准确

斜拉索轴线与索孔轴线不一致,致使拉索与孔壁摩擦,索孔内避振圈或填充料安装困难或使用中易脱落。

原因分析:

(1)索塔施工时,索孔坐标、高程控制不严,放样不准。

(2)索塔混凝土浇注时,跑模或索孔模型移动变位。

(3)劲性骨架安装不准确,以劲性骨架作依托的索管预埋件随之变位。

(4)梁、塔、墩铰接的斜拉桥在施工时临时固结不当,导致索塔在施工时摆动,影响索孔定位准确。

(5)设计索孔孔径预留量过小,施工达不到设计要求的精度。

(6)调索后的最终拉索位置与设计位置误差过大。

(二)预应力混凝土主梁

1. 主梁线形变形过大

主梁波状起伏,桥面系严重开裂,合龙段下凹不平。

原因分析:

(1)采用挂篮悬臂浇筑方案,挂篮支承平台前端下挠,下一节段浇筑时又产生前端下挠,随着节段的延伸出现波状起伏。

(2)施工控制参数与计算模型拟定的数据不符,反馈不及时、不准确,施工荷载忽高忽低,与设计假定不符。

(3)挂篮前端支承拉索松弛或吊篮后锚、压重装置变形松弛。以梁内劲性骨架作为挂篮的承重结构、骨架刚度不够,浇注混凝土时挠度较大。

(4)合龙段模板或支承刚度不够,浇注混凝土时下挠。

2. 主梁预应力锚固区周围混凝土裂缝

布置在主梁底部有预应力锚头混凝土牛腿前端,在分段张拉预应力索后,出现横向裂缝。

原因分析:预应力索的锚头布置在梁体底部,力索在梁体内呈曲线弯曲,张拉后,在曲线拐点发生一径向向下分力,该处混凝土局部受拉,超过其抗拉强度则发生开裂。

(三)斜拉索

1. 斜拉索钢丝锈蚀、断裂

拉索钢丝生锈,流淌锈水,锈皮起鼓脱落。铝套筒灌水泥浆式护套铝皮起鼓、破裂。钢丝锈蚀严重导致拉索断裂,酿成事故。

原因分析:

(1)套筒式拉索护套内注水泥浆酿成隐患:

①套筒上端浆液离析不凝固。

②套筒有裂缝,雨水、大气侵入。

③铝管套筒灌水泥浆护套,水泥浆与铝皮起化学反应,铝皮迅速腐蚀破裂。

(2)聚乙烯或橡胶护套在拉索架设中损坏,如被割破、拉裂,又未进行及时修补,雨水、气体顺裂口侵入,腐蚀钢丝。

(3)拉索钢丝耐腐蚀能力较差(如用镀锌高强度钢丝抗腐蚀能力大大高于不进行镀层防护的黑钢丝)。

(4)应力腐蚀。因为斜拉索体承受很大的拉力(2 000 ~ 11 000kN),高强度钢丝应力很高(现已应用 $\sigma_b = 1\ 860$MPa 的高强度低松弛钢丝),在高应力、反复荷载、风振的作用下,钢丝更易腐蚀。

2. 锚头锈蚀

锚头外锚圈或盖板内螺纹、锚头上结构固定螺栓及孔洞锈蚀，原因分析：

(1)锚头安装后没有及时除锈、涂黄油或防锈油、防锈涂料。

(2)锚头盖板未安装，或盖板固定螺栓松动脱落以致盖板脱落或密封不严，水、气侵入。

(3)锚定板的防护层如环氧树脂、橡胶板、涂料膜等老化、龟裂、脱落失效。

(四)混凝土斜拉桥的裂缝

1. 病害

索塔、主梁的纵、横向裂缝，特别是箱形梁、肋板梁的主拉应力斜裂缝，剪力直缝，结合梁及混凝土桥面板的纵、横裂缝以及大量的不规则裂缝。

2. 裂缝成因

混凝土在凝结硬固过程中，水泥石的干燥收缩和温度变形将会导致水泥石与集料结合面上产生初始微裂缝。混凝土的颗粒结构以及水泥石的生成特点和混凝土内初始微裂缝的存在，使得混凝土成为一种非匀质、非连续的材料，并表现出非线性、非弹性和各向异性的力学特征，且其强度和变形与时间有关，破坏特征具有明显的脆性，也使得抗拉强度降低。易于开裂是混凝土材料的固有特性。

混凝土斜拉桥的裂缝和一般混凝土结构上的裂缝一样，主要分为变形裂缝和荷载裂缝两类。工程实体中结构物的裂缝成因约 80% 属于结构物因温度、收缩和膨胀、不均匀沉降等变形引起的变形裂缝，20% 属于静荷载、动荷载或其他荷载等作用引起的荷载裂缝。

## 二、加固实例

1. 桥梁概况：

某大桥是一座主跨跨径为 318m 的高低塔双索面预应力混凝土斜拉桥，为半飘浮体系。主梁为双肋板式截面，梁高 2.6m，梁体混凝土强度等级为 C55，采用前支点挂篮悬臂浇筑施工。

2. 裂缝特征

主桥在悬浇施工阶段，拆模时发现横梁以及桥面板板底均有数目不等的裂缝，有以下一些特征：

(1)横梁的裂缝方向为竖向，且中轴线部位裂缝一般多于两边，裂缝扩展最低至梁高的中部；

(2)桥面板板底裂缝均沿着桥纵向预应力钢筋管扩展，最长达节段长的一半；

(3)东、西塔第一个悬浇段 2 号块(横梁同 1 号块已先期浇完)，其桥面板板底裂缝数量多于其他节段；

(4)裂缝宽度一般小于 0.1mm，为表面裂缝。

3. 裂缝成因分析

(1)由于主梁混凝土强度较高(C55)，水泥用量大，又采用坍落度高(16 ~ 18cm)的泵送混凝土施工，收缩变形大，易产生收缩裂缝。

(2)该桥桥面宽达 27.9m，节段长 8m，在混凝土强度形成过程中，桥宽方向的收缩变形要大于顺桥方向，由于横向两侧的边主梁与挂篮相连，使得桥宽方向两边的变形均受到约束(顺桥方向则有一自由端)，收缩应力导致横梁及桥面板产生垂直于横宽方向的裂缝，中轴线部位的拉应力最大，因此裂缝最多。

(3)东、西塔第一个悬浇段某块裂缝较多，是由于支架现浇转悬浇时间过长，前后节段混凝土收缩变形不同步，前一节段混凝土对后一节段混凝土产生约束，导致变形裂缝多于其他节段。

4. 裂缝控制与处理

根据裂缝成因分析，后续节段施工时采取一系列相应的裂缝控制措施，主要有：

(1)设横桥向临时无黏结预应力束；

(2)增设防裂筋及金属网；

(3)严格控制混凝土的材料配合比、坍落度和水灰比；

(4)严格执行混凝土浇注、养护等标准施工工艺。

通过采取上述裂缝控制措施，主梁后续施工中基本上没有出现上述的变形裂缝，效果良好。

# 第九章　悬　索　桥

## 第一节　概　　述

### 一、发展历史

现代悬索桥的发展迄今出现过四次高峰。在第一次与第二次高峰之间的 20 世纪 40 年代，因美国塔科马（Tacoma）老桥的风毁事故，大跨悬索桥的修建停顿了约有 10 年之久。但在此期间由于悬索桥的抗风设计引入了风洞试验，使悬索桥在 20 世纪 50 年代得到复苏，并分别在 20 世纪 60 年代与 80 年代进入第二次与第三次高峰。进入 20 世纪 90 年代之后，包括中国在内全球又出现新的建设高峰，即第四次高峰。目前特大跨径的桥梁建设，悬索桥是优先考虑的方案。图 9-1 是悬索桥立面图。

图 9-1　悬索桥立面图

### 二、基本特性和结构受力特点

悬索桥（图 9-1 和图 9-2）也称吊桥，主要由主缆、吊索、加劲梁、索塔、锚碇和鞍座六部分组成，具有特点的局部构造还有主索鞍、散索鞍、索夹等。

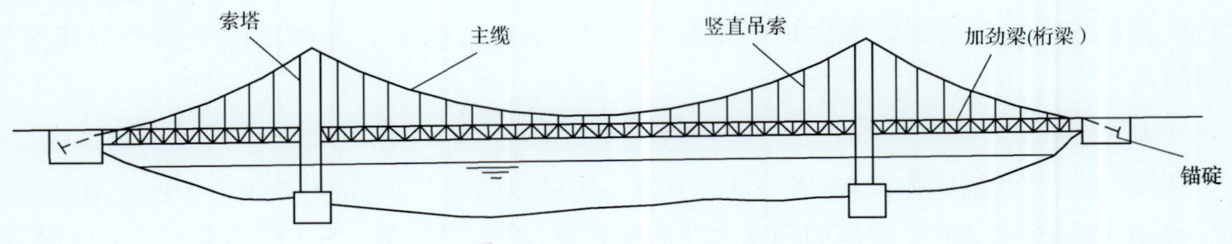


图 9-2　悬索桥示意图

（一）主缆

主缆是悬索桥的主要承重构件，除承受自重和吊索重外，又通过吊索承受加劲梁、桥面系恒载及活载。主缆由抗拉强度高、疲劳性能好、弹性模量大、截面密度大的高强度平行钢丝束股组成，按架设方法不同分为平行钢丝束股空中纺线法（AS 法）和预制钢丝束股法（PPWS 或 PS 法）。

（二）吊索

吊索也称吊杆，是将加劲梁恒载和活载传递到主缆的受力构件。吊索有直吊索和斜吊索两种形式（图 9-3），其上端通过索夹与主缆相连，下端与加劲梁连接。斜吊索与直吊索相比大致有如下特点：和主缆、加劲梁一起起到桁架作用，能提高桥的整体刚度；结构振动衰减性能好；在主跨跨中附近，活载产生应力变化幅度大，容易引起疲劳问题；吊索容易松弛。吊索与主缆的连接结构形式有鞍挂式和销接式，两者通过主缆套箍与主缆进行连接。套箍由两个半圆筒合成，用高强度螺栓紧固。吊索与加劲梁的连接，靠钢丝绳两头散开伸入连接套筒，浇入合金使钢丝绳两端形成锚头，锚头通过垫圈以承压方式顶住加劲梁。

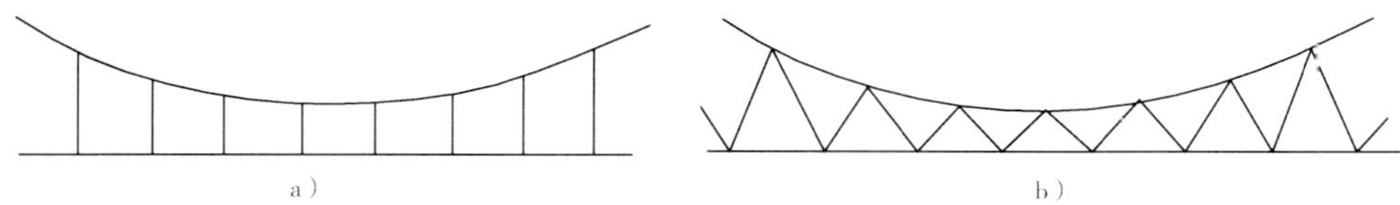


图 9-3　吊索形式
a）直吊索；b）斜吊索

（三）加劲梁

加劲梁的主要功能是提供桥面系和防止桥面过大挠曲和扭曲变形。悬索桥的加劲梁通常有钢桁架和扁平钢箱梁。从桥梁发展趋势来看，已不局限于传统的加劲梁结构，而是朝着高箱（双层结构）梁、三角形箱梁和分离式多箱截面方向发展。

加劲梁的支撑分简支梁和连续梁两种形式，公路悬索桥一般采用简支形式。二者相比较有各自的特点：简支的加劲梁构造简单，制造和架设时的误差对加劲梁无影响，简支的加劲梁不需通过桥塔，桥塔横向两塔柱的距离比连续加劲梁者要小，因此其基础尺寸也相应小；连续加劲梁梁端转角小，在索塔处不产生折角，有利于车辆行驶，可以减少加劲梁的挠度，但不省钢材。

（四）索塔

索塔是支承主缆的重要构件（图 9-4），整桥的恒载和活载大都通过索塔传到塔墩和基础。索塔还承受作用于塔身、加劲梁及主缆上的风力。索塔承受弯矩和轴力。索塔一般均采用混凝土制作，箱形截面结构。索塔型式分顺桥方向与横桥方向（图 9-5），顺桥方向塔底固定，柱形等宽或从塔顶向塔底以一定坡度扩大；横桥方向是底部固定的平面桁架或刚架或混合式。

（五）锚碇

锚碇是主缆的锚固体，与索塔一样是支承主缆的重要部分，它将主缆拉力传递给地基。锚碇一般由锚碇基础、锚块、主缆的锚碇架及固定装置、遮棚等组成。当主缆需要改变方向时，锚碇中还设有主缆支架和锚固鞍座。

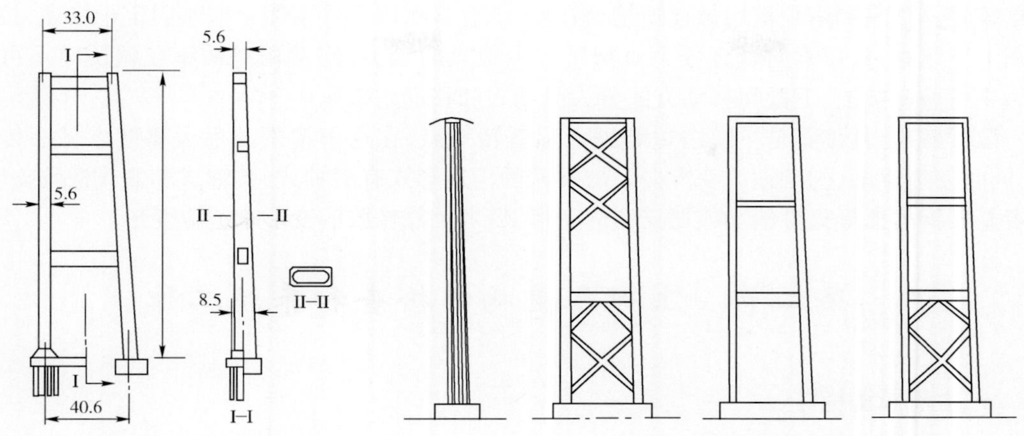


图 9-4 索塔结构图(尺寸单位:m)　　图 9-5 索塔顺、横桥向结构形式

锚碇一般有重力式、隧道式等锚固形式(图 9-6)。悬索桥锚碇常用重力式,其利用自重和自身与土的摩阻力来平衡缆力的竖向和水平分力;隧道式锚块用于坚固、节理少的基岩外露的情况,是把岩石凿出隧洞,其内埋入锚碇架,然后填充混凝土抵抗主缆拉力。

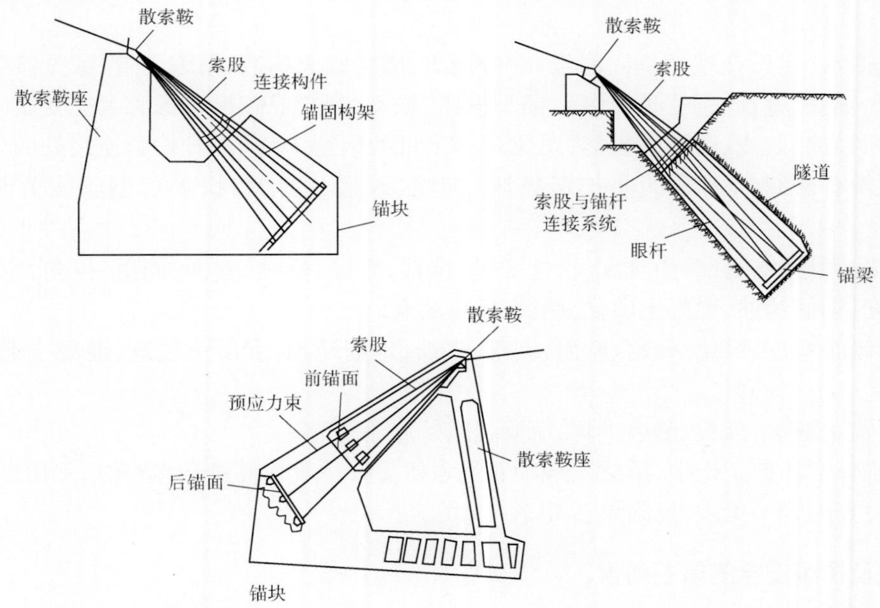


图 9-6 锚碇结构形式图

主缆的锚碇架及固定装置通常由前梁、后梁、锚杆及支承并定位这些构件的支承结构组成,将主缆拉力分散传递到锚块。主缆锚固构架是一个相当大的钢结构骨架,锚杆为高强度长螺杆或预应力钢丝束,锚杆埋在混凝土锚块内。

(六)鞍座

由主缆传来很大的竖直力通过主塔鞍座均匀分布到塔柱顶截面。鞍座为全钢焊接结构,自重较轻。鞍座和塔顶板用螺栓连接,鞍座上设有索槽以安设主缆。鞍座固定于塔顶,拉索在鞍座上连续通过,拉索的竖直分力对鞍座产生很大的压力,使索相对鞍座在顺桥向不可能移动。主塔鞍座按上、下板间移动方式分为滑动式和移动式鞍座。

散索鞍座,其位置是主缆由边跨进入锚室转折点,在这里缆索的反力靠散索鞍座传给基础,同时使缆逐渐、匀顺地改变方向。散索鞍的构造形式有滚轴式、摆轴式和盆式橡胶支座式,前者是靠钢的弧形板件滚动或摆支适应变形,后者是靠橡胶的变形来适应变形。

## 第二节　上部承重构件检查和养护工作

### 一、上部承重构件

上部承重构件有主缆,吊索,加劲梁,索塔,锚碇。

### 二、重点检查内容

上部承重构件的重点检查内容:

主缆:防护损坏、主缆变形、扶手绳及栏杆绳损坏、腐蚀或索股损坏(脱皮、腐蚀、伤痕)、涂膜劣化;

吊索:渗水(吊索两端的锚固部位、冷铸锚头、横梁锚固构造、吊索套管、减振器等),锈蚀、腐蚀(钢丝、锚头、螺栓、钢管护套等),锚头损坏(松动、裂缝或破损),橡胶老化变质(吊索端部及减振器),掉漆、起皮,防护套破坏(吊索端部出口处钢管护套与PE护套连接处的外观,如松动,套管顶没有密封),吊索的防护层破坏(裂纹、破损、老化和积水),钢丝疲劳断丝,吊索腐蚀;

加劲梁:剥落、露筋,跨中挠度,构件变形、位移,裂缝,蜂窝、麻面,剥落、掉角,空洞、孔洞,保护层厚度,钢筋锈蚀,混凝土碳化,腐蚀,涂层劣化;

索塔:倾斜变形,风化,蜂窝、麻面,剥落、露筋,钢筋锈蚀,混凝土裂缝,混凝土老化、腐蚀,沉降;

锚碇:锚坑漏水,顶板、侧墙损坏,沉降,扭转,水平位移。

在桥梁日常养护工作中,桥梁工程师对悬索桥主要承重构件进行检查时,采用悬索桥上部承重构件检查内容一览表,见附录A中表A-10。

### 三、危及桥梁安全的重要病害

悬索桥的主缆、吊索、加劲梁和索塔是悬索桥的主要承重构件,长期受荷载和外界因素的影响,将在主要承重构件出现危及桥梁安全的重要病害,如下:

(1)吊索索夹滑移。

索夹滑移引起的危害有:一是改变吊索状态,由铅垂变成斜吊索,使加劲梁的受力状态改变,吊索内力改变,对结构产生不利影响;二是索夹在主缆上滑移会损坏主缆的防锈层,或使缠丝破坏(断裂或鼓包),从而导致主缆损伤。

(2)主缆和加劲梁空间位置的变化。

由于主缆松弛以及载重量的改变，将导致主缆和加劲梁的实际位置偏离设计位置，影响桥梁的安全和美观。如加劲梁跨中挠度过大，出现裂缝，尤其是受力裂缝，直接威胁桥梁的安全。

(3)吊索及主缆钢丝锈蚀，截面削弱，出现裂纹，直接导致索力减少，严重威胁桥梁的安全。

(4)索塔严重倾斜，会引起桥梁的坍塌。

## 四、上部承重构件养护与维修技术要点

悬索桥各构件养护部位详见图9-7，桥面系、排水系统等的养护与维修技术要点详见第二章，同时要经常清除承重构件各部位表面污垢、圬工砌体因渗水而在表面附着的游离物，以及滋生的杂草、树木和洪水带来的漂流物等，保持各构件的工作状态完好，一旦承重构件发现以下病害时，要加强养护管理和必要的维修加固，需要时立即向上级主管部门上报，必要时做好交通管制限制通行。悬索桥上部承重构件的养护与维修技术要点如下：

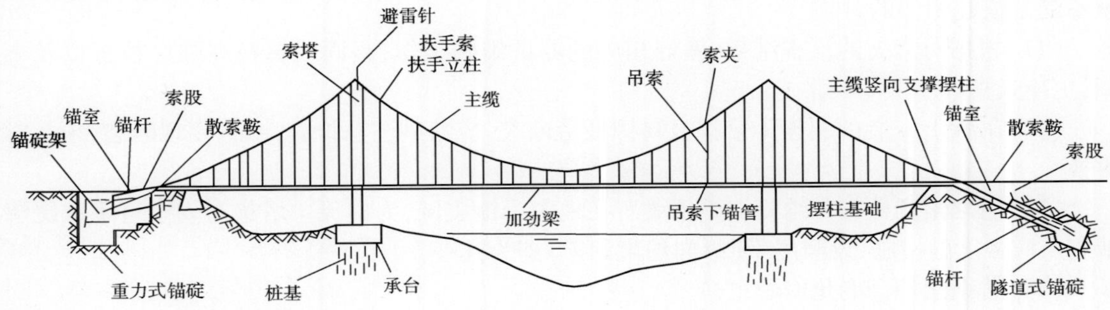


图9-7 悬索桥养护部位示意图

1. 主缆

(1)若发现缠丝漆膜有开裂、碎片或分层剥落损坏等，应予以清洗后重新油漆。若缠丝断裂散开，则应首先察看主缆有无锈蚀，待清洗除锈完毕后，再重新缠绕，且需在重新缠绕的丝上再行油漆，确保主缆防护层完成，避免水分渗入。

(2)检查索股端部的热铸锚头，及时清除尘垢水分，涂刷防锈漆。

(3)必须经常对锚杆进行检查、养护。如发现油漆剥落或锈蚀，则应重新进行涂装。

(4)要定期检查锚杆与锚碇混凝土接触面，当有破损或水浸入时应及时进行维修。

(5)检查通道在塔顶和锚固处的连接，如有松动应重新紧固，松弛的扶手应予以拉紧。

(6)发现扶手绳索钢丝等锈蚀，应先除锈后再涂刷油漆防锈。

(7)扶手索的撑杆如有弯曲扭转，应予校正或更换。扶手绳索钢丝如发现断裂、锈蚀严重等，应及时更换。

2. 吊索

(1)若钢丝绳索体掉漆，一般采用与主缆相同的涂装材料涂装。

(2)定期对吊索系统各零部件涂刷防锈漆，始终保持其漆膜完好。

(3)对已有锈蚀的吊索及各有关零部件应及时除锈，涂刷防锈漆。

(4)将索夹与主缆间的缝隙填满，清除污垢和积水等。

(5)清除十字撑与吊索连接部位的尘垢水分,保持防锈涂层完好。

(6)阻尼索的锚头有锈蚀,应及时除锈后补涂防锈漆封闭层。

(7)吊索维护性涂装。

对于钢丝绳索体,对于维护性修补,可采用该桥原涂装配方。对于平行钢丝或钢绞线索一般采用高密度聚乙烯套管,当套管破裂,可采用热压成型修补。索夹及眼板螺栓等部件,涂装一般采用锚板、鞍底相同配方,总干膜厚一般在250μm以下。吊索系统涂装维护前应将干裂脱落的腻子敲掉重新抹平,再按涂膜检查评定的结果进行维护涂装,参见主缆涂膜维护内容及相应规定和工艺。

(8)清查吊索已锈蚀的钢丝数及其锈蚀程度。当锈蚀根数和锈蚀的程度等级叠加后相对应的断丝根数超过总丝数时,应更换此索。

(9)当吊索的冷铸锚头发生裂纹和破损时,也应该更换此索。

(10)更换吊索宜逐根进行。即使有时需要同时更换,每次也不得超过3根,且这3根吊索不能是彼此相邻的。

(11)根据对索夹的检查结果,做好相应的养护维修工作,紧固或更换高强度拉杆以及垫圈,更换索夹。

(12)吊索上安装的制振十字撑极易因疲劳断裂,应特别注意检查,一旦发现断裂,须及时更换。

(13)阻尼索的检查和维修。当桥梁所在地区为地震区,为确保主塔绝对安全可采取缓解地震反应强度的措施,设阻尼索(纵向约束钢索)即为其一。

(14)若钢索护套老化应予更换。

(15)若十字撑锈蚀严重或断裂应随时更换。

3. 加劲梁

(1)钢箱加劲梁

①发现钢箱梁油漆涂装表面有裂纹、起泡、皱皮,有部分锈迹,或有撞损等,应及时补漆,以防锈蚀扩大。

②钢箱梁与其他构件连接的螺栓结合点,当用铁锤轻敲检查时有振动,发现螺栓松动,必须及时拧紧。损坏的螺栓应涂色记录,注明更换的位置和数量,及时更换。

③保持钢箱梁内干燥,尽量延缓和避免钢箱梁内部的锈蚀发生。

④发现焊缝有裂纹等问题,要分析原因,作出养护维修对策

(2)混凝土加劲梁

①加劲梁混凝土裂缝小于0.2mm时可予封闭,裂缝大于等于0.2mm时则应予灌浆(环氧树脂胶)。

②体外预应力束锚头的保护层和预应力束护套如有损伤,应及时修复。

③若加劲梁下缘裂缝明显增多、加剧,极有可能是体外预应力束的预应力损失超过设计容许值,需仔细检测和分析。在得到进一步确认后,应予补拉到设计规定值。

4. 主塔

(1)保持主鞍室清洁、无油污及污垢、无杂物和积水;主鞍座、附件及锚固螺栓、连接螺栓无松动、无断裂、无锈蚀;对油漆局部破损及时修补。塔内升降梯、照明、通风设备及其他设备

及标志完好无缺。

(2)主塔混凝土结构部分,当发现裂纹时应作详细的记录;对≥0.2mm 裂纹采用压注环氧胶液,小于0.2mm 裂纹采取封闭处理。

(3)主塔沉降及倾斜检测,应2~3 年进行一次,连同主梁线形一起,制成曲线图,与竣工时高温及低温下测试数据相比较,判断其是否在正常工作范围之内。

(4)主鞍座及构件如发现裂纹不得随意补焊,此种修补需十分慎重,应中断交通甚至考虑进一步卸载。

(5)塔身、承台混凝土劣化,保护层脱落等缺陷应做常规处理。

5. 锚碇

(1)锚体周围护坡、排水明沟或暗沟保持畅通;清除垃圾等充塞物,清除杂草,保持步行台阶完好等。

(2)锚室内墙、盖顶渗漏修补,室内排水沟保持畅通。

(3)锚室除湿系统的养护维修。

除湿系统应由经过培训的专业人员进行操作及养护维修。日常维修的内容包括:主要设备如配电盘、鼓风机、电动机、过滤器、阻尼器、除湿组件及温、湿度显示记录系统等。各部件的检查、清洁、润滑,易损件更换及故障查找及排除等。要求系统正常运转,年度相对湿度小于45%。

(4)排水沟断裂、水无序排泄、边坡破坏、掏空等。

修复排水系统或重新设计有序排水系统,将水引离锚碇;以石块、钢丝笼等填实塌陷及冲洞,并灌水泥浆填实,然后在其上修筑排水系统。

(5)锚室顶盖开裂、四壁开裂渗漏。

将裂纹按宽度大小进行灌浆或封闭处理,同时应分析水的来路,以便断绝水源,顶盖可用碳纤维布加固或于顶盖上面加铺柔性防水层。

(6)混凝土腐蚀防护。

处于海洋大气及海水飞溅、水位变动处,混凝土遭到严重腐蚀,甚至出现混凝土松软、腐蚀洞穴等。

首先将腐蚀面层凿除,并清除尘渣,以防水混凝土或防水砂浆修平。必要时进行飞溅面防腐涂装。涂装材料及厚度:底层,环氧树脂封闭漆;面层,聚氨酯焦油沥青漆。要求寿命20 年时可取干膜总厚500μm,10 年时取干膜厚300μm,或采用其他涂层材料。

(7)保持锚固系统的清洁。

(8)保持主缆索股、锚头、锚杆防腐层的良好状态,经常重新进行涂装。

## 第三节 加 固 实 例

某悬索桥(图9-8)是一座主跨为1 066.8m(全长1 450.8m)的钢结构悬索桥,该桥1931 年交付使用,在20 世纪80 年代和90 年代早期定期检查发现老化的主缆丝股数量增加。为了保证结构完整和保持桥的正常运营,决定对所有丝股进行一次深入的检查,来确定丝股的老化程度。

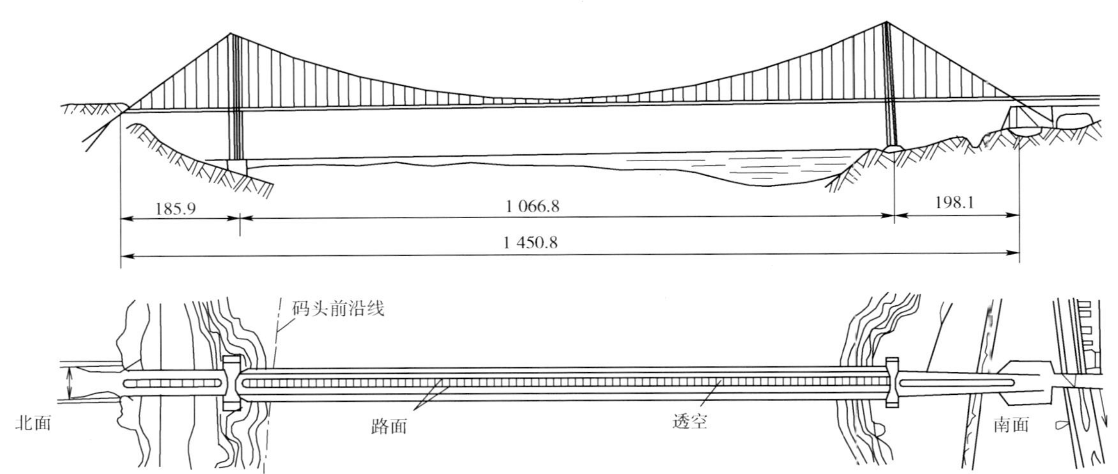


图 9-8　悬索桥简图(尺寸单位:m)

(一)桥梁结构情况

本桥是一座 4 车道悬索桥,其上层和下层公路每年过桥汽车达 1 亿辆。

上层路面由支承在钢纵、横梁上的正交异性钢桥面板组成。主横梁为中心间距 8.3m、高 3m 的板梁,其端部吊在 4 根吊索上。下层路面是 1962 年交通拥挤时开放的,为填充混凝土的钢桥面,由吊挂在上层路面上的连续加劲桁梁内的钢纵、横梁支撑。

桥面经吊杆吊在 A、B、C、D 4 根主缆上,吊杆锚固在主缆上,平均间隔 18.3m,索夹使吊杆固定在主缆上的正确位置。

每根主缆由 26 474 根 $\phi$5mm 的镀锌钢丝组成。钢丝分成 61 束,每束 434 股,每束宽约 114mm。股丝是通长的,每根都有 434 股完整的丝束。整根主缆最后被包绑成 $\phi$914mm 圆形,外加防腐及保护层。

(二)桥梁检查

1968 年和 1970 年的桥梁检查中,只发现丝束少数断裂和索鞍处被散射光腐蚀。然而,在 1975 年的检查中发现锚碇处有 120 多股断丝和严重的腐蚀,因此促成 1975 年 5、6 月份对主缆丝股进行更详细的检查,总共有 9 个半股和 5 个整股钢丝被剥开进行性能试验、X 光照相、声反射和电阻测量等多种试验检测。在检查的基础上对钢丝束表面涂一层红色防腐涂料,防止钢丝束腐蚀的加剧。

但是在 20 世纪 80 年代晚期和 90 年代初期进行的检查时发现,钢丝断裂数量又增加,腐蚀更加严重,主缆近 75% 的丝股腐蚀,个别丝束已断开,因此确定决定对全桥进行全面的检测。

(三)检查结果

检测发现:南侧锚碇一侧的索股情况较差,有几个丝股有大量钢丝断裂,且 B 索在北面一排也有严重腐蚀出现。

1. 南侧锚碇

在此锚碇的许多丝股中发现了大面积的腐蚀和钢丝断裂,约有 60% 的丝股有达到三等或

四等腐蚀的钢丝，且40%的丝股在索夹处有钢丝断裂。其中B索4根丝股有多于15%的钢丝断裂，如表9-1所示。

南侧锚碇检查一览表 表9-1

| 缆/索股 | 断裂钢丝数量 | 百分率(%) | 缆/索股 | 断裂钢丝数量 | 百分率(%) |
|---|---|---|---|---|---|
| B/3 | 78 | 18 | B/15 | 230 | 53 |
| B/11 | 208 | 48 | B/43 | 70 | 16 |

另外，在眼杆与混凝土接触面上发现有坑洼和轻微腐蚀。主缆索A的3根眼杆呈现严重坑洼变形，导致第1和第3丝股有23%的截面损失，而在第4根丝股内有30%的截面损失。

2. 北侧锚碇

北侧锚碇仅有少数钢丝断裂和较轻的腐蚀。大约10%的丝股有达到三等腐蚀的钢丝，但没有达到四等的。主缆索B的2根眼杆有严重坑洼，在丝股59处和61处均有23%的截面损失。用气锤取出这些眼杆周围少量混凝土来检查是否有腐蚀已深入锚碇混凝土中，结果没有发现更严重的截面损失。

(四)病害分析

根据深入检查分析，两岸锚碇处的主缆索股都因浸水而变质，在主缆较低的锚靴处发现相当多的断裂钢丝，是水日复一日地侵蚀主缆钢丝，导致镀锌层损失和进一步腐蚀而造成的。

(五)加固方案

该桥发生上述病害对于一座已经使用了64年的桥梁来说并非不正常，尽管在检查中发现了较多的断裂钢丝和几处丝股基础处有较严重的腐蚀，但并不影响桥梁结构的完整性。

对断丝的数量不足以影响主缆的整体能力的3股索股，采用拆除和更换方案。

(六)施工工艺要点

首先，将北拱区所有丝股的荷载转移到一个临时的牵索系统上。然后，切除和移走恶化部分的钢丝，将新的镀锌丝束安置在切口处。用螺纹套杆连接钢丝，并用新的承重块代替旧的索鞍，新承重块是用$\phi$245mm的螺栓与眼杆相连。最后，放松牵引丝，将荷载重新传到新的丝股上。丝股更换和加固处理还有机会对索鞍后部里面的钢丝进行检查，以了解这部分钢丝的工作状况。

丝股被清洗后，涂以渗入型油以防止水的腐蚀。眼杆的暴露部分也将定期涂刷。最后按设计做严格的防腐层施工，并在锚内补增一个恒温恒湿系统。

# 第十章 钢 桥

## 第一节 概 述

### 一、发展历史

钢桥的发展与钢材料和制造技术的进步紧密相关，1779 年英国建造了第一座铁桥，经过了 100 年后，才由锻铁代替铁，不久，又由钢取代锻铁作为桥梁的材料。世界上第一座钢桥于 1874 年建造，我国钢桥的建设已有 100 多年的历史，第一座钢桥为 1937 年建成的钱塘江大桥。近年来，随着钢材技术进步，出现了高强钢、控温控轧钢、高焊接性钢、抗层状撕裂钢、变厚度钢板、耐候钢、减振钢板等，促进了钢桥结构形式的多样化、合理化。

在制造方面，钢桥经历了销钉连接、铆接、焊接和高强度螺栓连接的发展过程，现代钢桥工厂制造全部为焊接，工地拼装也以焊接为主、高强度螺栓连接为辅。钢桥的形式主要是工字板梁和桁梁，所有构件在工厂采用焊接制造，工地架设采用高强度螺栓连接。

我国在 20 世纪 50 ~ 70 年代公路修建钢桥较多，典型的钢桥为 1957 年建成的武汉长江大桥（图 10-1）。在此期间，钢桥设计荷载等级普遍较低，存在不少缺陷。而 20 世纪 80 年代修建在公路上的钢桥（图 10-2），数量不多，但都是跨越江、河及海上的特大桥梁，极为重要。

图 10-1 武汉长江大桥全景图

图 10-2 钢拱桥全景图

### 二、基本特性

钢桥是指一座桥梁上部结构的主要承重部件用钢材制作，至于下部结构、索塔等则可由其他材料制作。其主要材料通常包括：结构钢生产的钢板和型钢、高强钢丝、钢绞线和钢索，用于高强螺栓、铰和销子的优质钢，用于支座等的锻钢和铸钢，一级焊条和焊丝等。

钢桥按受力体系可分为梁式桥、拱桥、刚构桥、斜拉桥、悬索桥和组合体系桥梁。钢梁式桥按主梁形式还可以分为钢板梁桥、箱梁桥、钢桁桥，见图 10-3 ~ 图 10-6。

钢桥中使用的钢材抗拉、抗压、抗剪强度高，属于均质材料，材料韧性、延性好，抗震性能好。在施工上，钢桥常采用高强螺栓或工地焊接拼装而成，构件最适合用工业化方法来制造；便于运输和无支架施工，工地安装速度快，施工工期较短。但其主要缺点是在大气的作用下受侵蚀，易生锈，耐腐蚀性差，需要经常检查和定期防护涂装。

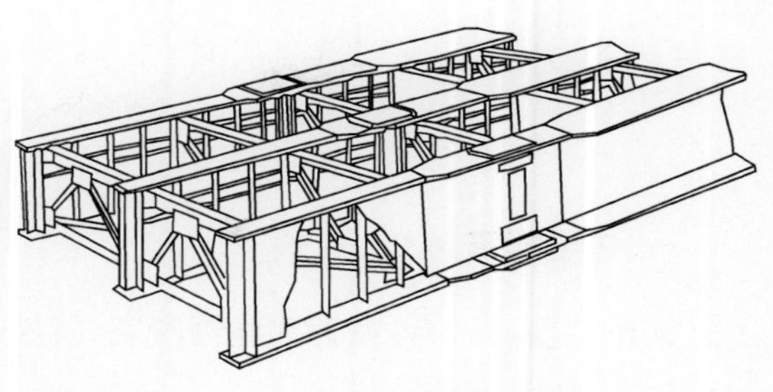

图 10-3　钢板梁桥

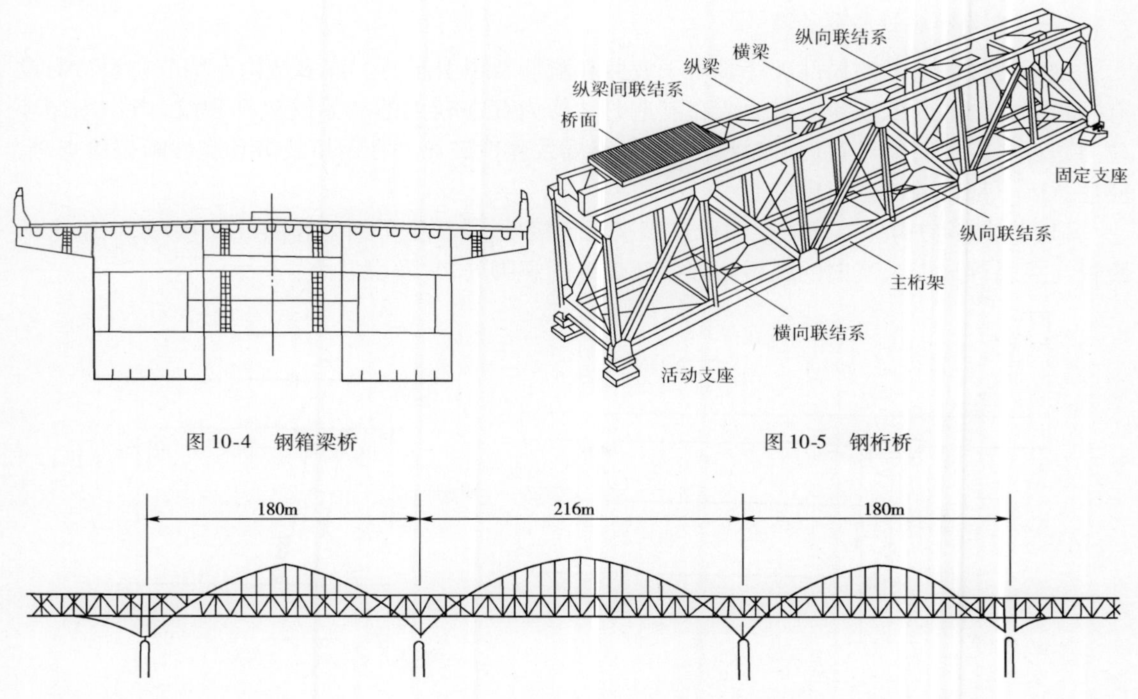


图 10-4　钢箱梁桥

图 10-5　钢桁桥

图 10-6　钢组合体系桥梁

## 三、结构受力特点

各种受力体系钢桥的结构受力特点在前边有关章节中已阐述。与其他桥梁相比，钢桥在构件上的受力特点比较突出。

为提高截面效率，钢桥常做成薄壁结构，在应力计算时需考虑剪力滞、扭转（自由扭转和约束扭转）、翘曲等影响；钢桥结构刚度小，稳定问题突出，往往由刚度控制设计。作为薄壁结构，为了防止板件的局部失稳，需要设置加肋，限制板件的宽厚比。

钢桥构件一般由钢板和型钢等焊接而成，用高强螺栓或工地焊接拼装，其构件和连接的疲劳强度受材质、连接方法与方式、应力幅和应力比的影响。疲劳和脆性断裂严重威胁钢桥的安全。

# 第二节　钢桥病害检查和养护工作

## 一、主要病害

钢桥主要病害有：疲劳和脆性断裂，腐蚀，失稳，机械损伤。

## 二、重点检查内容

### （一）疲劳和脆性断裂检查

钢桥构件中大量的局部破坏是由于疲劳和脆性断裂引起的。许多结构在细节初设计时没有预料到会有如此低的疲劳抗力或在制造时结构内存在较大的初始缺陷和裂纹，当作用循环应力超过一定值时就导致疲劳裂纹扩展，最终导致脆性破坏。在钢桥疲劳和脆性断裂检查时，应注意以下部位或构件出现的裂纹。

（1）横向结构构件与纵向梁通过连接平板连接处，易产生平面外翘曲（图 10-7），在水平的腹板与翼缘焊缝以及竖向的腹板与连接板焊缝的焊脚处，常发生裂纹。

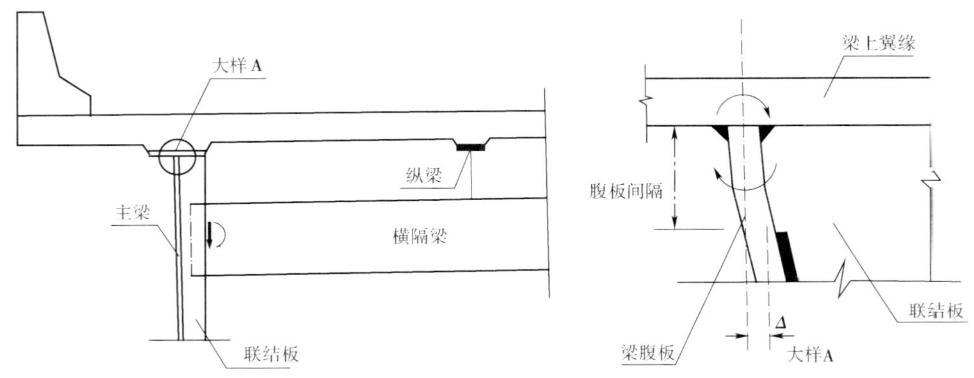


图 10-7　腹板空隙处平面外翘曲

（2）焊缝引起初始裂纹，最后造成部件的疲劳裂纹。应重点检查以下部件：主梁腹板、有盖板的工字梁和翼缘节点板、腹板连接板、横隔梁的腹板、翼缘板和腹板拼接处、纵向加劲肋的拼接处、主梁型钢中插入填板并焊接成变截面梁腋处、腹板穿透处。

（3）铆钉连接的损伤，使位于铆钉孔边缘应力集中最大处的疲劳裂纹加速发展。应重点检查以下部位：纵梁腹板上联结腹板和竖向角钢的铆钉孔边缘、斜杆及吊杆、鱼形板上、横向框架端部、眼杆和销钉板，见图 10-8 ~ 图 10-10。

（4）角钢处疲劳裂纹。应重点检查以下部位：纵梁翼缘角钢、纵梁与横梁连接角钢，见图 10-11、图 10-12。

### （二）腐蚀检查

钢桥属暴露在野外环境中的钢结构，其表面与周围介质（水分、盐分等）极易发生化学及电化学作用，当涂层性能较差时，便会破坏涂层，使钢铁产生锈蚀。在腐蚀检查时，应重点检查以下部位：

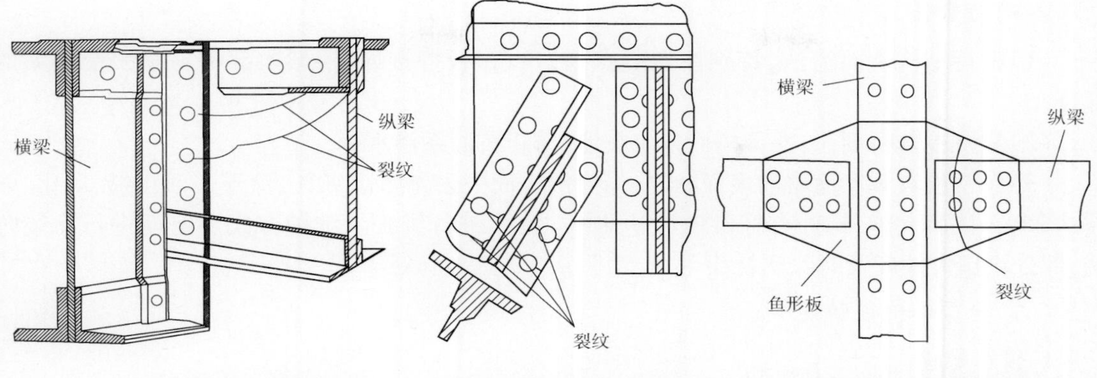


图 10-8　纵梁腹板上的疲劳裂纹　　图 10-9　斜杆上的疲劳裂纹　　图 10-10　鱼形板上的疲劳裂纹

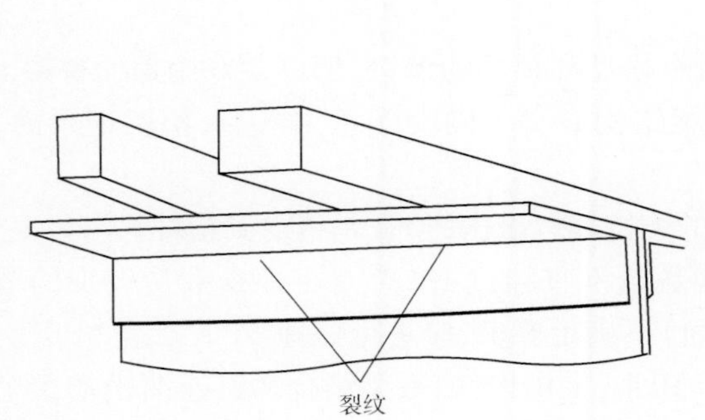


图 10-11　纵梁翼缘角钢上的疲劳裂纹

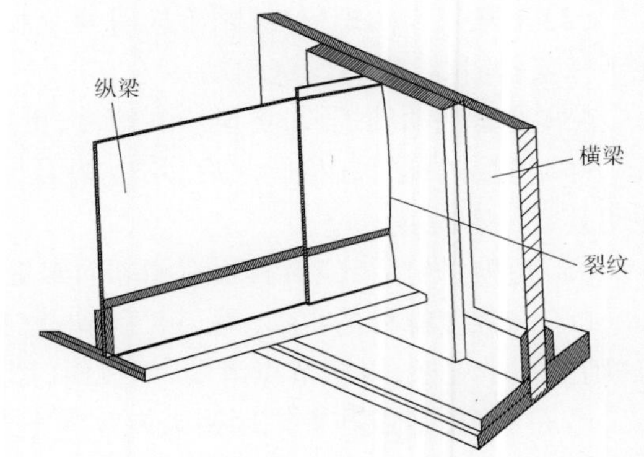


图 10-12　产生于纵梁与横梁连接角钢中的疲劳裂纹

(1)钢箱梁外表面及内部:外表面主要发生大气腐蚀;钢箱梁的内部主要由于通风很差、湿气聚集引起涂层的起泡锈蚀。

(2)缆索、悬索拉索和主梁、立柱、索夹和索鞍等的结合处、主缆在锚室的喇叭口处。

(3)钢梁的角梢阴暗处及桁架内部。

(4)钢梁与混凝土连接部位。

(三)失稳检查

钢桥局部杆件的失稳常导致整个体系的失稳。平时应注意检查各个杆件的工作状态,特别是压杆的失稳、梁的侧倾、组成压杆的板和板梁腹板的翘曲等。

## 三、危及桥梁安全的重要病害

钢桥主要病害有:疲劳和脆性断裂,腐蚀,失稳,机械损伤。这几种病害都会对钢桥安全构成威胁,但疲劳脆断以及腐蚀破坏是降低钢桥耐久性的两个主要原因。

## 四、钢桥养护与维修技术要点

各种受力体系的桥梁养护与维修技术要点见本书相关章节,现仅对钢桥的病害特点,介绍钢桥的养护与维修技术要点如下:

(一)防腐蚀

(1)保持结构表面清洁,特别注意节点、转角、钢板搭接处、桁架内部等易于积聚污垢的部位。

(2)经常检查桥面系,保证桥面排水畅通,防止桥面系渗水。

(3)经常检查观察涂层的表面状况,当涂层表面失去光泽达90%;涂层表面粗糙、风化、开裂达25%;漆膜起泡,构件有轻微锈蚀达40%时,要进行维护。维护方式可定期进行涂装防锈;部分涂层失效应及时除锈补漆。

(二)疲劳和脆性断裂

1. 铆钉螺栓

(1)重点检查受力构件及承受反复荷载、振动荷载之处的螺栓和铆钉。

(2)正常工作的螺栓、螺帽不应有丝毫松动,螺栓头及螺帽应完全压紧垫板;正常的铆钉在手锤敲打时,不得有丝毫跳动。

(3)拧紧松动的螺栓,更换断裂螺栓;更换所有松动和损坏的铆钉,铆钉最好用螺栓替换。

(4)更换的螺钉在检验之后,均应涂上与桥梁结构显著不同的颜色,并记入桥梁记录簿,注明其数量和位置。

(5)更换铆钉后,应对其所有相邻而未更换的铆钉加以敲击,检查是否受到损坏。

(6)高强度螺栓的更换,对于大型节点,更换数量不宜超过10%;对于螺栓数量较少的节点,则要逐个更换,以防节点滑动,如板面(摩擦面)不满足要求,应进行处理。

(7)当主桁节点和板拼接接头失效概率大于10%;主桁构件、板梁结合铆钉连续松动5个及以上;纵横梁铆钉松动时,应采取加固措施。

2. 焊接部位

(1)经常检查焊缝处有无裂纹、未熔合、夹渣、未填满、弧坑等缺陷。

(2)有缺陷的焊裂缝应返焊,焊后的焊缝应随即铲磨匀顺;焊接时应尽量避免采用与原构件应力方向垂直的焊缝。

(3)焊接环境温度不应低于5℃。

(4)当焊缝处裂缝长度超过10mm;箱梁焊缝开裂长度超过20mm时,应进行加固。

3. 裂纹

(1)钢桥构件上发现裂纹时,作为临时应急措施,可于板件裂纹端外0.5~1.0倍板厚处钻孔,防止其进一步扩展,并及时根据裂纹性质及扩展走向采取适当措施修复加固。

(2)修复裂纹应优先采用焊接方法。先清洗裂纹两边8mm以上范围内板面油污至露出洁净金属面,后用碳弧气刨、风铲或砂轮将裂纹边缘加工出坡口,直达纹端钻孔。将裂纹两侧及端部金属预热至100~150℃,然后采用与钢材匹配的低氢焊条或超低氢焊条,以小直径焊条分段分层逆向施焊。堵焊后表面应磨光,使之与原构件表面齐平,磨削痕迹线应大体与裂纹切线方向垂直;对主要承重构件或厚板构件,堵焊后应立即进行退火处理。

(3)用附加盖板修补裂纹时,宜采用双层盖板,此时裂纹两端仍须钻孔。

(4)对网状、分叉裂纹和有破裂、过烧、烧穿等缺陷的梁、柱腹板、钢箱等,宜采用嵌板修补。

(5)若焊缝质量不合格,应刨去焊缝、清根,重新施焊。焊缝质量合格后,打磨焊缝余高,

使之与原构件表面齐平。

(6)对于疲劳破坏产生的裂缝的修补,如仅以焊接和增加盖板等将裂缝堵塞,解决不了问题的,必须充分调查裂缝发生部位的钢材质量、焊接状态、应力状态、锈蚀状态和疲劳状态等,依据调查的结果,采取对策。有时需要更换构件改善材质,变更结构改善应力状态。

(7)当桁腹杆锚接接头处裂缝长度超过50mm;下承式横梁与纵梁连接处下端裂缝长度超过50mm;受拉翼缘焊接一端裂缝长度超过20mm;主梁、纵横梁受拉翼缘的裂缝长度超过5mm;纵梁上翼缘角钢裂缝时,应进行加固。

(三)失稳及机械损伤杆件

(1)经常检查有无受到冲击造成局部弯曲。

(2)有局部弯曲的杆件,可用油压千斤顶等进行冷矫。禁止用煅烧钢材的方法来矫正。

(3)钢杆件如有不同方向的弯曲,应对导致弯曲的原因做调查分析以确定矫正方法,矫正时按不同的弯曲方向分别进行。

(4)如杆件同时有扭转和弯曲,应先矫正弯曲,再矫正扭转。

(5)由于杆件强度、刚度不足或稳定性差等原因引起的弯曲,矫正后应进行加固处理。

(6)如需拆卸杆件修理时,可安装临时杆件替代被拆卸杆件,以保证行车安全。

## 第三节 加 固 实 例

### 一、桥梁概述

某桥全长500m,桥面净空为净7m+2×1.5m人行道,原设计为汽车—15级,挂车—80,人群荷载为2.5kN/$m^2$。主桥为3×100m连续钢桁架,主桁采用三角形体系,桁高11m,节长8m,主桁中心距为10m。两岸引桥为T形截面简支梁。该桥1975年通车,30年来交通量逐年增加,重车日益增多,在桥梁的超负荷状态下运营,加上桥梁维修不及时,桥面破损严重,主要承重构件的承载能力已明显不足,因此在2005年进行维修加固。

### 二、主要病害

(1)钢桁梁节点及其他部位锈蚀严重。

(2)部分弦杆、斜杆和竖杆等杆件出现裂纹、穿孔、弯扭、锈蚀、爆皮。

(3)铆钉松动。

### 三、病害原因分析

出现上述病害主要是由于重车日益增多,桥梁实际承载能力已接近其极限,再加上地震、自然因素腐蚀影响,导致了各类病害的发生。

### 四、加固方法及施工工艺

(1)更换松动铆钉,采用普通螺栓连接,以普通螺栓代替铆钉。

(2)更换锈蚀严重部件。

(3)横梁和人行道托梁的腹板除将锈穿部位补齐后，还应增加两块加固板夹后栓接，以增大腹板截面。

(4)全部杆件、部件、附属钢结构进行整修、整形。

(5)全桥采用人工除锈，后涂红丹防锈底漆两道，铅灰桥面漆两道。

## 五、施工工艺要点

(1)对松动铆钉检查要点：正常的铆钉在用手锤敲打时，不得有丝毫跳动。检查时可用一手贴近钉头，另一手用锤自钉头侧面敲击，再从另一侧敲击，如铆钉松动，则手会感到钉头跳动。

(2)螺栓冲孔、扩孔应严格控制，螺栓采用硬度不大的钢材加工，以保证螺栓与铆钉尽量受力协调。

(3)施工大节点时务必中断活载，以减小节点受力，同时方便对孔。对大节点进行加固时，应采取措施支稳杆件。

(4)对扭曲的构件矫正时，可用油压千斤顶等进行冷矫，禁止用煅烧钢材的方法来矫正。

(5)如需拆卸杆件修理时，可安装临时杆件替代被拆卸杆件，以保证行车安全。

(6)手工除锈：钢加劲梁的锈点或锈块、氧化皮，用尖嘴或平口锤敲击除锈时，注意锤口不要磨得太锐利，以免砸伤钢板平面；在夹缝或坑凹凸的点锈、锈块或电焊渣，可用尖头或扁嘴平头打锈锤敲击。一般锈层用钢丝刷刷除，用钢丝刷刷过后，用破布或棉纱擦净锈灰，再用布蘸着松节油擦一遍即可。

## 六、加固效果

本桥维修加固3年来，未见异常病害，车辆行驶平稳，通行能力提高，达到了预期效果。

# 第十一章　氯盐环境下桥梁养护管理

## 第一节　氯盐环境对桥梁混凝土结构耐久性的影响

### 一、概述

氯盐环境即为含氯盐(如氯化钠、氯化钾等)的环境,例如海洋环境就是典型的氯盐环境,冬天桥面除冰盐也会形成氯盐环境。海洋环境通常是指海水区、浪溅区、近海的大气区(海风、海雾),属于桥梁结构所处的最严峻的环境之一,不管是钢结构还是钢筋混凝土结构的在役桥梁,随着使用时间的延续,在海洋环境中都极易遭受风浪、水质、氯盐等多种天然因素的影响,加之设计和施工不当,发生材料老化与结构损伤,这种损伤的累积将导致结构性能劣化,承载力下降而缩短其使用寿命。

长期以来,我国绝大多数在役桥梁设计时仅进行构件强度验算,而未进行耐久性设计,目前构件材料老化退化,病害严重。实际上,桥梁使用寿命不仅取决于其构件强度,还取决于构件的耐久性,也就是构件在使用期内保持强度和结构完整的性能。2004 年前我国公路桥梁设计提使用寿命,桥梁设计时仅要求满足强度指标。2004 年施行的《公路桥涵设计通用规范》(JTG D60—2004)提出桥梁“设计基准期”,而“设计基准期”概念并不明确,不等同于使用寿命,而且也没有实现设计基准期的具体技术措施。2006 年实施的《公路工程混凝土结构防腐蚀技术规范》(JTG/T B07-01—2006),提出了实现设计基准期的技术要求。因此,目前我国在役的大多数桥梁耐久性不足,使用寿命难以达到期望“设计基准期”;而且,至今我国仍有部分桥梁设计时未充分考虑桥梁使用寿命,也未严格执行《公路工程混凝土结构防腐蚀技术规范》(JTG/T B07-01—2006),设计文件无混凝土构件耐久性设计。

由于耐久性不足导致结构破坏的事故时有发生,因此,混凝土结构的耐久性问题已受到国内外土木工程界的高度重视。我国混凝土结构耐久性问题十分严重,相对于房屋建筑而言,处于露天环境下的桥梁结构耐久性与病害状况则更为严重。在役的混凝土结构桥梁受海洋气候氯盐环境侵蚀出现钢筋锈蚀、混凝土开裂的现象十分普遍。混凝土结构劣化的主要原因是混凝土的密实性太差,钢筋的保护层太薄,北方地区混凝土抗冻性能差。近年来在北方地区和南方地区北部发生冰灾时使用除冰盐融化道路桥梁上积雪,给公路桥梁带来了新的金属离子使路面、桥梁的钢筋腐蚀,造成严重损害。例如,北京、天津等北方地区有建成仅 10 多年的立交桥,桥梁边梁大面积碱化,梁头及帽梁混凝土出现裂缝并剥落,使钢筋外露、锈蚀,桥梁墩柱严重损坏,而一些新建不足 5 年的道路则出现大面积龟裂,造成这些损害的罪魁祸首就是冬季融雪的盐水。

据调查统计,在 20 世纪八九十年代,我国沿海地区海洋环境下修建的钢筋混凝土结构,大部分出现大面积混凝土开裂、钢筋严重锈蚀而急需修补加固，更有甚者在不到10年的使用期就不得不报废拆除重建。由于混凝土结构的过早劣化在当今世界上具有普遍性，我国面临的混凝土结构耐久性问题是发达国家早在二三十年前曾经遇到过的，一直尚未引起我国政府部门和广大设计、施工及管理人员的足够重视。20世纪末，混凝土结构耐久性问题在我国得到高度重视，在总结50年来海港工程混凝土结构防腐蚀技术科研成果和设计、施工经验的基础上，借鉴国内外有关混凝土结构耐久性的技术标准，吸收了国内外有关混凝土和混凝土结构耐久性研究的最新成果，开展了大量的专题分析研究工作，从而制定了提高混凝土和混凝土结构耐久性的相关规范和行业标准，为提高决策者及广大工程技术人员对混凝土结构耐久性的认识和日常工作中的指导起到了十分重要的作用。

随着提高混凝土结构的耐久性研究、设计、施工技术方法及处理措施日趋成熟，此技术在近10年我国沿海地区在海洋环境下修建的许多跨江跨海特大型混凝土结构桥梁中得到应用和迅速发展。首先，作为基层单位技术人员对混凝土结构耐久性问题要全面地认识和了解，对日常桥梁养护管理工作中起指导作用。影响混凝土结构耐久性的因素十分复杂，有内因和外因两方面因素。混凝土的自身特性和混凝土结构设计与施工质量是决定混凝土结构的内因。混凝土是由水泥、粗细集料、水和某些外加剂，经搅拌、浇注、振捣和养护硬化等过程而形成的人工复合材料。混凝土的材料组成如水灰比（水胶比）、水泥品种和用量、集料的种类与级配等都直接影响混凝土结构的耐久性，混凝土的缺陷（如裂缝、气泡、孔洞等）都会造成水分和侵蚀性物质渗入混凝土内部，与混凝土发生物理化学作用，影响混凝土结构的耐久性。混凝土结构所处的环境条件和防护措施是影响混凝土结构耐久性的外因。外界环境因素对混凝土结构的破坏是环境因素对混凝土结构物理化学作用的结果。环境因素引起的混凝土结构损伤和破坏主要有混凝土碳化、氯离子侵蚀、碱集料反应、冻融循环破坏、钢筋腐蚀等。目前，我国对海洋环境中在役混凝土结构腐蚀状况的调查分析结果显示：海洋环境中氯离子（$Cl^-$）含量、硫酸（$SO_4^{2-}$）离子含量、pH值、侵蚀性二氧化碳（$CO_2$）、钠离子（$Na^+$）、镁离子（$Mg^{2+}$）含量、钙离子（$Ca^{2+}$）含量、铵盐（$NH_4^+$）含量等是影响混凝土结构耐久性的主要环境因素。然而，混凝土结构极易遭受破坏的主要原因是氯盐侵蚀导致的钢材锈蚀或钢筋锈蚀，直接影响到结构的安全。对于钢结构而言，将直接导致材料失效；对于钢筋混凝土结构来说，钢筋腐蚀带来体积膨胀，最终导致混凝土开裂剥落，从而侵蚀速度大大加快，进而使结构破坏。北方地区和部分南方地区北部冬季使用除冰盐导致混凝土结构环境的氯离子（$Cl^-$）含量增大，加速混凝土结构被氯盐侵蚀速度和程度，导致钢结构或钢筋腐蚀，从而影响混凝土结构耐久性。另外，混凝土中性化、碱集料反应、硫酸盐侵蚀、海洋腐蚀生物及海流冲刷等也会影响混凝土结构的耐久性。因此，加强对桥梁所在易腐蚀环境区域中的主要部件及部位的病害监测、病害及时处理并做好防腐措施处理，是延长其使用寿命和保证桥梁结构安全的重要环节。

## 二、钢筋混凝土结构腐蚀的机理

混凝土中钢筋锈蚀的诱因主要有两种：混凝土保护层碳化和氯离子入侵，海水环境下的钢筋混凝土结构同时存在这两种类型的腐蚀。就腐蚀机理和形态而言，碳化钢筋腐蚀呈微电池腐蚀特点，腐蚀深度均匀；氯离子锈蚀呈宏电池腐蚀特点，多为孔蚀。近海大气区钢筋混凝土受含大量氯盐的雾气作用易发生钢筋锈蚀，还同时遭受 $CO_2$ 的腐蚀，浪溅区由于水位变动钢

筋混凝土受氯离子和 $CO_2$ 的双重腐蚀作用而加速钢筋锈蚀，海水区的构件，钢筋受氯离子作用而锈蚀，同时混凝土还受镁盐、$SO_4^{2-}$ 的溶蚀作用。归纳起来可分为钢筋锈蚀和混凝土腐蚀。相对于氯锈蚀，浪溅区和近海大气区的钢筋碳化锈蚀作用要轻微得多。

(一)钢筋锈蚀机理

混凝土结构中钢筋锈蚀伴随有体积膨胀，使混凝土表面出现顺筋裂缝(爆裂)，造成钢筋与混凝土之间黏着力的破坏，钢筋截面面积减小，构件承载力降低，变形和裂缝增大等一系列不良后果，并随着时间的推移，腐蚀逐渐恶化，最终可能导致结构完全破坏。海水环境中，钢筋混凝土中的钢筋腐蚀主要是电化学腐蚀。任何一种电化学腐蚀必须具备下列四个条件：

(1)钢筋表面形成电位差，即在钢筋表面不同电位区段形成阳极与阴极；

(2)在阴极区与阳极区之间，电解质溶液的电阻较小；

(3)阳极部位的钢筋表面处于活化状态，钢筋易进行氧化反应，铁离子化为 $Fe^{2+}$，同时放出自由离子 e；

(4)在阴极部位，钢筋表面存在足够的水和氧。

因此，在潮湿环境下，由于氧气和水的参与，钢筋就可以发生电化学反应。

在阳极区的反应为：$2Fe \rightarrow 2Fe^{2+} + 4e$(铁的溶解和放出电子)

在阴极区的反应为：$2H_2O + O_2 + 4e \rightarrow 4OH^-$

阳极、阴极生成的铁离子和氢氧离子结合生成氢氧化铁。

$$Fe^{2+} + 2OH^- \rightarrow Fe(OH)_2 \text{(铁锈)}$$

$$4Fe(OH)_2 + O_2 + 2H_2O \rightarrow 4Fe(OH)_3 \text{(铁锈)}$$

混凝土是多相、不匀质、多孔体，浇注施工振捣时无法达到100%密实，所以环境介质(水、氧、二氧化碳和氯离子等)均有可能透过混凝土保护层达到钢筋与混凝土界面上，从而导致钢筋逐渐被腐蚀，产生的腐蚀产物 $Fe(OH)_2$ 进一步氧化形成的铁锈 $Fe(OH)_3$ 使体积增大 2～4 倍，产生的膨胀力使钢筋周围混凝土胀裂，破坏混凝土保护层而加速钢筋的锈蚀。

通常施工质量控制良好的混凝土不易钢筋锈蚀，主要是因为混凝土中硅酸盐水泥水化生成大量的 $Ca(OH)_2$，使混凝土孔隙液具有高碱性(pH 值约为 12～14)，在这种高碱性条件下会生成一种致密的钝化膜吸附在钢表面，使钢筋处于钝态免遭进一步腐蚀。只有钝化膜遭到破坏，钢筋才可能遭受腐蚀。在海洋环境中混凝土里钢筋表面钝化遭到破坏的主要有以下两种：

1. 氯离子侵入引起钢筋锈蚀

氯腐蚀是海洋环境中钢筋遭受的最严重的腐蚀，在海水区、浪溅区和近海大气区均存在。钢筋混凝土在使用期间可能遇到的最危险的侵蚀介质就是氯离子，氯离子进入到混凝土内，到达钢筋表面，并吸附在局部钝化膜处时，可使该处的 pH 值迅速降低，破坏钢筋表面的钝化膜，引起钢筋腐蚀。

氯离子促使钢筋锈蚀的机理是：氯离子 $Cl^-$ 和氢氧根离子 $OH^-$ 争夺腐蚀产生 $Fe^{2+}$，形成 $FeCl_2 \cdot 4H_2O$(绿锈)，绿锈从钢筋阳极向含氧量较高的混凝土孔隙迁徙，分解为 $Fe(OH)_2$(褐锈)。褐锈沉积于阳极周围，同时放出 $H^+$ 和 $Cl^-$，它们又回到阳极区，使阳极区附近的孔隙液局部酸化，$Cl^-$ 再带出更多的 $Fe^{2+}$。这样氯离子虽然不构成腐蚀产物，在腐蚀中也不消耗，但是作为腐蚀的中间产物给腐蚀起了催化作用。发生化学反应式为：

$$Fe^{2+} + 2Cl^{-} + 4H_2O \rightarrow FeCl_2 \cdot 4H_2O$$

$$FeCl_2 \cdot 4H_2O \rightarrow Fe(OH)_2 \downarrow + 2Cl^{-} + 2H^{+} + 2H_2O$$

如果大面积的钢筋表面上具有高浓度的氯离子，则氯离子所引起的腐蚀可能均匀腐蚀。但是由于混凝土局部缺陷常造成钢筋局部表面氯离子浓度增加，引起钢筋局部腐蚀。氯离子对钢筋表面钝化膜的破坏发生在局部，使这些部位露出铁基体，与钝化膜尚完好的区域形成电位差，大面积钝化膜区域作为大阴极，铁基体作为小阳极形成腐蚀电池。腐蚀电池作用的结果是在钢筋表面产生腐蚀坑。腐蚀坑的存在和进一步发展，加大了钢筋电位差，使腐蚀加速。此外，腐蚀坑相当于一个缺口，在钢筋受拉时，将引起应力分布不均匀，造成应力集中，可能导致钢筋的早期断裂，这种现象称为钢筋的应力腐蚀。应力腐蚀是化学腐蚀和应力复合作用的结果。应力腐蚀主要与腐蚀介质、钢筋的应力水平和钢筋的材质情况有关，钢筋的强度和应力值对应力腐蚀有重要影响。钢筋的强度越高，其变形性能越差，越容易发生应力腐蚀；钢筋应力越高，应力腐蚀的敏感性越大。因此，应力腐蚀对高强预应力钢筋的危害极大，对混凝土结构的破坏也是致命性的。

2. 混凝土碳化作用引起钢筋锈蚀

浪溅区和近海大气区的钢筋还会产生碳化锈蚀。混凝土的高碱性是保护钢筋的必要条件，而混凝土是一种多孔体，在一定湿度条件下，混凝土孔隙液中水泥水化产物 $Ca(OH)_2$ 很不稳定，大气中的二氧化碳时刻在向混凝土内部扩散，与混凝土中的氢氧化钙发生作用，生成碳酸盐或者其他物质，从而使水泥石原有的强碱性降低，pH 值下降到 8.5 左右，这种现象称为混凝土的碳化。如果混凝土保护层致密无孔隙，大气中的二氧化碳将无法侵入混凝土内部降低混凝土的强碱性，钢筋表面的钝化膜将不会被破坏，钢筋就不会锈蚀。混凝土碳化的主要化学反应式为：

$$CO_2 + H_2O \rightarrow H_2CO_3$$

$$Ca(OH)_2 + H_2CO_3 \rightarrow CaCO_3 + 2H_2O$$

同时，钢筋锈蚀对于预应力混凝土结构中高强预应力钢筋发生脆断除了应力腐蚀外，还存在另一种类型腐蚀形式破坏，即为氢脆。氢脆是预应力钢筋在酸性与微碱性的介质中发生脆性断裂。这种破坏与应力腐蚀的机理完全不同。应力腐蚀发生在钢筋的阳极，而氢脆发生在钢筋的阴极区域。氢脆是由于钢筋吸收了原子氢，而使其变脆，所以称为氢脆。钢筋在腐蚀过程中，表面可能有少量氢气产生，在通常情况下，生成的原子氢会迅速结成分子氢，在常温下是无害的，但当这一过程受到阻碍时，氢原子就会向钢筋内部扩散而被吸收到金属内部的晶格中去，如果钢筋内部有缺陷存在，氢原子很可能重新结合成为氢分子。氢分子的生成产生很大的压力，出现“鼓泡”现象，使钢筋变脆。产生氢脆的钢筋在受到超过临界值的拉力作用时，便会发生断裂。硫化氢是引起预应力钢筋氢脆的介质之一。

*（二）混凝土的溶蚀机理*

在海水区的混凝土还会产生溶蚀，导致其强度降低。水泥的主要矿物成分为硅酸三钙、硅酸二钙、铝酸三钙及铁铝酸四钙等。水化后，其主要生成物有凝胶（水化硅酸钙、水化铁酸钙），晶体（氢氧化钙、水化铝酸钙、水化硫酸钙）。海水环境的混凝土，其水化生成物与海水中

的镁盐、$SO_4^{2-}$ 发生反应，其反应式为：

$$MgSO_4 + Ca(OH)_2 \rightarrow CaSO_4 + Mg(OH)_2$$

$$MgCl_2 + Ca(OH)_2 \rightarrow CaCl_2 + Mg(OH)_2$$

反应生成物 $CaSO_4$、$CaCl_2$ 是易溶物质，且海水富含的 NaCl 还会增加它们的溶解度，同时 NaCl 也会提高 $Mg(OH)_2$、$Ca(OH)_2$ 的溶解度而将它们浸出，使混凝土孔隙率增大，结构被削弱，强度降低。有试验研究表明，浸于浓度 5% 的 HCl、$Na_2SO_4$ 溶液中 118d 的混凝土，其抗压强度降低显著[23]。

因此，了解和认识钢筋腐蚀对混凝土结构耐久性影响的重要性，做好预防性养护措施，在设计和施工中必须采取有效的防腐措施来提高混凝土结构耐久性，以保证桥梁的使用功能和寿命。

## 第二节　氯盐环境下桥梁检查

在本书的第三章至第八章已有针对性地对各种不同桥型的特点阐述了其重点检查部位和检查内容，在海洋环境中，还要重点检查海水区、浪溅区、海雾区的混凝土部件，重点检测这些部件的混凝土表面是否有锈斑，是否有顺筋裂缝，保护层是否剥落等，必要时还要检测混凝土中氯离子浓度、钢筋锈蚀率等，为评定其技术等级，进而确定维修加固对策提供依据。根据相关文献，编者提出的结构技术状况等级划分见表 11-1。

**海洋环境混凝土桥梁结构技术状况等级评定表**　　表 11-1

| 结构技术状况等级 | 技术状况描述 | 主 要 特 征 |
|---|---|---|
| Ⅰ | 健康 | 无钢筋锈蚀 |
| Ⅱ | 低度损伤 | 钢筋开始锈蚀，但尚未造成混凝土开裂 |
| Ⅲ | 中度损伤 | 表面有锈斑、锈迹及可见锈胀裂缝 |
| Ⅳ | 重度损伤 | 严重锈胀开裂及混凝土剥落 |
| Ⅴ | 破坏 | 结构失效 |

## 第三节　氯盐环境下混凝土结构常见病害及维修加固实例

### 一、氯盐环境下混凝土常见病害及病变成因

在氯盐环境下桥梁混凝土结构出现的表层缺陷往往为混凝土结构内部的钢筋腐蚀提供了便捷的途径，混凝土表观缺陷病变最终影响到混凝土桥梁结构的耐久性，其产生原因与钢筋锈蚀的关系见表 11-2。混凝土保护层常见病害示意图详见图 11-1。混凝土表面缺陷常见有保护层剥落、崩角，水下混凝土保护层剥落、冲蚀以及桥面撒除冰盐后产生钢纤维锈蚀等，如图 11-2 ~ 图 11-6 所示。

混凝土表观病变与钢筋锈蚀病害　　表 11-2

| 病害特征 | 病变形态 | 病变产生原因 | 病变出现时间 | 锈蚀疾害程度 | 备注 |
|---|---|---|---|---|---|
| 施工冷缝 | 与构件厚度、高度垂直，表面呈羽状多孔 | 混凝土浇注间歇时间超过初凝时间 | 早期 | 钢筋可能锈蚀 | — |
| 露筋 | 钢筋局部暴露在混凝土表面 | 钢筋错位或局部无保护层 | 早期 | 钢筋锈蚀 | — |
| 变形裂缝 | 与主筋垂直的裂缝 | 因超载、温度变化、地基沉陷所引起 | 早、中、晚期 | 钢筋锈蚀（一般局限于裂缝附近） | 裂缝小于0.2mm时钢筋一般不会生锈 |
| 疏松剥落 | 混凝土表层大面积疏松、剥落或露筋 | 氯盐、硫酸盐侵蚀 | 中后期 | 钢筋锈蚀或严重锈蚀 | — |
| 空鼓层裂 | 敲击混凝土表面有空鼓声 | ①表层混凝土因钢筋锈蚀内部裂开分层；②表面蜂窝 | ①中后期；②早期 | ①钢筋锈蚀；②钢筋可能锈蚀 | — |
| 锈斑 | 棕色点状或块状锈斑 | 混凝土密实性低或钢筋保护层厚度不足 | 中、后期 | 钢筋锈蚀 | — |
| 暴筋 | 混凝土保护层沿钢筋局部脱落露筋 | 钢筋保护层过薄 | 中、后期 | 钢筋锈蚀或严重锈蚀 | 病变多产生在箍筋处 |
| 顺筋裂缝 | 沿主筋、分布筋、箍筋位置出现与钢筋平行的裂缝 | 混凝土密实性低、钢筋保护层厚度不足、盐污染或碱集料反应开裂 | 后期 | 钢筋锈蚀或严重锈蚀 | 也可能为变形裂缝，先产生裂缝后引起钢筋锈蚀 |
| 胀裂脱落 | 混凝土保护层呈碎片状胀裂、脱落或露筋 | 混凝土密实性低或钢筋保护层厚度不足 | 后期 | 钢筋严重锈蚀 | — |

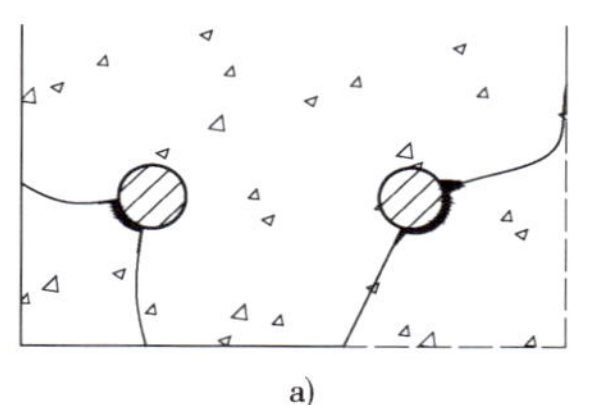
a)

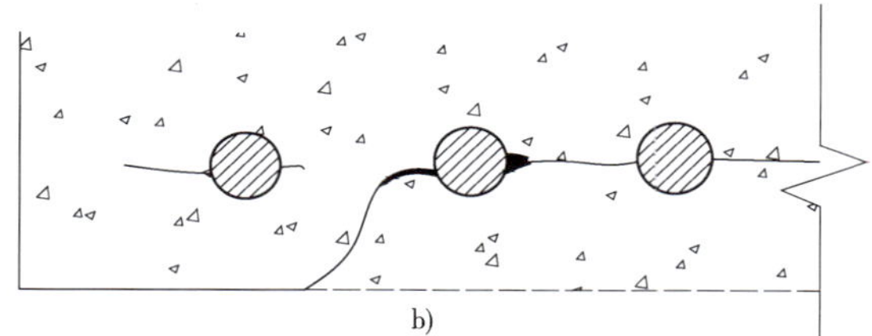
b)

图 11-1　保护层胀裂、掉角和脱落示意
a）混凝土保护层胀裂与掉角；b）混凝土保护层层裂与剥落

a)

b)

图 11-2　混凝土保护层剥落、崩角、钢筋锈蚀
a）主梁板底混凝土剥落，主筋外露、锈蚀；b）主梁边板混凝土崩角脱落，钢筋严重锈蚀

a)

b)

图 11-3　混凝土顺筋开裂、剥落、钢筋外露锈蚀

a) 主拱肋中端混凝土顺筋开裂剥落、钢筋严重锈蚀；b) 桥墩混凝土顺筋开裂剥落，钢筋锈蚀

a)

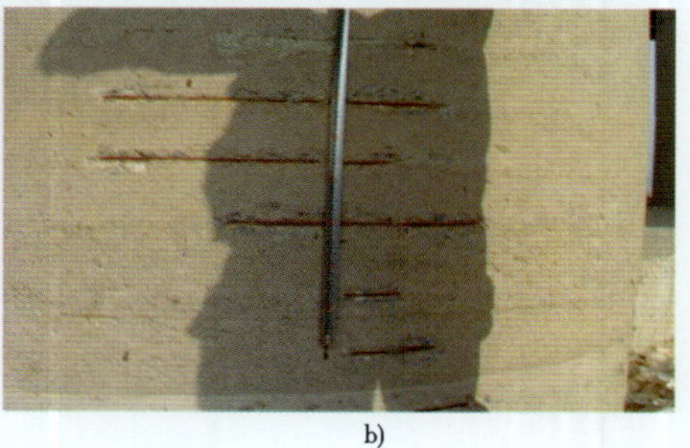

b)

图 11-4　混凝土层状开裂剥落、钢筋外露锈蚀

a) 托梁混凝土保护层层状剥落、钢筋锈蚀；b) 腹拱混凝土层状剥落露筋锈蚀

a)

b)

图 11-5　桩基水下混凝土保护层被冲蚀淘空剥落、钢筋外露锈蚀

a) 桩基水下混凝土保护层被冲蚀脱落、钢筋外露；b) 桩基水下混凝土保护层被冲蚀淘空、有效截面变小

a)

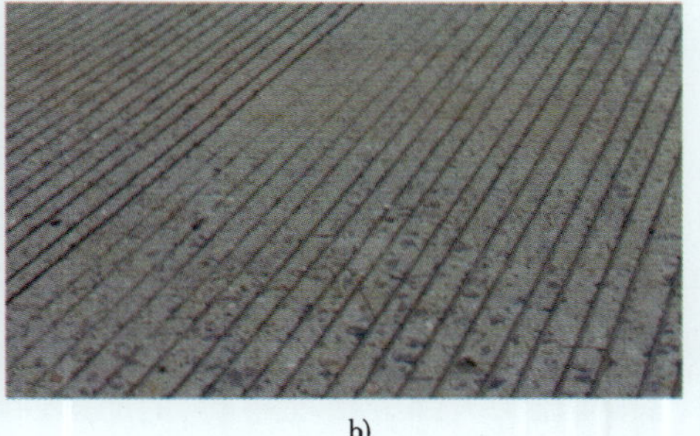

b)

图 11-6　撒除冰盐后残留氯盐导致钢纤维锈蚀

## 二、在役桥梁的维修加固对策

海洋环境中的钢筋混凝土桥梁,检查并根据表11-1评定构件技术等级后,编考建议按表11-3维修加固。由于钢筋隐藏于混凝土中,在早期无法从外观判定钢筋锈蚀情况,应采用专门仪器检测氯离子浓度和钢筋锈蚀率。

海洋环境的钢筋混凝土构件维修加固建议表　　表11-3

| 结构技术状况等级 | 结构鉴定 | 评估与决策 | | 建议维修加固措施 |
|---|---|---|---|---|
| Ⅰ | 测定氯离子浓度 | 预测剩余寿命 | 满足要求 | |
| | | | 不满足要求 | 表面涂层 |
| Ⅱ | 测定混凝土氯离子浓度,测定钢筋腐蚀状态 | 预测锈蚀开始时间 | | 脱盐、表面涂层 |
| Ⅲ | 测定混凝土氯离子浓度,测定钢筋腐蚀状态 | 评估结构承载力退化量 | | 凿除疏松混凝土层、钢筋除锈、增设主筋恢复承载力、外包耐腐蚀高性能混凝土 |
| Ⅳ | 测定钢筋腐蚀状态 | 评估结构承载力退化量 | | |
| Ⅴ | | | | 拆除重建 |

## 三、维修加固实例

### (一)尖山大桥病害成因分析及维修加固实例

1.盖梁、系梁、墩柱等混凝土保护层剥落,顺筋胀裂,钢筋严重锈蚀等病害成因分析

钦州至防城港高速公路的尖山大桥(桩号为S221,K35+621)处于沙潭江水流由上游侧下泄淡水流和海潮咸水流、风吹流等构成的海洋环境。按《岩土工程勘察规范》(GB 50021—94)的腐蚀性评价标准和《水运工程混凝土质量控制标准》(JTJ 269—96)等对尖山大桥所处海洋环境评价结果为Ⅱ类环境,属湿润区、半湿润区(气候区),直接临水或位于强透水土层的地下水中,有干湿交替作用,无冰冻。尖山大桥海水环境混凝土部位:-1.29m以下桩基部分为水下区,属于中等硫酸盐腐蚀;-1.29~6.5m的所有桥台、墩柱、系梁、桩基为浪溅区和水位变动区,属于强氯离子钢筋锈蚀;6.5m以上部分墩柱及盖梁上构为大气区,属于中腐蚀。根据病害检测结果显示墩柱的主筋保护层厚度为3~5cm,箍筋保护层厚度为2~3cm。系梁的主筋保护层厚度为2.5~5cm,箍筋保护层厚度为1~3cm。由于混凝土保护层过薄,在强腐蚀的环境下,桥墩、系梁、盖梁大部分出现露筋、钢筋锈蚀膨胀,导致在顺筋方向出现混凝土保护层胀裂、脱落的现象(图11-7、图11-8),进而在腐蚀环境下不断发展,加速混凝土内部钢筋锈蚀,直接影响结构的耐久性和安全。

a)

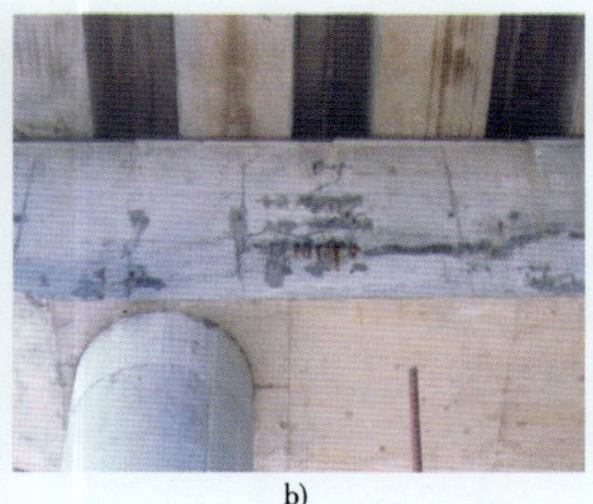

b)

图 11-7　盖梁混凝土保护层胀裂、剥落,钢筋锈蚀病害

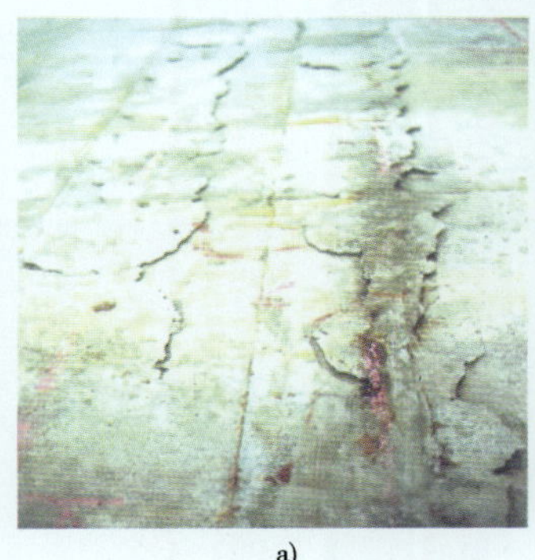

a)

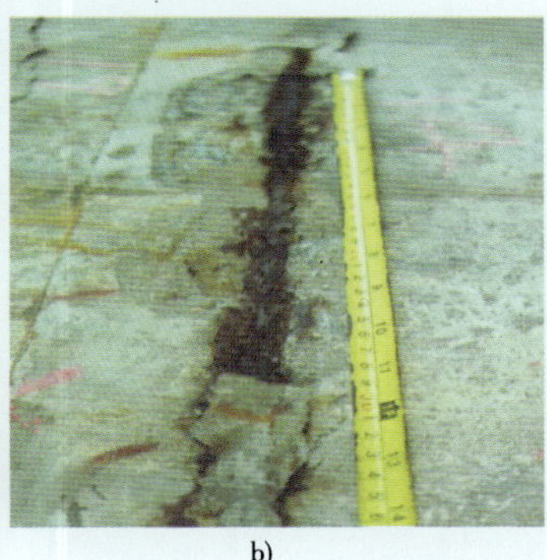

b)

图 11-8　墩柱混凝土顺筋胀裂、钢筋锈蚀

2. 维修措施

通过对该桥的病害进行详细检测和综合分析,对该桥的系梁、盖梁、桥墩柱等进行防腐处理。

(1)系梁防腐处理施工方案

①在系梁底部人工开挖深 1m,宽 2m,长度跟系梁长度相同的基坑,敲掉系梁底面 70mm 厚混凝土。

②用高压水射流冲洗系梁混凝土表面,各剥除 70mm 厚混凝土。

③用高压水射流冲洗钢筋除锈,冲洗混凝土表面,清除氯离子。如锈蚀已使钢筋横截面面积缺损超过 20%,则必须新加钢筋焊接于原钢筋上。

④制作钢筋骨架,用短钢筋焊接在原系梁的受力钢筋上。短钢筋直径为 20mm。控制好钢筋骨架安装精度,确保钢筋保护层厚度。

⑤安装模板,系梁采用组合钢模板拼装,使用吊车进行安装,支撑主要采用外侧周边支撑的方式。

⑥模板安装完毕后,在系梁底面、两侧及顶面浇注耐腐蚀混凝土(厚 170mm)。

⑦浇淡水养护 7d 后,用防水涂料涂抹于系梁混凝土表面。

(2)盖梁防腐处理

①用高压水枪冲射锈蚀部位表面混凝土,剥除 50mm 厚混凝土保护层,同时用水流除锈、除盐。

②用耐腐蚀砂浆填补锈蚀部位,在盖梁表面涂抹 20mm 厚耐腐蚀砂浆。

③最后用防水涂料涂抹盖梁表面,对其余未出现钢筋锈蚀的盖梁也用防水涂料进行防护。

盖梁防腐施工处理后效果见图11-9。

(3)墩柱防腐处理

①用高压水枪冲射墩柱顶部下1m至墩柱底部的混凝土表面,剥除70mm厚混凝土。冲洗钢筋除锈,如锈蚀已使钢筋横截面积缺损超过20%,则必须新加钢筋焊接在原钢筋上。

②制作钢筋骨架,用短钢筋焊接在原墩柱的受力钢筋上。短钢筋直径为20mm。

③由于墩柱较高,需分两层立模浇注混凝土。模板采用组合钢模板。测量校正后,浇注耐腐蚀混凝土(170mm厚)。

④用淡水喷洒养护7d。

⑤人工把墩柱顶部至墩柱顶部下1m处混凝土表面凿毛,清洗,涂抹20mm厚耐腐蚀砂浆,所有墩柱按以上程序处理完后,再从上至下涂抹一层防水涂料。

桥梁墩柱防腐施工处理后效果见图11-10。

图11-9　盖梁防腐施工处理后效果

图11-10　桥梁墩柱防腐施工处理后效果

(4)耐腐蚀混凝土、砂浆配合及浇注施工注意要点

①材料配合比

a.耐腐蚀混凝土配合比为:

水∶水泥∶砂石∶阻锈剂∶膨胀剂∶减水剂=0.42∶1∶1.63∶2.44∶0.036∶0.1∶0.1∶0.08

b.耐腐蚀砂浆配合比为:

水∶水泥∶砂∶水泥改性剂=0.35∶1∶1∶0.15

②施工注意要点

a.混凝土原料堆放要防止受潮和盐污染,砂的细度模数不小于2.3,含泥量不大于2%,碎石含粉(泥)量不大于0.8%。

b.浇注前,在原旧混凝土表面抹界面处理剂。

c.采用强制式搅拌机搅拌,搅拌时间一般不少于90s。

d.混凝土应分层浇注,每层厚度应为30~50cm,采用插入式振捣棒,振捣时间为15~30s,振点间距30~40cm,插入深度应到达下层混凝土5cm以上。

e.砂浆涂抹前用界面处理剂处理原混凝土表面。

f.为保证工程的施工质量,在施工过程中对全桥原材料与施工工艺进行检查控制,控制检

查的项目如表11-4。

原材料与施工工艺检查控制项目　表11-4

| 项　目 | | 检查控制内容 |
|---|---|---|
| 材料 | 钢筋 | 出厂证明、机械性能检验 |
| | 水泥、硅粉 | 出厂证明、物理化学性能检验 |
| | 砂石 | 级配、含泥量、压碎值 |
| | 外加剂 | 出厂证明、有害物质含量 |
| | 水 | 水质分析 |
| 工艺 | 钢筋工程 | 制作安装数量、位置、间距、长度、保护层及焊接质量 |
| | 模板工程 | 中心偏位、标高、顺直度、平整度、垂直度 |
| | 混凝土工程 | 配合比、抗压强度、外观 |

3. 维修加固后的效果

该桥防腐蚀处理工程于2001年10月30日完成投入使用后，经过7年的使用，处理部位无新的钢筋锈蚀、水泥混凝土表面剥落病害产生，质量效果良好。通过及时有效地对桥梁进行防腐处理，既保证了结构的安全，也满足通行功能要求，同时提高了桥梁结构耐久性，延长了桥梁使用寿命。

（二）G050 K1 177 +740 南流江大桥病害分析及维修加固实例

南流江大桥位于渝湛线南北高速公路K1 177 +740处，该桥处于沿海地区海洋环境，其上部结构为30孔30m T形预应力连续梁，主梁为等高变截面预应力装配式T梁，桥幅横向布置6片T梁。下部结构两桥台（0号，30号）为三柱式桥台，桥墩（1号~29号）为二柱式桥墩，桥面系为C30钢纤维混凝土，分别在0号台、10号墩、20号墩、30号台设置伸缩缝。30m连续梁用GJZF四氟滑板式橡胶支座及GHZ板式橡胶支座，相应墩台顶每列T梁设置一块。该桥于1998年9月建设，2000年8月通车使用。

该桥受海洋环境氯离子侵蚀作用的影响，并且在原设计施工中未采取提高混凝土耐久性和抗腐蚀的措施，混凝土保护层过薄，在氯盐侵蚀下，桥墩、主梁大部分出现露筋、混凝土保护层胀裂脱落以及支座钢板锈蚀等现象。桥梁出现的露筋、混凝土保护层剥落的病害，在海洋气候氯盐腐蚀环境下，会使桥梁内的钢筋加速锈蚀，威胁桥梁结构的安全。为此，需对桥梁受腐蚀部分进行维修加固处理。

1. 桥墩防腐涂装处理方案

（1）混凝土表面清理及找平

①搭设脚手架，安装吊船，经安全检查后用电动角磨机打磨混凝土表面，除去表面疏松层。凿除胀裂或松动的混凝土，最小深度不小于2cm，处理范围内必须露出新混凝土粗骨料。用高压水枪喷射冲洗墩柱混凝土表面，冲洗后自然干燥。质量要求为：冲洗后混凝土表面应洁净、牢固密实无松动，局部混凝土凸面磨平。

②对腐蚀的钢筋除锈，有条件的尽量采用喷砂除锈，等级不低于SQ2级。

③把碎混凝土、杂物、灰尘等清除干净。

④对桥墩外露的钢筋和型钢进行表面除锈处理，然后进行环氧钢筋防护：先刷一道底层黏

结剂，然后再刷一道环氧树脂，干燥后再刷第二道环氧树脂。

⑤对混凝土局部大的凹陷、孔洞及裂缝处可以采用丙烯酸乳胶水泥砂浆或环氧树脂砂浆进行局部修补，再用丙烯酸乳胶水泥腻子批刮，也可以先涂装环氧封闭底漆，然后用环氧腻子批刮补平。

(2)混凝土表面防腐涂装

①封闭底漆施工

环氧封闭底漆为双组分，在使用前将甲乙组分混合搅拌均匀后即可使用，要求涂刷完成涂膜干燥后，混凝土表面密实，有可见漆层。

②环氧腻子施工

将环氧腻子按规定比例将甲乙组分混合搅拌均匀后，满刮一道，刮平表面。经过中间检查后进入下一工序。

③环氧厚膜型中涂漆施工

将环氧厚膜型中涂漆按规定比例将甲乙组分混合搅拌均匀后，可采用刷涂、辊涂或高压无空气喷涂方式施工两道。

④脂肪族聚氨酯面漆施工

将面漆按规定比例将甲乙组分混合搅拌均匀后，可采用刷涂、辊涂或高压无空气喷涂方式施工两道。

防腐处理施工后效果见图11-11。

混凝土表面涂层方案见表11-5。

图11-11　桥墩防腐处理施工后效果

**混凝土表面涂层方案**　　表11-5

| 类　别 | 所用涂料或材料 | 施工方式 | 涂膜厚度 |
|---|---|---|---|
| 封闭底漆 | FPP502 环氧封闭底漆 | 采用辊涂、刷涂或喷涂方式涂装 | 涂装1～2道，直至底材完全封闭 |
| 渗透性底漆找平腻子 | FF516 环氧腻子 | 采用刮涂方式满刮一道 | 要求表面平整顺滑 |
| 中涂漆 | EPM333 环氧厚膜型中涂漆 | 采用辊涂、刷涂或无空气喷涂方式 | 涂装2道 |
| 面漆 | PU413 脂肪族聚氨酯面漆 | 采用辊涂、刷涂或喷涂方式 | 涂装2道 |

2. 支座上楔形钢板防腐处理

施工工艺流程：需防腐区域表面清理→配漆→喷涂防腐漆。

(1)需防腐区域表面清理

①人工除锈时质量等级不低于现行《涂装前钢材表面锈蚀等级和除锈等级》(GB 8923)的ST2级，有条件的尽量采用喷射除锈，等级不低于SQ2级；

②钢材表面应用工具除污、除锈，用干净的丙酮擦拭一遍以除去油污，待丙酮挥发干净后方可喷涂底漆。

(2)配漆

配漆时油漆和固化剂必须严格按比例进行调配，不可任意修改。

(3)喷涂防腐漆

①钢板除锈后,首先喷涂红丹防锈底漆,再涂两道防腐面漆。

②每一涂层应采用喷涂工艺。喷涂每一层油漆的间隔时间一定要满足漆的凝固龄期。

③油漆涂层干漆膜涂装时应均匀,应避免多次和反复来回,不能造成表面橘皮、流挂、坑凹或辊痕。

④涂装干膜厚度应达到规定值,检测点的漆膜厚度合格率须大于95%。

⑤涂装过程中的环境条件、每层涂装时间间隔以及使用的机具设备等均应满足涂装施工工艺和涂料说明书的要求。

图 11-12　支座防腐处理施工后效果

防腐处理施工后效果见图 11-12。

## 第四节　氯盐环境下桥梁耐久性设计

在氯盐环境下,要进行混凝土结构防腐蚀,首先应对混凝土结构进行防腐蚀耐久性设计。混凝土结构的防腐蚀耐久性定义为:在正常设计、施工、使用和维护条件下,混凝土结构在设计工作寿命期内所具有的防止钢筋锈蚀导致混凝土破坏的能力。混凝土结构防腐蚀耐久性设计,应针对结构预期功能和所处环境,选择合理的结构形式、构造和具有良好的密实度、抗渗性和抗腐蚀性的混凝土,以及必要时采用高性能混凝土和特殊防腐蚀措施,以使混凝土结构自身具备达到预期使用寿命的基本条件。目前我国混凝土工程在海洋环境下防腐蚀的依据,基本是按交通部发布的中华人民共和国行业标准《海港工程混凝土结构防腐蚀技术规范》(JTJ 275—2000)和《公路工程混凝土结构防腐蚀技术规范》(JTG/T B07-01—2006)执行。在规范要求的混凝土结构耐久性设计中根据桥梁所处的海洋大气及海水环境等综合论述,其他环境可根据海洋大气及海水环境防腐,参照寿命要求针对性地对部分采用海洋环境的方案和措施,主要从混凝土的原材料控制、施工控制、配合比设计以及采用高性能混凝土和附加防腐措施等。

### 一、混凝土的原材料控制

所用的材料除应满足强度要求外,尚应充分考虑环境条件的影响,具有所需的耐久性。在使用时应按照现行相关行业标准进行质量控制,应符合国家现行有关标准的规定并满足设计要求。

#### (一)配制耐久性混凝土水泥材料要求

(1)配制耐久混凝土一般应选用品质稳定的硅酸盐水泥或普通硅酸盐水泥。除必须符合现行水泥国家标准外,对于环境严重作用(D、E、F 级)下的混凝土,宜采用硅酸盐水泥或低热水泥,否则应详细了解或检测水泥生产中加入的矿物混合材料的品种、掺量和质量,与配制混凝土时掺入的矿物掺和料一并计算所占胶凝材料总量的百分比,并应符合现行规范对于不同环境类别下胶凝材料中掺和料用量的限制要求。

(2)在严重腐蚀环境作用(D、E、F级)下,水泥的 $C_3A$ 含量不宜超过8%(对海水环境,可到10%),水泥细度(比表面积)不宜超过350$m^2$/kg,游离氧化钙不宜超过1.5%。宜采用 $C_2S$ 含量较高而水化热较低的硅酸盐类水泥品种,亦可针对具体环境特点而选用低热膨胀水泥、硅酸盐水泥和铁铝酸盐水泥等特种水泥。

(3)混凝土中的总含碱量一般不宜超过3kg/$m^3$。

(4)使用新型胶凝材料原料时,应通过专门试验研究提供可靠的科学试验依据,证明其配制的混凝土耐久性能够满足工程试验的环境条件,并通过技术鉴定后方可使用,施工时必须严格按照要求进行。

(二)配制耐久混凝土的集料要求

(1)粗集料质地均匀、粒形(针片状颗粒含量<7%)和级配良好、洁净且坚实(压碎指标不大于10%,吸水率不大于2%),为减少混凝土用水量宜用单粒级石子进行两级配或三级配投料使用。细集料为级配良好的中粗河砂。当缺少河砂资源时,经试配合格,亦可使用符合国家标准的人工砂。

(2)在季节变化或昼夜温差悬殊的环境中使用的混凝土,应选用线胀系数较小的粗集料;处于冻融循环下的重要工程混凝土,应进行集料的坚固性试验和抗冻融试验。集料坚固性试验结果失重率应小于5%(细集料)或10%(粗集料)。

(3)对于可能处于干湿循环、冻融循环下的混凝土,粗、细集料中的含泥量应分别低于0.7%和1%;硫酸盐和硫化物折合 $SO_3$ 含量均不宜超过胶凝材料重的0.5%。

(4)氯盐腐蚀环境严重作用(D、E、F级)下的混凝土,不宜采用抗渗性较差的岩质(某些花岗岩、砂岩等)作为粗、细集料。此外,粗集料的最大粒径不宜超过25mm(大体积混凝土除外),且不得超过保护层厚度的2/3。

(5)细集料不宜采用海砂。但在受环境条件限制的情况下不得不使用海砂时,必须经过冲洗,且冲洗后氯离子含量应符合规范要求。对于预应力混凝土和一级设计基准期要求的重要工程严禁使用海砂。

(6)粗集料的最大粒径应满足《海港工程混凝土结构防腐蚀技术规范》(JTJ 275—2000)的规定要求。

(7)不得采用可能发生碱—集料反应的活性集料。对处于潮湿环境中的混凝土,因条件限制不得不使用有潜在碱活性的集料时,应限制水泥中含碱量,并掺用大掺量的矿物掺和料(粉煤灰≥40%、矿渣≥50%、火山灰30%)。

(三)拌和用水要求

(1)拌和用水宜采用城市供水系统的饮用水,不得采用海水。当采用其他水源时,应符合混凝土施工规范的有关规定要求。

(2)钢筋混凝土和预应力混凝土的拌和用水的氯离子含量不宜大于200mg/L。

(四)配制耐久混凝土所用掺和料要求

配制耐久混凝土所用的粉煤灰、磨细矿渣、硅灰等矿物掺和料,应保证品质稳定、来料均匀。矿物掺和料的用量与水泥中的粉煤灰、矿渣等混合材料加在一起,在混凝土胶凝材料总量

中的比例应符合对不同环境类别下的要求。最好不用商品复合矿物掺和料，而在配制混凝土时根据工程需要而灵活变动复合的比例。

(1)粉煤灰

选用通过电收尘、干排放的Ⅰ、Ⅱ级低钙粉煤灰(CaO≤10%)，重点控制其含碳量(以烧失量表示)。

(2)磨细高炉水淬矿渣

选用磨细高炉矿渣的勃氏比表面积不宜低于350$m^2$/kg，一般不宜超过450$m^2$/kg。

(3)硅灰

硅灰中二氧化硅的含量宜≥85%，勃氏比表面积≥18 000$m^2$/kg。硅灰掺量一般不超过胶凝材料总重的8%，且宜与其他矿物掺和料复合使用。

(五)配制耐久混凝土选用的化学外加剂要求

(1)选用高效减水剂或复合减水剂，应通过净浆试验检验比较其与工程所用水泥、矿物掺和料以及其他外加剂之间的相溶性。高效减水剂中硫酸钠的含量不大于减水剂固体净重的15%。

(2)选用的引气剂或引气型外加剂应有良好的气泡稳定性，符合现行《混凝土外加剂》(GB 8076)中有关快冻试验检测的要求，并能出示合格数据和在类似的工程施工方法(泵送、振捣等)中成功应用的证明。用于提高混凝土抗冻性的引气剂、减水剂和复合外加剂内，均不得掺有木质磺酸盐组分。

(3)不得采用含有氯盐的防冻剂。在气温不低于－15℃的条件下，应尽量不使用防冻剂而采取蓄热法施工。

(六)混凝土拌和料中氯离子含量要求

混凝土拌和料中因各种原材料(水泥、矿物掺和料、集料、外加剂和拌和水等)引入的水溶氯离子总量，对一般环境下处于潮湿和干湿交替环境条件的钢筋混凝土，应不超过胶凝材料重的0.2%；如不受潮湿，则不超过0.3%。对于海水、除冰盐和其他氯盐环境下的钢筋混凝土，应不超过胶凝材料重的0.1%。预应力混凝土拌和物中的水溶氯离子总量则不应超过胶凝材料中的0.06%。外加剂质量应符合现行国家标准要求，其对混凝土的性能应无不利影响。

(七)最低强度等级、最大水胶比、胶凝材料最小用量、胶凝材料总量、氯离子扩散系数的要求

配制耐久性钢筋混凝土材料要求最低强度等级、最大水胶比、胶凝材料最小用量应按《公路工程混凝土结构防腐蚀技术规范》(JTG/T B07-01—2006)的规定要求进行，详见表11-6。不同强度等级混凝土的胶凝材料总量要求如下：C40以下不宜大于400kg/$m^3$；C40～C50不宜大于450 kg/$m^3$；C60及以上不宜大于500 kg/$m^3$(非泵送混凝土)和530 kg/$m^3$(泵送混凝土)。

(1)除长期处于湿润环境、水中环境或潮湿土中环境的构件可以采用大掺量粉煤灰(掺量可不大于50%，而水胶比应随掺量增加而减小)混凝土外，对暴露于空气中的一般构件混凝土，粉煤灰掺量不宜大于20%，且单方混凝土胶凝材料中的硅酸盐水泥用量不宜小于240kg。

(2)冻融环境下环境作用等级在D级及以上的混凝土必须掺用引气剂，对引气混凝土的最

**耐久性设计要求混凝土的最低强度等级、最大水胶比和胶凝材料最小用量（kg/m³）** 表 11-6

| 设计基准期 / 环境作用等级 | 100 年 | | | 50 年 | | |
|---|---|---|---|---|---|---|
| | 最低强度等级 | 最大水胶比 | 最小胶凝材料用量 | 最低强度等级 | 最大水胶比 | 最小胶凝材料用量 |
| A | C30 | 0.55 | 280 | C25 | 0.60 | 260 |
| B | C35 | 0.50 | 300 | C30 | 0.55 | 280 |
| C | C40 | 0.45 | 320 | C35 | 0.50 | 300 |
| D | C45 | 0.40 | 340 | C40 | 0.45 | 320 |
| E | C50 | 0.36 | 360 | C45 | 0.40 | 340 |
| F | C50 | 0.32 | 380 | C50 | 0.36 | 360 |

注：①大掺量矿物掺和料混凝土的水胶比应不大于 0.42。

②大截面配筋墩柱如能提高钢筋的混凝土保护层厚度，则在无氯盐的一般环境下（C 级及以下），所采用的混凝土强度等级可低于表中的最低要求，但两者差值应不大于 10MPa 且不应低于素混凝土强度的要求。当采用的混凝土强度等级比表中规定的低 5MPa 时，相应的保护层厚度应比表 11-8 中规定值增加 5～10mm；当采用的混凝土强度等级比表中规定的低 10MPa 时，相应的保护层厚度应增加 10～15mm。

低强度等级、最大水胶比和胶凝材料最小用量可按环境作用等级降低一个等级取用。冻融环境作用等级为 C 的混凝土可不加引气剂，但要求混凝土不低于 C40。冻融环境下混凝土胶凝材料中的粉煤灰掺量不宜超过 30%，并应限制所用粉煤灰的含碳量（宜不大于 2%）。

（3）在海水和除冰盐等氯盐环境下，不宜单独采用硅酸盐或普通硅酸盐水泥作为胶凝材料配制混凝土，应掺加大掺量或较大掺量矿物掺和料，并宜加入少量的硅灰。海水环境下也不宜单独采用抗硫酸盐的硅酸盐水泥配制混凝土。

（4）用于氯盐腐蚀环境中的钢筋混凝土构件，其混凝土 28d 龄期的氯离子扩散系数 $D_{RCM}$ 值，宜符合表 11-7 的要求。

（5）硫酸盐等化学腐蚀环境下应采用 $C_3A$ 含量低的水泥并适当掺加矿物掺和料，严重化学腐蚀环境下的耐久性混凝土宜通过专门的试验研究确定。

**混凝土中的氯离子扩散系数 $D_{RCM}$（28d 龄期，$10^{-12}m^2/s$）** 表 11-7

| 环境作用等级 / 结构设计基准期 | D | E 以上 |
|---|---|---|
| 100 年 | <7 | <4 |
| 50 年 | <10 | <6 |

注：①表中的 $D_{RCM}$ 值，是标准养护条件下 28d 龄期混凝土试件的测定值，仅适用于氯盐环境下建议采用的较大掺量和大掺量矿物掺和料的混凝土。对于其他组分的混凝土以及更长龄期的混凝土，应采用更低的 $D_{RCM}$ 值作为抗氯离子侵入性能的评定依据。

②扩散系数 $D_{RCM}$ 的测试方法见《公路工程混凝土结构防腐蚀技术规范》（JTG/T B07-01—2006）中附录 A。

### （八）混凝土结构保护层厚度要求

（1）对于可能处于高度水饱和状态并遭受冻融、硫酸盐、碳酸等侵蚀的薄壁混凝土构件，应适当增加混凝土或混凝土保护层的厚度。用于构件强度计算和标注施工图上的钢筋（主筋、箍筋和分布筋）保护层厚度（钢筋外缘至混凝土表面的距离），一般不应小于表 11-8 中的

保护层最小厚度 $C_{min}$ 与保护层厚度的施工允许误差 $\Delta$ 之和，即 $C=C_{min}+\Delta$，式中的施工允许误差根据施工验收要求的严格程度而定，对现浇混凝土构件一般可取10mm；对工厂生产的预制构件可取0～5mm。

**混凝土保护层最小厚度 $C_{min}$(mm)**　　表11-8

| 环境作用等级 | | B | C | D | E | F |
|---|---|---|---|---|---|---|
| 板、墙等平面形构件 | 设计基准期不低于50年 | 20 | 30 | 40 | 45 | 50 |
| | 设计基准期不低于100年 | 30 | 40 | 45 | 50 | 55 |
| 柱等条形构件 | 设计基准期不低于50年 | 30 | 35 | 45 | 50 | 55 |
| | 设计基准期不低于100年 | 35 | 45 | 50 | 55 | 60 |

注：①表中的混凝土保护层厚度与表11-6的混凝土最低质量要求和对不同环境类别下混凝土胶凝材料的选用范围相应。如实际采用的混凝土水胶比低于表11-6中的数值，且水胶比不大于0.45，或实际采用的混凝土强度比表11-6的最低值高10MPa时，则保护层的最小厚度可比表中数值适当减小，但减小的厚度一般不宜超过5mm。

②表中的保护层最小厚度值如小于所保护钢筋的直径，则取与钢筋直径相同。

③引气混凝土的保护层厚度可按环境作用等级降低一个等级取用。

④直接接触混凝土体浇注的混凝土保护层厚度应不小于7cm。

⑤受风沙磨蚀，或处于流动水中，或同时受水中泥沙冲击侵蚀的构件保护层厚度应适当增加1～2cm。特殊磨蚀环境下应通过专门研究确定。

⑥如有可靠的附加防腐蚀措施并通过专门的论证，保护层厚度可适当降低。

⑦对于硫酸盐化学腐蚀环境，如无干湿交替，保护层最小厚度可取：板35mm，梁柱40mm。

(2)处于C级及以上环境作用下的结构构件，其最外层箍筋或分布筋的保护层厚度必须计入施工允许误差。钢筋的混凝土保护层最小厚度，尚应满足有关规范规定的关于与混凝土集料最大粒径相匹配的最低要求。

(3)预应力钢筋的混凝土保护层厚度，一般不应小于预应力钢筋保护层最小厚度与保护层厚度施工允许误差之和。后张预应力钢筋的保护层厚度为孔道管(或护套)外缘至混凝土表面的距离。当预应力钢筋的孔道管或护套具有可靠的密封和防锈性能时，保护层最小厚度取值可与普通钢筋的混凝土保护层最小厚度相同，否则应比表11-8中规定的数值增加1cm。先张预应力钢筋的保护层最小厚度应比普通钢筋的混凝土保护层最小厚度大1cm。预应力钢筋保护层厚度的施工允许误差可取与普通钢筋的相同。

(4)当环境作用等级为C级及以上时，后张有黏结预应力筋应采用全长连续密封的高密度塑料波纹管作为孔道管(导管)，并应用真空压浆技术。预应力筋的锚固端应有可靠的防锈措施，封端混凝土应具良好的抗裂性，水胶比不大于0.4；金属锚具的混凝土保护层厚度一般不小于6cm，在盐类腐蚀环境下应不小于9cm并加塑料密封罩。

(5)对于严重锈蚀环境下的构件，浇筑在混凝土中并部分暴露在外的吊环、紧固件、连接件等铁件应与混凝土构件中的钢筋隔离。

## 二、耐久性混凝土施工要点

(1)在混凝土施工前，施工单位应按照混凝土结构防腐蚀耐久性设计的要求，制定保证混凝土施工质量的措施和实施细则，根据设计文件提供的环境类别和作用等级、工程设计基准期和混凝土的技术要求，精心选择原材料，进行混凝土试配，在试验室试验的基础上优选混凝土配合比。重大工程应在现场进行试浇注。当对设计文件有疑问或疑义时,应主动与设计人员讨论解决。

(2)耐久混凝土的施工质量控制重点有:混凝土振捣均匀、密实,混凝土的养护,钢筋的混凝土保护层厚度,施工阶段的混凝土裂缝控制。

(3)应仔细规划混凝土结构的施工顺序,以尽量减少新浇注混凝土硬化过程中的收缩应力与开裂,如墩、梁、板分段分块浇注的施工缝间隔、浇注顺序和设置后浇带等。

(4)浇注混凝土前,应仔细检查保护层垫块的位置、数量及其紧固程度。构件侧面和底面的垫块应至少为4个/$m^2$,绑扎垫块和钢筋的铁丝头不得伸入保护层内。保护层垫块的尺寸应保证混凝土保护层厚度的准确性,其形状(宜为工字形或截头锥形)应有利于钢筋的定位。垫块可用细石混凝土制作,其抗腐蚀能力和强度应高于构件本体混凝土,水胶比不大于0.4。为保证钢筋定位的准确性,宜采用定位夹或定型生产的纤维砂浆块。

(5)混凝土的搅拌宜采用卧轴式、行星式或逆流式搅拌机,不使用自落式搅拌机或立轴强制式搅拌机。

(6)拌和物的振捣必须均匀密实。用插入式振捣变换插点时,应快插后向上缓慢拔出,不得沿拌和物表层平拖。振捣引气混凝土时应使用振频≤6 000次/min的中低振捣棒,并控制振捣时间,避免过振。对于可能受除冰盐作用的桥面板等构件,必须防止过振、过度抹面,严禁洒水帮助抹面,并不得泌水;当浇注层的高度较大时,尤其应控制拌和物坍落度。

(7)混凝土的养护包括混凝土的湿度和温度控制。新浇混凝土应及早开始养护,避免水分的蒸发。湿养护不得间断。对不同构件,在不同季节应采取不同的初始(初凝前)湿养护和温控的措施。对于水胶比低于0.45的混凝土和大掺量矿物掺和料混凝土,尤其应注意初始保湿养护,避免新浇表面过早暴露在空气中。大掺量矿物掺和料混凝土在结束正常养护后仍采取适当措施,能在一段时间内防止混凝土表面快速失水干燥。

(8)钢筋混凝土不得用海水养护。应尽量延长新浇混凝土与海水等氯盐接触前的养护龄期,一般不应短于4个星期,否则应采取专门的防护措施。对有冻融循环作用的环境,至少应在结冰期到来4周之前完工,否则应采取技术措施,避免冻害发生。

(9)不同组成胶凝材料的混凝土湿养护最低期限宜满足相应规范要求或设计要求。

(10)对断面最小尺寸为0.3m以上的构件,混凝土的施工应实行温度控制。

①热天浇注应尽量降低新浇混凝土与接触的模板、基底和相邻已硬化混凝土构件之间的温差,必要时需有挡风、遮阳的措施,应避免模板和新浇混凝土受阳光直射,混凝土入模前的模板与钢筋温度以及附件的局部气温均不应超过40℃。预制构件蒸汽养护的温度宜低于60℃(其中引气混凝土蒸养温度宜低于50℃)。

②热天浇注混凝土的入模温度应低于大气日平均温度,并不宜高于28℃,同时在混凝土初凝前采取降温措施;若不能控制混凝土绝热温升低于45℃,则浇注温度需进一步降低。冬季浇注时的混凝土入模温度应高于气温,并不低于10℃,并在浇注开始时即采取保温措施;混凝土的冬季施工应提高原材料温度,注意保温蓄热。

③重要工程浇注时应定时测定混凝土温度以及气温、相对湿度、风速等环境参数,并根据环境参数变化及时调整养护方式。在整个潮湿养护过程中,应根据混凝土温度与气温的差别及变化,及时采取和调整保温或降温措施。

④不同尺寸构件混凝土内部最高温度的控制：热天应控制混凝土内部最高温度不高于70℃；蒸汽养护温度应不超过60℃。

⑤混凝土内部的最高温度和表层温度之间的温差不宜超过20℃。养护水（蓄水或淋水）温度与混凝土表面的温差不应大于15℃。

⑥在混凝土的降温阶段需采用保温措施，降温速率宜控制不大于2℃/d。

(11)用于施工后浇带或填充预留孔洞的混凝土可加入适量膨胀剂，使用前应检验其与水泥和其他外加剂之间的相容性。应采取措施降低混凝土绝热温升，使混凝土内部的温度不超过60℃，以免影响膨胀剂的效能。

(12)预应力混凝土孔道灌浆材料的流动度应事先经过测定，以满足施工要求，其水胶比应低于本体混凝土的水胶比，且不宜大于0.4，终凝时间不大于24h。在施工环境温度下，灌浆材料6h内保持可灌性，3h泌水率不超过2%，最终不超过3%，并要求泌出的水在密封状态下24h内被浆体重新吸收，或采用膨胀剂保证灌浆的密实性。灌浆材料中可掺入适量的减水剂、缓凝剂或引气剂等外加剂，但不得含有铝粉、氯化物、硝酸盐等有害成分。

(13)耐久混凝土的原材料、配合比设计及工作性能、施工控制等提出了具有特色的控制要求。针对工程不同结构部件、不同设计要求、不同腐蚀环境，制定了不同配合比设计原则和质量要求。海港工程耐久混凝土配制原则包括：选用低水化热和较低含碱量的水泥；选用高效减水剂（泵送剂），取用偏低的拌和水量；限制混凝土中胶凝材料的最低和最高用量，并尽可能降低胶凝材料中的硅酸盐水泥用量；必须掺用粉煤灰、磨细矿渣等矿物掺和料；潮差区（E级）和浪溅区（F级）侵蚀环境的混凝土构件应加入适量掺入型钢筋阻锈剂；通过适当引气来提高混凝土的耐久性；对混凝土拌和物中各种原材料引入的氯离子总质量进行控制。进行严格控制的还有混凝土浇注入模时的坍落度等。目前，国内已开始按混凝土氯离子扩散系数快速非稳态电迁移（RCM）试验方法（见附录），对混凝土不同结构部位规定了混凝土抗氯离子渗透性要求。混凝土氯离子扩散系数 $D_{RCM}$ 根据混凝土结构使用年限预测模型以及所处的腐蚀环境、钢筋保护层厚度等综合因素确定。以下以杭州湾跨海大桥为实例，介绍以混凝土抗氯离子扩散系数指标为控制和实际混凝土配合比（表11-9）设计严格按照海港工程耐久混凝土配制原则进行，掺和料的用量均达到胶凝材料用量的50%以上；抗氯离子扩散系数 $D_{RCM}$ 从试验测试结果（表11-10）和实际应用来看，取得较好效果（表11-11）。

**混凝土抗氯离子扩散系数指标**(12周龄期)　　表11-9

| 项　目 | 结构部位 | 混凝土氯离子扩散系数 $D_{RCM}$($10^{-12}m^2/s$) |
|---|---|---|
| 钻孔灌注桩 | 陆上部分 | ≤3.5 |
| | 海上部分(含滩涂) | ≤3.0 |
| 承台 | 陆上部分 | ≤3.5 |
| | 海上部分 | ≤2.5 |
| 墩身 | 陆上部分(现浇) | ≤2.5 |
| | 海上部分 | ≤2.5(采用环氧钢筋) |
| | 海上部分(现浇含滩涂) | ≤1.5(未采用环氧钢筋) |
| | 海上部分(预制) | ≤1.5 |

续上表

| 项　　目 | 结 构 部 位 | 混凝土氯离子扩散系数 $D_{RCM}$($10^{-12}m^2/s$) |
|---|---|---|
| 箱梁 | 现浇 | ≤1.5 |
| | 预制 | ≤1.5 |
| | 桥塔 | ≤1.5 |

**海港工程耐久混凝土典型配合比**　　表 11-10

| 部　　位 | 水胶比 | 每方混凝土各种材料用量(kg) | | | | | | | |
|---|---|---|---|---|---|---|---|---|---|
| | | 水泥 | 矿粉 | 粉煤灰 | 砂 | 石子 | 水 | 减水剂 | 阻锈剂 |
| 陆上桩基 | 0.36 | 165 | 124 | 124 | 754 | 960 | 149 | 4.13 | — |
| 海上桩基 | 0.31 | 264 | — | 216 | 753 | 997 | 150 | 5.76 | — |
| 陆上承台、墩身 | 0.36 | 170 | 85 | 170 | 742 | 1024 | 153 | 4.25 | — |
| 海上承台 | 0.33 | 162 | 81 | 162 | 779 | 1032 | 134 | 4.86 | 8.1 |
| 海上现浇墩身 | 0.345 | 126 | 168 | 126 | 735 | 1068 | 145 | 5.04 | 8.4 |
| 海上预制墩身 | 0.31 | 180 | 90 | 180 | 779 | 1032 | 139 | 5.4 | 9.0 |
| 箱梁 | 0.32 | 212 | 212 | 47 | 724 | 1041 | 150 | 1.0 | — |

**海港工程耐久混凝土实测性能**　　表 11-11

| 部　　位 | 28d 抗压强度(MPa) | 84d$D_{RCM}$($10^{-12}m^2/s$) | 坍落度(cm) | 扩展度(cm) | 抗 裂 性 能 |
|---|---|---|---|---|---|
| 陆上桩基 | 39.3 | 1.37 | 21 | 43 | 良好 |
| 海上桩基 | 53.8 | 1.57 | 22 | 55 | 良好 |
| 陆上承台、墩身 | 39.3 | 1.21 | 21 | 42 | 良好 |
| 海上承台 | 57.4 | 0.73 | 18 | — | 良好 |
| 海上现浇墩身 | 56.0 | 0.68 | 18 | 55 | 良好 |
| 海上预制墩身 | 57.6 | 0.37 | 18 | — | 良好 |
| 箱梁 | 68.8 | 0.34 | 18 | 40 | 良好 |

## 三、高性能混凝土

对处于严重腐蚀环境的混凝土结构构件，宜采用具有高耐久性、高抗氯离子渗透性、高尺寸稳定性、良好的工作性、较高强度的高性能混凝土。高性能混凝土较普通混凝土对原材料提出更高的要求，配制高性能混凝土应选用优质水泥、品质和级配优良的集料，掺加优质掺和料及与水泥匹配的高效减水剂等。高性能混凝土及其技术指标除应符合《公路工程混凝土结构防腐蚀技术规范》(JTG/T B07-1—2006)和《海港工程混凝土结构防腐蚀技术规范》(JTJ 275—2007)相关规定要求，见表 11-12。

**高性能混凝土技术指标**　　表 11-12

| 混凝土拌和物 | | | 硬化混凝土 | |
|---|---|---|---|---|
| 水胶比 | 胶凝物质总量($kg/m^3$) | 坍落度(mm) | 强度等级 | 抗氯离子渗透性(C) |
| ≤0.35 | ≥400 | ≥120 | ≥C45 | ≤1000 |

注：抗氯离子渗透性按《海港工程混凝土结构防腐蚀技术规范》(JTJ 275—2000 )附录 B 规定的方法测定。抗氯离子渗透性试验用的混凝土试件应在标准条件下养护 28d，试验应在 35d 内完成。对掺加粉煤灰或粒化高炉矿渣的混凝土，可按 90d 龄期的试验结果评定。

高性能混凝土的原材料应符合下列规定：

(1)水泥宜为标准稠度低、强度等级不低于42.5的中热硅酸盐水泥、普通硅酸盐水泥，不宜采用矿渣硅酸盐水泥、火山灰质硅酸盐水泥、粉煤灰硅酸盐水泥；

(2)细集料宜选用级配良好、细度模数在2.6～3.2的中粗砂；

(3)粗集料宜选用质地坚硬、级配良好、针片状少、空隙率小的碎石，其岩石压碎值指标不大于10%；

(4)减水剂应选用与水泥匹配的坍落度损失小的高效减水剂，其减水率不宜小于20%；

(5)掺和料应选用细度不小于4 000$cm^2/g$的磨细高炉矿渣，Ⅰ、Ⅱ级粉煤灰，硅灰等，其品质应符合"普通混凝土"中关于掺和料的规定，必要时可同时掺入3%～5%的硅灰，掺量由试验确定。单掺一种掺和料时，掺量应符合表11-13的规定。

**配制高性能混凝土的掺和料适宜掺入量(%)**　　表11-13

| 磨细粒化高炉矿渣 | 粉　煤　灰 | 硅　灰 |
|---|---|---|
| 50～80 | 25～50 | 5～10 |

注：磨细粒化高炉矿渣和粉煤灰的掺入量以胶凝材料质量百分比计；硅灰掺入量以水泥质量百分比计。

高性能混凝土配合比设计应符合下列规定：

(1)配合比设计应采用试验—计算法，配制强度确定原则应与普通混凝土相同。

(2)粗集料最大粒径不宜大于25mm；

(3)胶凝材料浆体体积宜为混凝土体积的35%左右；

(4)应通过试验确定最佳砂率；

(5)应通过降低水胶比和调整掺和料的掺量使抗氯离子渗透性指标达到规定要求。

高性能混凝土的施工应严格控制原材料的品质和重量，称量的偏差：水泥及掺和料应小于±2%；集料小于±3%；水及外加剂小于±1%。

混凝土的搅拌应采用搅拌效率高、均质性好的强制性搅拌机；搅拌顺序应为：先以掺和料和细集料干拌，再加水泥和部分拌和用水，最后加粗集料、减水剂溶液和余额拌和用水。拌和时间应较普通混凝土延长40s以上。

高性能混凝土应采用高频振捣器振捣至顶面混凝土基本不冒气泡，当混凝土浇注至顶部时，宜采用二次振捣及二次抹面，刮去浮浆，确保混凝土密实性。

高性能混凝土养护尤为重要。常温下湿养不应少于15d，气温较高或较低时可适当缩短或延长湿养时间；混凝土抹面后应立即覆盖，防止风干、日晒失水，终凝后立即开始湿养，12h后可松开侧模进行顶面及侧面湿养，整个养护期间保证潮湿环境，以利硬化及强度增长。

高性能混凝土强度评定及验收，按现行标准《水运工程混凝土质量控制标准》(JTJ 269)有关规定进行；耐久性检验及符合《水运工程混凝土质量控制标准》(JTJ 269)有关规定，且其抗氯离子渗透性不应大于1 000C。

## 四、附加防腐蚀措施

海洋大气及海水环境的混凝土防腐蚀采用高耐久性、高抗氯离子渗透性、高强度以及良好工作性的高性能混凝土。另外，应在混凝土表面采用附加防腐措施做到混凝土结构内部及外部双重保险，确保延长混凝土结构的使用寿命。混凝土结构的附加防腐蚀措施如下：

1. 混凝土表面涂层

采用具有良好的耐碱性、附着性和耐蚀性的防腐蚀涂料涂装混凝土表面。

2. 混凝土表面憎水处理

(1)采用辛基或异丁基硅烷作为硅烷浸渍材料,也可采用《海港工程混凝土结构防腐蚀技术规范》(JTJ 275—2000)的其他硅烷浸渍材料;对侧面或仰面宜采用硅烷膏体作为浸渍材料。

(2)混凝土掺用憎水外加剂

在盐类侵蚀环境中的混凝土结构,可在混凝土配料时掺加适当憎水外加剂以制备具有表面憎水性能的混凝土。

3. 水泥基渗透结晶型防水剂

适用于混凝土结构的表层防水处理,特别是渗水型裂缝宽度不大于1mm 的混凝土。其施工的方法与质量要求可参照现行建筑工程防水涂料的施工规范。从水泥终凝后 3 ~ 4h 起,即应对施工面开始湿养护,24h 后可转为直接水养护。在养护期间,应避免雨淋、霜冻、日晒及4℃以下低温。

4. 环氧涂层钢筋

(1)采用环氧涂层钢筋的混凝土,应为耐久性混凝土,可同时掺加钢筋阻锈剂。环氧涂层钢筋与阴极保护联合使用时,必须先将未经喷涂的钢筋加工、组装成片(或成笼),再以硫化床热溶粘工艺涂装环氧层,方可与阴极保护联合使用。先静电喷涂热溶粘环氧涂层,然后再加工、组装成笼的钢筋,不得与阴极保护联合使用。

(2)涂层钢筋的锚固长度应为无涂层钢筋锚固长度的 1.25 倍。绑扎搭接长度对受拉钢筋应为无涂层的 1.5 倍;对受压钢筋应为无涂层钢筋的 1 倍,且不应小于 250mm。

(3)架立环氧涂层时,不得同时采用无涂层钢筋;绑扎环氧涂层钢筋时,应采用尼龙、环氧树脂、塑料或其他材料包裹的铁丝;架立环氧涂层钢筋的钢筋垫座、垫块应以尼龙、环氧树脂、塑料或其他材料包裹。同一构件中,环氧涂层钢筋与无涂层钢筋不得有电连接。

(4)环氧涂层钢筋在施工操作时应严密注意避免损伤涂层。在浇注混凝土时宜采用附着式振动器振捣,如使用插入式振捣器,需用塑料或橡胶将振动器包覆。

5. 钢筋阻锈剂

对于严重腐蚀的环境,在保证混凝土结构优质设计与施工的基础上可掺加钢筋阻锈剂。钢筋阻锈剂的掺量和使用方法按相应产品的推荐使用,并经试配和适应性试验。阻锈剂可与高性能混凝土、环氧涂层钢筋、混凝土表面涂层、硅烷浸渍等联合使用。采用阻锈剂溶液时,混凝土拌和物的搅拌时间应延长 1min;采用阻锈剂粉剂时应延长 3min。

6. 混凝土防腐面层

(1)对于较为严重的腐蚀性环境,应对混凝土面层作进一步防腐措施,以延长混凝土使用寿命。在严重腐蚀性环境中的防腐面层应采用聚酯类玻璃钢等聚合物复合材料,在中等腐蚀性环境下则可采用聚合物水泥砂浆等材料。

(2)防腐面层的厚度、原材料配合比及施工方案,应根据混凝土结构构件的耐久性要求及环境的腐蚀性作用类别和等级,委托专业的研究、咨询机构经试验论证确定。

7. 透水模板衬里

在严重腐蚀程度以上环境作用下的混凝土结构宜采用透水模板衬里,特别是施工环境恶

劣(高风速、缺水环境等)的混凝土施工。

放置透水模板衬里时,应沿混凝土模板的纵向与横向同时张拉,以免皱褶,同时宜适当延长养护时间(在拆除模板时继续保持该衬里于混凝土表面)。

8. 电化学保护

(1)对于新建工程中有可能遭受严重的氯盐锈蚀的部位,预期其他措施不能长期有效地阻止钢筋锈蚀的情况下,可选择阴极保护方法。

(2)对于氯盐污染并引起钢筋锈蚀破坏的老结构,宜经过必要的经济技术论证,在钢筋锈蚀破坏的初期及时实施阴极保护,或实施"电化学脱盐"。

(3)以环氧涂层钢筋拼装的构件,不得采用阴极保护,否则,应先设置阴极保护装置,后做钢筋涂层,并确保整个钢筋架构具有良好的电连续性以及阴阳极之间不得有任何短路。含有碱活性集料和无金属护套预应力筋慎用阴极保护与电化学脱盐。

(4)阴极保护、阳极保护或电化学脱盐的设计、施工、运行、检测、管理应由专业人员依据相关规定进行和确认。

## 第五节　海洋环境现役桥梁耐久性评估及提高耐久性措施

对海洋环境下现役桥梁的耐久性评定以组成结构的构件耐久性评定值为基础,综合考虑各类构件的重要性系数、损伤程度及其所处的环境条件后得出结构的耐久性等级。掌握现役桥梁的技术状况和所处的环境条件,可便于及时采取有效措施保证和延长桥梁的使用功能和寿命。

### 一、环境条件的调查

沿海地区海洋环境气候条件的桥梁养护管理,应熟悉桥梁所处的环境条件,才能有针对性地对桥梁进行维护。环境条件的调查包括桥梁所处地区的气象条件调查和桥梁工作条件调查。气象条件调查的主要内容为:平均温度、湿度;年最高温度、年最低温度、湿度;历史最高温度、最低温度、湿度;年最大降雨量、最小降雨量、平均降雨量;桥址处风环境等。桥梁工作条件调查的主要内容为:交通状况,桥梁是否处于风口处,构件是否易受雨水侵蚀,潮沟与泡溅情况,构件工作环境的温度、湿度,干湿交替情况,周围 $CO_2$ 浓度,有无有害气体,酸碱度及冻融情况等。通过现场抽样在试验室试验分析检验出氯离子和硫酸根离子及碱含量等。环境作用等级作为化学腐蚀环境下的设计依据,根据受环境影响钢筋混凝土结构腐蚀作用的严重程度大小,以制定有效合理的防腐措施,得以提高混凝土结构的耐久性。按照规范要求的环境作用等级、环境分类及作用等级、化学腐蚀环境分类及作用等级见表 11-14 ~ 表 11-16。

**环境作用等级**　　表 11-14

| 级　别 | 腐蚀程度 | 级　别 | 腐蚀程度 |
|---|---|---|---|
| A | 可忽略 | D | 严重 |
| B | 轻度 | E | 很严重 |
| C | 中度 | F | 极端严重 |

**环境分类及作用等级** 表 11-15

| 环境类别 | 环境条件 | 作用等级⑦ | 示例 |
|---|---|---|---|
| 一般环境(无冻融、盐、酸、碱等作用) | 永久湿润环境 | A | 永久处于静止水中的构件 |
| | 非永久湿润和干湿交替的室外环境 | B | 不受雨淋或渗漏水作用的桥梁构件,埋于土中、温湿度相对稳定的基础构件 |
| | 干湿交替环境① | C | 表面频繁淋雨、结露或频繁与水接触的干湿交替构件,处于水位变动区的构件,靠近地表、湿度受地下水位影响的构件 |
| 一般冻融环境③(无酸、碱、盐等作用) | 微冻地区,混凝土中度水饱和④ | C② | 受雨淋构件的竖向表面 |
| | 微冻地区,混凝土高度水饱和④;严寒和寒冷地区③,混凝土中度水饱和④ | D② | 水位变动区的构件,频繁淋雨的构件水平表面;<br>受雨淋构件的竖向表面 |
| | 严寒和寒冷地区③,混凝土高度水饱和④ | E② | 水位变动区的构件,频繁淋雨的构件水平表面 |
| 除冰盐(氯盐)环境 | 混凝土中度水饱和(偶受除冰盐轻度作用时按 D 级) | E | 受除冰盐溅射的构件竖向表面 |
| | 混凝土高度水饱和④ | F | 直接接触除冰盐的构件水平表面 |
| 近海和海洋环境⑤ | 大气区:轻度盐雾区<br>离平均水位 15m 以上的海上大气区,离涨潮岸线 100～200m 内的陆上环境 | D | 靠海的陆上结构,桥梁上部结构 |
| | 土中区<br>水下区 | D | 近海土中或海底的桥墩基础;长期浸没于水中的桥墩、桩 |
| | 潮汐区和浪溅区,非炎热地区⑥ | E | 平均低潮位以下 1m 上方的水位变动区与受浪溅的桥墩、承台等构件 |
| | 潮汐区和浪溅区,南方炎热地区 | F | |
| 盐结晶环境 | 日温差小、有干湿交替作用的盐土环境(含盐量较低时按 D 级) | E | 与含盐土壤的墩柱等构件露出地面以上的“吸附区” |
| | 日温差大、干湿交替作用频繁的高盐量盐土环境 | F | |
| 大气污染环境 | 汽车或其他机车废气 | C | 受废气直射的构件,处于有限封闭空间内受废气作用的车库、隧道等 |
| | 酸雨(酸雨 pH <4 时按 E 级)<br>盐土地区含盐分的大气及雨水作用 | D | 受酸雨频繁作用的混凝土构件;<br>盐土地区受雨淋的露天构件 |

续上表

| 环境类别 | 环境条件 | 作用等级⑦ | 示例 |
|---|---|---|---|
| 土中及地表、地下水中的化学腐蚀环境（海水环境除外） | 见表 11-16 | | 与含有腐蚀性的化学介质如硫酸盐、镁盐、碳酸、氯盐等土体、地下水、地表水接触的结构构件 |

注：①表中的环境条件系指配筋混凝土结构钢筋保护层一侧混凝土表面所接触的局部环境，对素混凝土则为结构表面的局部环境。一侧干燥而另一侧潮湿或饱水的配筋混凝土构件，其干燥一侧通常应按表中的干湿交替环境考虑，如接触海水时则应按 E 级考虑。部分处于含盐的水土环境而另一部分又处于干燥环境中的构件，尚应按盐结晶环境考虑。

②冻融环境下，对于引气混凝土可按表中的作用等级降低一个等级考虑。

③冻融环境按当地最冷月平均气温划分为严寒地区、寒冷地区和微冻地区，其最冷月平均气温分别为 < －8℃，－8℃ ~ －3℃，> －3℃ ~2.5℃。

④高度水饱和指冰冻前长期或频繁接触水或潮湿土体，混凝土内高度水饱和；中度水饱和指冰冻前偶受雨水或潮湿，混凝土内水饱和程度不高。

⑤海洋环境中的水下区、潮汐区、浪溅区和大气区的划分，按《海港工程混凝土结构防腐蚀技术规范》（JTJ 275—2000）规定执行。

⑥对可能遭受冻融作用的海水水位变动区及浪溅区混凝土应按抗冻的引气混凝土设计。

⑦表中所列作用等级适用于钢筋混凝土构件。对于素混凝土构件，其在海水和近海环境中的作用等级可比钢筋混凝土构件低一或两个等级取用，但不小于 C 级。

**化学腐蚀环境分类及作用等级**　　表 11-16

| 腐蚀作用级别 | | C | D | E |
|---|---|---|---|---|
| 水中 $SO_4^{2-}$（mg/L） | | ≥200，<1 000 | ≥1 000，<4 000 | ≥4 000，<10 000 |
| 水中 $SO_4^{2-}$ 总量（mg/kg） | 强透水土层 | ≥300，<1 500 | ≥1 500，<6 000 | ≥5 000，<15 000 |
| | 弱透水土层 | ≥1 500，<5 000 | ≥5 000，<15 000 | ≥15 000，<50 000 |
| 水中 $Mg^{2+}$（mg/L） | | ≥300，<1 000 | ≥1 000，<3 000 | ≥3 000，<4 500 |
| 水的 pH 值 | 水或强透水土层 | ≥5.5，<6.5 | ≥4.5，<5.5 | ≥4.0，<4.5 |
| | 弱透水土层 | ≥4.5，<5.5 | ≥4.0，<4.5 | ≥3.5，<4.0 |
| 水中 $CO_2$（mg/L） | 水或强透水土层 | ≥15，<30 | ≥30，<60 | ≥60，<100 |
| | 弱透水土层 | ≥30，<6 000 | ≥60，<100 | ≥100 |
| $Cl^-$（mg/L） | 地表或地下水 | ≥100，<500 | ≥500，<5 000 | ≥5 000 |

注：①水中及强透水土层的硫酸盐或镁盐环境，如无干湿交替，表中数据可乘系数 1.5。

②含氯盐咸水中不再单独考虑镁离子的侵蚀作用。

③硫酸盐作用等级或 $CO_2$ 作用等级为 D 和 D 级以上的构件，如处于流动地下水中，应考虑在构件的混凝土表面设置防腐面层或涂层的需要。

④高压水头可加重硫酸盐化学腐蚀。

⑤地表或地下水的氯离子对钢筋混凝土构件的作用等级适用于受干湿交替的情况，如永久处于水下，可按降低一级考虑。

## 二、混凝土耐久性检查及综合评估

对于在役公路混凝土桥梁应及时掌握其自身的技术状况，以定期与不定期的形式组织耐久性检测,其中包括:表观损伤检测、混凝土强度现场检测、钢筋锈蚀电位检测、氯离子含量测定、混凝土中钢筋分布及保护层厚度检测、混凝土碳化深度检测、混凝土电阻率现场测试和混凝土内部缺陷与表层损伤检测等内容。只有通过对结构或构件的材质状况与耐久性各项指标进行检测,根据结构或构件所处的环境及设计使用年限等条件,综合分析检测结果,并考虑结构损伤影响的承载力和使用功能的评估,给出结构和构件的耐久性恶化系数,从而确定结构或构件的耐久性等级。

混凝土结构受到损伤后,需要对结构损伤的原因和程度进行分析,对损伤引起的结构承载能力和使用功能及耐久性的影响进行评估,其主要内容是:①考虑结构损伤影响的承载能力和使用功能评估;②在役结构的剩余使用寿命和耐久性评估。在评估分析的基础上,根据经济技术条件制定科学的维修加固方案,提出结构处理措施。

(一)桥梁结构的承载能力和使用功能评估

在役桥梁结构的承载能力和使用功能评估通常采用以下三个途径:

1. 根据相关规范要求对照桥梁存在的缺陷及病害进行综合评定

我国《公路桥涵养护规范》(JTG H11—2004)规定,桥梁的总体技术状况等级评定,宜采用考虑桥梁各部件权重的综合评定方法(见第二章)。这种方法首先根据各部件的缺损程度(大小、多少或轻重)、缺损对结构使用功能的影响程度(无、小、大)和缺损发展变化状况(趋向稳定、发展缓慢、发展较快)等三个方面,以累加评分方法对各部件缺损状况做出等级评定,然后参照(见第二章内容)给出的各部件权重和综合评定法,对全桥总体技术状况等级做出评定。

尽管这种综合评定方法只能给出宏观的分析结果,但是对了解桥梁的养护、管理和改造决策分析是必不可少的。对综合评定划定的各类桥梁,分别采取不同的养护措施:一类桥梁进行正常保养;二类桥梁进行小修;三类桥梁需进行中修,酌情进行交通管制;四类桥梁需进行大修或改造,及时进行交通管制,如限载、限速通过,当缺损较严重时应关闭交通;五类桥梁需要进行改建或重建,及时关闭交通。

应加强桥梁经常性检查,针对桥梁结构各重要部位时发现裂缝、混凝土剥落、钢筋锈蚀等病害应及时先予以除锈后封闭处理,避免病害的发展,进而组织详细地检查,并制定有效可行的处治措施进行维修加固。

2. 现场荷载试验评估方法

通过现场荷载试验(静载试验和动载试验)可以直接确定结构的实际承载力。试验评定方法按照《大跨径混凝土桥梁的试验方法》(1982 年)的有关内容实施。

静载试验,应以设计荷载或使控制截面产生最不利荷载效应(内力或变形)的车辆荷载作为控制荷载,对桥梁结构施加静荷载,同时测量结构控制截面和约束部位的位移、应变(或应力)和裂缝等结构力学性能参数,判断结构的工作状态,确定结构的承载能力。将实测数据与理论计算值或规范规定的允许值进行比较,当各项实测参数小于或等于规范规定的允许值时,一般可认为结构的承载能力满足使用荷载要求。

动载试验通常采用一辆重车,在可能的最高车速范围内,以四种以上的车速进行往返行车试验,以及在跨中或 $L/4$ 处进行跳车或制动试验,同时测量结构动力影响(位移、速度或加速度等参数的时间历程曲线),处理分析结构的自振特性(振型、频率和阻尼系数)和受迫振动性

能（位移峰值、冲击系数与临界车速等），评定结构动力性能是否满足行车和行人安全舒适的要求。

通过荷载试验可以直接测定桥梁的实际承载能力和使用，特别是对于那些原始设计资料不全的旧桥，为了确定其实际承载能力和使用功能，静载试验是必不可少的。动载试验主要用于大跨径桥梁的振动性能分析，对一般中小跨径桥梁使用意义不大。

3.理论计算分析评估方法

在现场调查和病害检测分析的基础上，考虑结构病害、损伤的影响，按现行规范检算结构的承载能力和使用功能是目前我国采用的主要评估方法。荷载试验与理论计算相结合，可以给出符合实际的评估结果。

按《公路钢筋混凝土及预应力混凝土桥涵设计规范》（JTG D62—2004）规定，构件承载能力极限状态的基本方程式：

$$\gamma_0 S_d \leqslant R(f_{cd}, f_{sd}, \alpha_d)$$

式中：$S_d$——荷载效应组合设计值；

$\gamma_0$——结构重要性系数；

$f_{cd}$——混凝土强度设计值；

$f_{sd}$——钢筋强度设计值；

$\alpha_d$——与结构尺寸有关的计算参数；

$R$——结构抗力函数。

对桥梁中大量采用的钢筋混凝土及预应力混凝土简支梁桥，应对跨中正截面抗弯承载力和距支点 $h/2$（此处 $h$ 为梁高）和腹板宽度变化处的斜截面抗剪承载力进行检算。

对于连续梁，应对跨中和中间支点处截面的正截面抗弯承载力进行检算，应对支点横隔板边缘处和腹板宽度变化处的斜截面抗剪承载力进行检算。

在役结构的正截面抗弯承载力和斜截面抗剪承载力检算可按《公路钢筋混凝土及预应力混凝土桥涵设计规范》（JTG D62—2004）给出的有关公式计算。但在计算时应考虑结构损伤的影响，注意以下几点。

（1）结构尺寸及配筋应参照结构竣工图，按实际结构测绘确定

（2）车辆荷载内力应按照《公路桥涵设计通用规范》（JTG D60—2004）规定的新荷载标准计算。

（3）荷载横向分布系数计算，应根据桥梁横向连接的实际情况，选择横向分布系数计算方法；对于某些重要桥梁，亦可根据荷载试验结果确定荷载横向分布系数。

（4）混凝土强度等级确定。

混凝土强度等级应在综合分析设计文件、施工材料检测试验记录和现场测试资料的基础上确定。混凝土强度现场测试以回弹—超声综合法为宜。

（5）裂缝对承载力的影响。

（6）钢筋锈蚀对承载力的影响。

混凝土中的钢筋锈蚀是造成混凝土结构损伤，影响结构承载力的最主要因素，其主要表现是：钢筋的有效截面面积减小；力学性能劣化，强度降低；混凝土保护层开裂甚至脱落，使混凝土的有效截面面积减少；钢筋与混凝土之间的黏结性能退化，影响钢筋与混凝土的共同工作。

钢筋腐蚀对承载力的影响程度取决于腐蚀程度。

在考虑上述结构病害损伤的基础上，按《公路钢筋混凝土及预应力混凝土桥涵设计规范》（JTG D62—2004）有关公式，求得现有结构构件所能承担的正截面抗弯承载力 $M_{du}$ 和斜截面抗剪承载力 $V_{du}$，并将其与按所提高的荷载等级计算的弯矩组合设计值 $M_d$ 和剪力组合设计值 $V_d$ 加以比较，则得：

正截面抗弯承载力检算系数：$K_m = M_{du}/M_d$

斜截面抗剪承载力检算系数：$K_v = V_{du}/V_d$

若 $K_m \geq 1$，说明正截面抗弯承载力可以满足要求；若 $K_m < 1$，说明正截面抗弯承载力不足，应予以补强加固。

若 $K_v \geq 1$，说明斜截面抗剪承载力可以满足要求；若 $K_v < 1$，说明斜截面抗剪承载力不足，应予以补强加固。

根据以上三种途径综合分析结果，结合对钢筋锈蚀电位检测、氯离子含量测定、混凝土中钢筋分布及保护层厚度检测、混凝土碳化深度检测、混凝土电阻率现场测试和混凝土内部缺陷与表层损伤检测等耐久性指标检测的结果，综合考虑环境条件的影响，对混凝土结构进行防腐蚀耐久性设计，选择合理维修加固方案及防腐蚀措施。

（二）结构剩余使用寿命的预测

混凝土结构的使用寿命是指结构从开始使用至破坏状态为止的时间。剩余寿命则为结构在当前情况下，在不加维修或正常维修以及正常使用条件下，结构可能继续使用的年限。钢筋锈蚀是影响混凝土结构耐久性和使用寿命的重要因素，因此，一般将钢筋锈蚀作为判断混凝土结构使用寿命终结的标准。

混凝土结构剩余使用寿命预测是目前国内外土木工程界普遍关注的热门话题，它涉及钢筋锈蚀破坏机理和钢筋锈蚀锈胀的模型研究和耐久性终结标准的确定。结构剩余使用寿命预测研究的复杂性在于必须建立钢筋锈蚀破坏及其对结构承载能力和使用功能的影响程度与时间的关系函数。目前的研究成果尚无统一的定论。

## 三、混凝土防腐蚀的维修措施

影响混凝土结构耐久性主要是环境因素，而混凝土结构自身的薄弱环节成为影响其病害发展速度的先天原因。在海洋环境中混凝土结构局部缺陷和病害（保护层剥落、空洞、裂缝、露筋、胀裂、锈斑等）受高温及潮湿的气候，大气环境中的气体、腐蚀性液体侵入，冬季撒除冰盐后氯离子侵蚀，导致钢筋钝化膜的破坏导致钢筋锈蚀，混凝土结构进一步恶化。因此，要提高在役混凝土结构桥梁的耐久性，必须及时快速对混凝土的缺陷进行处理，抑制混凝土结构病害发展，保证混凝土结构构件的使用功能，确保桥梁结构的安全。对混凝土的缺陷处理的关键是选择具有高耐久性、高抗氯离子侵蚀、高抗渗性能、高抗裂性的维修施工材料，施工过程应严格控制施工工艺与质量。

（一）混凝土表面破损引起钢筋锈蚀处理措施

对于混凝土表层破损、钢筋锈蚀胀裂、顺筋裂缝、保护层剥落严重、保护层厚度（规范要求腐蚀环境下的最低厚度）不足等病害处理时，应采用低水胶比的双掺高性能混凝土、环氧树脂

类砂浆或混凝土、环氧树脂类黏结剂等进行修补或补强。选择的水泥、粗细集料、掺和料、外加剂等材料必须严格按照《公路工程混凝土结构防腐蚀技术规范》(JTG/T B07-1—2006)的规定要求。其混凝土桥梁结构钢筋锈蚀的维修方法和步骤为：

(1)凿除松脱、剥离、胀裂等损坏部分混凝土，使钢筋全部露出，如混凝土易清除时，宜清除钢筋周围2.5cm左右的混凝土。

(2)用高压喷砂枪或其他工具(如钢丝刷等)清除钢筋及混凝土表面上的铁锈和灰尘，并对钢筋除锈后立即进行防锈处理。

(3)为提高新老混凝土之间的黏结力，可在清除处理好的混凝土及钢筋上，均匀地涂上环氧胶液等黏结剂。

(4)立模、配料浇注新的混凝土，或喷浆、涂抹砂浆等施工。所用修补材料有聚合物砂浆、环氧混凝土或其他防腐蚀材料等。配制聚合物砂浆应结合实际环境条件采用合理配合比调制；配制耐久性混凝土应按高性能混凝土要求掺加阻锈剂、抗裂及抗渗透性能好的硅灰等。

(5)为防止混凝土表面产生碳化而继续受损，对新喷涂或浇注混凝土面及接缝周围进行表面处理(如涂上防水剂、防腐涂层等)。

(6)更换大面积混凝土要严格按照混凝土施工技术规范进行施工。

### (二)混凝土结构裂缝处理措施

对于混凝土结构裂缝的处理，应根据缝宽 $<0.1$mm 的裂缝采取裂缝封闭胶进行封闭处理，缝宽 $\geq 0.1$mm 的裂缝采取压力灌浆进行灌缝处理，对于网状裂缝采取粘贴纤维布的方式进行封闭处理，在进行裂缝封闭前要求必须保持裂缝周围的混凝土表面的干燥清洁，保证一定的粗糙度，以确保混凝土与胶的黏结。其施工工艺可参照第十章相关内容。

### (三)撒除冰盐后处理措施

北方地区和南方地区北部冬季撒除冰盐后，冰雪溶解后残留大量的氯盐，若未及时采取相应措施，桥梁结构将极易受到融雪后残留的处于游离状态的氯离子侵蚀，导致混凝土腐蚀和外露的钢构件或钢筋腐蚀(以下简称“盐害”)。对于“盐害”，我们首先应对融雪剂和工业盐有所认识和了解，其次应采取融冰雪方法和防治措施。

#### 1. 对融雪剂和工业盐的认识

氯盐类融雪剂(氯化钠、氯化钙、氯化镁等)和工业盐同属一个氯盐家族，在国外通称作“化冰盐”。国外使用最早、用量最大的是氯化钠。我国早期同样使用氯化钠，2000年后，也采用氯化钙、氯化镁为主体的融雪剂。它们本来同属“化冰盐”类，在道路上实施播撒氯盐融雪剂除冰作业，虽然能快速融冰化雪，但也有危害。

(1)氯盐融雪剂粒粗且呈不规则形，播撒在高速公路路面桥面上，被过往高速公路的车辆碾压，与路面桥面摩擦，对路面造成一定的损伤，随着使用时间增长和用量增加，路面将呈现坑塘病害。

(2)氯盐融雪剂家族的氯化钠、氯化钙腐蚀金属，在使用后，会在路面上留下少量的重金属离子，这些重金属离子深入路面间隙，给路面保养留下了隐患，使路面损坏将比其他路面要快，造成路面不平整，凹凸坑洼，严重的致使道路段出现路基下沉现象；从裂缝和间隙渗入桥板内部，会在钢筋周围形成水囊，水溶液中的重金属会对钢筋表面的钝化膜进行破坏，钝化膜破坏后，钢筋很快会生锈膨胀，体积增大带来的膨胀力造成桥板开裂，最后造成桥板的损坏，减少使用年限。

(3)氯盐融雪剂融化后产生的污染物会顺雨水流入河沟，未经处理也是一种严重水污染，随着大量氯盐渗透地表，会严重污染地表水。

(4)氯盐融雪剂细粒粘在过往车辆轮胎上，从而飞溅在车辆底部，对轮胎及底盘也会造成损坏。

(5)道路使用大量氯盐融雪剂，对道路两旁大面积绿色植被造成破坏，形成地区环境污染。

有机类融雪剂(如机场、铁道常用的)，也称为非氯盐类融雪剂，主要有乙酸镁钙和尿素两种。虽然腐蚀、污染影响相对小一些，但也不是没有影响，更因价格高很多(比氯盐)，可能很难大量、大面积使用。

从上述对氯盐类融雪剂的不完全认识中可以看出，氯盐类融雪剂不仅不环保，而且其腐蚀危害性十分突出，因此造成的经济损失也是巨大的，可能会影响社会的可持续发展。在国外，特别是美国，支持和反对使用"化冰盐"两大派的激烈争论仍在继续，结果是一方面"化冰盐"还需有限制地继续使用，另一方面必须正视其巨大的负面影响，采取战略措施，以最大限度地减少破坏和经济损失。

然而，对于盐的危害，目前世界各国没有好的方法处治，它就像一个无形的"杀手"，只要使用就会被刺伤。随着人们认识的加强，世界各国都加紧了对防止和减少"化冰盐"负面影响的研究，并采取了一些措施。比如，为防止融雪后的盐水渗入地下或污染地表水(避免腐蚀地下管道和破坏地表植被)，以英国为代表的欧洲国家采取"汇集盐水"的方法，在城市的路、桥旁铺设专用管道，用以收集融雪后的盐水，最终引流到污水处理厂，这无疑是一个好方法，但需要总体谋略与规划，成本过高，不适宜庞大的高速公路网络运用。

2.融冰雪方法的介绍

目前，世界各国一方面在努力寻求减小"化冰盐"负面影响的方法，研究性能价格可行的新型融雪成分；另一方面，也在大力发展其他除冰雪方法，包括机械、人工、热能等方法。在除冰雪方法方面的突破之举，都是解决这一世界性难题的重大贡献。世界各国的除冰雪方法主要有以下几种：

(1)播撒融雪剂

通过在路面上撒布化学药剂来降低冰雪融点，使冰雪融化，进而清除积雪和积冰的方法。该方法是国际上较常用的一种路面除冰雪的手段。国内外常用的融冰雪剂主要是盐类。

绝大多数的盐类融雪剂产品都存在腐蚀性，易腐蚀破坏道路结构和机动车辆，还会对土壤、水体和大气等造成污染，破坏生态环境。在没有其他好的办法或条件不许可的情况下，采取播撒氯盐类融雪剂时，我们必须制定腐蚀控制指标和检验方法，限量使用氯盐类融雪剂，不得多撒、乱撒，强化管理。在播撒后及时采取疏导收集含盐水和清洗边道等措施。

近年来人们不断开发环保型融雪剂，环保型融雪剂具有无毒性和无腐蚀性的特点，如生物降解型融雪剂等，可以起到较好的效果，建议城市道路使用。

(2)人工清除法

这种方法对冰雪清除较彻底，但效率低，费用高，作业时影响车辆通行及行车安全，不能长

时间作业，适用于雪量较小时或重点难点路段的冰雪清除。

(3)播撒砂石材料

在冰雪路面上播撒一定粒径的砂石材料，如砂、石屑、炉灰、煤渣和砂盐混合料等，能提高冰雪路面的摩擦系数。由于碎石的存在，一方面使冰雪层的冻结强度不均匀，另一方面，砂石在冰雪层的运动使得雪不易压实，达到了抗滑的目的。由于砂石材料既经济又环保，该方法在欧洲应用非常广泛。但大量播撒砂石，对路面会造成损害，对沿线环境也会造成污染，而且笨重，不建议使用。

(4)机械清除方法

该方法分为机械铲冰雪和机械吹雪两类。机械铲冰雪适合于雪量较大、结冰之前大面积清除作业。机械吹雪适用于未经碾压过的厚度较薄的路面积雪，通常只适用于机场等便于管理的较小范围的除雪，全国高速公路如果普遍购置使用，必然造成资金大量积压，机械闲置，方法虽好，但不理想。

(5)热力融冰雪方法

此种方法利用热水、地热、燃气、电等产生的热量使冰雪融化，如喷洒热水法、发热电缆法等。

上述这些方法往往耗能较大，且融化的雪水进入路面结构时会将路表的灰尘等杂质带入，在路面结构内部积存，进而堵塞孔隙，致使排水不畅，影响雪水的排除。

结合国内部分省市养护单位多年的养护经验和对“盐害”的认识，我们认为：在播撒氯盐类融雪剂前对桥梁的伸缩缝和路面明显裂纹处采取铺设麻片等有效保护措施，减少“化冰盐”的渗透，减轻道路的损坏；在道路、桥梁比较容易收集“盐水”的地方，修建“盐水”沉淀池，待事后处理；待天气变晴后，要采用洒水车对路面桥梁进行一次彻底的清洗，减少重金属离子存留在路面、桥梁上；在冬季结束后，要采取对路面、桥梁，特别是桥梁伸缩缝有效的检验方法，检测金属离子渗透情况，检测到已发生负面影响时，要及时采取除锈防腐措施防止扩散。同时加强桥梁的日常维护检测频率，做到及时发现问题及时处理。

通过上述措施处理后，可减缓盐的腐蚀速度，但也不能从根本上解决氯盐的腐蚀问题。

3. 抗冰雪保畅通的方法——抗滑“轮套”

在高速公路抗冰保畅通的过程中，人们可能忽视了一个问题，抗冰保畅通的目的，最终是为了使过往车辆安全通行，而不是铲除冰雪。除冰雪只是抗冰保畅通的一种手段，而不是最终目的。

通过咨询养护专家和资料查询，还有一种对付冰雪的办法：给车轮安装防滑链。这种防滑链也可称为防滑“轮套”，一般都是金属制成物，但对高速公路路面损伤比较大，损伤后难以修复，且成本过高、笨重，不易携带。因此，应该研究一种新型“轮套”，让它既保持防滑链的防滑作用，成本又低又环保又便于携带的“轮套”取代防滑链。

目前国内外正在研究试验，采用新型“轮套”防滑。用农作物剑麻、苎麻、棉花等原料制成链绳，加入改性沥青，运用防滑链制作原理，制造出具有弹性的像车轮状的“轮套”。剑麻、苎麻、棉花都有抗滑作用，加入橡胶、砂石和改性沥青能有效保持形状的稳定，同时具有韧性和弹性；另外，麻绳能增加摩擦阻力，起到止滑垫的作用。倘若这种“轮套”一旦研制成功，国家每年冬季就不用组织大量的人力、物力、财力投入抗冰保通，也不用播撒大量的氯盐类融雪剂促使冰雪融化。只要车辆装上"轮套",既能确保车辆行驶安全,又能有效地缓解当前"盐害"的蔓延。

4."盐害"防治措施

(1)提高混凝土结构自身的抗腐蚀能力。

通过对混凝土结构耐久性设计,按照现行规范要求本着高抗渗、高抗冻融、低开裂的原则,对混凝土原材料(水泥品种、集料种类、集料尺寸和粒度分布)、混凝土品质(引气量、抗渗性、强度、抗冻融性)、桥面结构设计(面层厚度、钢筋粗细及间距等)、施工过程控制以及施工气象条件等各方面做出有针对性要求。确保混凝土结构自身具有高抗渗性、高密实度、高强度等优良品质才能有效地抵御"盐害"。

(2)尽早制定融雪剂(对有关材料的)腐蚀性的检验标准。

对于融雪剂产品,究竟怎样判定其是否可用,目前还缺乏全面的和可靠的评定标准。倘若具有这方面的质量检验标准,通过具体检验方法为依据,针对融雪剂对混凝土等材料的腐蚀性进行判定分析是否可用,可清晰地了解融雪剂对混凝土结构的影响程度,可采取有效措施予以预防。

(3)开发新型的低害的氯盐融雪剂。

对于今后相当长的时间里,氯化物融雪剂还会继续发挥作用。在我们不可避免地使用这些含氯融雪剂的同时,应加强对它们的破坏性研究。通过研究,加深对各种氯化物对混凝土和钢筋的腐蚀性的认识,对于开发新型低害的氯盐融雪剂,正确选择融雪剂品种都有重要意义。

(4)加强正确的宣传引导,提高人们对市场上新型融雪剂的破坏性认识。

对现有商品融雪剂的破坏性缺乏认识,以为新型融雪剂都是环保型产品,对道路没有破坏作用,因而可放开使用而不用采取任何相应的防患措施。人们往往认为低氯融雪剂对混凝土的侵蚀性比高氯型的小,结果也许刚好相反。正如文献[8]所发现的那样,氯化钠盐的浓度对剥蚀破坏来说在1.5%~5.0%时最大,而不是更高浓度。对于其他盐也可能存在类似的现象。一些地区在清扫道路时把掺有融雪剂的冰雪堆在树根周围和草地上,导致大量草木枯死。这一方面因为人们对融雪剂缺乏认识,另一方面因为人们收到错误的商业宣传的误导,以为所谓的新型融雪剂对环境无害。因此,在使用融雪剂的同时应加强管理,加强正确的宣传引导,避免不必要的经济和社会损失。

### (四)混凝土钢筋腐蚀导致结构性损坏的维修加固措施

对于混凝土结构性破坏需加固补强方面在本书其他章节已做详细论述,本章节不作具体阐述。

# 附录 A　承重构件检查内容一览表

墩台与基础检查内容一览表　　　　表 A-1

| 路线编码 | | 路线名称 | | 桥位桩号 | |
|---|---|---|---|---|---|
| 桥梁编码 | | 桥梁名称 | | 养护单位 | |
| 1. 桥墩 | | 2. 桥台 | | 3. 基础 | |
| 检查内容 | 检查结果 | 检查内容 | 检查结果 | 检查内容 | 检查结果 |
| 灰缝脱落 | | 灰缝脱落 | | 灰缝脱落 | |
| 混凝土脱落 | | 混凝土脱落 | | 混凝土脱落 | |
| 混凝土空洞 | | 混凝土空洞 | | 混凝土空洞 | |
| 混凝土蜂窝 | | 混凝土蜂窝 | | 混凝土蜂窝 | |
| 混凝土麻面 | | 混凝土麻面 | | 混凝土麻面 | |
| 盖梁跨中竖向裂缝※ | | 帽梁跨中竖向裂缝※ | | 基础竖向裂缝※ | |
| 盖梁悬臂端竖向裂缝※ | | 帽梁悬臂端竖向裂缝※ | | 襟边竖向裂缝※ | |
| 墩柱横向裂缝※ | | 台身横向裂缝※ | | 局部冲空※ | |
| 其他裂缝 | | 台身竖向裂缝※ | | 冲刷※ | |
| 水平位移※ | | 其他裂缝 | | 其他病害 | |
| 倾斜※ | | 镶面块脱落 | | | |
| 折断※ | | 水平位移※ | | | |
| 其他病害 | | 倾斜※ | | | |
| | | 鼓胀 | | | |
| | | 折断※ | | | |
| | | 其他病害 | | | |
| 主管负责人 | | 填卡人 | | 填卡日期 | 年　月　日 |

填写说明：①检查构件存在病害的，应填写附录 B 中桥梁检查常用记录表中表 B-5、表 B-6，并将记录表号填入检查结果栏。

②带※的病害为危及桥梁安全的重要病害。

**梁(板)桥上部承重构件检查内容一览表**　　表 A-2

| 路线编码 | | 路线名称 | | 桥位桩号 | |
|---|---|---|---|---|---|
| 桥梁编码 | | 桥梁名称 | | 养护单位 | |
| 1. 主梁 | | | 2. 横隔板 | | |
| 检查内容 | 检查结果 | | 检查内容 | 检查结果 | |
| 混凝土脱落 | | | 混凝土脱落 | | |
| 混凝土空洞 | | | 混凝土空洞 | | |
| 混凝土蜂窝 | | | 混凝土蜂窝 | | |
| 混凝土麻面 | | | 混凝土麻面 | | |
| 跨中竖向裂缝※ | | | 局部裂缝※ | | |
| 支点横向裂缝※ | | | 其他裂缝 | | |
| 其他裂缝 | | | 其他病害 | | |
| 跨中挠度 | | | | | |
| 竖向位移 | | | | | |
| 其他病害 | | | | | |
| 主管负责人 | | 填卡人 | | 填卡日期 | 年　月　日 |

填写说明:①检查构件存在病害的,应填写附录 B 中桥梁检查常用记录表 B-5、表 B-6,并将记录表号填入检查结果栏。

②带※的病害为危及桥梁安全的重要病害。

**连续刚构桥上部承重构件检查内容一览表**　　表 A-3

| 路线编码 | | 路线名称 | | 桥位桩号 | |
|---|---|---|---|---|---|
| 桥梁编码 | | 桥梁名称 | | 养护单位 | |
| 1. 主梁 | | | 2. 横隔板 | | |
| 检查内容 | 检查结果 | | 检查内容 | 检查结果 | |
| 混凝土脱落 | | | 混凝土脱落 | | |
| 混凝土空洞 | | | 混凝土空洞 | | |
| 混凝土蜂窝 | | | 混凝土蜂窝 | | |
| 混凝土麻面 | | | 混凝土麻面 | | |
| 墩顶竖向裂缝※ | | | 局部裂缝※ | | |
| 跨中竖向裂缝※ | | | 其他裂缝 | | |
| 支点斜裂缝※ | | | 其他病害 | | |
| 其他裂缝 | | | | | |
| 跨中挠度 | | | | | |
| 竖向位移 | | | | | |
| 其他病害 | | | | | |
| 主管负责人 | | 填卡人 | | 填卡日期 | 年　月　日 |

填写说明:①检查构件存在病害的,应填写附录 B 中桥梁检查常用记录表 B-5、表 B-6,并将记录表号填入检查结果栏。

②带※的病害为危及桥梁安全的重要病害。

**T 形刚构桥上部承重构件检查内容一览表**　　表 A-4

| 路线编码 | | 路线名称 | | 桥位桩号 | |
|---|---|---|---|---|---|
| 桥梁编码 | | 桥梁名称 | | 养护单位 | |
| 1. 主梁 | | 2. 挂梁 | | 3. 剪力铰 | |
| 检查内容 | 检查结果 | 检查内容 | 检查结果 | 检查内容 | 检查结果 |
| 混凝土脱落 | | 混凝土脱落 | | 混凝土脱落 | |
| 混凝土空洞 | | 混凝土空洞 | | 混凝土空洞 | |
| 混凝土蜂窝 | | 混凝土蜂窝 | | 混凝土蜂窝 | |
| 混凝土麻面 | | 混凝土麻面 | | 混凝土麻面 | |
| 墩顶竖向裂缝※ | | 跨中竖向裂缝※ | | 裂缝※ | |
| 跨中竖向裂缝※ | | 支点斜裂缝※ | | 失效不灵活 | |
| 支点斜裂缝※ | | 牛腿局部裂缝※ | | | |
| 其他裂缝 | | 其他裂缝 | | | |
| 跨中挠度 | | 跨中挠度 | | | |
| 竖向位移 | | 竖向位移 | | | |
| 其他病害 | | 其他病害 | | | |
| 主管负责人 | | 填卡人 | | 填卡日期 | 年　月　日 |

填写说明：①检查构件存在病害的，应填写附录 B 中桥梁检查常用记录表 B-5、表 B-6，并将记录表号填入检查结果栏。

②带※的病害为危及桥梁安全的重要病害。

**斜腿刚构桥上部承重构件检查内容一览表**　　表 A-5

| 路线编码 | | 路线名称 | | 桥位桩号 | |
|---|---|---|---|---|---|
| 桥梁编码 | | 桥梁名称 | | 养护单位 | |
| 1. 主梁 | | | 2. 斜腿 | | |
| 检查内容 | 检查结果 | | 检查内容 | 检查结果 | |
| 混凝土脱落 | | | 混凝土脱落 | | |
| 混凝土空洞 | | | 混凝土空洞 | | |
| 混凝土蜂窝 | | | 混凝土蜂窝 | | |
| 混凝土麻面 | | | 混凝土麻面 | | |
| 墩顶竖向裂缝※ | | | 支点斜裂缝 | | |
| 跨中竖向裂缝※ | | | 斜腿 1/4 截面横向裂缝※ | | |
| 支点斜裂缝※ | | | 其他裂缝 | | |
| 其他裂缝 | | | 其他病害 | | |
| 跨中挠度 | | | | | |
| 竖向位移 | | | | | |
| 其他病害 | | | | | |
| 主管负责人 | | 填卡人 | | 填卡日期 | 年　月　日 |

填写说明：①检查构件存在病害的，应填写附录 B 中桥梁检查常用记录表 B-5、表 B-6，并将记录表号填入检查结果栏。

②带※的病害为危及桥梁安全的重要病害。

## 圬工及混凝土拱桥上部承重构件检查内容一览表

表 A-6

| 路线编码 | | 路线名称 | | 桥位桩号 | |
|---|---|---|---|---|---|
| 桥梁编码 | | 桥梁名称 | | 养护单位 | |

| 1. 主拱圈 | | 2. 腹拱圈 | | 3. 拱上立柱 | | 4. 横墙 | | 5. 盖梁 | | 6. 行车道板 | |
|---|---|---|---|---|---|---|---|---|---|---|---|
| 检查内容 | 检查结果 | 检查内容 | 检查结果 | 检查内容 | 检查结果 | 检查内容 | 检查结果 | 检查内容 | 检查结果 | 检查内容 | 检查结果 |
| 灰缝脱落 | | 灰缝脱落 | | 灰缝脱落 | | 灰缝脱落 | | 混凝土脱落 | | 混凝土脱落 | |
| 混凝土脱落 | | 混凝土脱落 | | 混凝土脱落 | | 混凝土脱落 | | 混凝土空洞 | | 混凝土空洞 | |
| 混凝土空洞 | | 混凝土空洞 | | 混凝土空洞 | | 混凝土空洞 | | 混凝土蜂窝 | | 混凝土蜂窝 | |
| 混凝土蜂窝 | | 混凝土蜂窝 | | 混凝土蜂窝 | | 混凝土蜂窝 | | 混凝土麻面 | | 混凝土麻面 | |
| 混凝土麻面 | | 混凝土麻面 | | 混凝土麻面 | | 混凝土麻面 | | 盖梁跨中竖向裂缝※ | | 跨中竖向裂缝※ | |
| 拱圈横向裂缝※ | | 拱圈横向裂缝※ | | 拱圈横向裂缝※ | | 拱圈横向裂缝※ | | 支点斜裂缝※ | | 支点斜裂缝※ | |
| 拱圈纵向裂缝※ | | 拱圈纵向裂缝※ | | 拱圈纵向裂缝※ | | 拱圈纵向裂缝※ | | 其他裂缝 | | 其他裂缝 | |
| 其他裂缝 | | 其他裂缝 | | 其他裂缝 | | 其他裂缝 | | 其他病害 | | 其他病害 | |
| 跨中挠度 | | 其他病害 | | 其他病害 | | 其他病害 | | | | | |
| 其他病害 | | | | | | | | | | | |

| 主管负责人 | | 填卡人 | | 填卡日期 | 年　月　日 |
|---|---|---|---|---|---|

填写说明:①检查构件存在病害的,应填写附录 B 中桥梁检查常用记录表 B-5、表 B-6,并将记录表号填入检查结果栏。
②带※的病害危及桥梁安全的重要病害。

**刚架拱桥上部承重构件检查内容一览表**　　表 A-7

| 路线编码 | | | 路线名称 | | | 桥位桩号 | |
|---|---|---|---|---|---|---|---|
| 桥梁编码 | | | 桥梁名称 | | | 养护单位 | |
| 1. 刚架拱片 | | 2. 弦杆 | | 3. 主拱腿 | | 4. 次拱腿 | |
| 检查内容 | 检查结果 | 检查内容 | 检查结果 | 检查内容 | 检查结果 | 检查内容 | 检查结果 |
| 斜裂缝※ | | 斜裂缝※ | | 斜裂缝※ | | 斜裂缝※ | |
| 竖向裂缝※ | | 竖向裂缝※ | | 横向裂缝※ | | 横向裂缝※ | |
| 其他裂缝 | | 其他裂缝 | | 其他裂缝 | | 其他裂缝 | |
| 混凝土剥落 | | 混凝土剥落 | | 混凝土剥落 | | 混凝土剥落 | |
| 混凝土空洞 | | 混凝土空洞 | | 混凝土空洞 | | 混凝土空洞 | |
| 钢筋锈蚀 | | 钢筋锈蚀 | | 钢筋锈蚀 | | 钢筋锈蚀 | |
| 跨中下挠度值 | | 其他病害 | | 其他病害 | | 其他病害 | |
| 主拱震感 | | | | | | | |
| 其他病害 | | | | | | | |
| 主管负责人 | | | 填卡人 | | | 填卡日期 | 年　月　日 |

填写说明:①检查构件存在病害的,应填写附录 B 中桥梁检查常用记录表 B-5、表 B-6,并将记录表号填入检查结果栏。

②带※的病害为危及桥梁安全的重要病害。

**中承式拱桥上部承重构件检查内容一览表**

表 A-8

| 路线编码 | | | 路线名称 | | | 桥位桩号 | |
|---|---|---|---|---|---|---|---|
| 桥梁编码 | | | 桥梁名称 | | | 养护单位 | |
| 1. 主拱圈 | | 2. 主梁 | | 3. 吊杆 | | 4. 锚具 | |
| 检查内容 | 检查结果 | 检查内容 | 检查结果 | 检查内容 | 检查结果 | 检查内容 | 检查结果 |
| 灰缝脱落 | | 灰缝脱落 | | 保护层 | | 防腐油脂 | |
| 混凝土脱落 | | 混凝土脱落 | | 局部裂缝※ | | 锈蚀 | |
| 混凝土空洞 | | 混凝土空洞 | | 其他裂缝 | | 其他病害 | |
| 混凝土蜂窝 | | 混凝土蜂窝 | | 其他病害 | | | |
| 混凝土麻面 | | 混凝土麻面 | | | | | |
| 横向裂缝※ | | 跨中竖向裂缝※ | | | | | |
| 纵向裂缝※ | | 支点斜裂缝※ | | | | | |
| 其他裂缝 | | 其他裂缝 | | | | | |
| 跨中挠度 | | 跨中挠度 | | | | | |
| 涂装层 | | 其他病害 | | | | | |
| 其他病害 | | | | | | | |
| 主管负责人 | | | 填卡人 | | | 填卡日期 | 年 月 日 |

填写说明：①检查构件存在病害的，应填写附录 B 中桥梁检查常用记录表 B-5、表 B-6，并将记录表号填入检查结果栏。
②带※的病害为危及桥梁安全的重要病害。

斜拉桥上部承重构件检查内容一览表

表 A-9

| 路线编码 | | 路线名称 | | 桥位桩号 | | | |
|---|---|---|---|---|---|---|---|
| 桥梁编码 | | 桥梁名称 | | 养护单位 | | | |
| 1. 斜拉索 | | 2. 锚具 | | 3. 索塔 | | 4. 主梁 | |
| 检查内容 | 检查结果 | 检查内容 | 检查结果 | 检查内容 | 检查结果 | 检查内容 | 检查结果 |
| 涂层劣化 | | 锈蚀 | | 横向裂缝※ | | 跨中竖向裂缝※ | |
| 斜拉索截面削弱※ | | 积水 | | 其他裂缝 | | 支点斜裂缝※ | |
| 斜拉索滑移变位 | | 油漆破损 | | 混凝土剥落 | | 其他裂缝 | |
| 斜拉索锈蚀 | | 其他病害 | | 混凝土空洞 | | 混凝土剥落 | |
| 锚具锈蚀 | | | | 钢筋锈蚀 | | 混凝土空洞 | |
| 锚头损坏 | | | | 倾斜※ | | 钢筋锈蚀 | |
| 其他病害 | | | | 其他病害 | | 跨中下挠度值 | |
| | | | | | | 涂层劣化 | |
| | | | | | | 焊缝开裂 | |
| | | | | | | 铆钉螺栓损失、松动、脱落 | |
| | | | | | | 其他病害 | |
| 主管负责人 | | 填卡人 | | 填卡日期 | | 年 月 日 | |

填写说明：①检查构件存在病害的，应填写附录 B 中桥梁检查常用记录表 B-5、表 B-6，并将记录表号填入检查结果栏。

②带※的病害为危及桥梁安全的重要病害。

**悬索桥上部承重构件检查内容一览表** 表 A-10

| 路线编码 | | | 路线名称 | | | 桥位桩号 | | | |
|---|---|---|---|---|---|---|---|---|---|
| 桥梁编码 | | | 桥梁名称 | | | 养护单位 | | | |
| 1. 主缆 | | 2. 吊索 | | 3. 加劲梁 | | 4. 索塔 | | 5. 锚碇 | |
| 检查内容 | 检查结果 | 检查内容 | 检查结果 | 检查内容 | 检查结果 | 检查内容 | 检查结果 | 检查内容 | 检查结果 |
| 涂层劣化 | | 涂层劣化 | | 跨中竖向裂缝※ | | 横向裂缝※ | | 锚坑漏水 | |
| 主缆截面削弱※ | | 吊索截面削弱※ | | 支点斜裂缝※ | | 其他裂缝 | | 顶、侧墙损坏 | |
| 主缆滑移变位 | | 吊索滑移变位 | | 其他裂缝 | | 混凝土剥落 | | 沉降※ | |
| 主缆锈蚀 | | 吊索锈蚀 | | 混凝土剥落 | | 混凝土空洞 | | 扭转 | |
| 其他病害 | | 锚具锈蚀 | | 混凝土空洞 | | 钢筋锈蚀 | | 水平位移※ | |
| | | 锚头损坏 | | 钢筋锈蚀 | | 倾斜※ | | 其他病害 | |
| | | 其他病害 | | 跨中下挠度值 | | 其他病害 | | | |
| | | | | 涂层劣化 | | | | | |
| | | | | 焊缝开裂 | | | | | |
| | | | | 铆钉螺栓损失、松动、脱落 | | | | | |
| | | | | 其他病害 | | | | | |
| 主管负责人 | | | 填卡人 | | | 填卡日期 | | 年 月 日 | |

填写说明:①检查构件存在病害的,应填写附录 B 中桥梁检查常用记录表 B-5、表 B-6,并将记录表号填入检查结果栏。

②带※的病害为危及桥梁安全的重要病害。

# 附录 B　桥梁检查常用记录表

**桥梁基本卡片表**　　　　表 B-1

| A. 行政识别数据 | | | | | | | | |
|---|---|---|---|---|---|---|---|---|
| 1 | 路线编号 | | 2 | 路线名称 | | 3 | 路线等级 | |
| 4 | 桥梁编号 | | 5 | 桥梁名称 | | 6 | 桥位桩号 | |
| 7 | 功能类型 | | 8 | 下穿通道名 | | 9 | 下穿通道桩号 | |
| 10 | 设计荷载 | | 11 | 通行载重 | | 12 | 弯斜坡度 | |
| 13 | 桥面铺装 | | 14 | 管养单位 | | 15 | 建成年限 | |
| B. 结构技术数据 | | | | | | | | |
| 16 | 桥长(m) | | 17 | 桥面总宽(m) | | 18 | 车行道宽(m) | |
| 19 | 桥面高程(m) | | 20 | 桥下净高(m) | | 21 | 桥上净高(m) | |
| 22 | 引道总宽(m) | | 23 | 引道路面宽(m) | | 24 | 引道线形 | |

| 上部结构 | | | | | | | 下部结构 | | | | | |
|---|---|---|---|---|---|---|---|---|---|---|---|---|
| | 25 | 孔号 | | | | | | 29 | 墩台 | | | |
| | 26 | 形式 | | | | | | 30 | 形式 | | | |
| | 27 | 跨径(m) | | | | | | 31 | 材料 | | | |
| | 28 | 材料 | | | | | | 32 | 基础形式 | | | |

| | | | | | | | | |
|---|---|---|---|---|---|---|---|---|
| 33 | 伸缩缝类型 | | 34 | 支座形式 | | 35 | 地震动峰值加速度系数 | |
| 36 | 桥台护坡 | | 37 | 护墩台 | | 38 | 调治构造物 | |
| 39 | 常水位 | | 40 | 设计水位 | | 41 | 历史洪水位 | |
| C. 档案资料(全、不全或无) | | | | | | | | |
| 42 | 设计图纸 | | 43 | 设计文件 | | 44 | 施工文件 | |
| 45 | 竣工图纸 | | 46 | 验收文件 | | 47 | 行政文件 | |
| 48 | 定期检查报告 | | 49 | 特殊检查报告 | | 50 | 历次维修资料 | |
| 51 | 档案号 | | 52 | 存档案 | | 53 | 建档年/月 | |

D. 最近技术状况评定

| 54 | 55 | 56 | 57 | 58 | 59 | 60 | 61 | 62 | 63 | 64 |
|---|---|---|---|---|---|---|---|---|---|---|
| 检查年月 | 定期检查或特殊检查 | 全桥评定等级 | 桥台与基础 | 桥墩与基础 | 地基冲刷 | 上部结构 | 支座 | 经常保养小修 | 处治对策 | 下次检查年份 |
| | | | | | | | | | | |

E. 修建工程记录

| 65 施工日期 | | 66 | 修建类别 | 67 | 修建原因 | 68 | 开工范围 | 69 | 工程费用(万元) | 70 | 经费来源 | 71 | 质量评定 | 72 | 建设单位 | 73 | 设计单位 | 74 | 施工单位 | 75 | 监理单位 |
|---|---|---|---|---|---|---|---|---|---|---|---|---|---|---|---|---|---|---|---|---|---|
| 开工 | 竣工 | | | | | | | | | | | | | | | | | | | | |
| | | | | | | | | | | | | | | | | | | | | | |

续上表

<table>
<tr><td>76</td><td colspan="10">备注:</td></tr>
<tr><td>F</td><td>桥梁照片</td><td>77</td><td>立面照片</td><td colspan="3"></td><td>78</td><td>正面照片</td><td colspan="2"></td></tr>
<tr><td>79</td><td>主管负责人</td><td colspan="2"></td><td>80</td><td>填卡人</td><td colspan="2"></td><td>81</td><td>填卡日期</td><td>年　月　日</td></tr>
</table>

注:①卡片信息应包括历次维修加固信息。

②结构上、下游形式不同时,应同时填写上、下游结构形式信息。

③表中C栏档案资料包括大修以上的相关资料。

④第7栏功能类型:公路桥、公铁两用桥、通道、闸坝桥、人行桥、漫水桥、高速公路跨线桥、其他桥。

⑤第8栏下穿通道名:河流(含运河、湖泊、干河槽)、跨海、河壑、管道(大件运输管道)、道路(含非机动车道)、铁路、水渠、旱地。

⑥第10栏设计荷载:公路—Ⅰ级、公路—Ⅱ级;挂车—120、挂车—100、挂车—80、履带—50、履带—60、其他;包括原桥设计荷载、加固设计荷载,查阅设计文件。

⑦第12栏弯斜坡度:常规桥、弯桥、坡桥、斜桥、弯坡桥、弯斜桥、坡斜桥、弯坡斜桥、其他桥。

⑧第13栏桥面铺装:沥青混凝土、水泥混凝土。沥青灌入碎(砾)石、沥青碎石、沥青表面处治、泥结碎(砾)石、块(条)石、水结碎石、钢(板)、木面、复合材料、其他工程材料。

⑨第26栏上部结构形式:梁桥:板梁、Ⅱ形梁、T形梁、箱形梁、组合式梁、桁架梁、空心板梁;拱桥:板拱、肋拱、双曲拱、箱形拱、刚架拱、系杆拱、桁架拱、石拱;刚构桥:斜腿刚构、刚架桥;斜拉桥;悬索桥;组合桥:斜拉、悬索组合桥、微弯板组合工字梁(或拱)、肋腋板组合工字梁(或拱);薄壳桥;其他桥;浮桥。

⑩第30栏下部结构形式:桥台:无、U形墩台、八字形桥台、埋置式桥台、拱形桥台、埋置衡重式桥台、空箱式桥台、构架式桥台、双柱框架式桥台、多柱框架式桥台、墙式桥台、组合式桥台、支撑式桥台、一字形桥台、扶壁(空腹)式桥台、锚碇板式桥台、其他;桥墩:无、重力式桥墩、单柱墩、双柱式墩、多柱墩、桁架式墩、构架式墩、排架墩、双壁墩、X形墩、Y形墩、V形墩、H形墩、其他。

⑪第32栏基础形式:沉入桩基础、灌注桩基础、沉井基础、扩大基础、山根基础、摩擦柱、柱桩、地下连续墙、其他。

⑫第33栏伸缩缝类型:无伸缩缝、锌铁皮U形伸缩缝、钢板伸缩缝、各式橡胶伸缩缝、无缝式伸缩缝、自然留缝、梳形钢板伸缩缝、其他。

⑬第34栏支座形式:无、橡胶支座(板式、盆式)、钢板支座、球形支座、油毡垫支座、钢筋混凝土支座、组合式支座(盆式、摆柱式)、其他。

⑭第35栏地震动峰值加速度系数:0.05、0.1、0.15、0.2、0.3、0.4以上,查阅设计文件。

⑮第D栏技术状况评定:一类、二类、三类、四类、五类、未评定。

⑯第F栏桥梁照片:包括上、下游不同信息照片。

⑰桥梁中心桩号、桥梁编号、桥梁名称、所在地名、行政区划、养护单位等"数据库"中已有指标的填报要求同"中国国家公路数据库"。

**桥梁各部件缺损状况评定方法**　　表 B-2

| 缺损状况及标度 | | | 组合评定标度 | | | | | |
|---|---|---|---|---|---|---|---|---|
| | | 程度 | 小→大<br>少→多<br>轻度→严重 | | | | | |
| | | 标度 | 0 | 1 | 2 | | | |
| 缺损对结构的影响程度 | 无、不重要 | 0 | 0 | 1 | 2 | | | |
| | 小、次要 | +1 | 1 | 2 | 3 | | | |
| | 大、重要 | +2 | 2 | 3 | 4 | | | |
| 以上两项评定组合标度 | | | 0 | 1 | 2 | 3 | 4 | |
| 缺损发展变化状况的修正 | 趋向稳定 | −1 | | 0 | 1 | 2 | 3 | |
| | 发展缓慢 | 0 | | 1 | 2 | 3 | 4 | |
| | 发展较快 | +1 | 1 | 2 | 3 | 4 | 5 | |
| 最终评定结果 | | | 0 | 1 | 2 | 3 | 4 | 5 |
| 桥梁技术状况及分类 | | | 完好 | 良好 | 较好 | 较差 | 差的 | 危险 |
| | | | 一类 | | 二类 | 三类 | 四类 | 五类 |

注：①“0”表示良好状态，或表示没有设置的构造部件。当缺损程度为“0”时，不再叠加。

②“5”表示危险状态，或表示原未设置，而调查表明需要补设的部件。

③本表对应表 B-3 填写。

**各部件缺损状况评定标度计算表**　　表 B-3

| 编号 $i$ | a | | b | c | d | e | 备注 |
|---|---|---|---|---|---|---|---|
| | 部件 | | 部件缺损程度标度（0～2） | 缺损对结构使用功能的影响（0～2） | 缺损发展变化状况的修正（0～2） | 部件评定结果 $R_i$ =（b + c + d） | |
| 1 | 翼墙、耳墙 | | | | | | |
| 2 | 锥坡、护坡 | | | | | | |
| 3 | 桥台及基础 | | | | | | |
| 4 | 桥墩及基础 | | | | | | |
| 5 | 基础冲刷 | | | | | | |
| 6 | 支座 | | | | | | |
| 7 | 上部主要承重构件 | | | | | | |
| | | | | | | | |
| | | | | | | | |
| | | | | | | | |

续上表

| 编号 $i$ | a | | b | c | d | e | 备注 |
|---|---|---|---|---|---|---|---|
| | 部件 | | 部件缺损程度标度（0~2） | 缺损对结构使用功能的影响（0~2） | 缺损发展变化状况的修正（0~2） | 部件评定结果 $R_i$ =（b+c+d） | |
| 8 | 上部一般承重构件 | | | | | | |
| | | | | | | | |
| | | | | | | | |
| | | | | | | | |
| 9 | 桥面铺装 | | | | | | |
| 10 | 桥头与路堤的连接部 | | | | | | |
| 11 | 伸缩缝 | | | | | | |
| 12 | 人行道 | | | | | | |
| 13 | 栏杆、护栏 | | | | | | |
| 14 | 灯具、标志 | | | | | | |
| 15 | 排水设施 | | | | | | |
| 16 | 调治构造物 | | | | | | |
| 17 | 其他 | | | | | | |

注：①表中第b、c、d栏中的评分标准见表B-2。

②表中第7、8栏上部承重构件划分见表B-7。

**桥梁技术状况评定标准** 表B-4

| 类别 | 一 类 | 二 类 | 三 类 | 四 类 | 五 类 |
|---|---|---|---|---|---|
| 总体评定 | 完好、良好状态<br>①重要部件功能与材料良好；<br>②次要部件功能良好，材料有少量（3%以内）轻度缺损或污染，裂缝小于限值；<br>③承载能力和桥面行车条件符合设计指标 | 较好状态<br>①重要部件功能良好，材料有局部（3%以内）轻度缺损或污染，裂缝宽小于限值；<br>②次要部件有较多（10%以内）中等缺损或污染；<br>③承载能力和桥面行车条件达到设计指标 | 较差状态<br>①重要部件材料有较多（10%以内）中度缺损，裂缝宽度超限值，或出现轻度功能性病害，但发展缓慢，尚能维持正常使用功能；<br>②次要部件有大量（10%~20%）严重缺损，功能降低，进一步恶化将不利于重要部件和影响正常交通；<br>③承载能力比设计降低10%以内，桥面行车不舒适 | 差的状态<br>①重要部件材料有大量(10%~20%)严重缺损，裂缝宽度超限值，风化、剥落、露筋、锈蚀严重，或出现轻度功能性病害，但发展较快；结构变形小于或等于规定值，功能明显降低；<br>②次要部件有20%以上的严重缺损，失去应有功能，严重影响正常交通；<br>③承载能力比设计降低10%~25% | 危险状态<br>①重要部件出现严重的功能性病害，且有继续扩张现象，关键部位的部分材料强度达到极限，出现部分钢筋断裂、混凝土压碎或杆件失稳变形的破损现象，变形大于规范值，结构的强度、刚度、稳定性和动力响应不能达到平时交通安全通行要求；<br>②承载能力比设计值降低25%以上 |

续上表

| 类别 | 一　类 | 二　类 | 三　类 | 四　类 | 五　类 |
|---|---|---|---|---|---|
| 墩台与基础 | ①墩台各部分完好；<br>②基础及地基状况良好 | ①墩台基本完好；<br>②3%以内的表面有风化、麻面、短细裂缝，缝宽小于限值，砌体灰缝脱落；<br>③表面长有青苔、杂草；<br>④基础无冲蚀现象 | ①墩台3%～10%的表面有各种缺损，裂缝宽超限值，有风化、剥落、露筋、锈蚀现象；砌体灰缝脱落，局部变形等；<br>②出现轻微下沉、倾斜、滑动等现象，发展缓慢或趋向稳定；<br>③基础有局部冲蚀现象，桩基顶段被磨损 | ①墩台10%～20%的表面有各种缺损，裂缝宽而密，剥落、露筋、锈蚀严重，砌体大面积松动、变形；<br>②墩台出现下沉、倾斜、滑动、冻拔现象，变形小于等于规范值；台背填土有沉降裂缝或挤压隆起，变形发展较快；<br>③基础冲刷大于设计值，基底冲空面在10%～20%以内；桩基顶段被侵蚀、露筋、缩颈，或有环状冻裂，木桩腐蚀、蛀蚀严重 | ①墩台不稳定，下沉、倾斜、滑动、冻拔现象严重，变形大于规范值，造成上部结构和桥面变形过大，不能正常行车；<br>②墩台、桩基出现结构性裂缝，裂缝宽度超过限值；<br>③基底冲刷深度大于设计值，冲空面达20%以上；地基承载力降低，桥台岸坡滑移 |
| 支座 | ①各部分清洁完好，位置正确；<br>②支座工作状态正常 | ①支座有尘土堆积、略有腐蚀；<br>②支座滑动面干涩 | ①钢支座固定螺栓松动，锈蚀严重；<br>②橡胶支座开始老化；<br>③混凝土支座有剥落、露筋、锈蚀现象 | ①钢支座的组件出现裂缝；<br>②橡胶支座老化开裂；<br>③混凝土支座碎裂；<br>④活动支座坏死，不能活动；<br>⑤支座上下错位过大，有倾倒脱落的危险 | 支座错位、变形、破损严重，已失去正常支撑功能，使上下部结构受到异常约束，造成支撑部位缺损和桥面的不平顺 |
| 砖石混凝土上部构造 | ①结构完好，无渗水，无污染；<br>②次要部位有少量短细裂纹，裂纹宽度小于限值 | ①结构基本完好；<br>②3%以内的表面有风化、麻面、短细裂缝，缝宽小于限值，砌体灰缝脱落；<br>③上下游侧表面有水迹污染，砌体滋生杂草 | ①结构3%～10%的表面有各种缺损，裂缝宽超限值，有风化、露筋、锈蚀，桥面板裂缝渗水；<br>②石砌拱桥砌体灰缝脱落，局部松动、外鼓；<br>③横向连接断裂、脱焊或松动，边梁或边拱肋有横移或外倾迹象 | ①结构10%～20%的表面有各种缺损，重点部位出现接近全截面的开裂，裂缝宽超限值，顺主筋方向有纵向裂缝，钢筋锈蚀和混凝土剥落严重，桥面开裂，渗水严重，砌体有较大松动、变形；<br>②结构存在明显的永久变形，变形小于或等于规范值，桥面竖向成波形 | ①结构永久变形大于规范值；<br>②重点部件出现全截面开裂，裂缝宽度超过限值，部分钢筋屈服或断裂，混凝土压碎；主拱圈出现铰，成不稳定结构；<br>③受压构件有严重的横向扭曲变形；<br>④承载能力比设计降低25%以上 |

续上表

| 类别 | 一　类 | 二　类 | 三　类 | 四　类 | 五　类 |
| --- | --- | --- | --- | --- | --- |
| 钢结构 | ①各部件及焊缝均完好；<br>②各节点铆钉、螺栓无松动；<br>③各部分油漆均匀、完整、色泽鲜明 | ①各部件完好，焊缝无开焊；<br>②少数节点有个别铆钉、螺栓松动变形；<br>③油漆变色、起泡剥落，面积在10%以内 | ①个别次要构件有局部变形，焊缝有裂纹；<br>②连接铆钉、螺栓损坏在10%以内；<br>③油漆失效面积在10%～20%之间 | ①个别重要构件有扭曲变形，损伤裂纹、开焊、严重锈蚀；<br>②连接铆钉、螺栓损坏在10%～20%之间；<br>③油漆失效面积在20%以上 | ①主要构件有严重扭曲变形、开焊，锈蚀削弱截面10%以上，钢材变质，强度性能恶化；油漆失效面积在50%以上；<br>②节点板及连接铆钉、螺栓损坏在20%以上；<br>③结构永久变形大于规范值；<br>④结构振动或摆动过大，行车和行人有不安全感 |
| 人行道栏杆 | 完整清洁，无松动，少数构件局部有细裂纹、麻面 | 个别构件破损、脱落，3%以内构件有松动、开裂、剥落和污染 | 10%以内构件有松动、开裂、剥落、露筋、锈蚀、破损、脱落 | 10%～20%构件严重损坏、错位、变形、脱落、残缺 | |
| 桥面铺装、伸缩缝 | ①铺装层完好、平整、清洁或有个别细裂缝；<br>②防水层完好，泄水管完好、畅通；<br>③伸缩缝完好、清洁；<br>④桥头平顺，无跳车现象 | ①铺装层10%以内的表面有纵横裂缝、浅坑槽、波浪；<br>②防水层基本完好；泄水管堵塞，周围渗水；<br>③伸缩缝局部破损；<br>④桥头轻度跳车，台背路面下沉在2cm以内 | ①铺装层10%～20%的表面有严重的龟裂、深坑槽、波浪；<br>②桥面板接缝处防水层断裂渗水，泄水管破损、脱落；<br>③伸缩缝普遍缺损；<br>④桥头跳车明显，台背路面下沉2～5cm | ①铺装层20%以上表面有严重的破坏，桥面普遍坑洼不平、积水；<br>②防水层老化失效，普遍断裂、渗水，泄水管脱落，泄水孔堵塞；<br>③伸缩缝严重破损、失效，难以修补；<br>④桥头跳车严重，台背路面下沉大于5cm | |
| 调治构造物 | ①构造设置合理，功能正常；<br>②构造物完好 | ①构造功能基本正常；<br>②构造物局部断裂、砌体松动、变形 | ①构造本身抗洪能力不足，基础局部冲蚀；<br>②构造物20%以内出现下沉、倾斜、局部坍塌 | ①构造本身抗洪能力太低，基础冲蚀严重；<br>②构造物20%以上被破坏，部分丧失功能或功能下降 | |
| 翼(耳)墙、锥(护)坡 | ①翼(耳)墙完好无损，清洁；<br>②锥(护)坡完好，无垃圾堆积，无草木滋生；<br>③桥头排水沟和行人台阶完好 | ①翼(耳)墙出现个别裂缝，缝宽小于限值，局部脱落，砌体灰缝脱落，面积在10%以内；<br>②锥(护)坡局部塌陷，铺砌缺损，垃圾堆积，草木丛生；<br>③桥头排水沟堵塞不畅通，行人台阶局部塌落 | ①翼墙断裂与桥台前墙脱开，但无明显外倾、下沉、砌体灰缝脱落；局部松动外鼓，面积小于20%；<br>②锥(护)坡出现大面积塌陷，铺砌缺损，形成冲沟或积水坑，坡脚有局部冲蚀；<br>③桥头排水沟和行人台阶损坏，功能降低 | ①翼墙断裂、下沉、外倾失稳，砌体变形，部分严重倒塌；<br>②锥(护)坡和坡脚冲蚀严重，有滑移、坍塌，坡顶下降较大，作用明显减小；<br>③桥头排水沟和行人台阶全部损坏，几乎消失 | |

续上表

| 类别 | 一　　类 | 二　　类 | 三　　类 | 四　　类 | 五　　类 |
|---|---|---|---|---|---|
| 照明、标志、附属设施 | 完好无损，布置合理 | 照明灯泡坏，灯柱锈蚀，标志不正、脱落，附属设施基本完好 | 灯柱歪斜不正，灯具损坏，标志倾斜损坏，附属设施需保养维修 | 照明线老化破断或短路，灯柱、灯具残缺不齐，标志损失严重，附属设施需维修与更换 | |

注：①本表可用于桥梁技术状况评定。

②本表还可用于确定各部件缺损状况评定标度 $R_i$。

**桥梁经常检查记录表**　　　　表 B-5

<table>
<tr><td colspan="8">管理单位：</td></tr>
<tr><td colspan="3">路线编码</td><td></td><td>路线名称</td><td></td><td>桥位桩号</td><td></td></tr>
<tr><td colspan="3">桥梁编码</td><td></td><td>桥梁名称</td><td></td><td>养护单位</td><td></td></tr>
<tr><td colspan="3">部件名称</td><td>缺损类型</td><td colspan="2">缺损范围</td><td colspan="2">保养措施意见</td></tr>
<tr><td colspan="3">翼墙</td><td></td><td colspan="2"></td><td colspan="2"></td></tr>
<tr><td colspan="3">锥坡、护坡</td><td></td><td colspan="2"></td><td colspan="2"></td></tr>
<tr><td colspan="3">桥台及基础</td><td></td><td colspan="2"></td><td colspan="2"></td></tr>
<tr><td colspan="3">桥墩及基础</td><td></td><td colspan="2"></td><td colspan="2"></td></tr>
<tr><td colspan="3">地基冲刷</td><td></td><td colspan="2"></td><td colspan="2"></td></tr>
<tr><td colspan="3">支座</td><td></td><td colspan="2"></td><td colspan="2"></td></tr>
<tr><td rowspan="10">上部构造</td><td rowspan="5">上部主要承重构件</td><td></td><td></td><td colspan="2"></td><td colspan="2"></td></tr>
<tr><td></td><td></td><td colspan="2"></td><td colspan="2"></td></tr>
<tr><td></td><td></td><td colspan="2"></td><td colspan="2"></td></tr>
<tr><td></td><td></td><td colspan="2"></td><td colspan="2"></td></tr>
<tr><td></td><td></td><td colspan="2"></td><td colspan="2"></td></tr>
<tr><td rowspan="5">上部一般承重构件</td><td></td><td></td><td colspan="2"></td><td colspan="2"></td></tr>
<tr><td></td><td></td><td colspan="2"></td><td colspan="2"></td></tr>
<tr><td></td><td></td><td colspan="2"></td><td colspan="2"></td></tr>
<tr><td></td><td></td><td colspan="2"></td><td colspan="2"></td></tr>
<tr><td></td><td></td><td colspan="2"></td><td colspan="2"></td></tr>
<tr><td colspan="3">桥与路连接</td><td></td><td colspan="2"></td><td colspan="2"></td></tr>
<tr><td colspan="3">伸缩缝</td><td></td><td colspan="2"></td><td colspan="2"></td></tr>
<tr><td colspan="3">桥面铺装</td><td></td><td colspan="2"></td><td colspan="2"></td></tr>
<tr><td colspan="3">人行道、路缘石</td><td></td><td colspan="2"></td><td colspan="2"></td></tr>
<tr><td colspan="3">栏杆、护栏</td><td></td><td colspan="2"></td><td colspan="2"></td></tr>
<tr><td colspan="3">标志、标线</td><td></td><td colspan="2"></td><td colspan="2"></td></tr>
<tr><td colspan="3">排水设施</td><td></td><td colspan="2"></td><td colspan="2"></td></tr>
<tr><td colspan="3">照明系统</td><td></td><td colspan="2"></td><td colspan="2"></td></tr>
<tr><td colspan="3">桥面清洁</td><td></td><td colspan="2"></td><td colspan="2"></td></tr>
<tr><td colspan="3">调治构造物</td><td></td><td colspan="2"></td><td colspan="2"></td></tr>
<tr><td colspan="3">（其他）</td><td></td><td colspan="2"></td><td colspan="2"></td></tr>
<tr><td colspan="3">负责人</td><td></td><td>记录人</td><td></td><td>检查日期</td><td>年　月　日</td></tr>
</table>

注：上部构造划分见表 B-7。

**桥梁定期检查记录表** 表 B-6

| （县级公路管理机构名称） | | | | | |
|---|---|---|---|---|---|
| 1. 路线编码 | | 2. 路线名称 | | 3. 桥位桩号 | |
| 4. 桥梁编码 | | 5. 桥梁名称 | | 6. 下穿通道名称 | |
| 7. 桥长(m) | | 8. 主跨结构 | | 9. 最大跨径(m) | |
| 10. 管养单位 | | 11. 建成年月 | | 12. 上次大中修日期 | |
| 13. 上次检查日期 | | 14. 本次检查日期 | | 15. 气候 | |

| 16. 部件号 | 17. 部件名称 | | 各部件权重 $W_i$ | 18. 标度 $R_i(0\sim5)$ | 19. 特别检查 | 20. 维修范围 | 21. 维修方式 | 22. 维修时间 | 23. 费用(元) |
|---|---|---|---|---|---|---|---|---|---|
| 1 | 翼墙、耳墙 | | 1 | | | | | | |
| 2 | 锥坡、护坡 | | 1 | | | | | | |
| 3 | 桥台及基础 | | 23 | | | | | | |
| 4 | 桥墩及基础 | | 24 | | | | | | |
| 5 | 地基冲刷 | | 8 | | | | | | |
| 6 | 支座 | | 3 | | | | | | |
| 7 | 上部主要承重构件 | | 20 | | | | | | |
| | | | | | | | | | |
| | | | | | | | | | |
| | | | | | | | | | |
| | | | | | | | | | |
| | | | | | | | | | |
| 8 | 上部一般承重构件 | | 5 | | | | | | |
| | | | | | | | | | |
| | | | | | | | | | |
| | | | | | | | | | |
| 9 | 桥面铺装 | | 1 | | | | | | |
| 10 | 桥头跳车 | | 3 | | | | | | |
| 11 | 伸缩缝 | | 3 | | | | | | |
| 12 | 人行道 | | 1 | | | | | | |
| 13 | 栏杆、护栏 | | 1 | | | | | | |
| 14 | 照明、标志 | | 1 | | | | | | |
| 15 | 排水设施 | | 1 | | | | | | |
| 16 | 调治构造物 | | 3 | | | | | | |
| 17 | 其他 | | 1 | | | | | | |

$D_r=100-1/5\cdot\sum W_i\cdot R_i=$ $D_r\geqslant 88$ 一类 $88>D_r\geqslant 60$ 二类 $60>D_r\geqslant 40$ 三类 $40>D_r$ 四类、五类

$R_{max}=\max(R_3\sim R_8)$ $R_{max}=1$ 一类 $R_{max}=2$ 二类 $R_{max}=3$ 三类 $R_{max}=4$ 四类 $R_{max}=5$ 五类

（________类桥）取 $D_r$ 和 $R_{max}$ 评定等级最大者

续上表

| 24. 总体状况评定等级 | | 25. 全桥清洁状况评分 | | 26. 保养、小修状况评分 | |
|---|---|---|---|---|---|
| 27. 经常性养护建议 | | | | | |
| 28. 记录人 | | 29. 负责人 | | 30. 下次检查时间 | |
| 31. 缺损说明 | | | | | |

| 部件号 | 部件名称 | | 缺损位置 | 缺损状况<br>（类型、性质、范围、程度） | 标度 $R_i$<br>（0～5） | 照片或图片<br>（编号/年） |
|---|---|---|---|---|---|---|
| 1 | 翼墙、耳墙 | | | | | |
| 2 | 锥坡、护坡 | | | | | |
| 3 | 桥台及基础 | | | | | |
| 4 | 桥墩及基础 | | | | | |
| 5 | 地基冲刷 | | | | | |
| 6 | 支座 | | | | | |
| 7 | 上部主要承重构件 | | | | | |
| | | | | | | |
| | | | | | | |
| | | | | | | |
| | | | | | | |
| | | | | | | |
| 8 | 上部一般承重构件 | | | | | |
| | | | | | | |
| | | | | | | |
| | | | | | | |
| 9 | 桥面铺装 | | | | | |
| 10 | 桥头跳车 | | | | | |
| 11 | 伸缩缝 | | | | | |
| 12 | 人行道 | | | | | |
| 13 | 栏杆、护栏 | | | | | |
| 14 | 照明、标志 | | | | | |
| 15 | 排水设施 | | | | | |
| 16 | 调治构造物 | | | | | |
| 17 | 其他 | | | | | |

注：①第 18 栏标度 $R_i$（0～5）由表 C-3 或表 C-4 中的其一方法确定。

②计算 $D_r$ 时，第 7 栏上部主要承重构件、第 8 栏上部一般承重构件取标度最大值×权重，其余不计入。

③第 7 栏、第 8 栏上部主要承重构件、一般承重构件划分可参照表 B-7。

**上部承重构件划分表**　　表 B-7

| 桥　型 | 上部承重构件名称 | | 检查内容 | 检查结果 | 标度 $R_i$ |
|---|---|---|---|---|---|
| 简支梁(板)桥 | 主要承重构件 | 主梁 | | | |
| | 一般承重构件 | 横隔板 | | | |
| | | 铰缝 | | | |
| 连续梁(板)桥 | 主要承重构件 | 主梁 | | | |
| | 一般承重构件 | 横隔板 | | | |
| 连续刚构桥 | 主要承重构件 | 主梁 | | | |
| | 一般承重构件 | 横隔板 | | | |
| T 形刚构桥 | 主要承重构件 | 主梁 | | | |
| | 一般承重构件 | 横隔板 | | | |
| 斜腿刚构桥 | 主要承重构件 | 主梁 | | | |
| | | 斜腿 | | | |
| | 一般承重构件 | 横隔板 | | | |
| 圬工板拱桥 | 主要承重构件 | 板拱圈 | | | |
| | 一般承重构件 | 腹拱 | | | |
| | | 拱上横墙 | | | |
| | | 侧墙 | | | |
| 双曲拱桥 | 主要承重构件 | 拱肋 | | | |
| | 一般承重构件 | 腹拱 | | | |
| | | 拱上立柱 | | | |
| | | 立柱盖梁 | | | |
| | | 行车道板 | | | |
| | | 横隔板 | | | |
| 箱形拱桥 | 主要承重构件 | 主拱圈 | | | |
| | 一般承重构件 | 腹拱 | | | |
| | | 拱上立柱 | | | |
| | | 立柱盖梁 | | | |
| | | 行车道板 | | | |
| | | 铰缝 | | | |
| 刚架拱桥 | 主要承重构件 | 拱片 | | | |
| | | 次主拱腿 | | | |
| | | 主拱腿 | | | |
| | 一般承重构件 | 横系梁 | | | |
| | | 微弯板 | | | |
| | | 弦杆 | | | |

续上表

| 桥　　型 | 上部承重构件名称 | | 检 查 内 容 | 检 查 结 果 | 标　度　$R_i$ |
|---|---|---|---|---|---|
| 中承式钢管拱桥 | 主要承重构件 | 主拱圈 | | | |
| | | 主梁 | | | |
| | | 吊杆 | | | |
| | 一般承重构件 | 锚具 | | | |
| | | 横系梁 | | | |
| | | 系杆 | | | |
| | | 行车道板 | | | |
| 斜拉桥 | 主要承重构件 | 斜拉索 | | | |
| | | 主梁 | | | |
| | | 锚具 | | | |
| | | 索塔 | | | |
| | 一般承重构件 | 索夹 | | | |
| 悬索桥 | 主要承重构件 | 主缆 | | | |
| | | 吊索 | | | |
| | | 索塔 | | | |
| | | 锚碇 | | | |
| | | 加劲梁 | | | |
| | 一般承重构件 | 索夹 | | | |

# 附录C　典型桥梁车辆荷载效应表

**10m 跨装配式空心板荷载效应**　　表 C-1

桥面净空：净—9m + 2 × 1.0m　　桥跨结构：1 × 10m 简支梁

| 标准荷载 | 计算内容 | 汽车 | 豪泺—汇达 6 轴 | | 沃尔沃—燕台 7 轴 | | 湖南—神行 8 轴 | | 沃尔沃—双帆 11 轴 | |
|---|---|---|---|---|---|---|---|---|---|---|
| | | | 内力 | 允许载重 | 内力 | 允许载重 | 内力 | 允许载重 | 内力 | 允许载重 |
| 汽车—15 级、挂车—80 | | | | 570 (360) kN | | 700 (440) kN | | 680 (490) kN | | 790 (540) kN |
| | 冲击系数 | 0.39 | 0.39 | | 0.39 | | 0.39 | | 0.39 | |
| | 横向系数 | 0.39 | 0.19 | | 0.18 | | 0.19 | | 0.18 | |
| | 跨中弯矩 | 141.71 | 141.26 | | 142.43 | | 141.97 | | 180.09 | |
| | 支点剪力 | 70.00 | 66.44 | | 70.50 | | 66.42 | | 89.82 | |
| 汽车—20 级、挂车—100 | | | | 840 (630) kN | | 1010 (750) kN | | 1010 (820) kN | | 1150 (900) kN |
| | 冲击系数 | 0.39 | 0.39 | | 0.39 | | 0.39 | | 0.39 | |
| | 横向系数 | 0.30 | 0.19 | | 0.18 | | 0.19 | | 0.18 | |
| | 跨中弯矩 | 208.57 | 209.46 | | 205.85 | | 209.37 | | 203.83 | |
| | 支点剪力 | 101.86 | 98.56 | | 101.86 | | 97.96 | | 101.63 | |
| 汽车—超 20 级、挂车—120 | | | | 940 (730) kN | | 1110 (850) kN | | 1130 (940) kN | | 1270 (1020) kN |
| | 冲击系数 | 0.39 | 0.39 | | 0.39 | | 0.39 | | 0.39 | |
| | 横向系数 | 0.30 | 0.19 | | 0.18 | | 0.19 | | 0.18 | |
| | 跨中弯矩 | 234.07 | 233.46 | | 226.05 | | 234.77 | | 286.09 | |
| | 支点剪力 | 112.07 | 109.80 | | 111.85 | | 109.86 | | 142.64 | |
| 公路—Ⅱ级 | | | | 740 (530) kN | | 890 (630) kN | | 880 (690) kN | | 1010 (760) kN |
| | 冲击系数 | 0.39 | 0.39 | | 0.39 | | 0.39 | | 0.39 | |
| | 横向系数 | 0.30 | 0.19 | | 0.18 | | 0.19 | | 0.18 | |
| | 跨中弯矩 | 182.66 | 183.88 | | 180.58 | | 183.78 | | 227.36 | |
| | 支点剪力 | 89.29 | 86.44 | | 89.36 | | 86.05 | | 113.36 | |
| 公路—Ⅰ级 | | | | 980 (770) kN | | 1180 (920) kN | | 1170 (980) kN | | 1340 (920) kN |
| | 冲击系数 | 0.39 | 0.39 | | 0.39 | | 0.39 | | 0.39 | |
| | 横向系数 | 0.30 | 0.19 | | 0.18 | | 0.19 | | 0.18 | |
| | 跨中弯矩 | 243.57 | 244.32 | | 240.08 | | 243.14 | | 238.57 | |
| | 支点剪力 | 119.00 | 114.96 | | 118.79 | | 113.79 | | 119.00 | |

**13m 跨装配式空心板荷载效应** 表 C-2

桥面净空:净—9m + 2 × 1.0m 桥跨结构:1 × 13m 简支梁

| 标准荷载 | 计算内容 | 汽车 | 豪泺—汇达 6 轴 | | 沃尔沃—燕台 7 轴 | | 湖南—神行 8 轴 | | 沃尔沃—双帆 11 轴 | |
|---|---|---|---|---|---|---|---|---|---|---|
| | | | 内力 | 允许载重 | 内力 | 允许载重 | 内力 | 允许载重 | 内力 | 允许载重 |
| 汽车—15 级、挂车—80 | 安全系数 | 1.00 | 1.00 | 610 (400) kN | 1.00 | 690 (430) kN | 1.00 | 730 (540) kN | 1.00 | 710 (460) kN |
| | 冲击系数 | 0.34 | 0.34 | | 0.34 | | 0.34 | | 0.34 | |
| | 横向系数 | 0.28 | 0.17 | | 0.16 | | 0.17 | | 0.16 | |
| | 跨中弯矩 | 182.64 | 182.64 | | 183.70 | | 181.71 | | 240.82 | |
| | 支点剪力 | 66.43 | 63.00 | | 66.31 | | 65.75 | | 90.91 | |
| 汽车—20 级、挂车—100 | 安全系数 | 1.00 | 1.00 | 910 (700) kN | 1.00 | 1010 (750) kN | 1.00 | 1080 (890) kN | 1.00 | 1040 (790) kN |
| | 冲击系数 | 0.34 | 0.34 | | 0.34 | | 0.34 | | 0.34 | |
| | 横向系数 | 0.28 | 0.17 | | 0.16 | | 0.17 | | 0.16 | |
| | 跨中弯矩 | 271.79 | 271.06 | | 269.57 | | 269.29 | | 257.90 | |
| | 支点剪力 | 97.43 | 93.52 | | 97.27 | | 97.43 | | 97.32 | |
| 汽车—超 20 级、挂车—120 | 安全系数 | 1.00 | 1.00 | 970 (760) kN | 1.00 | 1090 (830) kN | 1.00 | 1160 (970) kN | 1.00 | 1170 (920) kN |
| | 冲击系数 | 0.34 | 0.34 | | 0.34 | | 0.34 | | 0.34 | |
| | 横向系数 | 0.28 | 0.17 | | 0.16 | | 0.17 | | 0.16 | |
| | 跨中弯矩 | 289.21 | 288.80 | | 290.24 | | 288.67 | | 290.51 | |
| | 支点剪力 | 122.79 | 99.63 | | 104.76 | | 104.45 | | 109.62 | |
| 公路—Ⅱ级 | 安全系数 | 1.00 | 1.00 | 810 (600) kN | 1.00 | 890 (630) kN | 1.00 | 950 (760) kN | 1.00 | 910 (660) kN |
| | 冲击系数 | 0.34 | 0.34 | | 0.34 | | 0.34 | | 0.34 | |
| | 横向系数 | 0.28 | 0.17 | | 0.16 | | 0.17 | | 0.16 | |
| | 跨中弯矩 | 241.14 | 241.36 | | 237.19 | | 237.66 | | 226.72 | |
| | 支点剪力 | 86.00 | 83.29 | | 85.59 | | 86.00 | | 85.58 | |
| 公路—Ⅰ级 | 安全系数 | 1.00 | 1.00 | 1080 (870) kN | 1.00 | 1210 (950) kN | 1.00 | 1290 (1100) kN | 1.00 | 1280 (1030) kN |
| | 冲击系数 | 0.34 | 0.34 | | 0.34 | | 0.34 | | 0.34 | |
| | 横向系数 | 0.28 | 0.17 | | 0.16 | | 0.17 | | 0.16 | |
| | 跨中弯矩 | 321.57 | 322.57 | | 323.00 | | 321.36 | | 317.63 | |
| | 支点剪力 | 119.64 | 111.30 | | 116.57 | | 116.27 | | 119.88 | |

**16m 跨装配式空心板荷载效应** 表 C-3

桥面净空：净—9m＋2×1.0m　　桥跨结构：1×16m 简支梁

| 标准荷载 | 计算内容 | 汽车 | 豪泺—汇达 6 轴 | | 沃尔沃—燕台 7 轴 | | 湖南—神行 8 轴 | | 沃尔沃—双帆 11 轴 | |
|---|---|---|---|---|---|---|---|---|---|---|
| | | | 内力 | 允许载重 | 内力 | 允许载重 | 内力 | 允许载重 | 内力 | 允许载重 |
| 汽车—15 级、挂车—80 | 安全系数 | 1.00 | 1.00 | | 1.00 | | 1.00 | | 1.00 | |
| | 冲击系数 | 0.30 | 0.30 | | 0.30 | | 0.30 | | 0.30 | |
| | 横向系数 | 0.27 | 0.16 | 650 (440)kN | 0.15 | 700 (440)kN | 0.16 | 760 (570)kN | 0.15 | 690 (440)kN |
| | 跨中弯矩 | 225.93 | 225.93 | | 225.5 | | 225.63 | | 225.62 | |
| | 支点剪力 | 70.21 | 62.09 | | 64.23 | | 68.10 | | 65.90 | |
| 汽车—20 级、挂车—100 | 安全系数 | 1.00 | 1.00 | | 1.00 | | 1.00 | | 1.00 | |
| | 冲击系数 | 0.30 | 0.30 | | 0.30 | | 0.30 | | 0.30 | |
| | 横向系数 | 0.27 | 0.16 | 950 (740)kN | 0.15 | 1020 (760)kN | 0.16 | 1050 (860)kN | 0.15 | 980 (730)kN |
| | 跨中弯矩 | 329.91 | 330.27 | | 329.43 | | 310.69 | | 320.16 | |
| | 支点剪力 | 93.65 | 90.75 | | 93.81 | | 93.73 | | 93.51 | |
| 汽车—超 20 级、挂车—120 | 安全系数 | 1.00 | 1.00 | | 1.00 | | 1.00 | | 1.00 | |
| | 冲击系数 | 0.30 | 0.30 | | 0.30 | | 0.30 | | 0.30 | |
| | 横向系数 | 0.27 | 0.16 | 1060 (850)kN | 0.15 | 1140 (880)kN | 0.16 | 1240 (1050)kN | 0.15 | 1130 (880)kN |
| | 跨中弯矩 | 367.97 | 367.47 | | 368.52 | | 367.79 | | 367.61 | |
| | 支点剪力 | 129.15 | 101.00 | | 104.92 | | 111.01 | | 107.36 | |
| 公路—Ⅱ级 | 安全系数 | 1.00 | 1.00 | | 1.00 | | 1.00 | | 1.00 | |
| | 冲击系数 | 0.30 | 0.30 | | 0.30 | | 0.30 | | 0.30 | |
| | 横向系数 | 0.27 | 0.16 | 880 (670)kN | 0.15 | 950 (690)kN | 0.16 | 1030 (840)kN | 0.15 | 940 (690)kN |
| | 跨中弯矩 | 305.29 | 304.71 | | 306.30 | | 304.07 | | 306.70 | |
| | 支点剪力 | 91.57 | 83.79 | | 87.23 | | 91.78 | | 89.62 | |
| 公路—Ⅰ级 | 安全系数 | 1.00 | 1.00 | | 1.00 | | 1.00 | | 1.00 | |
| | 冲击系数 | 0.30 | 0.30 | | 0.30 | | 0.30 | | 0.30 | |
| | 横向系数 | 0.27 | 0.16 | 1170 (960)kN | 0.15 | 1260 (1000)kN | 0.16 | 1370 (1180)kN | 0.15 | 1250 (1000)kN |
| | 跨中弯矩 | 407.03 | 408.06 | | 406.28 | | 404.84 | | 407.66 | |
| | 支点剪力 | 122.09 | 112.18 | | 115.69 | | 122.18 | | 119.07 | |

**20m 跨装配式空心板荷载效应** 表 C-4

桥面净空：净—9m + 2 × 1.0m 桥跨结构：1 × 20m 简支梁

| 标准荷载 | 计算内容 | 汽车 | 豪沃—汇达 6 轴 | | 沃尔沃—燕台 7 轴 | | 湖南—神行 8 轴 | | 沃尔沃—双帆 11 轴 | |
|---|---|---|---|---|---|---|---|---|---|---|
| | | | 内力 | 允许载重 | 内力 | 允许载重 | 内力 | 允许载重 | 内力 | 允许载重 |
| 汽车—15 级、挂车—80 | 安全系数 | 1.00 | 1.00 | 770 (560)kN | 1.00 | 760 (500)kN | 1.00 | 860 (670)kN | 1.00 | 710 (460)kN |
| | 冲击系数 | 0.25 | 0.25 | | 0.25 | | 0.25 | | 0.25 | |
| | 横向系数 | 0.26 | 0.15 | | 0.14 | | 0.15 | | 0.14 | |
| | 跨中弯矩 | 320.17 | 312.36 | | 300.19 | | 320.90 | | 321.94 | |
| | 支点剪力 | 74.79 | 74.86 | | 75.21 | | 73.81 | | 72.58 | |
| 汽车—20 级、挂车—100 | 安全系数 | 1.00 | 1.00 | 910 (700)kN | 1.00 | 900 (640)kN | 1.00 | 1030 (840)kN | 1.00 | 860 (610)kN |
| | 冲击系数 | 0.25 | 0.25 | | 0.25 | | 0.25 | | 0.25 | |
| | 横向系数 | 0.26 | 0.15 | | 0.14 | | 0.15 | | 0.14 | |
| | 跨中弯矩 | 401.54 | 369.95 | | 355.43 | | 385.01 | | 391.61 | |
| | 支点剪力 | 88.64 | 88.64 | | 89.11 | | 88.54 | | 88.30 | |
| 汽车—超 20 级、挂车—120 | 安全系数 | 1.00 | 1.00 | 1230 (1020)kN | 1.00 | 1270 (1010)kN | 1.00 | 1340 (1150)kN | 1.00 | 1100 (850)kN |
| | 冲击系数 | 0.25 | 0.25 | | 0.25 | | 0.25 | | 0.25 | |
| | 横向系数 | 0.26 | 0.15 | | 0.14 | | 0.15 | | 0.14 | |
| | 跨中弯矩 | 502.00 | 500.40 | | 502.87 | | 502.00 | | 500.93 | |
| | 支点剪力 | 131.36 | 119.94 | | 126.00 | | 115.42 | | 113.00 | |
| 公路—Ⅱ级 | 安全系数 | 1.00 | 1.00 | 960 (750)kN | 1.00 | 960 (700)kN | 1.00 | 1070 (880)kN | 1.00 | 870 (620)kN |
| | 冲击系数 | 0.25 | 0.25 | | 0.25 | | 0.25 | | 0.25 | |
| | 横向系数 | 0.26 | 0.15 | | 0.14 | | 0.15 | | 0.14 | |
| | 跨中弯矩 | 398.86 | 392.30 | | 377.92 | | 399.96 | | 396.88 | |
| | 支点剪力 | 94.29 | 94.07 | | 94.71 | | 91.98 | | 89.49 | |
| 公路—Ⅰ级 | 安全系数 | 1.00 | 1.00 | 1290 (1080)kN | 1.00 | 1270 (1010)kN | 1.00 | 1420 (1230)kN | 1.00 | 1170 (920)kN |
| | 冲击系数 | 0.25 | 0.25 | | 0.25 | | 0.25 | | 0.25 | |
| | 横向系数 | 0.26 | 0.15 | | 0.14 | | 0.15 | | 0.14 | |
| | 跨中弯矩 | 531.79 | 526.07 | | 502.87 | | 532.55 | | 532.82 | |
| | 支点剪力 | 125.79 | 126.12 | | 126.00 | | 122.46 | | 120.16 | |

**30m 跨装配式 T 梁荷载效应**

表 C-5

桥面净空:净—9m + 2 × 1.0m　　　　桥跨结构:1 × 30m 简支 T 梁

| 标准荷载 | 计算内容 | 汽车 | 豪泺—汇达 6 轴 | | 沃尔沃—燕台 7 轴 | | 湖南—神行 8 轴 | | 沃尔沃—双帆 11 轴 | |
|---|---|---|---|---|---|---|---|---|---|---|
| | | | 内力 | 允许载重 | 内力 | 允许载重 | 内力 | 允许载重 | 内力 | 允许载重 |
| 汽车—15 级、挂车—80 | 安全系数 | 1.00 | 1.00 | 720 (510) kN | 1.00 | 730 (470) kN | 1.00 | 770 (580) kN | 1.00 | 700 (450) kN |
| | 冲击系数 | 0.08 | 0.08 | | 0.08 | | 0.08 | | 0.08 | |
| | 横向系数 | 0.56 | 0.35 | | 0.32 | | 0.35 | | 0.32 | |
| | 跨中弯矩 | 2287.36 | 2267.71 | | 2296.54 | | 2289.58 | | 2293.87 | |
| | 支点剪力 | 214.29 | 215.64 | | 203.06 | | 210.73 | | 192.28 | |
| 汽车—20 级、挂车—100 | 安全系数 | 1.00 | 1.00 | 890 (680) kN | 1.00 | 900 (640) kN | 1.00 | 950 (770) kN | 1.00 | 860 (610) kN |
| | 冲击系数 | 0.08 | 0.08 | | 0.08 | | 0.08 | | 0.08 | |
| | 横向系数 | 0.56 | 0.35 | | 0.32 | | 0.35 | | 0.32 | |
| | 跨中弯矩 | 2857.79 | 2810.10 | | 2852.66 | | 2871.27 | | 2846.39 | |
| | 支点剪力 | 268.14 | 267.99 | | 252.20 | | 264.11 | | 239.17 | |
| 汽车—超 20 级、挂车—120 | 安全系数 | 1.00 | 1.00 | 1210 (1000) kN | 1.00 | 1240 (980) kN | 1.00 | 1320 (1130) kN | 1.00 | 1200 (950) kN |
| | 冲击系数 | 0.08 | 0.08 | | 0.08 | | 0.08 | | 0.08 | |
| | 横向系数 | 0.56 | 0.35 | | 0.32 | | 0.35 | | 0.32 | |
| | 跨中弯矩 | 3953.71 | 3812.39 | | 3966.92 | | 3962.24 | | 3973.78 | |
| | 支点剪力 | 366.29 | 365.13 | | 350.54 | | 364.27 | | 334.81 | |
| 公路—Ⅱ级 | 安全系数 | 1.00 | 1.00 | 880 (670) kN | 1.00 | 910 (650) kN | 1.00 | 960 (770) kN | 1.00 | 940 (690) kN |
| | 冲击系数 | 0.08 | 0.08 | | 0.08 | | 0.08 | | 0.08 | |
| | 横向系数 | 0.56 | 0.35 | | 0.32 | | 0.35 | | 0.32 | |
| | 跨中弯矩 | 2875.07 | 2772.97 | | 2884.35 | | 2871.27 | | 2875.87 | |
| | 支点剪力 | 264.79 | 265.37 | | 255.00 | | 264.11 | | 241.64 | |
| 公路—Ⅰ级 | 安全系数 | 1.00 | 1.00 | 1170 (960) kN | 1.00 | 1240 (980) kN | 1.00 | 1280 (1090) kN | 1.00 | 1200 (950) kN |
| | 冲击系数 | 0.08 | 0.08 | | 0.08 | | 0.08 | | 0.08 | |
| | 横向系数 | 0.56 | 0.35 | | 0.32 | | 0.35 | | 0.32 | |
| | 跨中弯矩 | 3833.50 | 3694.53 | | 3848.34 | | 3848.89 | | 3826.79 | |
| | 支点剪力 | 353.07 | 354.00 | | 340.06 | | 353.86 | | 322.32 | |

**50m 跨刚架拱荷载效应**　　表 C-6

桥面净空:净—14m + 2 × 0.5m　　桥跨结构:1 × 50m 刚架拱

| 标准荷载 | 计算内容 | 汽车 | 豪泺—汇达 6 轴 | | 沃尔沃—燕台 7 轴 | | 湖南—神行 8 轴 | | 沃尔沃—双帆 11 轴 | |
|---|---|---|---|---|---|---|---|---|---|---|
| | | | 内力 | 允许载重 | 内力 | 允许载重 | 内力 | 允许载重 | 内力 | 允许载重 |
| 汽车—20 级、挂车—100 | 安全系数 | 1.00 | 1.00 | 1070 (860) kN | 1.00 | 980 (720) kN | 1.00 | 1210 (1020) kN | 1.00 | 940 (690) kN |
| | 冲击系数 | 0.15 | 0.15 | | 0.15 | | 0.15 | | 0.15 | |
| | 横向系数 | 1.04 | 0.46 | | 0.44 | | 0.46 | | 0.44 | |
| | 拱顶 $M_{max}$ | 550.00 | 481.79 | | 387.65 | | 457.39 | | 368.03 | |
| | 拱顶 $M_{min}$ | (82.14) | (66.35) | | (62.08) | | (69.55) | | (62.91) | |
| | 拱顶 $N_{max}$ | 0.00 | 0.00 | | 0.00 | | 0.00 | | 0.00 | |
| | 拱顶 $N_{min}$ | (905.00) | (767.44) | | (716.72) | | (825.92) | | (705.25) | |
| | 拱顶 $Q_{max}$ | 185.57 | 185.83 | | 168.77 | | 178.91 | | 158.99 | |
| | 拱脚 $M_{max}$ | 193.57 | 187.94 | | 193.01 | | 184.59 | | 193.67 | |
| | 拱脚 $M_{min}$ | (231.14) | (191.71) | | (202.27) | | (219.86) | | (217.94) | |
| | 拱脚 $N_{max}$ | 192.71 | 167.32 | | 142.05 | | 156.27 | | 129.98 | |
| | 拱脚 $N_{min}$ | (967.14) | (904.35) | | (860.97) | | (964.81) | | (851.24) | |
| | 拱脚 $Q_{max}$ | 33.14 | 28.17 | | 28.44 | | 30.73 | | 29.73 | |

注:本表计算结果仅考虑主拱的承载力,未对斜腿及弦杆进行分析。

**144m 跨箱肋拱桥荷载效应**　　表 C-7

桥面净空:净—14m + 2 × 0.5m　　桥跨结构:1 × 144m 筋肋拱桥

| 标准荷载 | 计算内容 | 汽车 | 豪泺—汇达 6 轴 | | 沃尔沃—燕台 7 轴 | | 湖南—神行 8 轴 | | 沃尔沃—双帆 11 轴 | |
|---|---|---|---|---|---|---|---|---|---|---|
| | | | 内力 | 允许载重 | 内力 | 允许载重 | 内力 | 允许载重 | 内力 | 允许载重 |
| 汽车—超 20 级、挂车—120 | 安全系数 | 1 | 1 | 1300 (1090) kN | 1 | 1270 (1010) kN | 1 | 1400 (1210) kN | 1 | 1210 (960) kN |
| | 冲击系数 | 0 | 0 | | 0 | | 0 | | 0 | |
| | 横向系数 | 2 | 1 | | 1 | | 1 | | 1 | |
| | 拱顶 $M_{max}$ | 6267 | 5899 | | 6248 | | 5939 | | 6291 | |
| | 拱顶 $M_{min}$ | (2708) | (1981) | | (1957) | | (2009) | | (1890) | |
| | 拱顶 $N_{max}$ | 0 | 0 | | 0 | | 0 | | 0 | |
| | 拱顶 $N_{min}$ | (3100) | (1818) | | (1720) | | (1919) | | (1651) | |
| | 拱顶 $Q_{max}$ | 600 | 547 | | 518 | | 539 | | 490 | |
| | 拱脚 $M_{max}$ | 10966 | 8604 | | 8183 | | 9037 | | 7836 | |
| | 拱脚 $M_{min}$ | (13170) | (11620) | | (11239) | | (12090) | | (10812) | |
| | 拱脚 $N_{max}$ | 0 | 0 | | 0 | | 0 | | 0 | |
| | 拱脚 $N_{min}$ | (4313) | (2409) | | (2258) | | (2562) | | (2160) | |
| | 拱脚 $Q_{max}$ | 979 | 976 | | 941 | | 981 | | 902 | |

注:本表计算结果仅考虑主拱圈的承载力,未对拱上建筑(如行车道板等)进行分析。

# 附录D　桥梁常见病害维修方法

## 一、概述

发现桥梁产生缺陷，必须及时维修，以确保桥梁的安全、完整、适用与耐久性。一旦发生病害，不及时维修加固，病害就会逐渐扩大，导致桥梁提前破坏，甚至可能发生塌桥事故。为保证桥梁的耐久性和完整性，对于常见的病害，例如裂缝、小洞、剥落、缺角、钢筋外露等局部缺陷和表面的损伤，必须懂得及时维修。桥梁病害的维修加固设计和施工都是一项新近大力推广和开展的技术工作，许多工艺是全新的，其工艺的可靠性、耐久性、可行性等必须经过反复的科学试验和实践论证。鉴于此原因，本章列举了日常养护中桥梁常见的病害维修方法，供参考使用。

## 二、维修方法

(一)混凝土裂缝修补

根据裂缝缝宽不同，采用不同的修补方法：

(1)裂缝宽度 $w \leqslant 0.15$mm 及网状裂纹，可采用封缝胶表面封闭法。施工工艺如下：

①先用钢丝刷清除封口，表面封浆并凿毛。

②然后用压缩空气吹净封口尘灰，用工业丙酮清洗缝口，刷上两层封缝胶，其参考配合比为：环氧树脂 E-44：邻苯二甲酸二丁酯：乙二胺：水泥 = 100：30：(8～10)：(250～300)。

(2)裂缝宽度在 $0.15\text{mm} < w \leqslant 1.5\text{mm}$ 之间时，可采用压力灌注环氧浆液(壁可法)。其施工工艺如下：

①裂缝混凝土表面处理：用钢丝刷反复刷裂缝表面 2cm 的混凝土直至表面浮浆脱落，用无油压缩空气除尘，用丙酮试剂擦洗表面。

②粘贴压浆嘴：首尾各一个，中间缝宽则疏，缝窄则密，压浆嘴最大间距 30～50cm 布置，在一条缝上必须有进浆嘴、排气嘴、出浆嘴。

③裂缝表面封闭：用密封胶封闭裂缝表面，胶泥厚度不小于 1mm，宽 2～3cm。

④密封检查：从最下或左的压浆嘴输入 0.4MPa 无油压缩空气，相邻或右嘴排气时逐个关闭阀门，沿缝附近刷肥皂检漏。若有气泡冒出说明漏气，做好标记。用裂缝表面封闭胶对漏气的区域进行封闭，待达到强度后再检查，如此反复直至不漏气。

⑤配置裂缝灌注胶：按照供应商提供的产品说明要求按比例准确称量，用低速搅拌器搅匀，紧急情况下也可参考如下配合比：环氧树脂 E-44：邻苯二甲酸二丁酯：二甲苯：二乙胺 = 100：10：(30～60)：(8～10)。

⑥裂缝灌浆：用 0.2MPa 无油压缩空气为动力缓慢起灌，当相邻嘴不夹气冒胶时关闭该阀门，逐一排气冒胶关闭阀门，直至最后一个阀。连通缝的密封灌浆在内侧灌胶外侧观测出胶情

况,在灌胶时外侧压浆嘴出胶后由低到高逐个关闭阀门。

⑦封口结束:待缝内浆液达到初凝而不外流时可拆下灌浆嘴,再用密封胶抹平封口。

(3)裂缝宽度 $w > 1.5$mm 时,可采用开槽填补法,填补材料可采用环氧砂浆。其施工工艺如下:

①开槽:用钢凿子和扁铲沿裂缝开槽,槽宽和深约3～5cm,呈U形,路面的裂缝可用切缝机开槽。槽内的碎屑和粉尘要清除干净。

②涂刷界面处理浆:用刷子在槽的底部和两壁均匀涂刷一层界面处理浆,配方如下:水泥(修补粉料):ZV型混凝土修补胶=1:1。

③压抹环氧砂浆。环氧砂浆参考配合比如下:环氧树脂E-44:糖醇稀释剂:YH-82低温固化剂:DMP-30促进剂:525水泥填料:砂子填料=100:(15～25):30:(0～3):100:(400～500),在界面处理浆尚未硬化前,将拌制好的环氧砂浆用抹刀压入槽中,压实抹平。

④养护:养护期间不得淋雨、日晒或风吹,最好覆盖一层塑料薄膜。

(二)混凝土空洞、剥落、碳化修补

可采用聚合物水泥砂浆修补,其参考配合比为:525水泥:氯偏胶乳:OP-10:FDN减水剂:正硅酸乙酯:水灰比:河砂=100:10:0.4:0.75:2:0.24:2300,其施工工艺为:

①清理基面凿毛:凿除破损、松动的混凝土,密集型凿毛。

②喷砂(或用钢刷)除锈和油污:如果钢筋锈蚀外露,需喷砂(或用钢刷)除锈和油污,使外露钢筋表面无锈蚀,且混凝土表面粗糙。

③清水冲洗饱和:抹砂浆前2h,用饮用水冲洗修补部位,使混凝土表面处于饱和状态,但表面不能有明水。

④基面涂界面剂:用刷子在要修补的混凝土表面或槽的底部和四周均匀涂刷一层界面处理浆,界面处理浆按ZV型混凝土修补胶与TJ型混凝土快速修补剂为1:1的重量比调匀即可。

⑤抹聚合物水泥砂浆:人工修补时,无论采用机械喷涂还是人工抹砂浆,应朝一个方向使用抹刀,并且尽量一次抹完,避免来回抹。如修补厚度超过3cm时,应分层抹,层与层之间应间隔3～4h,每层厚度不超过2cm。

⑥养护:用聚合物水泥砂浆抹面后,应及时采用人工洒水并用塑料布或湿麻袋覆盖养护,避免砂浆产生干缩裂缝。

⑦涂碳化剂:修补聚合物水泥砂浆养护48h后再涂混凝土防碳化剂。

(三)桥面铺装坑洞、补强加固

桥面铺装坑洞、补强加固方法有如下几种:

(1)板顶植筋+普通混凝土(钢纤维混凝土或聚合物改性水泥混凝土)。

(2)植筋+钢纤维混凝土可减少新旧混凝土的收缩,从而减少收缩力,提高补强效果。

(3)植筋+聚合物改性水泥混凝土自重轻。

桥面补强加固施工工艺为:

①凿除破损部分混凝土、凿毛结合面:先凿去桥面铺装(沥青混凝土桥面铺装必须全部凿除),其后在梁顶密集型凿毛。

②表面处理:对结合面进行处理,如采取清扫、干燥等措施,为使新旧混凝土有更好的黏

性，凿毛后在混凝土表面涂抹一层胶结剂（如1∶0.4铝粉水泥、1∶1铝粉水泥砂浆、环氧基液等）。

③植筋：桥面铺装植筋规格常为f12，植筋孔径可为16mm，间距建议采用30cm×30cm。在钻孔时采用冲击钻，钻头规格为f16mm。f12钢筋植筋深度为12cm。如遇到顶板钢筋尽量往小距离方向移动，钻孔后用高压风枪吹孔，用专用毛刷清孔。用打胶枪将植筋胶打入钢筋孔内，再把钢筋的植入端粘满植筋胶，螺旋式植入到钢筋孔内，钢筋需除锈并清理干净，用小铲刮掉多余的胶泥。

④铺设桥面钢筋网：桥面铺装常采用钢筋直径为12mm，间距为10cm×10cm的钢筋网，放置在植筋上面。钢筋网采用现场制作，钢筋网以绑扎为主，并辅以焊接固定。钢筋网要保证定位准确，设置在混凝土层中部，钢筋保护层厚度不得少于4cm，同时不允许出现钢筋网有局部下沉现象。

⑤浇筑混凝土补强层：新浇筑的桥面铺装层厚度需考虑铺装层自重对桥梁结构的影响，常规设计为12cm C40防水混凝土，抗渗等级W6。若桥面需补强，建议采用C55防水混凝土或钢纤维混凝土或干硬性混凝土。浇注混凝土时，采用插入式振捣器振捣混凝土。使用时，振捣器移动间距不应超过振动器半径的1.5倍，与侧模应保持50～100mm的距离，每一处振动完毕后边振动边徐徐提出振动棒。施工时注意振捣时间，保证混凝土振捣密实。振捣时以拌和物停止下沉，不再冒气泡，表面呈现平坦泛浆为准，但不宜过振，振捣时再辅以人工找平。混凝土面层表面刻成平行的纹理，并使混凝土表面的构造深度符合规范要求，刻纹时间为混凝土浇注24 h后进行。

⑥混凝土养生：混凝土桥面施工完毕，应在收浆后尽快覆盖和洒水养护。混凝土的养护采用麻袋或用塑料薄膜覆盖洒水的方法养生，经常保持潮湿状态。混凝土板在养护期间禁止一切车辆通行。混凝土养护由专人全天24 h进行。对混凝土试块进行试压，确定桥面铺装达到其强度的90%后放可开放交通。

（四）砖、石裂缝修补：挂网植筋、压力灌浆，施工工艺位

①植筋钻孔：压浆前，对砖石裂缝进行处理，使用钢抓钉跨缝扣紧两边砌体，抓钉脚嵌入孔中，并用植筋胶填充钉孔。

②埋设压浆嘴：压浆嘴平均间距约为2～3m，在裂缝处骑缝设置，非裂缝处设在片石缝处，埋设压浆嘴用M12水泥砂浆粘牢。

③ 勾缝处理：砌体勾缝开裂处，凿除灰浆，然后用M12水泥砂浆封闭裂缝。

④配制压浆材料：配制的压浆料具有可灌性，保证有足够的黏结强度，压浆可采用环氧浆液，参考配合比为：环氧树脂E-44∶邻苯二甲酸二丁酯∶二甲苯∶二乙胺=100∶10∶（30～60）∶（8～10）。

⑤压浆。

（五）钢筋除锈与防锈

（1）钢筋除锈方法很多，常采用的有：

①钢筋除锈机除锈：少量的钢筋采用电动除锈机或喷砂方法；

②钢筋调直中除锈：对大量的钢筋，通过钢筋冷拉或钢筋调直机调直过程中完成；

③人工除锈：钢筋局部除锈采用人工用钢丝刷或砂轮等方法进行；

④此外还有酸洗除锈等。机械除锈法属于传统方法，该方法首先通过人工或高压水喷射，去除因钢筋锈胀开裂产生的混凝土表面松散层，然后进行修补或替换已锈蚀的钢筋，在钢筋表面涂刷阻锈剂，再用密实水泥砂浆或细石混凝土覆盖抹平。

(2)钢筋的防锈措施主要有：

①防锈涂层法(环氧涂层)：在钢筋表面静电喷涂一层环氧树脂粉末，形成具有一定厚度的一层坚韧不渗透连续的绝缘层，可以隔离钢筋与腐蚀介质的接触。使用这种钢筋会使钢筋与混凝土之间的黏合力降低35%，并且要严格注意不得破坏涂层。因为一旦涂层破损后，钢筋的锈蚀速率反而会加快，因为在涂层的静电喷涂过程中会清除原有的钢筋表面氧化膜。

②阴极保护法：阴极保护法有牺牲阳极和外加电流两种方式。牺牲阳极的阴极保护法是采用电化学上比钢更活泼，即电位更负的金属作为阳极，与被保护的钢筋相连接，以其本身的锈蚀提供自由电子来对钢筋实施保护。该方法不需外部直接电流，施工简便不必经常护理。但由于提供的电流有限，此法不适用于暴露于大气中的混凝土结构中的保护。外加电流阴极保护法是采用外加电流使被保护钢筋上所有阳极区均变成阴极区来对钢筋进行保护的方法。一般做法是在混凝土表面涂一层导电涂料或埋设导电材料与直流电流正极相连，形成新的电位差，使原钢筋骨架转化为阴极。阴极保护法可以在不清理钢筋周围混凝土层或稍加整理的情况下对混凝土结构实施无损修复。该法专业性较强，费用较大，因此在工程中受到限制，除非有些重大工程确有必要时可以考虑采用这种方法。

③惰化钢筋法：主要通过采用不锈钢筋、碳纤维棒等活性低的金属或惰性材料部分或全部取代钢筋。

④阻锈剂法：钢筋阻锈剂是指加入混凝土中或涂刷在硬化混凝土表面，能阻止或减缓钢筋腐蚀的化学物质。一些能改善混凝土对钢筋防护性能的添加剂或外涂保护剂(如硅灰、硅烷浸渍剂等)不属于钢筋阻锈剂范畴，钢筋阻锈剂必须能直接阻止或延缓钢筋锈蚀的电化学过程。钢筋阻锈剂使用比较方便，无需专门维护，且费用比较低廉，为世界各国广泛推广采用。

(六)深水基础局部冲空修补

深水基础局部冲空可采用灌注水下混凝土填充加固方法，施工工艺为：

①岸上制作钢筋石笼：用 $\phi8$ 钢筋制作成长 1.8m、直径 0.75m 的片石笼，装入大石后，封闭焊牢。岸上制作钢骨架铁皮模板，根据基础淘空的立体尺寸形状制作，预留直径为 20cm 灌注及排水检查口，模板为一次性使用，混凝土浇注完成后不拆除。岸上分段制作 $\phi20$cm 钢管作为灌注导管。

②吊装钢筋石笼：借助水的浮力及吊车的升降，安排潜水员水下辅助就位，将桥墩基础冲刷区周围封闭。

③吊装模板就位。

④灌注导管安装：由潜水员在水下将其与模板上的法兰盘用螺栓连接，固定在桥墩上。

⑤填充袋装早强快硬性混凝土，置于石笼与模板之间。

⑥灌注自密式水下混凝土，连接灌注至排水口排水完毕、有大量混凝土冒出时为止，再用袋装混凝土将排水检查口和灌注口封死，完成灌注。

**桥梁常见病害维修表**

表 D-1

| 编号 | 病　　害 | 维修方法 | 施工工艺 | 参考配合比 |
|---|---|---|---|---|
| 1 | 混凝土裂缝修补 | ①封缝胶封闭法：($w\leqslant$ 0.15mm)；<br>②壁可法：(0.15mm < $w\leqslant$1.5mm)；<br>③开槽填补法：($w$ >1.5mm) | ①封闭法：清理缝口、清洗缝口、刷封缝胶；<br>②壁可法：裂缝表面处理、粘贴压浆嘴、裂缝表面封闭、密封检查、配置灌注胶、灌浆、封口；<br>③开槽填补法：开槽、界面处理、压抹环氧砂浆、养护 | ①封闭法封缝胶配合比：环氧树脂 E-44：邻苯二甲酸二丁酯：乙二胺：水泥 =100：30：(8 ~10)：(250 ~300)；<br>②壁可法灌注浆参考配合比：环氧树脂 E－44：邻苯二甲酸二丁酯：二甲苯：二乙胺 =100：10：(30 ~ 60)：(8 ~ 10)；<br>③开槽填补法环氧砂浆参考配合比：环氧树脂 E-44：糖醇稀释剂：YH－82 低温固化剂：DMP－30 促进剂：525 水泥填料：砂子填料 = 100：(15 ~25)：30：(0 ~3)：100：(400 ~500) |
| 2 | 混凝土空洞、剥落、碳化修补 | 聚合物水泥砂浆修补 | 施工工艺：清理基面并凿毛、喷砂(或用钢刷)除锈和油污、清水冲洗饱和、基面涂界面剂、抹聚合物水泥砂浆、养护、涂碳化剂 | 聚合物水泥砂浆参考配合比：525 水泥：氯偏胶乳：OP－10：FDN 减水剂：正硅酸乙酯：水灰比：河砂 = 100：10：0.4：0.75：2：0.24：2300 |
| 3 | 桥面铺装坑洞、补强加固 | ①植筋 + 普通混凝土；<br>②植筋 + 碳纤维混凝土；<br>③植筋 + 聚合物改性混凝土 | 施工工艺：凿除破损部分混凝土和凿毛结合面、表面处理、植筋、铺设桥面钢筋网、浇筑混凝土补强层、混凝土养生 | C55 混凝土参考配合比：水泥：砂：石：水：粉煤灰：矿渣：减水剂：阻锈剂 = 1：1.72：2.99：0.423：0.352：0.155：0.048：0.034 |
| 4 | 砖、石裂缝修补 | 砖、石裂缝修补 | 施工工艺：钻空植筋、埋设压浆嘴、勾缝处理、配制压浆材料、压浆、喷射混凝土 | 灌注浆参考配合比：环氧树脂 E-44：邻苯二甲酸二丁酯：二甲苯：二乙胺 =100：10：(30 ~60)：(8 ~10) |
| 5 | 钢筋除锈 | ①机械除锈法；<br>②人工除锈 | ①机械除锈：高压水清洗钢筋、修补、替换锈蚀钢筋、涂除锈剂；<br>②人工除锈：钢丝刷或砂轮、除锈机除锈 | |

续上表

| 编号 | 病　　害 | 维 修 方 法 | 施 工 工 艺 | 参考配合比 |
|---|---|---|---|---|
| 6 | 钢筋防锈 | ①防锈涂层法；<br>②阴极保护法；<br>③惰化钢筋法；<br>④阻锈剂法 | ①防锈涂层法：钢筋表面静电喷涂一层环氧树脂粉末；<br>②阴极保护法：牺牲阳极和外加电流；<br>③惰化钢筋法：采用不锈钢筋、碳纤维棒等活性低的金属或惰性材料部分或全部取代钢筋；<br>④阻锈剂法：混凝土中加入阻锈剂或在硬化混凝土表面涂刷阻锈剂 | |
| 7 | 深水基础淘空处理 | 灌注水下混凝土 | ①岸上制作钢筋石笼；<br>②吊装钢筋石笼；<br>③吊装模板就位；<br>④灌注导管安装；<br>⑤填充袋装早强快硬性混凝土，置于石笼与模板之间；<br>⑥ 灌注自密式水下混凝土 | |

# 附录 E 桥梁检查常用仪器

桥梁检查常用仪器 表 E-1

| 编号 | 检测病害类型 | 检测方法及仪器 |
|---|---|---|
| 1 | 混凝土剥落、空洞、蜂窝麻面检测 | ①人力目测：望远镜、锤子、钢尺；<br>②仪器测量：便携式混凝土厚度缺陷测试系统 |
| 2 | 混凝土裂缝测量 | ①人工测量：望远镜、放大镜、读数显微镜、钢尺、裂缝宽度对比卡；<br>②仪器测量：裂缝测深仪、裂缝测宽仪 |
| 3 | 混凝土碳化深度检测 | ①酸碱指示剂法：酚酞试剂、测深卡尺；<br>②仪器测量：混凝土碳化深度测试仪 |
| 4 | 混凝土强度检测 | ①无破损检测：回弹仪检测；<br>②破损检测：钻芯法检测 |
| 5 | 混凝土氯含量测定 | ①滴定条法和实验室化学分析法；<br>②仪器测量：氯含量快速测试仪 |
| 6 | 钢筋分布与保护层厚度检测 | 仪器测量：钢筋探测仪 |
| 7 | 钢筋锈蚀检测 | 仪器测量：钢筋锈蚀探测仪 |
| 8 | 应力(应变)量测 | 应变片测量 |
| 9 | 位移测量 | ①大位移测量：水准仪、经纬仪和全站仪；<br>②小位移测量：百分表、电子百分表和位移计 |
| 10 | 水下构件检查 | 水下摄影机 |
| 11 | 混凝土灌注桩完整性检测 | 超声波法检测 |

# 参考文献

[1] 张劲泉,王文涛 .桥梁检测与加固手册.北京:人民交通出版社,2007.

[2] 中华人民共和国行业标准. JTG H11—2004 公路桥涵养护规范. 北京:人民交通出版社,2004.

[3] 陈开利,王邦楣,林亚超.桥梁工程鉴定与加固手册. 北京:人民交通出版社,2005.

[4] 王国鼎,袁海庆, 陈开利. 桥梁检查与加固 . 北京:人民交通出版社,2003.

[5] 刘真岩,周建斌.旧桥维修与加固施工方法与实例.北京:人民交通出版社,2005.

[6] 张俊平, 周建宾,蒙云.旧桥检测与维修加固. 北京:人民交通出版社,2006.

[7] 中华人民共和国国家标准. GB 50367—2006 混凝土结构加固设计规范.北京:中国建筑工业出版社,2006.

[8] 刘月莲,余钱华,卿树念.广西布柳河大桥施工监控过程中的应力测试分析.第三届全国公路科技创新高层论坛文集(下卷).北京:人民交通出版社,2006.

[9] 刘来君,赵小星,贺拴海. 桥梁加固设计施工技术.北京:人民交通出版社,2004.

[10] 刘自明,陈开利,王邦楣.桥梁工程养护与维修手册. 北京:人民交通出版社,2004.

[11] 交公路发[2007]336 号.公路桥梁养护管理工作制度.

[12] 中华人民共和国行业标准. JTG/T B07-01—2006 公路工程混凝土结构防腐蚀技术规范. 北京:人民交通出版社,2006.

[13] 中华人民共和国行业标准. JTG/T J22—2008 公路桥梁加固设计规范.北京:人民交通出版社,2008.

[14] 中华人民共和国行业标准. JTG/T J23—2008 公路桥梁加固施工技术规范. 北京:人民交通出版社,2008.

[15] 徐犇.桥梁检测与维修加固百问. 北京:人民交通出版社,2002.

[16] 赵煜,任伟,吕颖钊.超重车过桥对策研究.2005 年全国桥梁学术会议论文集.北京:人民交通出版社,2005.

[17] 鄢余文,杨云蓉.公路桥梁新旧规范计算简支空心板梁比较分析.同济大学,结构工程师,2006,22(3).

[18] 〔日〕名取畅,浅冈敏明,稻田育朗.钢桥的维修加固(上).钢结构,1997,12(2):38-46,63.

[19] 〔日〕名取畅,浅冈敏明,稻田育朗.钢桥的维修加固(下).钢结构,1997,12(3):28-36.

[20] 金玉泉. 桥梁的病害及灾害. 同济大学,硕士学位论文,2006.